生活保護制度の社会史

［増補版］

副田義也——著

東京大学出版会

A SOCIAL HISTORY OF PUBLIC ASSISTANCE IN JAPAN
[Reviesd Edition]
Yoshiya SOEDA
University of Tokyo Press, 2014
ISBN 978-4-13-050185-9

増補版のためのはしがき

本書の初版は一九九五年に刊行された。それは、主要な内容をなす三つの論文と付章としての二つの小論文から成り立っていた。三つの論文は、連作風につながって、一九四五年から八三年までの日本における生活保護制度の社会史を叙述、研究していた。あれから二〇年近い時間が経過した。その途中で、私のなかに、一九八四年以降の生活保護制度の社会史を四つめの論文としてかき足したいという想いが生まれ、強くなったり弱くなったりしながら、まったく消えることはなかった。強くなるのは、本書を執筆した手法がこれまでのところ私独自のものであることを意識するおりであった。弱くなるのは、残り時間が気にかかり、ほかにやりたい数々の仕事に気持が惹かれる日常のなかでであった。

そんな心理状態の私に、昨年の秋、版元から声がかかった。本書の再版の在庫が一冊になっている。これを機会に増補版をつくってはどうか。私は、迷うことが多い心理に決着をつける気分で、前のめりの姿勢でこの申出に応じた。

増補版をつくるにあたって原則としたのは、第四論文をあたらしく執筆して初版の三論文のつぎにおくこと、三論文と小論文「方法ノート」には一切手をくわえないことであった。あとのばあい、一度完成稿として発表したものに手をくわえるのは、いさぎよくないという想いがあったのである。四つめの論文がとりあつかう歴史的時間域は一九八四年度から二〇〇五年度までとした。これによって、生活保護制度の六〇年史が完成する。小論文「生活保護制度ノート」は、初版当時は一九八〇年代後半から九〇年代前半のデータをつかっていたが、今度は二〇〇六年以降のデータにとりかえた。旧版の小論文のデータの一部は第四論文にうつされている。「引用文献・資料一覧」「事項索引」「人名索引」は第四論文の使用例をあわせて、再構成した。

はしがき

本書の主題は日本における生活保護制度の社会史である。日本国憲法はその第二十五条で「すべての国民は、健康で文化的な最低限度の生活を営む権利を有する」と定めている。この権利は基本的人権の一環で生存権と呼ばれる。生活保護制度は、この生存権を保障することを目的として、貧困状態に落ちこんだ人びとに必要な援助を提供する社会制度である。しかし、この理念とは裏腹に、現実の社会生活のなかでは、しばしばその援助をうける人びとがスティグマを刻印され、偏見と差別の対象となっているのはあらためていうまでもない。この制度は、かつては社会保障制度の大宗といわれたが、のち、国民皆年金・皆保険体制が一定程度実際に機能しはじめてからは、主役としての社会保険制度の脇役にまわることになった。しかし、これが貧困状態に落ちこんだ人びとにとってはいわば最後の命綱であることには変わりがない。

ここで社会史というのは社会学の方法で研究された歴史というほどの意味である。本書の主要な内容をなす三つの論文は、ゆるやかにつながって、一九四五年から一九八三年までの生活保護制度の社会史を叙述、研究している。それは日本が敗戦直後の貧窮期から高度成長期をへて、石油危機に遭遇したがこれを切り抜け、未曾有の繁栄期に入っていった歴史的時間のなかを経過していった。社会史はひとつの壮大なドラマであり、くわしく見入れば大小の無数のドラマを含んでいる。そのドラマの本質は人びとの葛藤である。生活保護制度の社会史のばあいでも、この事情は同一である。私はこのドラマを、その制度を形成・運営した厚生官僚たちを主役にして描くことにした。かれらと葛藤したのは、ＧＨＱの軍人官僚たち、大蔵官僚たち、政治家たち、福祉事務所の第一線職員たち、要求運動の運動家たち、マス・メディアではたらくジャーナリストたち、研究者たち、被保護階層・低所得階層の人びとなどであった。

巻末に付章として二つの小論を置いた。そのひとつは、通文化的制度としての公的扶助を定義して生活保護をその一例とし、あわせて一九八四年から九四年までの生活保護制度の基礎的データを示した。さきの三論文の仕事にこれをつなげば、叙述に濃淡の差はあっても、生活保護制度のちょうど半世紀の歴史がつづられたことになる。いまひとつは、本書でおこなった作業でもちいられた方法を振り返って検討しつつ、同時代の社会学者たちの方法に多少の批判的言及をおこなったものである。

目次

4 生活保護制度の低保護率期 271

付章　359

生活保護制度の社会史

世は一局の碁なりけり

土井　晩翠

社会的現実は、つまり、演劇的に実現される

ライマン／スコット

1

戦後日本における生活保護制度の形成

はじめに

一九八〇年は、現行の生活保護法の制定から三〇年にあたった。これをひとつの契機として、かつて生活保護制度を形成・運営した官僚たちの回顧録、証言が二冊の書物となった。すなわち、厚生省社会局保護課編『生活保護三十年史』、木村孜『生活保護行政回顧』（いずれも、社会福祉調査会、一九八一年）である。私は、これらを通読して、その内容につよい関心をおぼえた。そこから浮んでくる生活保護の制度像は、従来のいわゆる運動論的立場をとる研究者たちの著作が提示するその制度像とかなり色調を異にしており、私は前者につよい説得力、リアリティを感じたのである。

さきの二冊と前後して、生活保護制度の形成・運営に部分的にふれる官僚などの日記、証言録がさらに二冊、刊行された。木村忠二郎、木村忠二郎先生記念出版刊行委員会編『木村忠二郎日記』（社会福祉研究所、一九八〇年）、吉田久一・一番ヶ瀬康子編『昭和社会事業史への証言』（ドメス出版、一九八二年）がそれである。これらをつづけて読んで、私は、さきに記した感想をますます強めた。

これらの経験に示唆をえて、私は、たいそうおくればせながら、小山進次郎『生活保護法の解釈と運用』（中央社会福祉協議会、一九五〇年、改訂増補、一九五一年。（復刻版）全国社会福祉協議会、一九七五年）を読んだ。小山は、現行の生活保護制度をつくった厚生官僚の中心的存在である。この著作を早くから高く評価してきた人びとにとっては、(1)なにをいまさらといわれるだけのことであろうが、私はこの著作の学術的価値に深く撲たれ、これほどのものを見過してきた自分の不勉強を恥しく感じた。これは、生活保護制度論の古典であって現在にも通用する秀作であり、福祉政策論として戦後日本ではじめて書かれたもっとも独創的な著作であり、その後、これを抜くものはないのではないか。あわせて、小山進次郎氏追悼録刊行会『小山進次郎さん』(同会、一九七三年)、社会福祉協議会『民生委員制度五十年史』(一九六八年)などを読み、さきの感想は決定的なものになり、そこで見えてきた生活保護の制度像を確認するために、旧生活保護法の時代をふくめて、この制度の通史を書いてみる必要があると私はかんがえた。

以上の文献とそれまでに読んでいた生活保護制度にかんする若干の文献から、私は、試みにその通史をつぎの六つの時期に区分してみた。区分の根拠は、これからの論議の進行のなかで次第にあきらかにする。

制度形成期

1　制度準備期　一九四五—四九年
2　制度草創期　一九五〇—五三年
3　水準抑圧期　一九五四—六〇年

制度展開期

4　水準向上期　一九六一—六四年
5　体系整備期　一九六五—七三年
6　格差縮小期　一九七四—八三年

本稿は、その通史のための作業のひとつとして、最初の三つの時期における生活保護制度の形成を扱う習作である。これらを限定してとりあげるのは、紙幅や私の能力からの制約という消極的な理由にもよるが、それとは別に、新しく見えてきた生活保護の制度像を確認するためには、とくにその三つの時期が重要であるという積極的な理由もある。それもまた以下の論議のなかであきらかにしたいことであるが、結論の一部をさきどりするかたちでいえば、制度準備期と制度草創期は、運動論的立場からの生活保護制度論では比較的軽く、ときにはつけたりのように扱われるのであるが、それらの時期におこったこの制度にかんする出来事はのちの生活保護制度に決定的な影響をあたえているのである。また、水準抑圧期は、保護の適正化と朝日訴訟に特徴づけられる時期であり、運動論的立場の研究者たちがもっとも重視して、これを論じることで生活保護制度論の原型をつくっている。その時期を厚生官僚たちはどう見ていたか。二つの見方を対比することで、新しく見えてくるものがあるとおもう。

運動論的立場とは社会福祉の研究領域で一般にいわれているものであり、とくに厳密な規定があるわけではないが、社会福祉の制度・政策の創設やその水準の向上は、民衆の生活要求にもとづく大衆運動、社会運動が国家権力と対決しつつ、かちとってくるものであるという説明の仕方を多用する立場として私は理解している。本稿の論議は、その立場からの生活保護制度論議を部分的に批判することになるが、もちろん、そのすべてを否定するものではない。ただ、生活保護制度を全体的にとらえようとすれば、より基本的な立場がほかにあり、二つの立場のそれぞれから事実をみることが必要であると、いわば複眼をもつことを勧めたいのである。

（1）　たとえば、仲村優一、篭山京など。仲村『生活保護への提言』（全国社会福祉協議会、一九七八年）iii、一一〇—一四七ページ。篭山『公的扶助論』（光生館、一九七八年）一ページ。

一　制度準備期

1　生活困窮者緊急生活援護要綱

一九四五年、敗戦直後の日本の経済はほとんど崩壊しており、国民生活は総じていえば絶望的な窮状に追いこまれていた。その一端をJ・B・コーヘン『戦時戦後の日本経済』でみておこう。

日本の食糧事情の悪化は、一九四三年にはじまり、四五年の夏には事態ははなはだしく深刻になっていた。闇市場が一般化して、都市住民の多くは必要最小限の食糧を手に入れることができなかった。敗戦よりまえから、政府は外地からの食糧の輸入のために、戦争遂行に必要な生産手段の輸入さえ削減してきたが、海上交通を連合国軍によって封鎖されて、結果的には食糧の輸入量は激減していた。また、米の持越量は、一九四六米穀年度初めの四五年一〇月一日には、四日分しかなかった。くわえて、四五年の米の生産量はわずか六四〇〇万トンで、これは過去三六年間の最低記録であり、前年の収穫に比較しても二七%の減少であった。国民のカロリー摂取量は、一日あたり平均二一六五カロリーが最低摂取量とされたのにたいして、四五年は一六八〇カロリー、七七・六%となり、多くの国民が飢餓に瀕していた(2)。

住宅事情の悪化は、アメリカ軍の戦略爆撃がはじまると加速度的に進んだ。一九四五年、空襲によって焼失した住宅は二五〇万二〇〇〇戸である。このほか、四四年と四五年に、建物疎開のために六一万四〇〇〇戸がとりこわされ、また、空襲以外の原因による火事、地震、洪水によって五六万三〇〇〇戸が失われている。このころ、産業と軍需のための乱伐を主原因として洪水が多くおこった。以上を合計すると、四四年と四五年には住宅の損耗数は三六七万九〇〇〇戸となるが、これは四二年の使用住宅総数の一四九七万四〇〇〇戸にたいする二四・六％にあたる。爆撃をうけた六大都市にかぎれば、この比率はほぼ五〇％に達する。東京だけで七四万六〇〇〇戸の住宅が空襲で焼失し、四〇〇万以上の人びとが家なしの状態になっていた(3)。

ほかに、衣類、医薬品の欠乏が国民生活を脅かしており、そのほかの生活用品もすべて不足していた。その背景には工業の各部門の崩壊があった。くわえてインフレーションの進行が生活難を加速させていた。これらの状況のなかで、国内に生じた戦災者、失業者にくわえて、海外から膨大な数の引揚者、復員兵士・軍人が帰国してきた。

敗戦後の日本はアメリカ軍を機軸とする連合軍の占領下におかれていた。占領はGHQ（連合軍総司令部）が日本政府を通じて支配するという間接的統治の形態をとった。その占領の究極の目的は日本の非軍事化であり、ついで民主化であった。四五年九月二二日の「降伏後ニ於ケル米国ノ初期ノ対日方針」によれば、冒頭に「日本国ガ再ビ米国ノ脅威トナリ又ハ世界ノ平和及安全ノ脅威トナラザルコトヲ確実ニスルコト(4)」とある。日本経済の崩壊と復興については、つぎのような方針が表明されていた。「日本ノ苦境ハ日本国自ラノ行為ノ直接ノ結果ニシテ連合国ハ其ノ蒙リタル損害復旧ノ負担ヲ引受ケザルベシ右損害ハ日本国国民ガ一切ノ軍事目的ヲ拋棄シ孜々且専心平和的生活様式ニ向ヒ努力スル暁ニ於テノミ復旧セラルベシ(5)」。

日本経済の崩壊、国民生活の窮状は、日本がおこした戦争のせいであり、自らの責任によるものである。それらの再建や解決は日本国民が自力でやるべきことであって、連合国はそのために負担を引きうけるつもりはない、というのである。しかしながら、GHQは、この突き放した態度をとりつづけることができなかった。占領政策として一連の社会改革を遂行するためには、最小限のものにせよ経済と国民生活の安定が必要とされたからである。四五年の秋から冬にかけて、GHQと日本政府は、深刻化する日本国民の生活問題を解決するために矢つぎばやに政策的・制度的対応をおこなうが、その主要なものとして、日本政府による九月二〇日「戦災孤児等の保護対策要綱」[6]、GHQによる九月二四日「賃金物価等の統制維持・物資の公正配給の指令」[7]（SCAPIN五三か）[8]、両者の合作ともいうべき一二月一五日「生活困窮者緊急生活援護要綱」などがある。[9]

「生活困窮者緊急生活援護要綱」のばあいでいうと、生活援護の対象は「一般国内生活困窮者」であり、また、失業者、戦災者、海外引揚者、在外者留守家族、傷痍軍人とその家族、軍人遺族などで「著シク生活ニ困窮セルモノ」とされた。その方法は、(1)宿泊・給食・救護などの施設の拡充、(2)衣料・寝具などの供与、(3)食料品の補給、(4)生業の指導斡旋、(5)自家用消費物資・生産資材の給与または貸与などである。実施は、都道府県が計画し、市区町村長があたり、民間に協力させる。また、経費は、既定の予算を、この要綱の趣旨にかなうかぎり利用するが、そのほか必要があるものは別に考慮するとされた。[10]

この要綱の運用は葛西嘉資によると、つぎのようにおこなわれていた。戦時中からひきつづき使われていた軍事扶助法、戦時災害保護法、救護法、母子保護法のそれぞれの対象にそれぞれの法にもとづき援助金を出したが、それぞれの金額が軍事扶助法でもっとも高く、救護法、母子保護法でもっとも低いなどちがいがあるので、一律平等の保護のために、一律の額にたいする不足額はこの要綱にもとづき国庫金から支出する。また、葛西は当時の状況について、つぎのようにもいっている。この時期の貧困層対策にとって大きい障害は生活手段が決定的に不足していたことであり、援助金をわたしてもそれだけではどうにもならなかった。これを打開しようと厚生省社会局に物資課を設けたが、それほどの効果があがらなかった。それよりも、旧陸海軍の保有物資の放出やララ（アジア救済連盟）物資の援助が効果的であった。もし、これらの物資がなかったとしたら「ぞっとする」ような飢餓状態が生じていたであろう。[11]

(2)　J・B・コーヘン、大内兵衛訳『戦時戦後の日本経済』（上・下巻、岩波書店、一九五一年）下巻、一四三、一六八ページ。

（3）同右、二〇三―二〇五ページ。

（4）アメリカ国務・陸軍・海軍三省の調整委員会（ＳＷＮＣＣ）作成「降伏後ニ於ケル米国ノ初期ノ対日方針」（鹿島平和研究所編、鈴木九萬監修『日本外交史第26巻　終戦から講和まで』付録一、資料、鹿島研究所出版会、一九七三年）四六八ページ。

（5）同右、四七一ページ。

（6）「生活保護及び関連事項の年表」（厚生省社会局保護課編『生活保護三十年史』社会福祉調査会、一九八一年）五八九ページ。

（7）同右、同ページ。

（8）ＳＣＡＰＩＮのＳＣＡＰは連合国（軍）最高司令官を意味する略語で、Supreme Commander for the Allied Powers の各語の頭文字を集めている。ＩＮは instruction の略語で指令と訳される。したがって、ＳＣＡＰＩＮは、連合国（軍）最高司令官指令であるが、日本政府は、単に指令としたり、ＧＨＱ指令、ＧＨＱ覚書としているばあいもある。なお、九月二四日付ＳＣＡＰＩＮ五三の標題は、村上貴美子『占領期の福祉政策』（勁草書房、一九八七年）では二通り記されている。すなわち、「日本軍から受領すべき資材、補給品及び装備品に関する件」と「日本軍から返還さるべき資材等について」である。同書二二ページ、二八一ページ。前者は、Tatara Toshio, "1400 years of Japanese Social Work from it's Origins Through the Allied Occupations 552-1952," p.259 の記述にもとづく村上の仮訳であり、後者は厚生省大臣官房総務課保管文書綴『運営覚書ＡＯ二五一』の記述によるものである。なお、この指令の現物は現在、厚生省にはない。村上がタタラの業績にもとづき紹介しているＳＣＡＰＩＮ五三の内容をみると、それは「賃金・物価の統制維持、物資の公正配給指令」とくにその後半の「物資の公正配給指令」にあたるのではないかと推測される。

（9）村上、前掲書、五五ページ。

（10）小山進次郎『改訂増補　生活保護法の解釈と運用』（中央社会福祉協議会、初版一九五〇年、改訂増補一九五一年、（復刻版）全国社会福祉協議会、一九七五年）一三―一四ページ。

（11）葛西嘉資「終戦直後の生活保護」（『生活保護三十年史』）二八三ページ。

2　救済福祉に関する件

敗戦後の実質的、体系的な救貧政策は、一九四六年九月九日に公布された生活保護法、のちに一般に旧生活保護法と呼ばれたものによる政策にはじまる。その性格が形成される過程は、ＧＨＱの意向とこれに応える日本政府の計画、提案から成りたっている。そこでの主導的な役割は前者がはたした。

ＧＨＱは、四五年一二月八日付で、「救済ならびに福祉計画に関する件」（ＳＣＡＰＩＮ四〇四）を政府に送っている。なお、このタイトルは、『生活保護三十年史』の年表では、「救済福祉計画提出に関する覚書」となっている。この覚書の主要部分はつぎのとおりであった。

「(1)日本帝国政府ハ一九四五年一二月三一日マデニ、一九四六年一月ヨリ六月ニ至ル期間ノ失業者及ビソノ他貧困者ニ対スル食糧、衣料、住宅、医療、金融的援助、厚生措置ヲ与エルベキ詳細カツ包括的計画ヲ最高司令部ニ提出スルコト。

(2)該計画ハ次ノ諸項ヲ含ムベキコト。

1／2（略）

3　調査及ビ救済実施ニ使用サレルベキ地方行政機関ノ記述、併セテ人事政策ニ関スル説明。

4　日本経済ノ全源泉カラ補給品、資材及ビ家屋ヲ確保スル方法。

5　（略）

(3)コノ覚書ノ趣旨ハ家計ソノ他収入源泉ガ規定サレタ期間中最低生活ヲ維持スルニ不充分ナ国民ヲ救済スル適当ナ措置ヲ展開サセル必要ニ基クモノデアル。日本政府ハ日本ニオケル個人モシクハ集団ガ労働能力ノ欠如、失業アルイハ政治的宗教的並ビニ経済的諸理由ニヨリ諸種ノ供給ノ配給ニ差別待遇ヲ受ケルコトヲ防止スル適当ナ措置ヲ即時講ズベキデアル。

(4)（略）」。[12]

この覚書には、すでに、公的扶助がもつべき条件としての、(1)最低限度の生活の維持、(2)無差別平等の処遇、(3)政府が直接ひきうける責任などが示唆されていた。しかし、それらの条件をもつ公的扶助制度の必要を、政府・厚生省は最初のうち理解することができず、世論も同様であった。政府は、これにたいして、一二月三一日「救済福祉ニ関スル件」という計画をGHQに提出した。その主要部分はつぎのとおりである。

「一、救済福祉ニ関シテハ其ノ事由ノ如何ヲ問ハズ、現行ノ救護法、母子保護法、医療保護法、戦時災害保護法、軍事扶助法等ノ各種援護法令ヲ全面的ニ調整シ、新ニ国民援護ニ関スル総合法令ヲ制定シ、国民ノ生活保障ヲ法律ニヨリ確保スルト共ニ、右ニ伴ヒ政府ノ法令ニ基ク援護ヲ拡充強化スル為新ニ有力ナル民間援護団体ヲ設立スベク急速ニ之ガ準備ヲ進メツツアリ。然シテ右団体ノ設立ニ当リテハ既存ノ戦災援護会、海外同胞援護会、軍人援護会等ノ各種団体ヲ整理統合スルモノトス」。

二では、前項でいう計画が実施されるまでは「生活困窮者緊急生活援護要綱」にもとづく政策でつなぐこと、前項の計画では援護は標準世帯（家族五人）で月に二〇〇円を限度とすること、援護はできるかぎり現物供与でおこなうことなどを述べたうえで、援護に要する経費として二億円の支出を予定しているといっている。[13]

これにたいして、GHQは四六年二月二七日、「社会救済」（SCAPIN七七五）として広く知られることになる回答を政府にあたえた。これは占領下では後々まで「救済福祉に関する基本指令」とか「最高規範」とかいわれているものである。菅沼隆は、最近の労作のなかで、この指令の立案者はGHQのPHW（公衆衛生福祉局）の福祉課のジョージ・K・ワイマンであり、かれはニューディール期の連邦緊急救済制度のもとで救済行政に従事した専門職の出身であって、その制度の理念からつよい影響をうけていたことをあきらかにしている。[14] なお、この指令で「社会救済」と訳されたものは、原文では Public Assistance、公的扶助であった。[15] ここから、この時期の厚生省には公的扶助という言葉が知られていなかったという判断が導き出されることがある。[16] これがさらに進むと、当時の日本にはアメリカ合衆国でいう公的扶助の概念にあたる言葉がなかったという判断になる。[17] しかし、後者については、救護法、軍事救護法の性格の分析をおこなったうえで、さらに検討をしてみる必要がある。

さて、「社会救済」の主要な内容は、政府が出してきた計画にたいして、つぎの条件に合致するよう変更を要求していた。

「(イ) 日本帝国政府ハ都道府県並ニ地方政府機関ヲ通ジ差別又ハ優先的ニ取扱ヲスルコトナク平等ニ困窮者ニ対シテ適当ナル食糧、衣料、住宅並ニ医療措置ヲ与エルべキ単一ノ全国的政府機関ヲ設立スベキコト。

(ロ) 日本帝国政府ハ一九四六年四月三〇日マデニ本計画ニ対スル財政的援助並ニ実施ノ責任体制ヲ確立スベキコト。／従ッテ私的又ハ準政府機関ニ対シ委譲サレ又ハ委任サルべカラザルコト。

(ハ) 困窮ヲ防止スルニ必要ナル総額ノ範囲内ニオイテ与エラレル救済ノ総額ニ何等ノ制限ヲ設ケザルコト」。[18]

主要な変更の要求は二点である。すなわち、第一、政府が、援護の主体として民間団体を構想していたのにたいして、それを禁じ、単一の全国的政府機関がその主体となることを求めている。つまり、公的扶助は国家が自ら責任をもってやるべきものだというのである。第二、救済に必要な経費に制限をつけないことにしている。この決定にいたる舞台裏の動きは、当時の統治機構の内部の力関係を象徴的に示すものなので、次項で少しくわしくみたい。

なお「救済ならびに福祉計画に関する件」(ＳＣＡＰＩＮ四〇四) および「社会救済」(ＳＣＡＰＩＮ七七五) において共通して強調された無差別平等の原則の含意について簡単にふれておきたい。ＧＨＱは、占領政策の第一義的目的を日本の非軍事化とすることからして、日本政府が貧困対策において復員軍人に特別に有利な処遇をあたえることを警戒していた。生活に困窮した元将校や元兵士は、一般国民と同じ扱いで救済の対象とされるべきだというのである。それは、四五年一一月二二日「救済用配給物資ノ貯備ニ関スル件」（SCAPIN三三三）で配給において元軍人であることを理由にした特別扱いを禁じていたことや、一〇月一六日の同趣旨の指令（SCAPIN一五一）、さらには先述の九月二四日付の指令（SCAPIN五三）にまでさかのぼってみられる。[19] 四六年のこの時期、GHQが強調した無差別平等は、少なくとも第一義的には、元軍人の優遇を禁じるものであって、抽象的・一般的に理解される民主主義の原則のひとつではなかった。

(12) GHQ「救済ならびに福祉計画に関する件」社会保障研究所編『社会保障資料Ⅰ』（至誠堂、一九八一年）二ページ。
(13) 『改訂増補　生活保護法の解釈と運用』一四—一五ページ。
(14) 菅沼隆「SCAPIN七七五の発令——SCAPIN七七五『社会救済』の起源と展開(2)」東京大学社会科学研究所『社会科学研究』第四五巻第三号、一九九三年、一三〇—一三三ページ。
(15) 社会福祉研究所編『占領期における社会福祉資料に関する研究報告書』（一九七九年）二二ページ。
(16) 松本征二・仲村優一「終戦前後」（前掲『生活保護三十年史』）一〇四ページ。
(17) C・F・サムス著、竹前栄治編訳『DDT革命——占領期の医療福祉政策を回想する』（岩波書店、一九八六年）三三〇ページ。
(18) 『改訂増補　生活保護法の解釈と運用』一六ページ。
(19) 『占領期の福祉政策』二七、二八、三〇、三三、六九ページ。

3　厚生省・大蔵省・GHQ

一九四五年一〇月ころ、厚生省社会局は「救済要綱」の原案をGHQに提出し、その予算の総額を一億円弱と見込んで、これではまったく不足であろうといわれている。このとき、社会局からＧＨＱに出向いたのは局長・栗原美能留で、松本征二がついていっている[20]。

四六年一月、社会局長は葛西にかわり、その年の年末に、前記の「救済福祉ニ関スル件」がＧＨＱに提出されるのであるが、そのなかの予算が二億円ときまるまでには、つぎのようないきさつがあった。葛西によると、その計画作成にあたり、国民の一〇％が貧困状態にあるという想定のもとに、各種の援護経費を積算すると三〇億円になった。この金額をきいて、ＧＨＱは理解を示したが、大蔵省はきびしい態度で臨んできた。もっとも厚生省自身がのちにみるように、この三〇億円の全額を本当に必要なものとして切実にかんがえていたわけではなさそうである。そこには、大蔵省の査定によって削られることを予想して、予算要求は過大にしておくという思惑がこめられていたようである。大蔵省との折衝のなかで厚生省は予算額を八億円にまでゆずり、そこに査定が落ち着くと見込んだ。葛西は、その金額の予想のもとに戦災者・引揚者の住宅・手当などの費用を各府県に内示した。ところが、大蔵省はこれを二億円と査定してきた。これを厚生省側がさらに押し返す場は、政府予算案が決定される閣議しかない。ところが、閣議の当日、厚生大臣・芦田均は地方に出張しており、厚生省の要求をとりついでくれる者がいなかった。やむをえず厚生省からは事務次官の安井誠一郎と葛西が、閣議がおこなわれている室の隣室まで出かけてゆき、大蔵大臣を呼び出して増額の必要を訴えたが、ききいれてもらえない。内務大臣も出てきて事情はきいてくれたが、厚生省側が望む結論は出ないまま、かれらは閣議の席にもどっていった。葛西は悄然として厚生省にもどり、責任をとるために辞表を書いた。

救済福祉の予算は二億円とした政府予算案は閣議決定され、ＧＨＱに送られた。悶々の数日が過ぎたと葛西はいう。ところが、ＧＨＱはこの閣議決定を承認せず、救済に必要な金額として厚生省が最初に積算した三〇億円をそのまま認めよという指令を出してきた。葛西は安堵して辞表を破ったが、俗にいうひょうたんから駒が出たような気分でもあったらしい。のちに、かれは正直に「三〇億円とはまったく思いがけぬ数字」であったと書いている。これは厚生省全体の気分でもあったようである。社会局保護課の予算担当の理事官・岡田好治は、葛西をからかっていったという。「局長、三〇億円を半分も不使用であますようなことになったら、あなたは責任を問われますよ(21)」。

厚生省が実際のところ八億円が必要とみていたものを、GHQは三〇億円が必要と判断した。この差異をうんだ根本条件は、当時の関係者たちの多くが認めているように、社会保障や公的扶助についての厚生省の認識とGHQのそれとが、まだ決定的に違っていたということであろう。そうして、旧生活保護法による生活保護は、この三〇億円の予算ではじめられるのであるから、この面でも、GHQの主導的役割はあきらかである。

この間のいきさつを見ながら気づくこと、想定しうることを、あと二点、記しておきたい。

(1)　二億円の予算が三〇億円の予算になる経過からは、当時の厚生行政における大臣と次官、局長の関係がよくわかる。日本は未曾有の重大問題化した貧困問題に直面し、救貧政策の拡充が必要であった。厚生官僚たちはその拡充計画をつくるが、その実現は困難にみえる。かれらの計画にとってきわめて不利な閣議決定がおこなわれるという大事な日に、厚生大臣は不在である。『芦田均日記』によれば、かれはこの日、総選挙の選挙戦のため選挙区の京都に帰っていた(22)。そうして、東京では、厚生次官や社会局長たちが悲愴な気分で、死力をつくしている。かれらの努力が効果をあげなかったとき、局長は、救貧政策の拡充を想定して出した地方への内示の責任をとるために辞表を書くのである。芦田は、帰京したのち、GHQの指令による予算をつくりなおす臨時閣議へ出席しているが、日記の記述ではそのあたりは他人事のように書いて、三〇億円の件には一切ふれていない(23)。この前後の記述でかれが熱を入れて書いているのは選挙と倒閣運動の経過だけである。大臣は権力闘争に没頭しており、行政は実質的に高級官僚たちがない。

担っている。この選挙の直後に芦田が私心を捨てて国のために政治に取り組もうと書いているのには[24]、苦笑するほかない。

(2) 厚生省は八億円と期待し、大蔵省は二億円と査定し、ＧＨＱは三〇億円と指令した。そうして、敗戦国の占領軍によるこの指令は絶対の力をもっていた。その指令に出あっての厚生官僚たちの反応は、資料によってさきに記した。しかし、資料にはあらわれてこない大蔵官僚たちはどのように反応したのであろうか。かれらの驚愕は、厚生官僚のそれよりいっそう深かったにちがいない。しかも、それはかなりの不快感をともなっていたはずである。社会保障や公的扶助にたいして、厚生官僚のように馴染んでいない大蔵官僚にとっては、ＧＨＱの指令は、経済の難局にたつ政府への浪費の指令と感じられたのではないか。また、かれらにとって厚生官僚は実際はそうではなかったにしても、ＧＨＱの威光を借りて自省の過大な要求を押し通し、国家財政のバランスを崩しているとみえたのではないか。大蔵省と厚生省およびＧＨＱの関係をこのように想定することにより説明がつく事柄が、生活保護の最初の一五年の歴史のなかには多い。

(20) 「終戦前後」(『生活保護三十年史』) 一〇三ページ。
(21) 「終戦直後の生活保護」(『生活保護三十年史』) 二八四―二八五ページ。「占領下の厚生行政について――葛西嘉資氏に聞く」(吉田久一・一番ヶ瀬康子編『昭和社会事業史への証言』ドメス出版、一九八二年) 一〇九―一一〇ページ。
(22) 芦田均著、進藤栄一他編『芦田均日記』(第一巻、岩波書店、一九八六年) 九二ページ。
(23) 同右、一〇〇ページ。
(24) 同右、九七ページ。

4　旧生活保護法

一九四六年九月九日、生活保護法が制定された。これは、一九五〇年に制定された現行の生活保護法と区別するために、旧生活保護法と呼ばれているのでここでもそれにしたがう。戦中からの救貧政策の法的基礎を形成していた軍人扶助法以下の諸法は廃止されて、ここで旧生活保護法に一本化されたのである。この法の主要部分を抜き書きし、その制定と運営における論議のめぼしいものを紹介しておこう。

「第一章　総則

第一条　この法律は、生活の保護を要する状態にある者の生活を、国が差別的又は優先的な取扱をなすことなく平等に保護して、社会の福祉を増進することを目的とする。

第二条　次の各号の一に該当する者は、この法律による保護は、これをなさない。

一　能力があるにもかかわらず、勤労の意志のない者／二　素行不良な者

第三条　扶養義務者が扶養をなし得る者には、急迫した事情がある場合を除いては、この法律による保護は、これをなさない。

第二章　保護機関

第四条　保護は、保護を受ける者の居住地の市町村長、（中略）居住地がないか、又は明かでないときは、現在地の市長村長がこれを行う。

第五条　民生委員は、民生委員令の定めるところにより、保護事務に関して市町村長を補助する。

（中略）

第四章　保護の種類、程度及び方法

第十条　保護は、生活に必要な限度を越えることができない。

第十一条　保護の種類は、左の通りである。

一　生活扶助／二　医療／三　助産／四　生業扶助／五　葬祭扶助

②前項各号の保護の程度及び方法は、勅令でこれを定める」。

なお、第五章保護費では、いくらかおおまかにいえば、第十八条では保護に要する費用は保護を受ける者が居住する市町村が支弁するとし、第二十八条で都道府県がその十分の一を負担しなければならず、第二十九条で国庫はその費用の十分の八を支弁するとしている。(25)

この法律案をつくるさいの厚生省の基本姿勢は、大規模な生活保護はしなければならないが、国民の血税をつかうのであるから濫救におちてはならず、惰民養成になってはならないという消極的なものであった。それは、国が生活保護をおこなう責任をもつことを宣言し、国民はその反射的利益をうけるが、裁判上の請求権はないという解釈が一貫してとられたことや、前記の第二条の設定によくあらわれている。保護機関としては、GHQは単一の全国機関を設立することを要求していたが、それが可能な状況ではなかったので、第四条のようにして、しかし、市町村長のもとに生活保護の業務にふさわしい職員がいないので、戦前から救貧事業に経験をもつ方面委員を補助機関としてつかうことにした。ただし、方面委員は救護法のもとで働いてきたので、そのままでは、生活保護法が救護法の延長のようにとられやすい。それを避けるために、厚生省は、方面委員を民生委員と改め、民生委員令を制定し、員数も新制度の発足にあたって七万から一二万へと増加させた。保護基準については、第十条で制限的な「タテマエ」をかかげ、その実際については、第十一条②のように、委任命令にまかせていた。保護費については、社会局内部にも国がやる仕事だから全額を国庫が負担するべきだという主張があったが、濫救防止のねらいから、都道府県と市町村に一割ずつを負担させるという方式がとられた(26)。

この案をめぐっての厚生省とGHQの折衝では、法案名、第二条、第五条などについて論議が多かった。法案名では、厚生省案は、和文で生活保護法、英文でDaily Life Security Lawとなっていた。英文どおりなら、和文は生活保障法となるはずであったが、それでは受給者の権利が強調されすぎると考えられたのである。この使いわけは、GHQの通訳の二世将校の語学力不足で通ってしまった。第二条では、素行不良の者の解釈で論議が長びいたが、葛西が「『飲む、打つ、買う』のような者」だというと、GHQのPHWの局長・サムス准将が、破顔一笑して、日本でもそういうのかといい、了解したという。第五条では、GHQは専門職のソーシャル・ワーカーによって公的扶助の業務がおこなわれることを理想としており、専門家ではない民生委員に難色を示したのである(27)。

国会ではこの案についてどのような論議がおこなわれていたか。『昭和社会事業史への証言』には、史料として「旧生活保護法に関する長谷川保発言」が収められている。長谷川はキリスト教社会事業家で、日本社会党の衆議院議員として、第九〇回帝国議会で、法案審議にさいしてこの発言をしている。かれの主張の主要点はつぎのとおりである。(1)第一条には、国が「最低生活を保障し」という一句を入れよ。対象となる人びとは戦争の犠牲者であり、その生活が保障されるのは当然のことである。(2)第二条、第三条は不要である。濫救を恐れるな、濫救するくらいでなければ、充分な生活保護はできない。(3)私設社会事業をいっそう積極的に援助し、私設社会事業家の意向を尊重せよ。(4)民生委員には本来期待されるべき任務をはたす者が少ない。誤った人選がおこなわれているからである。かれらに生活できるほどの手当をあたえることにして、人材を集めるべきである(28)。

当時の厚生大臣・河合良成は、(1)について、時機尚早といい、濫救を誘発してはならないと答弁している(29)。しかし、厚生官僚たちは、野党のこのような発言を自分たちへの応援演説として聞くような気分でいた。

法は、ＧＨＱとの折衝をなるべく少なくするために大綱のみにとどめたので、いったん制定され実施段階に入ると、地方からの照会も多く、運用者の解釈がまちまちになるなどの問題が生じてきた。そこで社会局は『生活保護百問百答』を前出の岡田に執筆させ、編集し、照会への回答にかえ、解釈の統一をはかった[30]。

(25)「生活保護関係法制」(『生活保護三十年史』)五〇六―五一〇ページ。
(26)(27)「終戦直後の生活保護」(『生活保護三十年史』)二八六―二八九ページ。
(28)(29)「旧生活保護法に関する長谷川保発言」(『昭和社会事業史への証言』)五三七―五四九ページ。
(30)「占領下の厚生行政について――葛西嘉資氏に聞く」(『昭和社会事業史への証言』)一一三ページ。

5　生活扶助基準額の改定

第一回の生活扶助基準額の設定は、生活困窮者緊急生活援護要綱の時代、一九四六年三月におこなわれている。基準算定方式としては、標準生計費方式による算定をおこない、世帯人員別に基準額を設定した。以降、同年四月に生活扶助基準第一次改定がおこなわれ、七月に第二次改定がおこなわれている(なお、『生活保護三十年史』をはじめとする厚生省が刊行した多くの文書で、改定と改訂は互換的につかわれている。本書では、本文においては改定を統一的にもちいている。ただし、引用文や引用の資料において改訂がもちいられているばあいには、原文どおりにしておく)。

旧生活保護法は四六年一〇月から施行されるが、それから一年のあいだに、五回の改定がおこなわれている。すなわち、一一月＝第三次、四七年三月＝第四次、七月＝第五次、八月＝第六次、一一月＝第七次である。これらの矢つぎばやな改定は、なによりも亢進するインフレーションによる貨幣価値の急速な低落に対応して、生活保護による実質的な生活水準を落さないようにするためのものであり、あわせて、多少のその引き上げをはかるためのものであった。

四八年五月、社会局保護課は、戦後四代目の課長として小山進次郎をむかえた。かれは、それから五一年八月、大臣官房総務課長に転じるまで三年あまりその職位にあって、救貧政策の法的基礎として旧生活保護法をできるかぎり熟させ、そこからの発展と飛躍の結果としての現行の生活保護法を形成する仕事の中核的存在であった。このひとは、厚生官僚として稀有の優秀な人物であったようである。多くの上司、同僚、部下たちが、その頭脳の明晰さ、論理の組立ての巧みさ、社会状況の分析の的確さ、福祉行政・厚生行政の本質的価値の把握、部下を働かせ統率する能力、おもいやり深い人間性などについて証言している。[31]この小山のパーソナリティは、旧法の運用と新法の制定に大きく投影している。

当時の小山の部下のひとりであった高橋三男は、新法の制定における小山の功績の大きさのせいで、かれが保護課長になるとただちに新法をつくる仕事にとりくんだという見方があるが、それは誤解だという。最初、小山は旧法をたかく評価しており、基準の改定によって生活保護の実質的水準をかなり高めることができるとみていた。かれが、まず手がけたのは八月の第八次改定であったが、これは、かれの思想と理論に裏打ちされて、生活保護の歴史のなかで文字どおり画期的なものになった。[32]

それまでの改定は、さきにわずかにふれたように、インフレーションに対応する適当な補正という性格のものであった。それらにたいして、第八次改定では、(1)生活保護法で許されるべき最低生活はどのようなものであるかを物量面から規定し、(2)それにたいして当時の重要物資供給力の関係からくる制約に応じる調整をくわえ、(3)それを当時の物価で算定して基準をもとめるという手順が踏まれた。これは、いわゆるマーケット・バスケット方式として科学的論議にたえうる最初の基準であり、実質的水準を飛躍的に高度化することになった。すなわち、第七次改定では五大都市五人世帯の基準が一五〇〇円でC・P・S（国民の一カ月平均支出額）の二一・七％であったのにたいして、第八次改定ではそれぞれが四一〇〇円、三七・六％となったのである(33)。

この改定は、生活保護制度の運営の仕方にも大きく影響してくることになる。それまでは基準が保護費の上限をさだめており、最低生活費としての実際の支給額は、その上限までの範囲内で制度運営の実務にあたる民生委員が「良識と勘」でさだめていた。しかし、この第八次改定は、最低生活費の算定、収入の認定、給付額の決定などを、すべて確実な根拠にもとづき、客観性のある方法でおこなうようにもとめることになった。それは「良識と勘」だけで主観的に仕事をしてきた民生委員の能力を超える要求であった。これによって、生活保護の実務を民生委員がおこなう基盤が失われはじめる。生活保護の仕事が、素人のやる業務から専門家のおこなう職務へと変化する最初の契機がここにあった(34)。

小山は、ひきつづき、四八年一一月の第九次改定、四九年五月の第一〇次改定を手がけた。第九次改定では、性別、年齢別、世帯人員別の基準額の組合わせ方式が採用され、勤労控除、小額不安定控除が創設された。第一〇次改定では、年齢区分が変更され、妊婦加算、母子加算、障害者介護加算が創設された。これらの方式と加算の大部分は、現在にいたるまで残っている。これらをつうじて、生活保護基準は充実していった。しかし、小山は、かれ自身がめざす基準のありかたと、旧法の基準の規定とのギャップをも次第に深刻に認識しはじめたようである。そのさいのかれ自身がめざしていた基準は第八次改定における手続きによってもほぼあきらかであるが、科学的にさだめられた国民生活の最下限を律するためのものである(35)。これを法によって得ようとするところに、新法の制定にむかう契機のひとつがあった。

(31)『小山進次郎さん』(小山進次郎氏追悼録刊行会、一九七三年)。
(32) 高橋三男「小山さんと新法制定の二つの動機」(『生活保護三十年史』) 三〇四―三〇七ページ。
(33)『改訂増補生活保護法の解釈と運用』三四―三五ページ。
(34) 同右、三五ページ。
(35)「小山さんと新法制定の二つの動機」(前掲) 三〇七ページ。

6　保護請求権と不服申立ての萌芽

一九四九年二月五日、愛知県知事は厚生省社会局長に「生活保護法の疑義に関する件」という照会をおこなった。その前文では、適正な保護をおこなうため、要保護者が保護にたいして異議があるばあいには異議の申立てをさせているが、これに関連して疑義が生じてきた。また、これについては、愛知県軍政部厚生課長からも、なるべく早く解明するようにと指示されているので含んでおいてもらいたいといっている。疑義はつぎのとおりであった。

「(一) 生活の保護を要する状態にある者は、生活保護法により保護を請求する権利を有するか。もし有するとすれば、右の者が保護の申請が却下せられた場合、又は現に受けている保護に対し、異議の申立を保護救済機関に対し為した場合に不当に却下せられた場合には、裁判上如何なる機関に対し、如何なる法的根拠により手続をなして保護せられるか。

(二) 保護を請求する権利は、法律上認められていなく、要保護者は単に保護を受ける資格を有するに過ぎないとすれば、本法と憲法第二五条との関係は、如何なる関係にあるか」。

なお、この疑義とは別に、要保護者に異議の申立ての制定について周知させるための文案を出して、それをつかってもよいかとの問い合わせもしてきている。[36]

この疑義と関連が深い、これにさきだつものとして、訴願法の見直しがあった。この法は、行政処分にたいする行政部門における救済制度としての一般法であり、その見直しのなかで生活保護制度の行政救済策が検討されることになっていた。これにたいして厚生省は、四九年一月に「保護処分に関する救済措置の実施要領案」をまとめ、裁決期限を一四日とする提案を中心として、訴願法の改正にかんする要望意見を出していた。当時までの訴願法では救済の訴えにたいする裁決期限がさだめられておらず、聞きおくという程度の扱いとされることがあるが、それでは、日常の最低生活を守る生活保護の行政救済には不充分であるとかんがえられていたからである(37)。

小山は、高橋に愛知県からの照会にたいする回答の第一次案をつくらせ、保護課内での議論をへて、見解をまとめた。それから、GHQのPHWをたずね、担当のアーヴィン・H・マーカソンに説明をしている。マーカソンは査察指導と不服申立てにつよい関心をもっていたので、小山と熱心に論議をしてから、後日に不服申立ての制度を設けるのならば行政措置としてではなく、法規の形式をとらせるべきだといい、LS(法制局)の了解をとるようにと指示している。小山は高橋をともなってLSに出向き、ブレークニーという将校と交渉をした。ブレークニーは弁護士の出身で日本語に堪能であり、法律家としてもきわめて優秀で交渉相手としてはてごわかったが、協議の過程で小山の人物と識見をたかく評価するようになり、かれが持参した原案をほぼそのまま承認してくれた(38)。

愛知県知事の照会にたいする社会局長の回答は四九年三月一日付でおこなわれている。回答は三項目から成っていた。

第一には、照会の㈠の件について、保護を請求する権利は有さないと解すべきであり、したがって裁判でこれを争う法的根拠もないという。第二には、憲法第二五条の生存権は請求権をともなう権利ではないから、それを具体化、立法化した生活保護法で保護を請求する権利が認められないとしても、憲法第二五条とのあいだの矛盾はないという。

この二点は、それまでの厚生省がとってきた統一的見解である。しかし、第三に、つぎのようにいったことは、当時としてはきわめて思い切った意向表明であった。「異議申立についての取扱の貴県の計画は、極めて時宜に適したものとは存ずるが、近く訴願法が全面的に改正される予定でもあり、一般に行政処分に対する保護救済の手段を早急に樹立する必要があるので、本省においても本法の省令改正により、その措置をなすべく、鋭意考究中であるから何分通知のあるまで、これを留保されたいこと[39]」。

この措置が、四月二一日付の「生活保護法施行規則の一部改正に関する件」各都道府県知事宛厚生省社会局長通知となる。この一部改正は、生活保護法施行規則に第八条の二から四までを追加して不服申立ての制度を導入することであった。

「第八条の二　市町村長は前条第一項の規定による申請があったときは、直ちにこれを受理し、一四日以内に必要な措置をとらなければならない。（後略）

第八条の三　市町村長は、保護の程度及び方法又は保護の廃止、停止若しくは変更について不服の申立があったとき又は前条第二項の措置について不服の申立があったときは、直ちにこれを受理し、一四日以内に必要な措置をとらなければならない。（後略）

第八条の四　都道府県知事は、前条の規定に基き、市長村長のとった措置に対し不服の申立があったときは、直ちにこれを受理しその措置について変更を要するかどうかを決定し、変更を要すると認めたときは市町村長にその旨を指示しなければならない。（後略）[40]」。

この改正は、名目的には「国民の側の主張をも開陳する機会を与えることにより、法運用の適正化を更に一段と保障せんとするものである」とされた。しかし、制度化された不服申立ては、旧法を基礎づける反射的利益の観念と原理的に矛盾するものであり、旧法の枠組から理論的にはみだすものであった。[41] そこからは、生活保護の受給を権利とみなす見方がたやすく導きだされるのである。したがって、この改正は、新法の制定のための直接の契機のひとつであったとみることができる。

(36)『改訂増補生活保護法の解釈と運用』一〇八―一〇九ページ。
(37)「小山さんと新法制定の二つの動機」(『生活保護三十年史』)三〇八ページ。
(38) 同右、三〇九―三一〇ページ。
(39)『改訂増補生活保護法の解釈と運用』一一〇ページ。
(40)(41) 同右、六六一―六六三ページ。

7 軍人恩給の停止と旧生活保護法

村上貴美子の『占領期の福祉政策』(一九八七年)は、標題に示された歴史的事実をはじめて本格的に論じた労作である。そこで村上は、旧生活保護法の制定の直接の契機のひとつは軍人恩給の停止にもとめられるとしている。私は、この大著から多くを学んだが、旧生活保護法にかんする彼女のこの判断にはただちに同意することはできない。以下、これについて、てみじかに述べる。

一九四五年一一月二四日、GHQは「恩給および年金に関する件」(SCAPIN三三八)を発した。

「1 日本政府は出来る限り早急にしかも如何なることがあっても一九四六年二月一日以前に当司令部に許可された場合を除き左の各項に該当するすべての人物に対するあらゆる公私の年金その他の給与金、補助金の支払を停止するために必要な措置を講ずること。

(A) 退職金またはこれに類するボーナスや手当を含む軍務に対する支給金、但し労働能力を制限するような不具廃疾者に対する補償金を除くが、この補償金は非軍事的理由から起きた同程度の不具廃疾者に与えられる最低のものより高い率であってはならぬ。

以下省略[42]」。

翌二五日、米軍渉外局は「軍人の恩給停止の件」を発表し、この指令にコメントをくわえた。すなわち、GHQ当局者はこの指令を日本の軍国主義が他の国民に負わしめた巨大な負担を軽減する目的のための新しい重要な措置であると説明している。軍人恩給の廃止によって復員終了後、年額一五億円の経費節減が期待される。軍人恩給はほかの官吏などの恩給より軍人にとってはなはだ有利な制度であった。恩給のための納付金が俸給に占める割合は、軍人で一%、他は二%であった。また、他の恩給は俸給額にもとづき決定されていたが、軍人のそれは俸給よりはるかに高い金額を基準にしていた。恩給のために必要とされる勤務期間も、軍人のばあいには実際より長くみなす制度がいろいろ設けられていた。今回の指令は、退役軍人が特権階級として残るのを禁止し、それによって日本の民主化を促進するだろう[43]。

これをうけて、翌二六日、日本政府は「軍人恩給停止に関する善後措置」を閣議決定した。その内容は軍人恩給の代替物として厚生年金保険に準じる社会保険を新しくつくり、元軍人はその被保険者であったとみなそうというものであった。GHQは一時この工夫に同情的態度を示し[44]、日本政府も法律案を作成するところまでいったが、この案が国会に提出される予定であった四六年四月二日、GHQは「国庫納金の払戻と前軍人に対する一般厚生年金の適用」（SCAPIN八八九）を発し、軍人恩給を厚生年金保険のなかに復活させる道は全面的に閉ざされた[45]。

村上はこの経過をくわしく叙述したうえで、「SCAPIN三三八が全面実施されるに及んで、日本政府は軍人の生活援護に対する新しい対策を展開せざるをえなくなったのである[46]」と締めくくって、旧生活保護法の成立を論じはじめている。彼女が、この引用文中の「新しい対策」として、旧生活保護法を位置づけているのはあきらかである。また、つぎのような端的な断定もある。

「新しく制定されるであろうところの『単一包括的社会救済法』(旧生活保護法をさす――副田補記)は、単なる困窮者対策としての意味だけでなく、従来の恩給対象者をも念頭においたものとして検討されてきたことは想像に難くない[47]」。

「生活保護法(旧法)は、法制定の直接の契機を、SCAPIN七七五およびSCAPIN三三八(軍人恩給停止)に求めることができる[48]」。

しかし、本当に旧生活保護法を制定する作業に従事しつつ厚生官僚たちは、その法による生活保護が一部にしろ軍人恩給にかわるものになるとかんがえていたのだろうか。私がこの村上の判断に同意しがたい理由は二つある。すなわち、第一に、旧生活保護法の制定に関与した厚生官僚たちが後になってそのいきさつにふれた手記や談話のなかに、彼女のその判断を裏付ける発言、記述はいっさい見出されない。たとえば、旧生活保護法制定時の社会局長は葛西嘉資であるが、かれは、「無題」(『社会局参拾年』一九五〇年)、「思い出」(『社会局五十年』一九七〇年)、「占領下の厚生行政について」(『社会福祉研究』第一五号、一九七四年)、そして「終戦直後の生活保護」(『生活保護三十年史』一九八一年)のそれぞれで旧生活保護法の制定について述べているが、一度も、その法による生活保護制度が軍人恩給が停止されたのでかわってあらわれた対策であるというようなことをいっていない[49]。ほかに、松本征二、外山良造はいずれも旧生活保護法が制定されたころ社会局にいた厚生官僚で、旧法にかんしてそれぞれ仲村優一と対談しているが、軍人恩給の停止との関連にはいっさい言及していない[50]。

第二に、軍人恩給と生活保護は原理が異なる二つの社会制度である。一般的にいえば、軍人恩給は年金であり、軍人たちは保険料（国庫納付金）を支払い、死亡・傷害などの事故にあったさいには、遺家族や本人が年金（恩給）の給付をうける。生活保護は公的扶助であり、税金が財源とされ、人びとは生活保護基準以下の収入しかえていないとき、申請して調査をうけその貧困の事実を確認されてから、保護費の支給をうける。このように原理が異なっているのであるから、軍人恩給が停止になったからといって、生活保護がそれにかわる新しい対策になることはできない。政府としては、軍人恩給が停止になれば、それにたいする唯一の対策は、なんらかの形式でそれの復活をはかることだけである。ただし、軍人恩給が停止になったので、困窮した元軍人やその遺家族の一部が、事実上、旧生活保護法による救済の対象となったということはあっただろう。

これについて、実際のところ、厚生官僚たちはどうかんがえていたのだろうか。解釈をくわえれば、わずかに手がかりになりそうな記述が『木村忠二郎日記』一九四六年六月二八日分のなかにある。当時、かれは厚生省大臣官房会計課長であったが、のちに社会局長、厚生次官をつとめて省の中枢にたえずいたひとである。記述は、次官会議か局長会議に列席したさいの覚書らしい。

「㊹　軍人恩給の問題

アイケルバーカーヨリノG・H。Q・ニ対スル運動ヨリモダメダトイフコトニナッタ。

正式ニ文書アリ。

㊰　本問題ハ総理ヨリ外ム次官ニ対シ詮メタル意見アリ。

遺家族ノ全般的救済トシテ考ヘルヨリ外ナシ。（原文のママ）[51]」。

四月二〇日、SCAPIN八八九が出て、軍人恩給が厚生年金保険のなかに復活する道は閉ざされたのであるが、それから二ヵ月ほどは政府はGHQに対して軍人恩給のなんらかの復活を工作していたが、この日、それが空しかったと報告があった。アイケルバーカー将軍は運動の伝手であったのか、それともその成否を知らせる情報源であったのか。そこで、軍人遺家族の救済は、軍人遺家族のみを特別扱いせず、遺家族全体の救済の一環としてかんがえるよりほかあるまい。この木村の文章は、軍人恩給にかわる新しい対策を積極的に構想するというよりは、仕方なく消極的な対策に甘んじるという具合に読める。こう解釈すれば、私としては、冒頭の村上の判断には無理があるようにおもう。

しかし、それにしても、私がさきにあげた程度の二つの理由を、村上ほどの研究者がかんがえなかったはずがない。彼女は資料の博捜ぶりでは定評があるひとだが、そのひとが、自らの判断を裏付ける証言をあげないままに「想像に難くない」というような書き方で無理な判断を強行したのはなぜであろうか。以下は私の推測である。従来の占領期研究は、もっぱら戦後改革の側面からおこなわれてきたが、戦前期からの継承や敗戦処理の面への注目も必要ではないか。日本政府にとって、敗戦処理のための大きい政治課題のひとつが元軍人対策であった。村上がこうかんがえていることは『占領期の福祉政策』からあきらかに読みとれる。この発想は基本的に正しい。その発想がいわば過剰に適用されて、軍人恩給の停止が旧生活保護法の成立と結びつけられてしまったのではなかろうか。

(42) ＧＨＱ「恩給ならびに年金に関する件」社会保障研究所編『日本社会保障資料Ⅰ』(至誠堂、一九七五年）二―三ページ。ただし、同書は、このＳＣＡＰＩＮ三三八の日付を（昭和）21・11・24）と誤記している。
(43) 同右、三―四ページ。
(44) 総理府恩給局編『恩給制度史』(大蔵省印刷局、一九六四年）二〇〇ページ。
(45) 『占領期の福祉政策』六一―六五ページ。
(46) 同右、六五ページ。
(47) 同右、七六ページ。

(48) 同右、二六九ページ。
(49) 葛西嘉資「無題」(厚生省社会局『社会局参拾年』一九五〇年) 九三—九八ページ。「思い出」(厚生省社会局編集・発行『社会局五十年』一九七〇年) 一九—二〇ページ。「占領下の厚生行政について——葛西嘉資氏に聞く」『昭和社会事業史への証言』一〇九—一一三ページ。「終戦直後の生活保護」『生活保護三十年史』二八二—二九〇ページ。
(50) 「終戦前後」『生活保護三十年史』一〇二—一〇五ページ。外山良造・仲村優一「生活保護法旧法のころ」(『生活保護三十年史』) 一〇六—一一二ページ。
(51) 木村忠二郎、木村忠二郎先生記念出版編集刊行委員会編『木村忠二郎日記』社会福祉研究所、一九八〇年、三〇五ページ。

二　制度草創期

1　被保護階層の構成

旧生活保護法による生活保護の最後の段階である一九五〇年、被保護実人員は二〇三万八四七四で、人口一〇〇〇にたいする保護率は二四・四‰であった。その前年、四九年には、それぞれが一六三万八三三九、二〇・〇‰であるから、実数で約四〇万、対前年比で約二〇％の増加であった。[52] 四八年以前のデータは、旧法やそれ以前の生活困窮者緊急生活援護要綱による被保護実人員と児童福祉法、災害救助法などによるものとが合算されているので、ただちに参考にはされえない。しかし、四九年と五〇年だけからでも、生活保護を受給する人びとが急速度で増加していたことがみてとれる。

この被保護階層には、大別して二つのタイプの人びとがふくまれていたとおもわれる。そのひとつは、それまで一、二年のあいだに労働者階級、中間階級から失業、倒産などをつうじて階層的に下降、沈澱してきた人びとである。いまひとつは、それ以前から一般的であった戦没兵士の遺家族である母子世帯、老人たち、戦傷病者などであった。[53] 被保護実人員の急増は、主として、第一のタイプの増加によっていた。

それは、当時の日本経済の産物である。敗戦後の日本経済は、生産拡大に重点をおきつつ、段階的にインフレーションの克服をはかるという基本方針のもとに運営されてきた。しかし、インフレーションで物価がたえず上昇していると安定した単一固定為替レートが設定されず、したがって正常な貿易がおこなわれず、生産の拡大を基礎づける原料の安定的輸入が期待できなかった。また、日本経済の復興を支えたアメリカ合衆国の対日援助の打ち切りが迫っていた。[54] そこで日本経済の構造の転換がはかられるのであるが、それは、まず、四八年一二月一八日、GHQから政府に「経済九原則」として指令された。総合予算の真の均衡をはかることにはじまる、これらの原則は、占領政策の大幅な変更であったが、いまはそこに深入りしない。

四九年二月一日には、トルーマン大統領の全面的委任をうけた公使として、デトロイト銀行頭取、ジョゼフ・ドッジが日本を訪れた。かれは、四九年度の予算案から、さきの九原則に沿った経済安定化政策の実施を指導し、その政策の全体がドッジ・ラインと呼ばれた。その基本的性格は、インフレーションを克服するために政府の予算を均衡させること、つまり政府の赤字をなくして通貨供給を減らすこと、および、私企業の自由にまかせて生産活動を発展させることにあった。アメリカの援助と政府の補給金という竹馬に日本経済は乗っている、この竹馬の脚を短くすることが必要である、とかれは主張した。[55]

ドッジ・ラインは、日本経済の安定化に成功して最終的にその再建をもたらしたが、過渡的には深刻な社会問題を生んだ。成功はなによりも物価上昇率の急速な低下にあらわれている。一例を消費者物価指数の推移にみると、四九年三月までは対前年同月比で五〇%かそれ以上の上昇率が示されていた。それが同年六月には二四・八%、九月と一二月には五％台の上昇率に落ちている。しかし、この強力なインフレーション収束政策は、生産活動を抑制することにもなった。とくに機械工業は大きい打撃をうけた。倒産する中小企業が続出し、生産の縮小が広くみられ、労働者は失業した。厳しい合理化が要求された公共部門でも大量の人員整理がおこなわれた。年平均の完全失業者数は、四八年二四万、四九年三八万、五〇年四四万と増加してきている。また、それらを上まわる数の半失業者、不完全就業者がいたはずである[56]。

これらの完全失業者、半失業者たちから、さきにいった第一のタイプの被保護階層が出現するのであるが、かれらの意識と行動は、旧来の第二のタイプのそれと異なっていた。前者には労働運動を体験した者が多く、それをつうじて階級意識、権利意識をもつようになっており、生活保護を申請、受給するにあたっても、それを当然の権利に属するものとして要求しがちであった。被保護階層は、この第一のタイプの参入によって、いわばその体質を部分的に変化させつつあった。この変化は、旧法によっては充分に対応されず、新法が成立する基盤となった[57]。

しかし、政治的場面で旧法による生活保護の基準の低さが批判され、その引き上げの必要が強調されたのは、第二のタイプ、とくに母子世帯、戦没者の遺族の貧困問題の救済策にかんする論議においてであった。この範疇は戦争の被害をもっともはなはだしく受けており、四九年の第五国会では、未亡人や母子のための単一の援護法をつくるべきだという意見が多数意見であった。しかし、ＧＨＱは、それを軍人遺族のみの優遇に通じがちなものであるとして、非軍事化政策の観点から反対し、結果的には、生活保護法を改正して未亡人・母子対策を充実させる方向がとられた。

四九年五月、衆参両院は、そのための決議をあいついでおこなっているが、衆議院の遺族援護に関する決議では「生活保護の基準額を真に人たるに値する生活をなし得る程度まで即時引き上げ、特に老人・婦女子の家庭の生活の確保を図ること」とある。また、参議院の未亡人並びに戦没者遺族の福祉に関する決議では、「社会保障制度の確立を促進すると共に社会福祉政策の強化特に公的扶助の制度を拡充して生活保護の基準を引き上げ、これが活用を図り、その適切、公平なる遂行をなすこと」とある。[58] 第一の決議は、当時の生活保護の基準は「人たるに値する生活をなし得る程度」のものになっていないと言外にいっているのであるが、これに、政府の政策を支持するのがふつうの与党までが賛成しているのである。現在ではまずかんがえられないことであるが、そこには、遺族援護の水準の引き上げが超党派的課題とされていた当時の事情がうかがえる。このようにして、主として戦没者の遺族である未亡人・母子対策の充実が必要であるという認識が広く支持されて、戦争被害者の存在も新法が成立する基盤のひとつとなった。

(52) 「生活困窮者緊急生活援護要綱及び旧生活保護法による被保護人員の年次推移」(『生活保護三十年史』) 五ページ。
(53) 『改訂増補生活保護法の解釈と運用』四〇ページ。
(54)(55) 正村公宏『戦後史・上』(筑摩書房、一九八五年) 二三六—二四一ページ。
(56) 同右、二六〇—二六七ページ。
(57) 『改訂増補生活保護法の解釈と運用』四〇ページ。
(58) 同右、四三—四四ページ。

2　社会保障制度審議会の勧告

さかのぼって、一九四七年八月、連合軍最高司令官は、アメリカ合衆国から、ウイリアム・H・ワンデルを長とする社会保障制度調査団をまねいた。翌四八年七月、GHQは同調査団の報告書の写しを、日本の社会保障制度の計画と実行のための参考・指導書として、政府にたいする覚書「日本社会保障に関する調査団報告の件」(SCAPIN五八一二/A)にあわせて送った。この覚書は「社会保障実現の具体的方法並びに計画は日本の現状に照し、且つ、また日本の社会において最も関係を有する人びとの立場において決定されるべきである」[59] と提言しており、政府はこれに対応して四八年一二月二三日、社会保障制度審議会設置法を制定した。同法にもとづく審議会は四九年五月に組織され、活動をはじめた。

社会保障制度審議会は、内部に総合企画、運営、社会保険、社会医療、公的扶助のそれぞれをとりあつかう五つの小委員会を設けた。公的扶助小委員会は、最初、将来の社会保障制度における公的扶助の役割や保護の基準、未亡人・母子の援護問題、経費問題、そのほかの時事的問題をとりあげてきたが、検討の過程で方針を変更して、生活保護制度の性格そのものを検討することにした。それは、この制度にかかわる諸問題がその性格の問題から出ており、この制度が国民の最低生活を保障するものにならなければ解決されない、また、それは緊急性の高い問題であり、社会保障の全体の計画がまとまるまで待たせることができないという判断にもとづいていた。検討の結果は、八月の総会に「生活保護制度の改善強化に関する件」という政府にたいする勧告の案として提出され、多少の曲折はあったが、翌九月の総会で採択された(60)。

この方針変更から勧告案の作成、採択までの過程には、厚生官僚たちによる小委員会委員たちへの積極的な働きかけがあったものと想像される。勧告案の原文は、小山進次郎がのちに「私の作文」であったと語っている(61)。前節後半部分でみたような役割をそれまでの生活保護行政ではたしてきた小山は、それを書くための最適任者であった。勧告の主要部分はつぎのとおりである。

「現行の生活保護制度の採っている無差別平等の原則を根幹とし、これに次に述べる原則並びに実施要領により改善を加え、もって社会保障制度の一環としての生活保護制度を確立すべきことを勧告する。

（原則）

（一）　国は凡ての国民に対しこの制度の定めるところにより、その最低生活を保障する。国の保障する最低生活は健康で文化的な生活を営ませ得る程度のものでなければならない。
(二) 他の手段により最低生活を営むことのできぬものは、当然に公の扶助を請求し得るものであるという建前が確立されねばならぬ。
従って、公の扶助を申請して却下された者及び現に受けている扶助につき不服のある者はその是正を法的に請求し得るようにしなければならない。
(三) 保護の欠格条項を明確にしなければならない。
第一、保護機関に関するもの
(一) 市町村において生活保護に当たる職員は、別に定める資格を有する職員でなければならない。(下略)
(二)(三) 略。
(四) 民生委員は次に掲げる事項につき市町村長の行う保護に協力するものとすべきである。
(1)保護を要する状態にある者を発見すること。
(2)保護の実施に関し必要に応じて意見を市町村長に述べること。
(3)保護を受ける者の生活指導を行うこと。
第二、保護施設に関するもの　略。
第三、保護の内容に関するもの
(一) 保護の程度及び方法に関する原則的事項は法律において規定すべきである。
(二) 保護の実施は現状ではいささか消極的に過ぎるから、更に積極的に運用し経済更生的施策を拡充し、防貧自立の機能を発揮するようにしなければならない。(下略)

(三)　現行の五種の保護の外に新たに教育扶助及び住宅扶助の制度を創設すべきである。

第四、保護費に関するもの

(一)　現行の八・一・一負担区分は地方負担過重に失し、この制度の円滑なる実施に対する障害をなしているから、地方負担の軽減を図るようにしなければならない。

(二)　略。

(三)　国及び地方公共団体はこの制度の実施に要する必要にして十分な金額を予算に計上し、且つ、支出しなければならないことを法律に明記すべきである[62]」。

この勧告は、つづいて制定される生活保護法の骨格をほぼ示すものであった。論議を進めるうえでの便宜のために、くりかえしの煩雑さが生じるのをあえて避けずに、勧告の主要内容をつぎのように要約しておきたい。

(1)　原則としては、(i)無差別平等、(ii)国家責任、(iii)最低限度の生活の保障、(iv)権利としての受給、(v)欠格条項の設定などがあげられている。

(2)　保護機関については、生活保護を担当するのは市町村の有資格の職員であるとし、民生委員を協力者として位置づけている。

(3)　保護の内容については、程度・方法の原則は法律で規定されるべきだとし、積極性を自立を促す機能にもとめ、教育扶助、住宅扶助を新設するとしている。

(4)　保護費については、地方負担の軽減を強調し、十分な金額の予算への計上・支出を法律に明記するべきだとしている。

(59)　「連合軍最高司令部より日本政府への送達書」の四（厚生省『社会保険制度え（原文ママ）の勧告——米国社会保障制度

調査団報告書』一九四八年)。
(60) 『改訂増補生活保護法の解釈と運用』四五—四七ページ。
(61) 小山進次郎・仲村優一「新生活保護法の制定(その一)」(『生活保護三十年史』)一一六ページ。
(62) 『改訂増補生活保護法の解釈と運用』四八—四九ページ。

3 生活保護法(1)

厚生省は、一九四九年一一月から生活保護法案の本格的準備に入った。法案の原案作成にあたっての方針は四つあったが、そのうちのひとつは、改正の内容はおおむね社会保障制度審議会の勧告を中心とすることとされていた。また、いまひとつは、前記の勧告以外に、医療機関にたいする監督の規定を盛ることともされていた。法案は、約三ヵ月をかけて、厚生省が原案をつくり、地方自治庁、大蔵省、法務府などの関係省庁と協議をし、五〇年二月七日、閣議で国会提出が決定された。つづいて、これが、国会提出の承認をえるためにGHQに提出され、そこで審査をうけ、一部の修正がおこなわれて、三月二一日正式の承認をうけた。国会では衆議院がこれを先議して一部を修正し四月二二日本会議で可決、参議院も一部を修正して四月二九日本会議で可決した。生活保護法は五月四日公布され、即日施行された。

生活保護法は、全部で一一章、八六条から成っている。そのすべてを紹介し、くわしく検討することは、本稿では必要でないし、もちろん、現在の私の能力にあまることである。その見事な達成例としては、前出の小山、仲村、篭山などの著作がある。ここでは、本稿の課題が必要とするかぎりにおいて、この法の主要部分を紹介し、あわせて、その形成過程において問題とされたもの、また、現在から振り返ってみいだされる問題点を概観しておこう。

生活保護法第一章総則は、前項の勧告でいう原則のうちの、(i)無差別平等、(ii)国家責任、(iii)最低限度の生活の保障、(iv)権利としての受給の四つと、保護の内容のところでいわれた生活保護の積極性としての自立を促す機能を、主要には最初の三条で示し、あわせて第四条で補足性の原則をかかげている。

「(この法律の目的)

第一条　この法律は、日本国憲法第二十五条に規定する理念に基き、国が生活に困窮するすべての国民に対し、その困窮の程度に応じ、必要な保護を行い、その最低限度の生活を保障するとともに、その自立を助長することを目的とする。

(無差別平等)

第二条　すべて国民は、この法律の定める要件を満たす限り、この法律による保護(中略)を、無差別平等に受けることができる。

(最低生活)

第三条　この法律により保障される最低限度の生活は、健康で文化的な生活水準を維持することができるものでなければならない。

(保護の補足性)

第四条　保護は、生活に困窮する者が、その利用し得る資産、能力その他あらゆるものを、その最低限度の生活の維持のために活用することを要件として行われる」。

『改訂増補生活保護法の解釈と運用』によれば、生活保護法案が作成される過程で問題点とされたものが三七あったという。そのうちで、総則にかかわるものはつぎの五つである。(1)法律の目的を社会保障のみにおくのか、社会福祉をも含めたものにするのか、(2)法の適用を日本国民にかぎるか、どうか。(3)法の保障する生活水準をどのようにさだめるか。(4)被保護者の欠格条項をどうするか、(5)公的扶助と民法上の扶養とをどのような関係におくか。まず、(1)と(4)をややくわしく検討しよう。[63]

(1)でいう社会保障と社会福祉は、第一条でいう最低限度の生活の保障と自立の助長である。したがって、生活保護の目的は、社会保障に社会福祉を含めたもの、現在の一般的な用語でいえば、所得保障に福祉サーヴィスを含めたものになった。これについては、自立助長の解釈が重要である。小山は、勧告のなかでは、生活保護の積極性を表すものだといい、また、のちには、それは「その人の人間として持っている可能性を十分発展させてゆく、いわば人権をそのまま実現させてゆくようにするところまで持ってゆく」という意味であったとも敷衍している。[64] また、自立助長のための指導を必要としているのは被保護者の一部であり、そのほかの被保護者は経済給付だけでほぼ充分である。保護をあたえる相手のすべてに、指導をおこない、更生更生とせきたてるようなやりかたをとるべきでないともいっている。生活保護はゆとりのあるものでなければならないというのである。しかし、これは自立助長にかんするひとつの解釈であり、これとは別の解釈があったのも事実である。それについては後述する。

(4)でいう欠格条項は、新法にはとりいれられなかった。すでにみたように、旧法にも勧告にもそれが含まれている。欠格条項の必要の認識では当時の厚生官僚たちは一致していた。小山は、のちに、この欠格条項の主張を、保護課の伝統のなかにある「生活保護のきびしさ」の表れともいい、また、それと権利としての生活保護の主張をワン・セットにしておこなうところに官僚のバランス感覚の表れがあったともいっている。[65] これが新法に入らなかったのは、GHQにおける法案の審査の過程で欠格条項を入れるべきではないというPHWのマーカソンたちの説得を小山たちが受けいれたからである。[66]

当時も現在も、アメリカ合衆国をはじめ多くの先進資本主義諸国の公的扶助制度は、欠格条項をもつか、あるいはさらに進んで健常で健康な身体の持ち主である男子は対象としない。したがってマーカソンたちの説得は、アメリカの法や制度を規範的モデルとして、日本をそれに見習わせるというものではなかった。それは、徹底した性善説と教育の可能性への信頼にもとづき、勤労意欲をもたぬ者でも素行不良の者でも、生活保護をあたえつつ指導によって更生に導くことができるし、大事であるという理想主義の色調が濃厚な主張であった。これが日本で受けいれられて、生活保護法は、公的扶助に欠格条項を設けないという点で、国際的にみて珍しい例となったのである。もっとも、当時の一部の厚生官僚たちは、どうしてもその点に納得することができず、自立助長の規定を欠格条項にかわるものとみなしたりした(67)。

また現在から振り返ってみれば、保護の補足性の原則に問題がある。これについては小山との対談のなかで仲村に端的な指摘があるので、それを引用したい。条文のなかに「『あらゆるもの』という表現をとって、何か保護というものは、何でもかんでも使いきってしまって、なおかつ要保護状態にあるということでなければ、保護の対象にならないんだという印象をあたえる」。一般に補足性の原則にはそのような「消極的なニュアンス」がともないがちである。しかし、生活保護制度では、資産保有の範囲が拡大してゆく経過をみてもわかるとおり、あらゆるものを使いきることなど要求されていない。条文の印象と事実のあいだには矛盾がある。条文は「健康で文化的な最低生活を維持するのに必要な資産は保有が認められる」という「肯定型の表現」がむしろ望ましかったのではないか(68)。

これにたいする小山の回答も興味深い。当時、生活保護の発展してゆく将来像が、国民の世論のなかにも、学術研究のなかにも、政治家や行政官の認識のなかでも充分に熟していなかった。小山自身をはじめとする官僚たちは「頭だけは、次にいかにゃならん段階」を知りながら「からだの方は依然として昔の状態」にあるというような、新旧の考えかたを混在させた矛盾のなかにあった。その過去の制約が、のちに悪用される恐れがあった「あらゆるもの」などという表現、「精神論」を入れさせてしまったというのである。[69]

(63)『改訂増補生活保護法の解釈と運用』五一ページ。
(64)「新生活保護法の制定（その一）」(『生活保護三十年史』) 一一九ページ。
(65) 同右、一一八―一一九ページ。
(66) 同右、一二三ページ。
(67) 木村忠二郎『生活保護法の解説』(時事通信社、初版一九五〇年、第二次改訂版、一九五八年) 一一七ページ。
(68)(69) 小山・仲村「新生活保護法の制定（その二）」(『生活保護三十年史』) 一二七―一二八ページ。

4 生活保護法(2)

第二章保護の原則は四つの原則をかかげるが、勧告でいうところの保護の内容との関連では、つぎの二つがとくに重要である。

「(基準及び程度の原則)

第八条　保護は、厚生大臣の定める基準により測定した要保護者の需要を基とし、そのうち、その者の金銭又は物品で満たすことのできない不足分を補う程度において行うものとする。

2、前項の基準は、要保護者の年齢別、性別、世帯構成別、所在地域別その他保護の種類に応じて必要な事情を考慮した最低限度の生活を満たすに十分なものであって、且つ、これをこえないものでなければならない。

(必要即応の原則)

第九条　保護は、要保護者の年齢別、性別、健康状態等その個人又は世帯の実際の必要の相違を考慮して、有効且つ適切に行うものとする」。

この保護の原則では、法案の作成において問題点とされたのは、つぎの二点であった。(6)保護の基準を法文上どのように表現するか、(7)無差別平等の原則の機械的適用をどのような方法で防止するか。[70] これらの問題点は、それぞれ、前掲の条文で解決された。

第三章保護の種類及び範囲では、勧告でいった二種の扶助を新設し、生活扶助、教育扶助、住宅扶助、医療扶助、出産扶助、生業扶助、葬祭扶助の七種類がおこなわれることになり、それぞれの範囲がさだめられた。これについても、法案作成にあたって、(8)から(11)まで四つの問題点が記録されているが省略する。

第四章保護の機関及び実施は、勧告にいう担当者としての市町村の職員、協力者としての民生委員などの規定をふくんで、第一九条と第二一条、第二二条が重要である。なお、この三条については、生活保護法の施工後、実施体制が次第に整備されるにともない、条文の変更がみられる。以下で示すのは法の制定時の条文である。

「(実施機関)

第十九条　市町村長（特別区の存する区域においては都知事とする。以下同じ。）は、要保護者に対して、この法律の定めるところにより、保護を決定し、且つ、実施しなければならない。

2／3／4　略」。

「(補助機関)

第二十一条　都道府県及び厚生大臣の指定する市町村は、この法律の施行について、都道府県知事又は市町村長の事務の執行を補助させるため、社会福祉主事を置かなければならない。

2　社会福祉主事は事務吏員をもって充て、政令の定める資格を有する者の中から任用しなければならない。

3　略。

（協力機関）

第二十二条　民生委員法（中略）に定める民生委員は、市町村長又は社会福祉主事から求められたときは、市町村長及び社会福祉主事の行う保護事務の執行について、これに協力するものとする」。[71]

保護の機関及び実施について、法案作成にあたって問題点とされたものは⑿から⒅までの七つであった。すなわち、⑿保護の実施機関を市町村長にするか、都道府県知事にするか。⒀保護の実施機関を市町村長とすることと、いわゆる福祉地区の構想とを調和させる途はないか、⒁法の執行について、都道府県知事及び市町村長を補助する有給専門の職員について、どのような規定を置くか。⒂民生委員を法文上どう取り扱うか。⒃義務的監査の規定を設けるか、どうか。⒄被保護者に対する市町村長の指示権をどうするか。⒅市町村長が、要保護者の資産及び収入の状況について、調査を嘱託しうる先を官公署にかぎるか、どうか。

この七つのうちには、厚生省が関係省庁やＧＨＱと最後まで論議したもの四つのうち三つまでがふくまれていた。すなわち、⑿、⒂、⒄である。このかぎりでは、法案の作成にあたって、もっとも意見の対立が多くみられたのが、この第四章だといってよい。[72]

⑿については、これが後述する「社会福祉行政に関する六項目」が決定された直後に論議されたという事情があった。この六項目の基本的なねらいのひとつが福祉行政を市町村行政から独立させることにあったので、それとの関連から、実施機関は知事にすべきだという主張が有力であった。しかし、そのためには準備が不充分であり、さしあたりはという限定つきで、それを市町村長にした。のち、五一年五月の第三次改正で、これは現行法のように、都道府県知事、市長、および福祉事務所を管理する町村長となった。

⒂については、ＧＨＱは生活保護の担当者は有給の専門職員であるべきだとして、それとの関連で、民生委員にかんする規定の全文削除を要求した。ＧＨＱのこのような要求は旧法の制定にさいしてもみられたが、そのころよりきびしくなっていた。木村忠二郎は当時社会局長であったが、日記のなかで、ＰＨＷのネフかマーカソンの「民生委員制度ニ付テノ疑問」として「民生委員ハ隣組ノ衣替」、「アル区デ民生委員ガ圧制的デアル」などをあげている。[73]また、のちになって木村は、担当者を有給の専門職員とすることでＧＨＱをなだめて、民生委員制度を残した。そうでなければ、民生委員制度はつぶされていただろうといっている。[74]

ただし、この件については、以上にみたのはＧＨＱ／ＳＣＡＰの政策立案スタッフの見解であり、地方軍政レヴェルには別の見解があったという村上貴美子の指摘は興味深い。[75]地方軍政レヴェルのソーシャル・ワーカーには、民生委員を日本の歴史的遺産、文化的遺産として尊重するべきであるという見解やヴォランティアの日本的形態として有用性をもつとかんがえるものがあった。[76]

⒄は行政機関の権限と被保護者の自由との調和の問題である。条文の紹介は省略するが、直接的には第二七条、関連して第二八条が対象となる問題である。これでは厚生省の原案が「行政機関の権限の確保に傾き過ぎて」おり、ＧＨＱからはげしく批判され、現行のものとなった。同様の批判および修正は、第五章保護の方法、第八章被保護者の権利及び義務についても、あった。[77]

第五章から第八章までの紹介と問題点の検討は省略する。

第九章不服申立は、その制度をつくることが厚生官僚たちに新法の制定を動機づけたものであり、勧告でもその必要が強調されたところであったが、つぎのように条文化された。なお、この章は六二年九月、行政不服審査法の施行にともない第一三次改正で全面的に改められたが、以下は制定時のものである。

「（都道府県知事に対する不服の申立）

第六十四条　被保護者又は保護の開始若くは変更の申請をした者は、市町村長のした保護に関する処分に対して不服があるときは、その決定のあった日から三十日以内に、書面をもって、当該市町村長を経由し、都道府県知事に不服の申立をすることができる。

２／３　略」。

「（厚生大臣に対する不服の申立）

第六十六条　第六十四条により不服の申立をした者は、前条の決定に対してなお不服があるときは、その決定の通知を受けた日から六十日以内に、書面をもって、当該都道府県知事を経由して、厚生大臣に不服の申立をすることができる。

２／３　略」。

「（訴の提起）

第六十九条　この法律に基く行政庁の決定又は裁決に不服がある者は、その処分に関し行政庁の行った事実の認定及び法律の適用につき行政事件訴訟特例法（中略）の定めるところにより、裁判所に訴を提起することができる[78]」。

新しい生活保護法の第一の特徴は保護をうけることを国民の権利であるとしたことにある。この権利が実定法上のものであることを明示するのが、不服申立ての制度である。権利の本質は、「自己の生活分野において法的効果が生ずる利益を具現し、保全し、その侵害を排除するため、何等かの具体的な請求権を法律によって賦与され、保障されていること[79]」である。この請求権の代表的・終極的な型が法律上の訴訟である。したがって、第六九条を設けることによって、保護をうけることが国民の権利であるとする法規範は完成したことになる。

また、小山をはじめとする厚生官僚たちは、憲法第二五条第一項でいう「健康で文化的な最低限度の生活を営む権利」と生活保護法の関係をつぎのようにかんがえていた。一方では、生活保護法第二条にみるように前者が後者を基礎づけている。しかし他方では、この不服申立ての制度にみるように後者が前者を基礎づける。すなわち、生存権は、憲法それ自身においては実定法上の請求権としての具体的権利の意義をもっていないが、この不服申立ての制度によってはじめて、「真正の意義の『権利』」になったのである。(80)

なお、生活保護費の負担区分は、第十章費用で規定されているが、国が八、その長が保護の実施機関である地方公共団体が二の割合となった。

(70)『改訂増補生活保護法の解釈と運用』五一ページ。
(71) 制定時の条文はつぎから引用した。「生活保護関係法制」(『生活保護三十年史』) 五二二―五五五ページ。
(72)『改訂増補生活保護法の解釈と運用』五一、五三、五四ページ。
(73)『木村忠二郎日記』四八二ページ。
(74)「昭和二十年代の社会事業行政をめぐって――木村忠二郎氏に聞く」(『昭和社会事業史への証言』) 三二四ページ。
(75)『占領期の福祉政策』二四一ページ。
(76)「ドナルド・V・ウィルソン博士の〝証言〟――聞き手＝秋山智久」(小野顕編『占領期における社会福祉資料に関する研究報告書』社会福祉研究所、一九七九年) 二四〇―二四一ページ。「フローレンス・ブルーガー女史の〝証言〟――聞き手＝秋山智久」同二五〇―二五一ページ。
(77)『改訂増補生活保護法の解釈と運用』五三、五四ページ。
(78)「生活保護関係法制」(前掲) 五五九―五六三ページ。
(79)『改訂増補生活保護法の解釈と運用』六五三ページ。
(80) 同右、五四ページ。

5　厚生省とＧＨＱ

一九五〇年、敗戦からわずか五年しか経過していない日本で成立した公的扶助のための法律としては、生活保護法は、総体としては、民主主義の観点からみて、非常に進歩的な法律であった。仲村は、思想のレヴェルでみて、この法ほどのものは当時の世界のどこにもなかったであろうという意味のことをいっているが[81]、私も同感である。一歩踏みこんでいえば、五年まえの敗戦まで、ファシズム国家、天皇制国家の政府で働いていた官僚たちが、このような法律をつくったということがなにか不思議に感じられる。

このばあい、基本的な判断としては、官僚制というものは本来そういうもので、権力の支配の道具であるから、権力がめざす方向によってファシズムのためにも民主主義のためにも働くのだともいえよう。また、いま少しきめ細かくみるならば、ファシズム国家、天皇制国家の政府というように、政府をひとまとめにしてとらえる方法では不充分で、そこでの厚生省社会局、とくにその保護課、さかのぼっては内務省社会局以来の独自性をかんがえてみる必要があるということもあろう。小山自身は、後年になって、保護課のなかにかれが課長になる以前から蓄積されていた知識が、四九年の社会保障制度審議会の勧告なり、五〇年の生活保護法なりで形をあたえられたにすぎないといっている。たとえば、さきの勧告の案をかれが半日で書いて公的扶助小委員会に提出したことにふれて、つぎのようにいっている。

「無差別平等とかが出てくるのは、決して社会保障制度審議会のあの議論の結果出たわけじゃなくて、むしろ、当局が持ち出す案にあった。ということは、私以前の保護課にもうそういうふうなものが自然にできておって、ただ、それに形を与えることをしなかったというだけの状態だったものですから、それでわれわれとしては、自分らが現にやっており考えていることに形を与えればどういうふうになるか、それだけの操作でできたということが、

図1・1　救済福祉に関する件，旧生活保護法，生活保護制度の改善強化に関する件，生活保護法の比較

	救済福祉に関する件（1945.12）	旧生活保護法（1946.10）	生活保護制度の改善強化に関する件（1949.9）	生活保護法（1950.5）
国家責任	×	○	○	○
最低限度の生活の保障	×	×　△（第8次改訂以降）	○	○
無差別平等		○	○	○
生活保護をうける権利（＝不服申立制度）	×	×　△（49.4以降）	○	○
欠格条項の除外		×	×	○
有給の専門職の担当	×	×	○	○

ものごとを非常にスピーディに運べた理由だろうと思うんです」[82]。

戦前にさかのぼって、内務省とその社会局の独自性については、灘尾弘吉につぎのような発言がある。かれは、一九二四年内務省に入省して社会局で働き、厚生省が設置されてからはそこに移り、社会局の前身である生活局長をつとめ、内務次官にもなった人物である。

内務省の官僚たちのものの考えかたのなかには、民主主義的要素、自由主義的要素がほかの省などの官僚たちに比較すればより多くあった。ひとつには選挙とか地方自治とかをあつかっていると、民主、自由にたいして積極的になりがちある。また、いまひとつには、労働政策、社会事業、健康保険などの業務をつうじて国民生活の実態を知っている。したがって、戦中の軍部の神がかり的な政策主張にたいして、異議の申立てをすることも、内務官僚がもっとも多かった[83]。これらの傾向は厚生官僚たちにも継続されていったとおもわれる。

生活保護法をつくるにあたって、厚生省社会局保護課に蓄積されていた知識、また、内務省から厚生省への比較的民主主義的、自由主義的な伝統が大きい役割をはたしたのは、たしかに事実であろう。しかし、それだけで生活保護法がつくられたのではない。

思考を進める手がかりに、図1・1をつくってみた。生活保護法の具体的特性を、(1)国家責任、(2)最低限度の生活の保障、(3)無差別平等、(4)生活保護をうける権利（＝不服申立制度）、(5)欠格条項の除外、(6)有給の専門職の担当の六つとする。そうして、救済福祉に関する件、旧生活保護法、社会保障制度審議会の勧告「生活保護制度の改善強化に関する件」、生活保護法の四つで、この六つの特性のそれぞれが、あるならば○印、なければ×印、不完全にあれば△印、有無の判定がつかなければ無印をつけてみる。

この図1・1でみるならば、救済福祉に関する件は×印のみ四つで、生活保護法と完全に断絶している。したがって、救済福祉に関する件でみるかぎり、これを立案した厚生官僚たちがそのままで五年後に生活保護法をつくることはかんがえられない。つぎの旧生活保護法は、最初の段階では○印が二つ、×印が四つで、最後の段階では○印が二つ、△印が二つ、×印が二つとなる。これで判断するかぎり、旧生活保護法では生活保護法の基本的特徴六つのうち、二つが完全に、二つが不完全に形成されていることになる。生活保護法の形成過程において旧法がもつ意義は一般にかんがえられているより大きいというべきであろう。

旧生活保護法の最初の段階の二つの○印は、いずれもＧＨＱの指示（ＳＣＡＰＩＮ七七五）によるものである。最後の段階の二つの△印のうち、不服申立制度はＧＨＱの示唆と小山をはじめとする厚生官僚たちの努力の合作であり、最低限度の生活の保障はかなりの程度まで小山個人の功績のようにみえる。旧法の最後の段階を論理的に完成した姿にもっていったのが、社会保障制度審議会の勧告「生活保護制度の改善強化に関する件」である。これによってみると、小山がこの勧告で形をあたえられたという保護課に蓄積されていた知識は、主として旧法のもとで蓄積されたものであろうと推測される。そうして勧告から新法への過程で欠格条項が消えるが、これもＧＨＱの説得によっていた。

以上からみて、ＧＨＱは生活保護法の形成に、大きい役割をはたしたといわねばならない。具体的にはＰＨＷの成員たち、とくに旧法ではワイマン、新法ではマーカソン、両法をつうじてサムズが大きい影響をもった。ワイマンが

SCAPIN七七五の立案をつうじて旧生活保護法の形成に貢献したのはさきに示したとおりである。マーカソンは厚生官僚たちの主体性をつねに尊重しつつ、生活保護をうける権利、被保護者の権利の擁護に熱意をもって、かれらを説得した。なお、PHWの進歩的姿勢について、そこにニュー・ディーラーたちが入っていたからだという通説がある。これにたいしては、一方では当時のPHWの成員であったドナルド・V・ウィルソンのつよい否定論があり[84]、サムズの回顧録でもニュー・ディーラーへの言及が一切ない[85]。しかし、他方では、先述のように、ワイマンはニュー・ディールの連邦緊急救済制度のもとで専門職として働いた経験をもち、後出のネルソン・B・ネフもニュー・ディール期のワシントン州の老齢保護局で働いた経験をもっている[86]。ワイマンの例ひとつをとっても、通説は一定の範囲で正しかったというべきであろう。ウィルソンの否定論は、事実にかんするものではなく、ニュー・ディーラーという言葉によせるかれの定義によるものであると理解するべきかもしれない。

また、小山をはじめとする厚生官僚たちは、GHQとの折衝、旧法による業務などの体験、被保護階層の質的変化、それらをつつんで進行する日本社会の民主化・近代化によって、生活保護についての意識を急速に変化させてゆき、新法の形成者となったということがあるのだろう。その変化の進行にみられたアンバランスについての小山の率直な告白はさきに紹介した。内務官僚たちから厚生官僚たちにひきつがれてきた独自の気風や価値意識は、そのような変化を生じさせやすい性格のものであったということはいえるかもしれない。しかし、戦後のかれらの変化を抜きにして、戦前からの伝統のみを強調することは誤りであろう。

(81)(82)「新生活保護法の制定（その一）」(『生活保護三十年史』)一一七ページ。
(83)「昭和前期の社会事業行政——灘尾弘吉氏に聞く」(『昭和社会事業史への証言』)三〇七ページ。
(84)「占領政策としての社会事業——ドナルド・V・ウィルソン氏に聞く」(『昭和社会事業史への証言』)一八六ページ。

(85) サムズは、「国家医療という考え方」が嫌いだと公言しており、PHWが日本で発展させている医療プログラムが「社会主義的」でないのをよしとした。また、かれは、「極端な福祉国家論者」を警戒していた。『DDT革命』三五五、三五八ページ。これらは、かれがニュー・ディーラーに言及しないことと関連しているのだろうか。

(86) 「ネルソン・B・ネフ氏の〝証言〟——聞き手＝秋山智久」(『占領期における社会福祉資料に関する研究報告書』)二三一ページ。

6 社会福祉主事と福祉事務所

記述の時間的経過を一九四八年にもどしたい。その年、アメリカ合衆国からフラナガン神父が来日して、かれの「少年の町」に日本からの留学生を二人呼ぶことを申し出た。そのうちのひとりの人選はPHWの福祉課長、ネルソン・B・ネフから厚生事務次官の葛西にゆだねられたが、ネフは将来厚生省の幹部になる有能な若手を推してほしいと葛西にいった。葛西は、社会局厚生課長、黒木利克を選んだ。黒木は、一九四八年九月から四九年四月末までアメリカに滞在し、その社会福祉の制度と理論を、ときに現場に入りこんで働きながら、精力的に観察、研究した(87)。

黒木は帰国後、四九年一二月から五二年一月まで庶務課長をつとめ、社会福祉主事の設置と福祉事務所の発足を手がけて、生活保護制度の形成に大きい役割をはたすことになる。かれは葛西が見込んだとおりの人材であったが、威勢がよく鼻っ柱がつよいタイプで帰国早々、アメリカの社会福祉事情を紹介する書物を書いたが、その内容は日本の社会福祉にとって福音のようなものだとして、そのタイトルを「ゴスペル・フロム・ヘヴン」をもじって「ウェルフェア・フロム・USA」とするような稚気ももっていた(88)。

帰国してきた黒木は、社会福祉事業のさまざまな分野の改革案、理想案をもっていたが、生活保護制度については、アメリカで知ったニューヨーク・プランなどを参考にして、つぎのようにかんがえていた。この制度の基本的方向は、実施機構の専門化であるべきである。そのためには、その機構を市町村から独立させなければならない。市町村の行政範域とは別に福祉地区を設け、そこに独立した機関として実施機構をおく。かれはそれを厚生省直轄のいわば国家扶助事務所にあたるものとしてかんがえたこともある。こうして、実施機構の人事を市町村のそれから独立させておけば、そこに専門性をもった職員を配置・育成することができる。その専門家としては、かれは、ジェネリック・ケースワーカーをかんがえた[89]。

黒木のこの改革案は、四九年一一月、ネフから厚生省にたいして口頭でおこなわれた指示とされる「社会福祉行政に関する六項目」の第一項で具体化された。そこには厚生行政地区の統一制度を確立するための諸計画が盛られているが、そこでめざされたものは、ほぼさきに紹介した黒木の案である。それもそのはずで、ネフの指示として発表されたものは、実は、ネフやマーカソンたちと葛西、木村、小山、黒木たちの合議を、黒木がその場で六項目にまとめたものであった[90]。

この第一項から社会福祉主事と福祉地区、福祉事務所の制度が形成されてくるのであるが、その過程で厚生省の案にたいする反対意見の主要な出所が三つあった。まず、政府部内では大蔵省が、この新しい機構は経費の増加を必要とするので反対であった。自治庁は、濫救・漏救の防止のために生活保護の実施機構を専門化する必要があるという厚生省の説得はある程度はうけいれたが、地方自治体の権限を削られることに通じる福祉事務所の独立案には絶対反対であった。政府の外では、民生委員連盟が、旧法の制度のなかでは自分たちがもっていた生活保護の担当者としての役割をうばう案だとして反対運動を展開した。民生委員連盟が与党にたいしてもつ圧力団体としての影響力の大きさのせいで、この反対運動は強力であり、黒木は、それへの対応を誤るとかれ自身の「役人生命」が失われかねないとおもったと後になって語っている[91]。

くわえて、この過程は、とくにその後半はアメリカ合衆国の対日講和条約が準備され、締結にいたる時期でもあった。五〇年九月にトルーマン大統領が対日講和七原則を発表し、五一年二月にはダレス特使が来日して予備交渉をおこない、同年九月にサンフランシスコで対日講和条約と日米安全保障条約が締結された。このような政治状況の推移のなかで、ＧＨＱは、その日本政府への影響力を低下させながら、占領が終るまでに日本の制度改革のうち予定されたものは済ませてしまおうと急ぐ傾向がいくらかあった[92]。厚生省にも、ＧＨＱの影響力が利用できるあいだに、懸案をかたづけてしまいたいという意向があった[93]。さらに、この過程の最後の段階の厚生大臣・橋本龍伍は、行政管理庁長官を兼任しており、行政整理をめざす立場から新しい機構をつくることには反対して、厚生官僚たちに自治庁との妥協をすすめた[94]。

五〇年五月、生活保護法の公布にわずかにおくれて社会福祉主事の設置に関する法律が制定され、翌五一年三月、社会福祉事業法が制定される。後者は前者を吸収し、福祉事務所についての規定をも設けた。福祉事務所の実際の発足は同年一〇月である。福祉地区は設定されたが、福祉事務所は自治体から切り離されず、大多数の町村のみから切り離されて、主として都道府県と市の機関になるにとどまった。社会福祉主事の資格要件はそれのみでは専門職の条件にほど遠いものであった。つまり、黒木が推進してきた改革案は、きわめて不充分な程度でしか実現されることができなかったのである。

このようにして出発した福祉事務所と社会福祉主事であったが、最初の時期、その組織と成員の仕事にとりくむ士気はきわめて高かったと伝えられる。そこでは、国民の生存権を保障するものとしての生活保護法が、公的扶助、社会福祉事業の近代化の推進力としてとらえられたのみならず、日本が民主主義国家、民主主義社会として生まれかわった証拠であるとかんがえられていた。そのころ、生活保護行政にケースワーク技術がとりいれられてきた。それによって、ケースワークの自己決定の原理と被保護者の尊重が、本来区別されるべきものであるのにムード的に同一視されて、保護者の申立てのみを重視し、その生活にかんする事実の確認を軽視する傾向が一部に生じていた(95)。

表1・1　勤労世帯第Ⅰ・5分位1人あたり消費支出と1人あたり生活扶助基準額の推移

年	勤労世帯第Ⅰ・5分位1人あたり消費支出＝A	1人あたり生活扶助基準額(1級地)＝B	$\frac{B}{A}\times 100$
1951年	2,338円	1,102円	49.2%
52	2,680	1,440	53.7
53	3,180	1,600	50.3
54	3,340	1,647	49.3
55	3,404	1,647	48.4
56	3,704	1,647	44.5
57	3,913	1,770	45.2
58	4,037	1,814	44.9
59	4,277	1,869	43.7
60	4,871	1,924	39.5
61	5,388	2,586	48.0
62	6,340	3,053	48.2
63	7,068	3,572	50.5
64	8,036	4,037	50.2
65	8,792	4,551	51.8
66	9,715	5,166	53.2

資料出所：木村孜『生活保護行政回顧』58ページ，138ページ.
注：Aは人口5万以上の都市の数値である.

(87)「戦後社会福祉行政の骨格――ネルソン・B・ネフ氏に聞く」(『昭和社会事業史への証言』)三五五―三五六ページ。

(88) 黒木利克・仲村優一「社会福祉事業法前後」(『生活保護三十年史』)一五八ページ。黒木・仲村「社会福祉主事誕生前夜」(同)一五四ページ。黒木『ウェルフェア・フロム・USA』(日本社会事業協会、一九五〇年)。

(89) 同右、「社会福祉主事誕生前夜」一六二―一六三ページ。

(90)「昭和二十年代の社会事業行政をめぐって――木村忠二郎氏に聞く」(『昭和社会事業史への証言』)三二五ページ。

(91)「社会福祉主事誕生前夜」(前掲)一六二、一六三ページ。

(92)「戦後社会福祉行政の骨格――ネルソン・B・ネフ氏に聞く」(前掲)三六〇―三六一ページ。

(93)「社会福祉主事誕生前夜」(前掲)一六二ページ。

(94) 同右、一六四ページ。

(95)『生活保護行政回顧』四一―四五ページ。

表1・2　都市勤労者世帯消費支出と1級地標準世帯生活扶助基準額の推移

都市勤労者世帯消費支出		1級地標準世帯生活扶助基準額		$\frac{B}{A}\times 100$
年	金額＝A	改定・補正の年月日	金額・B	
1950年	11,980円	1950．1.1 米価補正	5,370円	44.8％
51	14,620	51．1.1 米価補正	5,510	37.7
		5.1 第11次改定	5,826	39.8
		8.1 米価補正	6,231	42.6
52	18,161	52．5.1 第12次改定	7,200	39.6
53	21,727	53．1.1 米価補正	7,354	33.8
		7.1 第13次改定	8,000	36.8
54	23,067	54．1.1 米価補正	8,234	35.7
55	23,513			35.0
56	24,231			33.9
57	26,092	57．4.1 第14次改定	8,850	33.9
		10.1 米価補正	8,971	34.4
58	27,799			32.3
59	29,375	59．4.1 第15次改定	9,071	30.9
60	32,093	60．4.1 第16次改定	9,621	30.0

資料出所：木村孜，前掲書，40ページ．

7　生活扶助の基準

生活保護制度がはじまってからの最初の一一年間を、一九五〇年から五三年の制度草創期、五四年から六〇年までの水準抑圧期に区分するのは、生活扶助基準の相対的な高さ、それを支える基準改定、米価補正によってである。

勤労世帯第Ⅰ・5分位階層の一人あたり消費支出をAとして、一級地の一人あたり生活扶助基準額をBとしよう。AにたいするBの百分率を指標にすると、制度草創期のそれは、五一年四九・二%、五二年五三・七%、五三年五〇・三%、である（表1・1）。これらの比率は後続の時期のものに比較すると、相対的に高い。

水準抑圧期については次節でくわしく述べるが、その期間をとおして指標はおおむね低下をつづけ、六〇年には三九・五%と史上最低を記録する。また、本稿ではとりあつかわないが、それにつづく水準向上期は六一年から六四年までで、そこでは指標は反転上昇しはじめ、つづく体系整備期の六六年には五三・二%と、五二年当時の水準にまでもどるのである（表1・1）。

制度草創期の生活扶助基準の相対的な高さを支えた条件は、制度発足時、旧法下でおこなわれた第一〇次改定の結果である基準が相対的に高かったことと、草創期の四年間をつうじて、第一一次から第一三次までの三回の基準改定と四回の米価補正がおこなわれたことである。この頻度の高さは、つづく水準抑圧期のばあいと対照的である（表1・2）。

しかし、当時の生活扶助基準の現実の低さはすさまじいものであった。そのころの国民一般の消費水準が戦前のそれの六〇％程度になったところといわれており、それ自体が飢餓的水準といえなくもないのに、生活扶助基準はその半分なのである。そこではエンゲル係数は八一・六％とされており、生活扶助基準のほとんどは飲食物費であった。この飲食物費は廃棄率を算入していなかった。廃棄率を算入すると、その基準では必要なカロリー量が確保できなくなってしまうからである。「当時の保護基準は、魚については骨まで、野菜もその根まで食べるということで、はじめて必要熱量が確保できるというものであった」と五二年から保護課に勤務した木村孜はいっている(96)。

制度草創期の最後の年、五三年七月一日の生活扶助基準の金額と品目、数量は、表1・3から表1・5に示すとおりである。木村は、この飲食物費費目別物量について、算入されている品数があまりに少なく、現実の食生活の感覚からかけはなれていると評している。与えられた生活扶助基準の金額で必要なカロリー量が摂取できるようにしようとすると、このような現実ばなれをした品目の組合せがかんがえられるほかなかった(97)。飲食物費以外の品名、物量でも信じられないような低水準がみいだされる。被服費で、買うことが認められているパンツは年に一枚である。保健衛生費で、入浴料は月に三回、つまり一〇日に一度の入浴

表1・3　標準5人世帯生活扶助基準額
（1953.7.1）

費用		基準額
		円
生活扶助基準額	夏季	7,945.51
	冬季	8,080.26
飲食物費		6,144.40
主食費		2,901.83
副食費		2,936.02
調味料費		278.95
嗜好品費		27.60
被服費		301.84
保険衛生費		436.75
家具什器費		27.88
水道料		78.00
光熱費	夏季	583.83
	冬季	717.57
育児諸費		100.00
雑費		272.80

資料出所：木村孜，前掲書，69ページ．

表1・4　基準算入の飲食物費費目別物量（1日あたり）

（1953.7.1）

費　目	標準5人世帯あたり物量	1人あたり物量	費　目	標準5人世帯あたり物量	1人あたり物量
主食	1,565 g	313	白菜	765	153
配給	939	188	大根	1,491	298
精米	778	156	にんじん	242	48
外米	161	32	玉ねぎ	227	45
非配給	626	125	甘藷	640	128
小麦粉	283	57	長ねぎ	245	49
精麦	343	69	ごぼう	46	9
副食費			調味料	349	70
魚介	366	73	醬油	134	27
いわし	52	10	味噌	162	32
いか	208	42	油脂	6	1
さば	64	13	砂糖	2	—
にしん	42	8	食塩	45	9
野菜	4,129	826	嗜好品	—	—
キャベツ	473	95			

資料出所：木村孜，前掲書，70ページ．

が認められている。雑費ではトイレット・ペーパーの使用が認められておらず、それにかわって古新聞をつかうこととされた。

このような低い扶助基準のもとで、被保護世帯の生活は困難をきわめた。生活保護行政の第一線にいる社会福祉主事たちはその窮状を知り、被保護者たちの生活を守るために、かれらが収入をかくしたり、過少に申告するのを、知っていて見逃すこともあった。前項末尾で述べた事実確認を軽視する傾向は、そこからも由来していた。

なお、この時期における被保護実人員と保護率は、五〇年のばあいは本節冒頭に紹介したが、五一年はそれぞれ、二〇三万三〇六六（二四・四‰）とほとんど変わらず、五二年二〇六万六八三五（二四・四‰）、五三年一九三万三四七三（二二・二‰）であった（表1・6）。扶助の種類別に被保護実人員をみると、生活扶助がもっとも多く、ついで住宅扶助、教育扶助、医療扶助である。この時期をつうじて、前三者の人員は減少をつづけ、医療扶助の人員のみ増加をつづけている。この傾向は、ほぼそのまま、つぎ

表1・5　飲食物費以外の基準算入品目名と物量，算入金額計

被服費		保健衛生費	
肌　着	1人年1着	入浴料	1人月3回
パンツ	1人年1着	理　髪	男のみ月1回
縫　糸	1人年10匁	洗濯石鹸	5人で月4箇
補修布	1人年1.48ヤール	歯磨粉	5人で年3袋
手　拭	1人年1本	歯刷子	1人年2本(3人分のみ)
足　袋	1人年1足	家庭薬	1年2組
身廻品		衛生綿	月1包
傘	1世帯年1本		
下駄	1人年2足		
縫針	1世帯年26本		
算入金額計	301.84円	算入金額計	436.75円
家具什器費		**雑費**	
杓　子	3年半に1箇	新　聞	月1種
飯茶碗	1人6月1箇	用　紙	年30枚
皿(小皿)	1人年1枚	鉛　筆	年2本
庖　丁	16年に1箇	通信料	
箒	2年3月に1箇	切　手	1人3ヵ月に1枚
湯　沸	14年に1箇	はがき	1人月1枚
電　球	年2箇	その他	40円33銭
バケツ	3年半に1箇		
算入金額計	27.88円	算入金額計	272.82円

資料出所：木村孜，前掲書，71-72ページ．

の時期にひきつがれてゆくことになる。

(96)『生活保護行政回顧』六六―六八ページ。
(97) 同右、七三―七四ページ。

三　水準抑圧期

1　生活扶助基準の据え置き、劣悪化

すでに述べておいたように、生活保護制度の形成過程において、一九五四年から六〇年にかけての時期を、水準抑圧期と呼ぶことにする。
この時期を冒頭から特徴づけたのは、五四、五五、五六の三年間にわたって、扶助基準の改定がまったくおこなわれなかったという事実である、ようやく五七年に第一四次改定がおこなわれたが、また翌五八年にも改定がおこなわれなかった。この間に米価補正も、五四年と五七年の二度おこなわれたのみである。それは、これにさきだつ制度草創期の四年間で三度の改定、

表１・６　扶助別被保護人員，被保護人員全数および保護率の推移

年度	生活扶助	住宅扶助	教育扶助	医療扶助	出産扶助	生業扶助	葬祭扶助	被保護人員	保護率
1951	1,861,560	997,804	704,548	283,484	1,012	2,649	3,786	2,033,066	24.4
52	1,847,922	1,011,322	683,878	330,192	899	2,589	3,251	2,066,835	24.4
53	1,693,065	934,530	585,772	355,558	803	3,099	2,787	1,933,473	22.2
54	1,650,460	837,457	572,974	359,980	866	7,520	2,842	1,886,540	21.4
55	1,704,421	845,175	584,765	386,053	842	9,104	2,642	1,928,410	21.6
56	1,560,944	748,338	543,464	371,852	633	9,184	2,442	1,775,971	19.7
57	1,430,795	614,195	495,955	364,912	433	8,336	2,395	1,623,744	17.8
58	1,438,357	623,717	500,341	388,518	515	7,722	2,382	1,627,571	17.7
59	1,469,847	664,303	510,309	432,655	503	6,951	2,518	1,669,180	18.0
60	1,425,253	656,009	496,152	460,243	478	6,296	2,601	1,627,509	17.4
61	1,471,280	676,876	512,500	476,631	453	6,393	2,615	1,643,445	17.4
62	1,524,152	702,138	521,371	488,245	468	7,427	2,529	1,674,001	17.6
63	1,599,905	751,821	54,805	542,525	499	8,360	2,418	1,744,693	18.1
64	1,524,387	744,593	483,380	590,132	474	8,217	2,401	1,674,661	17.2
65	1,437,614	727,748	433,249	616,282	428	7,949	2,327	1,598,821	16.3
66	1,401,915	730,460	398,960	658,138	433	7,399	2,422	1,570,054	15.9

資料出所：厚生省社会局保護課編『生活保護三十年史』34-37．42-43ページ．

四度の補正がおこなわれていたのと対照的である（表１・２）。

あらためていうまでもなく、生活扶助基準の据え置きは、物価の上昇がつづいているのであるから、実質的には劣悪化である。さきに表１・１に示しておいたように、勤労世帯第Ｉ・５分位一人あたり消費支出をＡ、一人あたり生活扶助基準額をＢとすると、Ａにたいして Ｂが占める比率は、五四年四九・三％、五五年四八・四％、五六年四四・五％と下降をつづけ、第一四次改定を反映して、五七年は四五・二％とわずかにもちなおすが、五八年は四四・九％とまた下降する。そうして、五九年と六〇年には第一五次改定、第一六次改定があいついでおこなわれるが、その効果は少なくともさきの比率にはみとめられず、それは、五九年四三・七％、六〇年三九・五％と下降して、生活保護史上の最低の数値を記録することになる（表１・１）。惨憺たる七年間であった。それにしても、第Ｉ・５分位階層とは実質的には低所得階層とみなされるものであるが、その消費支出の四〇％前後で、被保護階層はどのようにして生活をすることができたのであろう

か。

このような生活扶助基準の据え置き、実質的劣悪化はなにによっておこったのか。もちろん、行政制度の運営は多元的な要因によって規定されており、しかも因果関係を明確に特定することは難しい。これまでの記述、分析からかんがえると、おおよそはつぎのようなことだったのではないか。

五一年九月、サンフランシスコで対日平和条約などに日本政府は調印し、連合軍による日本占領は終了した。それは、厚生省にとっては、GHQから指導され、大蔵省をはじめとする他省庁との対立関係ではときにはGHQの権威を利用することもあった時代の終りであった。それにさきだって、GHQの日本政府への影響力が次第に小さくなっていたのは、さきに指摘しておいた。占領の終了はその影響力をゼロにし、厚生省は単独で他省庁と対応することになった。他省庁、とくに大蔵省は、それまでの厚生省にたいする心ならずもの譲歩を修正する時期がきたとかんがえた。

最初のきっかけは、五三年末に五四年度予算を組むとき、これが緊縮予算で一般会計予算が前年度のそれよりも小さいものであったところにもとめられた。これを理由に大蔵省は予算原案で厚生省にきびしい態度でのぞむが、生活保護にかんしては国負担を五割にするという原案を出してきた(98)。三年まえ、生活保護法をつくるさいに小山たちが八割の国負担を低すぎるとかんがえていたことをおもいあわせれば、大蔵官僚が厚生官僚にたいして激しい対決姿勢を示してきたことが理解されよう。さすがにこの大蔵原案は社会的批判が多く撤回されることになるが、厚生省の予算復活折衝の先頭に立っていた厚生大臣が、折衝の最中に更迭されるという出来事もあった(99)。そうして、翌五四年から三年つづきの生活扶助基準の据え置きをおこなうことで、大蔵官僚は厚生官僚にたいする対決の意図を押し通すのである。しかも、この間、緊縮予算は五四年度だけのことであったから、据え置きにとってそれは理由の一部でしかなく、主要な理由は、占領下における大蔵省の心ならずもの譲歩の修正であったとおもわれる。

また、五四年度予算にかぎっていえば、防衛関係予算の大幅な増額があり、同時に社会保障関係予算の引き締めがおこなわれたので、バターか大砲かという論議が、当時は注目をあつめた。しかし、五四年度から六〇年度まででみると、社会保障の一般会計予算における比率は下降してから上昇するU字曲線を描いており、防衛関係予算の増大が社会保障関係予算にしわよせされたと単純にいうことはできない[100]。また、そのU字曲線から、生活扶助基準の据え置きをすべて説明しつくすこともできない。ほかに、木村孜は、その据え置きに世論の批判がそれほどなかったことを指摘している[101]。これについては次項以下でくわしく検討する。

さて、このような状況に厚生省はどう対応したか。その対応方法の基本的構成部分はつぎの三とおりであった。

(1) 各種の控除制度、加算制度の創設と改善。扶助基準を据え置かれたまま、扶助の支給額をいくらかでも引き上げようとすれば、それらの制度の創設や改善にたよらざるをえなかった。その主要例としては、五四年度の勤勉控除制度、五七年度の世帯分離の適用範囲の拡大、母子加算における児童数に対応した基準額の設定、産婦加算制度と入院患者加算制度の創設、五八年度の高校修学者の分離適用の明示、収入認定除外の範囲の拡大、最後のものは五九、六〇年度にもひきつづきおこなわれた[102]。

(2) 「最低生活費の研究」の発表。五四年、厚生省大臣官房総務課は、かねて保護課が労働科学研究所の藤本武に委託しておこなわれたこの研究の成果を発表した。その結論は、当時の生活扶助基準は健康で文化的な最低限度の生活の費用の約半分でしかなく、動物的生存のための費用でしかないこと、したがって生活保護が生存権を保障するものとなるためには基準は二倍程度の増加を必要とすることなどであった。この保護基準倍増論は、その後、基準の引き上げを要求する大衆運動の理論的支柱としてながく使われることになる。この研究成果の発表は、厚生省自身にとっては、生活保護行政の不充分さを認めるものとして、一種の「自縄自縛」の危険性をもっていたが、それをあえてやったところに、厚生省が状況にかんしてもっていたつよい危機感がうかがわれる(103)。

(3)　適正化対策の実施。それにしても、生活扶助基準の据え置きと劣悪化の強行がこの時期にまかり通ったひとつの要因は、世論が、少なくとも当初のあいだ、被保護階層の状態にたいして充分に同情的ではなかったというところにある。それは、被保護階層の一部に当時の基準のみから判断すれば濫救というほかない受給状態がみられたこと、それをジャーナリズムが再三とりあげて国民がひろく知るところとなったこと、大蔵省、行政管理庁などもそれぞれに独自の調査でその濫救の事実を告発し厚生省にその適正化をせまったことなどによる。大衆運動は、基準の低さを放置しての適正化の要求に反発したが、厚生省は、基準の改定をおこなわせるために適正化に踏み切る必要があった。以下で、その対策の展開を、医療扶助の適正化、在日外国人保護の適正化、不正受給の取り締まりのそれぞれで順次みてゆきたい。

(98)　木村孜、前掲書、七九ページ。
(99)　井手精一郎「医療扶助入退院基準をめぐって」(『生活保護三十年史』)三三一―三三三ページ。
(100)　「社会保障関係予算額の年次推移」(『生活保護三十年史』)五六ページ。
(101)　木村孜・前掲書、七九ページ。
(102)　「生活保護及び関連事項の年表」(『生活保護三十年史』)六〇〇―六二六ページ。
(103)　木村孜、前掲書、七四―七五ページ。

2　適正化対策(1)――医療扶助

制度草創期をつうじて医療扶助の被保護実人員のみが増加したという事実を前節末尾で指摘したが、これは当然のことながら医療扶助費を増大させた。それが生活保護費全体に占める比率も急上昇して、五一年三六%、五二年三九%、五三年にはいっきょに四九%となった。この状態がつづけば、大幅な予算の増額が必要であり、それでも医療費の支払いの遅延も予想された。[104]

この状況をもたらしたひとつの要因は、結核患者の多量発生であった。一九五三年でみると、厚生省がおこなった結核実態調査によれば、結核患者で入院を必要とする者は一三七万と推計されていた。この年、医療扶助の被保護実人員は三五万五五五八であるが、そのうち結核患者は約一五万三〇〇〇、四五%程度を占める。医療扶助をうけて入院している患者は約一二万四〇〇〇で、そのうち約八万九〇〇〇、七二%程度が結核によるものであった。結核病床の増設、治療技術の向上、新薬の発明と採用は、将来にわたって、結核対策が膨大な費用を必要とするであろうことを予測させた。[105]

いまひとつの要因は濫救であった。一九五三年、大蔵省は各地方財務局、財務部の職員を動員して、同年の医療扶助の実施状況について全国で実態調査をおこない、その結果を厚生省に示してきた。それによれば、(1)初診券の発行がきわめて安易におこなわれている。(2)収入認定が粗漏である。(3)被保護世帯にたいする家庭訪問が充分におこなわれていない。(4)訪問員の質の低さ、数の不足が、(2)、(3)の原因である。(5)世帯単位の原則が徹底的には守られておらず、資産活用が不充分な例が多い、(6)扶養義務者の扶養能力にかんする調査が杜撰である、などの事実があった。これらの欠陥が克服されるならば、医療扶助費の削減は可能であろうとされていた。この年、行政管理庁も生活保護の監察を重点的におこなったが、医療扶助についてはほぼ同様の結論を出していた。[106]

これらの大蔵省、行政管理庁などの動きにたいして、厚生省は医療扶助の適正化をおこなう必要を認めた。それは、すでに実施されている医療扶助取扱要領をさらに明確にして入院を必要とする状況を具体的に規定し、治癒軽快した入院患者の退院を促進しようとするものであり、医療扶助の入退院基準といわれるものになった。また、この基準にもとづく判定をおこなう機関として医療扶助審議会が設置され、厚生大臣がおこなう監査の一部を地方自治体に委託するため生活保護指導職員制度を実施して、内部監査の機能を強化した。[107]

ただし、この入退院基準づくりにあたっては、厚生省の内部でもいろいろ意見のわかれがあったようである。社会局の内部では、保護課でこの基準を起案した佐藤道夫は、それは気が進まぬ仕事であったとのちに回想している。かれは、入退院の基準などについては医務局が検討するべきであり、社会局は保護の基準たとえば入院中の日用品費などの基準の設定にとどまるべきだとかんがえていた。また、入退院基準が機械的に適用される可能性があり、入院が必要な患者が入院することができないという事態が生じるのを恐れていた。[108]また、社会局の外部では、結核行政の担当官たちが、その行政の後退を懸念していた。[109]

五四年五月、厚生省は都道府県にたいして、結核性疾患及び精神病の入退院適用基準を通知した。この通知を不満とする日本患者同盟は、患者組織のある各地ではげしい反対運動を展開した。その方法は、六月二三日の最初の岡山県のばあい、入院患者七〇〇名が県庁まえに集合して知事に面会を求め、知事がいちおうの説明をおこなったが納得せず、入退院基準の撤回と附添看護の制限の撤回とをもとめて坐りこみをおこなった。県庁側は、政府の指示を県が撤回することはできないとくりかえし説明したが、結局、患者の坐りこみを終らせるために、民生部長が撤回を約束する署名入りの文書をわたした。愛媛県、群馬県、千葉県など、各地で同じような集団陳情、坐りこみ、撤回を約束する文書の入手という交渉がおこなわれた。[110]

反対運動は、七月二七日、東京都でこれをおこない、その勢いで厚生省に乗りこもうとした。同日、患者一三〇〇名がバス二〇台で東京都庁に到着し、都議会議事堂に坐りこんだ。ところが、患者代表と都庁職員たちとの折衝がおこなわれているとき、坐りこみ患者のひとりが倒れ、保健所に運ばれ応急手当をうけたが死亡するという事故がおこった。日本患者同盟は、事故は、全面的に東京都と厚生省に責任があるものだとして、患者たちを煽動し、撤回の文書をわたせと強硬に要求しつづけた。(111)

しかし、死者の発生をきっかけとして、世論は日本患者同盟の運動方法にたいして批判的となっていた。それは結核患者を道具とした政治運動であるという非難がひろがった。また、重症の結核患者でありながら、ベッドがあかず入院できないでいる人びとやかれらの家族は、坐りこみができるような患者は退院させるべきだと主張した。このような世論により、日本患者同盟は、最後に予定していた全国からの入院患者の動員と厚生省への坐りこみを中止することを余儀なくされた。最終結着は、患者代表が厚生大臣とあい、陳情をおこない、入退院基準、附添看護制限は撤回しない、その運用は弾力的におこなうという回答をえるということでつけられた。(112)

(104) 井手「医療扶助の入退院基準をめぐって」(『生活保護三十年史』)三二八ページ。
(105) 同右、三二九ページ。
(106) 同右、三二九―三三一ページ。
(107) 木村孜、前掲書、八〇ページ。
(108) 佐藤道夫「医療扶助の入退院基準をめぐって」(『生活保護三十年史』)三二〇―三二一ページ。
(109) 同右、三二六ページ。
(110)(111)(112) 井手、前掲論文、三三四―三三五ページ。

3 適正化対策(2)――在日外国人保護

一九五二年四月、対日平和条約の発効にともない、在日朝鮮人は日本国民の身分を失い、したがって日本国民のみに適用される生活保護法による保護をうける権利を失った。当時、在日朝鮮人は五五万余で、そのうちの六万弱が生活保護をうけていた。政府は、対日平和条約の発効という事実だけで、この六万人にたいする生活保護を一方的に打ち切ることは人道上許されないとして、これを最終的には日本と韓国のあいだで外交的に処理されるべき問題であるが、それまでの暫定措置として、生活保護法による保護に準じてかれらを保護することとした。政府はこれを行政措置としておこなうので、在日朝鮮人は日本人と異なり、生活保護をうける権利をもっておらず、反射的利益をうけるのみであり、したがって不服申立ても許されないという解釈をとった[113]。

その後、在日朝鮮人の被保護実人員、それが在日朝鮮人のなかで占める比率は五五年まで急上昇する。すなわち、五三年九万一二五〇（一四七・七‰）、五四年一一万九五五七（一九二・八‰）、五五年一三万七三九五（二一四・二‰）である[114]。この五五年の比率は、日本人の保護率の約一〇倍の高さとなっていた。

この高い保護率の基本的原因は二つあった。ひとつは、在日朝鮮人には日本人に比較して貧困層に属する人びとが多かったことである。それは、かれらがよい労働条件の職業につく機会がとぼしかったことの結果であった[115]。そこには、朝鮮人への差別感情、強制連行などによる来日以来の非人間的生活がもたらした健康破壊や労働力の質の悪さなども影響していた。いまひとつは、集団圧力による適正な保護の妨害である[116]。五二年以降、在日朝鮮人の保護獲得闘争がはげしく展開し、保護率が高められていった。五四年四月から一二月までのあいだで、福祉事務所にたいしておこなわれた集団による陳情、ときには暴行・脅迫まで伴った件数は全国で一万件を超えたと記録されている。

一九五六年に入ると、マス・メディアの一部が在日朝鮮人にたいする濫救の事実を報道して、批判することが多くなった。これが主要なきっかけとなり、厚生省は在日朝鮮人にたいする生活保護の適正化対策に踏みきることになった。このおりの都道府県知事への通牒の前段には、「現状のまま推移するときは、生活保護法の全般的な適正実施に好ましからぬ影響を及ぼすのみでなく、外国人にたいする国民感情の悪化も懸念される。今回の通牒の趣旨は、外国人なるが故に保護の内容などにおいて差などをつけるべきものではないが、同時に、優先的な取扱をすべきではない。しかるに従来、ややもすれば趣旨の不徹底、或は集団圧力に対する屈伏等に起因して不適正な保護が存在したことは遺憾に耐えない(117)」とある。

こうして実施された適正化対策の具体的な内容はつぎのとおりであった、(1)調査を完了するまで保護を開始しない。それまでは困窮の事実と程度を正しく把握しないままに保護がおこなわれて、濫救の原因になっていた。申請者は調査に協力して保護をうけるか、非協力により保護をうけないかを選ぶべきである。また、保護をうけている者が非協力であるならば、それを廃止しても差し支えない。(2)調査に消極的な協力しかえられないばあい、本人の生活状況、本人と同様の条件にある者の収入などから、収入・資産を推定認定してもよい。(3)収入および資産の申立てで不正が発見されたとき、要保護状態にない者では保護を廃止し、要保護状態にあるものでは以後誤りがないよう注意し、いずれでも過分の支給については費用返還をさせる。(4)調査にあたっての世話役など第三者の介入、保護費などの代理受領を許さない。(5)稼働能力がありながら職場がないという理由で保護を申請する者にたいしては、就労指導により就労努力をおこなわせ、その事実を確認しつつ、保護の要否の決定をおこなう。また、病気を理由とするもののうち、それが疑わしい者にたいしては検診命令を出すべきである(118)。

厚生省は、まず、全国の在日朝鮮人の被保護世帯が多く集住する地域で、被保護世帯の一斉調査をおこなった。主要な都道府県には監査官を送り、その指揮のもとに生活保護指導職員、福祉事務所職員が主力となり、警察官のパトロールによる協力をえて、この調査はおこなわれた。調査は成功し、収入・資産をかくしていた者、二重受給者、就労可能者、健康であるのに病気といつわっていた者が多数発見された(119)。これをきっかけに適正化対策が推進されて、以後、在日朝鮮人の保護率はゆるやかに下降してゆき、六一、六二年度のそれは五五年度のばあいの約半分となる。

木村孜は、この適正化対策にあたって、職員の士気はきわめて高かったといっている。かれによれば、それは、職員たちがそれまで在日朝鮮人のときには暴力・脅迫をともなう集団交渉に耐えながら鬱積させていた憤懣、不正受給を知りつつ正せず高まっていた正義感のあらわれである[120]。たしかに、そのような一面があったであろう。しかし、一部の職員が、適正化対策の調査に出かけるおりに、「朝鮮征伐にゆく」というような気分が、行政側にあったのも事実である[121]。さきにいった高い士気は、一部は差別意識やそれにもとづく報復意識にささえられていたにちがいない。すでに紹介した厚生省の各知事にたいする通牒の前段の文章が示すような、きれいごとばかりが事実ではないはずである。

これにあわせて、法のみによって判断すれば不法な集団交渉、不正受給とみなされる行為を多くおこなった在日朝鮮人の心情をも推察しておくべきであろう。当時、神奈川県の生活保護を担当した職員たちの座談会で、つぎのような発言がおこなわれている。

「当時は敗戦の責任を我々が負わされたというような印象を持ちましてね。これは身に沁みました。例えば外国人、当時は第三国人と呼びましたが、福祉事業所に来ては、『お前達は何故我々を保護しないんだ、戦争に対してはお前達にも責任がある』と保護を受けることが当然の権利のように振舞うわけです。私もネクタイを締め上げられたり、手を振りあげられた経験があります。当時印象に残る事件としては、横須賀のケースワーカーで、自宅に大小便を投げこまれるというような嫌がらせをされたことがありました[122]」。

在日朝鮮人には、長年にわたって不当に差別されてきたという体験がある。戦時中には日本の権力は多数の朝鮮人を日本に強制的に連行してきて、劣悪な労働条件で就労させている。それらの差別と迫害にたいして、かれらは補償をえるのが当然とおもったにちがいない。生活保護の受給は、その補償の一部とみなされたのであろう。その意味で、「保護をうけること」が「当然の権利」であったのだ。それは、もちろん、生活保護法の範囲のなかでは不当の要求であるが、在日朝鮮人の生活史をふくむ歴史的文脈のなかでは当然の要求と、かれら自身には感じられたのであろう。ほぼ同様のことは、前項の医療扶助の入退院基準に反対した日本患者同盟の、元軍人・兵士の結核患者の一部の心情についてもいえることであろうと推測される。

(113) 永原勘栄「在日外国人保護と適正化対策」(『生活保護三十年史』)三三六ページ。
(114) 同右、三三七ページ。
(115)(116) 同右、三三八ページ。
(117) 同右、三三九ページ。
(118) 同右、三三九―三四一ページ。
(119) 木村孜、前掲書、九六ページ。
(120) 同右、九五ページ。
(121) 小川政亮「『不正受給』刑事事件が意味するもの」(小川編『社会保障裁判――戦後社会保障権運動の発展』ミネルヴァ書房、一九八〇年)一八五ページ。
(122) 木村孜、前掲書、八四ページ。

4　生活保護行政の焦躁感

これらの適正化対策で示された生活保護行政の方向性は、もちろん日本国民にたいする生活保護全般でもみられた。行政管理庁は、一九五四年二月から四月にかけて都道府県、市と福祉事務所を対象に監査をおこない、濫救の多さを指摘し、収入認定の不適切さ、扶養義務者調査の不励行などが原因だとした。厚生省はこれにたいして回答し、(1)生活扶助基準があまりに低すぎるため、被保護者が収入をかくしがちになる。(2)かれらが収入をえている自営業のほとんどはきわめて零細な規模のものである。(3)大都市では扶養義務の拘束から逃れるために、夫婦が形式的に協議離婚をし、同居親族が行方不明になるなどの例も出ている。生活保護基準の低さが家族を破壊している。(4)濫救は六大都市の監査で、全検討ケースの〇・七二%にすぎない、と釈明し、反論した[123]。

これらにあわせて、厚生省は、「厳正かつ適正な実施」を約束している。しかし、さきの回答内容は、反権力的な大衆運動の宣伝文書の文章に出ていても不似合のものではなかった。

小川政亮によれば、不正受給を刑事事件としてあつかうやりかたは、この年以降の二、三年と、一九六七年以降の一時期に多くみられる。五四年以降のばあい、そのような立件が全国でどれほどあったかはあきらかではないが、小川はいくつかの事例をあげている。五四年一月には東京都府中市で中国からの帰国者住宅に住む被保護世帯三三のうち一三世帯が減額、廃止、停止などの不利益処分をうけている。五五年五月には「府中守る会」の活動家がひとり生活保護法違反で福祉事務所から告発されている。つづいて六月には荒川生活協同組合理事をつとめる在日朝鮮人が不正受給で逮捕された。ほかに、五六年一二月には不正受給が刑法の詐欺罪に該当するとした判例も出ている[124]。

これらの事例では福祉事務所が調査に動いたのは確かであろうが、その多くは「警察主導型」だったようである。五五年の告発事件のばあい、守る会からの抗議にたいして府中市長は「警視庁が取調べをやるので困る。私たちは調べてほしいと要請しない。なんとか荒立てないで善処したい」と語った。また、この件についての総評社会保障委員会などの抗議が東京都民生局と厚生省にたいしておこなわれたが、民生局では「赤子の手をねじるようなことはしたくないから、取下できるものならそのようにしたい」と言明があり、厚生省では「不当に告発されたとも思えるから保護課長と相談し総評に返事する」と回答があったという[125]。これらの事実をつたえている資料が日本共産党の影響力がつよい大衆運動組織の機関誌なので、事実の一面のみをつたえるバイアスがかなりかかっているかもしれないが、この告発事件にかんして生活保護の行政機構にあった雰囲気の一端は察せられる。

水準抑圧期をつうじて、被保護実人員と保護率はつぎのように推移した。一九五四年一六五万〇四六〇（二一・四‰）、五五年一七〇万四四二一（二一・六‰）、五六年一五六万〇九四四（一九・七‰）、五七年一四三万〇七九五（一七・八‰）、五八年一四三万八三五七（一七・七‰）、五九年一四六万九八四七（一八・〇‰）、六〇年一四二万五二五三（一七・四‰）（表1・6）。被保護実人員も保護率も五五年が最高であり、以後、多少の凹凸はあるが、減少傾向をつづけ、六〇年の最低値にいたっている。この減少傾向については、すでにみてきた生活扶助基準の実質的低下と適正化対策、不正受給の取締りの結果とみるべきであろう。

厚生省社会局保護課、都道府県の民生主管部や福祉事務所の生活保護を担当する部門には、焦躁感が次第に欝積していった。医療扶助と在日外国人保護とで困難な二つの適正化対策はやりぬいた。それらは、一方では生活保護行政としてやらねばならないものであったが、他方では生活扶助基準の改定をそれ以前の時期と同じようにおこなわせるための前提条件づくりとも意識されていた。しかし、改定はおこなわれない。低すぎる基準は、適正化対策の正当性、ひいては生活保護法の正当性を疑わせるにいたる。[126]

くわえて、適正化対策や不正受給取締りの根幹部分である受給要件の厳格な確認は、抽象的にみれば法の要求を忠実におこなうだけのことであるが、生活保護は社会的にみて弱い人びとを対象とするので冷徹に過ぎるものになりかねない。それは、一時期に影響力がつよかった人間の善意、自発性を信頼するケースワークの発想とも矛盾する。[127]この矛盾は、とくに行政現場の福祉事務所とそこで働く社会福祉主事たちで深刻に感じられていたはずである。社会福祉主事たちのうちでも、専門社会事業の教育をうけ、福祉事務所勤務を自ら志望してきた人びとにおいて、さらにそれははなはだしかったにちがいない。しかし、かれらは、以前のケースワーク中心主義に復帰すればよいと単純にかんがえることもできなかった。ここに、ややおくれて生じる公的扶助労働論、福祉労働論への契機があった[128]。

(123)　小川、前掲論文、一八二―一八三ページ。
(124)　同右、一八〇、一八三ページ。
(125)　同右、一八六ページ。
(126)　木村孜、前掲書、九八、一〇八ページ。
(127)　同右、九九―一〇〇ページ。
(128)　白沢久一『公的扶助労働論(1)・労働主体論(1)・公的扶助研究運動の成立』(北星学園大学白沢研究室、一九七七年)九四―一二〇ページ。

5　朝日訴訟(1)

朝日訴訟とは、一九五七年から六七年にかけての一一年間、第一審では朝日茂が原告となり、厚生大臣を被告として、第二審では厚生大臣が控訴人、朝日が被控訴人となり、第三審では朝日が上告人、厚生大臣が被上告人となり、東京地方裁判所、東京高等裁判所、最高裁判所で、生活保護の基準のありかたについて、その適法性、合法性が争われた行政訴訟事件である。この訴訟は朝日を支援する大衆運動と連動して進められ、その傾向はのちになるほど強くなった。それらの訴訟と運動の全体像は別稿であつかわれるべきものである。本稿では、その主題の解明に必要な範囲で、それらの部分をとりあげることとする。それは、時期的にいえば、この訴訟が東京地方裁判所で争われた五七年から六〇年にかけての部分である。この時期は水準抑圧期の後半にあたる。また、関心の焦点は訴訟そのものではなく、それが生活保護制度におよぼした影響におくことにする。

まず、朝日訴訟にかんする基本的事実から確認しておこう。これについては『生活保護三十年史』の記述がもっともよく整理されているので、それを抄録するかたちで、この項と次項を記述する。

朝日茂は、一九五六年七月、国立岡山療養所に入所して療養中の結核患者であり、収入はまったくなく、生活保護を受給していた。保護の実施機関は岡山県津山市福祉事務所であった。保護の種類、方法と程度は、前記療養所に委託して給食をふくむ医療扶助を現物給付し、あわせて、当時の生活扶助基準にもとづき、入院中必要とされる被服費、保健衛生費、雑費にあてるための経費としての生活扶助費のうち、入院患者日用品費を六〇〇円、毎月、金銭給付していた(129)。

同月、大分県に住む実兄の朝日敬一は朝日茂にたいして、毎月、一五〇〇円の仕送りをはじめた。これは、津山市福祉事務所長が朝日敬一に連絡をとり、民法八七七条第一項にもとづく扶養義務の履行をもとめた結果である。こうして、朝日茂は、毎月一五〇〇円の収入をえることになったので、生活保護法にもとづく判断枠組によれば、入院中の生活費、つまり入院患者日用品費の六〇〇円はその収入でまかなえるようになり、残りの九〇〇円で医療費の一部を国立岡山療養所に支払うことができるようになった。そこで、津山市福祉事務所長は、朝日茂にたいする保護変更決定処分を七月一八日付でおこない、生活扶助＝入院患者日用品費の支給を同月分から廃止し、九〇〇円を医療費の一部自己負担額としてかれから前記療養所へ支払うこととした。ただし、療養所はその時点でかれに軽費制度の適用をおこなったので、毎月支払うべき医療費のうち四〇〇円が免除されることになった。結果としては、朝日茂は、毎月一五〇〇円の収入をえて、そのうちの五〇〇円を医療費の一部自己負担額として支払い、残りの一〇〇〇円を生活費として自由につかうことができるようになった(130)。

その後、五七年一月に実兄からの仕送り額が毎月六〇〇円に減少したため、医療費の本人支払額の認定が廃止され、かれは、その六〇〇円を生活費としてつかうようになった。同年四月の生活保護基準の第一四次改定で、入院患者日用品費は六四〇円に引き上げられたので、これと仕送り額の差額四〇円を支給することが決定されたが、それは、かれのほうが辞退した。また、同年九月からは実兄からの仕送りがまったくおこなわれなくなったので、生活扶助＝入院患者日用品費の全額、六四〇円の支給が再開された。(131)

五六年七月一八日付の津山市福祉事務所長による保護変更決定処分にたいして、朝日茂はこれを不服として、八月六日付で同福祉事務所を経由して岡山県知事に不服の申立てをおこなった。この申立てにおける、かれの主張の要旨はつぎの三点である。すなわち、(1)国立岡山療養所の給食は、重症患者ひとりひとりの病状、嗜好に適していない。(2)したがって、かれは、病状、食欲不振から、野菜、果物、菓子などの補食を必要とする。(3)かれは、補食のための経費をくわえて月額、最低一〇〇〇円を必要とするから、医療費の一部自己負担額を月額、五〇〇円以内にしてもらいたい。この主張における不服の申立ての対象は、形式的には津山市福祉事務所長がおこなった保護変更決定処分であるが、実質的には生活保護基準そのものであった。つまり、かれは、入院患者日用品費の額が低すぎると主張したのである。(132)

岡山県知事は、一一月一〇日、この不服の申立てを却下した。その理由は、生活保護基準については不服の申立てができないというところにあった。つまり、不服の申立てにかんする知事の審査権は、厚生大臣の設定した生活保護基準が合法的かどうかの決定にまではおよばないとみたのである。(133)

この却下を不服として、朝日茂は、さらに厚生大臣に不服の申立てを一二月三日付でおこなった。かれの主張は、岡山県知事が生活保護基準については不服の申立てができないとしたことは誤りであるということと、同知事におこなった不服の申立ての三点をくりかえし、保護変更決定処分の取消しをもとめるものであった。(134)

厚生大臣は、五七年二月一五日付で、この不服の申立てを却下した。その裁決の要旨はつぎの三点である。すなわち、(1)朝日茂は、保護変更決定処分の変更を不服としているのであるから、岡山県知事にたいする不服の申立てはその要件を欠いていない。したがって、同知事の却下処分の理由は不充分である。(2)入院患者日用品費は飲食費をふくんでいない。申立人がいう補食の必要は、それがあるならば、療養所の給食の問題として解決されるべきである。なお、国立岡山療養所における給食は完全給食の水準にあり、補食が絶対に必要であるとはかんがえられない。(3)したがって、この不服の申立てには正当な理由がない。(135)

(129)「朝日訴訟の経緯」(『生活保護三十年史』)七三一ページ。
(130)(131) 同右、七三一―七三三ページ。
(132)(133) 同右、七三四、七三五ページ。
(134)(135) 同右、七三五―七三七ページ。

6 朝日訴訟(2)

一九五七年八月一二日、朝日茂は、東京地方裁判所に、さきに述べた厚生大臣の裁決の取消しをもとめる行政訴訟をおこした。これは六〇年三月に結審し、同年一〇月一九日の判決で、朝日側の勝訴、厚生大臣側の敗訴となった。この第一審における原告・被告の主張、審理経過、判決の要旨はつぎのとおりである。

朝日茂は、主な請求としては、「厚生大臣裁決を取消す。訴訟費用は被告の負担とする」という判決をもとめた。請求の原因はつぎの四点に整理される。(1)五六年当時の入院患者日用品費の額は、補食費をふくまないとしても、日用品の費用としてもまったくたりず、それだけでも生活保護基準は違法である。(2)当時の国立岡山療養所の給食は完全給食の基準に達していなかったし、重症者ひとりひとりの症状、嗜好に注意をはらって調理されたものでもなかった。朝日茂のような重症者には、補食費をふくめて入院患者日用品費を支給するべきであり、その金額は月額、一〇〇〇円以上であるべきであった。(3)大臣が主張するように、補食が医療扶助の給食の問題であるならば、補食の経費を医療扶助の金銭給付として認定し、その額を医療費の一部自己負担額から控除すべきであった。(4)以上の理由から、本件での保護基準およびそれにもとづく保護変更決定処分は、生活保護法第三条、第五条、第八条第二項に違反し、これを支持した厚生大臣の裁決も違法である。[136]

厚生大臣は、「原告の請求を棄却する。訴訟費用は原告の負担とする」という判決をもとめた。大臣側の主張の要旨はつぎの三点である。すなわち、(1)入院患者日用品費の額は、健康で文化的な最低限度の生活を維持するために充分なものである。(2)入院患者の飲食はすべて医療扶助により保障されるべきもので、補食の必要はその扶助による給食内容の改善によりみたされるべきである。したがって、朝日の主張の(2)には根拠がない。(3)当時の国立岡山療養所の給食は完全給食の基準以上のものであり、原告のような重症患者でも、医学的にも嗜好的にも補食の必要はなかった。[137]

この第一審の両当事者間の争点は、くりかえしの煩わしさをいとわずにいえば、つぎの三点である。(1)入院患者日用品費の額は、補食費をふくめないとしても、適法の額か。(2)朝日茂は最低限度の生活を維持するために補食を必要としたか。(3)補食が必要であったとして、それは給食による現物給付として支給されるべきであったか、または金銭給付として支給されるべきであったか。厚生省側からみると、(1)・(2)にかんする裁判所の判断は、司法審査権が生活保護基準にたいしてどの程度におよぶか、あるいは生活保護法第八条第一項による厚生大臣の行政裁量権をどの程度にみるかという判断として、重要な関心事であった。[138]

一二回の口答弁論とそのあいだにはさまれた三日間の現地検証のあと、判決が下され、厚生大臣は敗訴した。判決理由は、朝日側の主張をほぼ全面的に採用していた。それを、以下で四点に整理する。

(1)「健康で文化的な最低限度の生活水準」は、特定の国の特定の時点では、一応客観的におおむねのところは決定される。生活保護法は、この水準の認定を政府にゆだねているが、それは、あくまで憲法第二五条に由来する生活保護法第三条、第八条第二項に規定された範囲においてのことである。したがって、それは、本法に適合するかどうかで争われるかぎり、裁判所で判断されることができるものである。

(2)入院患者日用品費の基準費目は、算定基礎にあげられているもののほかに、修養娯楽費、ペン、インク、ノート、箸などが必要である。寝具なども、入院患者のばあい、いっそう多量に必要である。基準消費数量では、肌着が二年に一着、パンツまたはズロースが一年に一枚など、そのほかでも、あまりに少なすぎる。基準単価でも理髪料一回六〇円は安すぎる。したがって、日用品費の額は患者の最低限度の需要をみたさない。

(3)当時の国立岡山療養所の給食は、患者がその大部分を摂食すれば、完全給食の基準に達していた。しかし、療養所側がどのように配慮をしても、摂食率は一〇〇%にならない事実があり、それは現実の給食が患者の症状、嗜好にそっていないからである。原告の摂食率も二分の一から三分の二くらいであり、補食は治療上、必要不可欠であったとかんがえられる。それは、直接の栄養確保のために必要であると同時に、長期療養者にとっては治療上心理的にも必要なのである。したがって、最小限の補食費を医療費の一部自己負担の額から控除することは、原告の最低限度の生活のために必要であった。

(4)以上から、本件の保護変更決定処分は違法であり、それを是認した被告の裁決も違法である。[139]

マス・メディアは、すべて、一斉に、この一審判決を好意的につたえた。『読売新聞』の社説は、さきの伊達判決は憲法第九条を、今度の浅沼判決は憲法第二五条を教えてくれたと書き、『産経新聞』の社説は、朝日さんはどの大学教授よりわかりやすく憲法の精神を教えてくれたと書いたという。世論もこの判決には好意的であった。これは、なによりも、審理の過程と判決であきらかにされた生活保護の基準のあまりの低さのためであろう。(140)また、あわせて、勤評反対闘争、三池闘争、王子製紙争議、警職法反対闘争、安保闘争、さらには一連の公安条例違憲判決などがかもしだしていた、反政府的・反権威的な社会的雰囲気もそこに作用していたのであろう。また、適正化対策にたいする反対運動がかならずしも世論の支持をあつめなかったことをかんがえあわせると、集団の圧力・示威に主としてよる運動より、裁判をつうじて進める運動のほうが、人びとの共感をえやすかったということが、あるのかもしれない。

(136)「朝日訴訟の経緯」(『生活保護三十年史』)七三九―七四〇ページ。
(137)同右、七四〇―七四一ページ。
(138)同右、七四一―七四二ページ。
(139)同右、七四五―七四八ページ。
(140)天達忠雄・渡辺洋三・新井章・長宏「最高裁判決と朝日訴訟(共同討議)」(朝日訴訟中央対策委員会編『人間裁判10年』労働旬報社、一九六七年)一一〇ページ。

7　生存権保障の理念と現実

朝日訴訟の提訴と厚生大臣が敗訴する第一審の判決は、生活保護行政に従事する厚生官僚たちの大多数にとっては、おこるべきことがおこり、出されるべきものが出されたと感じられたはずである。適正化対策は進められるが、保護基準は年々、実質的に下降する一方で、被保護階層の生活がどのように苛酷な状況にあるかは、かれらはよく知っていた。そこからおこるべき訴訟であり、そこに出されて当然の判決であった。木村孜は、保護課に一九五二年七月から五九年七月まで勤務して、その最後の二年間は、朝日訴訟の最初の二年間であったひとである。かれは、退官後、当時をふりかえって、つぎのように書いている。元官僚としての遠慮はあるが、さきにいった厚生官僚たちの感想はたしかにくみとれる。

「この訴訟は、入院患者の日用品費基準額が健康で文化的な最低生活費を充たすものとしては余りに不十分で、延いては憲法に違反するという提訴であった。この提訴は適正化対策が浸透してゆく一方、保護基準の改定が見送られて保障水準が実質的に切り下げられて行きつつあった当時の状況と無縁のものではなかったであろう。

朝日訴訟の第一審判決は、昭和三十五年十月東京地裁によって下されたが国の敗訴であった。すなわち、入院患者日用品費基準は低きに失し憲法に違反するということであった。国は直ちに控訴したが、この判決の当否は措くとして、この訴訟によって保護基準の保障水準が低きにすぎるとして争われたところに、当時の生活保護行政が抱えていた苦悩と課題が浮き彫りにされていたといってよかった[141]」。

もちろん、厚生官僚たちは、この感想を口にすることは許されなかった。それどころか、かれらは、政府の官僚として、必要とされれば裁判所に出て、保護基準は健康で文化的な最低限度の生活を維持することができるものであると証言をしなければならなかった。第一審の審理において、厚生官僚たちがおこなったそのような趣旨の証言がいくつも記録されている[142]。かれらには、かれらの苦渋のおもいがあったはずである。

また、すでにみたように、生活保護法における不服の申立ての制度自体が、小山が先頭に立った厚生官僚たちが、生存権の規定を実質的なものにする手段として、つくったものであった。これがあってこそ、朝日茂の不服申立ても行政訴訟も可能になったのである。そうして、その訴訟で厚生大臣が被告となり、敗訴する。この事態の本質は、厚生官僚たちにとって、自らがつくった制度によって自らが裁かれるという一面をもっていた。

最高裁判所の判決が出されたあと、この訴訟で最初から原告側の弁護人として働いた新井章が、座談会で、第一審判決の画期的性格を説明して、その主要な成果をつぎの三点をあきらかにしたところにもとめている。(1)憲法第二五条は空疎な政治宣言の規定ではなく、一定の法的な実効のある規定と理解するべきである。(2)生活保護の請求は、憲法第二五条や生活保護法のもとで明確で具体的な権利性を保障されている。(3)「健康で文化的な」という法律の文言は、単なる修飾句ではなく、保護基準を決定する厚生大臣の立場を法的に枠づける。[143]

たしかに、新井がいうとおり、第一審の判決は、それらの諸点を示している。しかし、それらのうちでも、基本的な(1)と(2)は、生活保護法、とくにその第九章不服申立てをつくるにあたって、小山たち厚生官僚が明瞭に自覚し、六〇年の第一審判決にさきだつこと一〇年の、五〇年に刊行された小山の著書で正確に記述しているものである。そのさいのかれらの論理は、前節の4項で記述しているので、ここではくりかえさない。生存権保障の理念は、運動論的立場にたつ研究者たちが好んでいうように、朝日訴訟などの福祉運動のなかから最初に生まれてきたのではなく、それにさきだって、厚生官僚たちが構想していたものである。けれども、生活保護行政では水準抑圧期があり、朝日訴訟はおこるべくしておこり、厚生大臣の敗訴する第一審判決は出されるべくして出された。厚生官僚たちによる生存権保障の理念は、そのときまで、現実に転化されることがあまりに少なかったのも事実である。

さきの座談会で、朝日訴訟中央対策委員会事務局長・長宏は、第一審判決の影響を整理して、生活保護の領域では、六一年に大幅の保護基準の引き上げがおこなわれたこと、および被保護者たちの権利意識のたかまりをあげている。[144]前者については、それが、かれがいうように第一審判決の影響のみによるのかは機会をあらためてくわしく論じるが、その判決やそれをむかえた世論の動向が有力な要因としてそこに作用していることは、まず確かであろう。この引き上げから水準向上期がはじまった。以上からみるかぎり、朝日訴訟の第一審判決は、生活保護法の制定にあたって厚生官僚たちがかかげた生存権保障の理念を、被保護階層をふくんだ国民諸階層にひろく認識させ、それが現実への転化にゆきなやむ状況でひとつの突破口をひらく一契機になったというべきであろう。

もちろん、厚生官僚たちは、ただちに、かれらと第一審判決の関係をこのように割り切ってかんがえることはできなかったにちがいない。それは、さきにいった苦渋のおもいや自らが裁かれる立場にあったせいであろう。朝日訴訟にかんするまとまった記述は、一九七〇年に刊行された厚生省社会局『社会局五十年史』のなかにみあたらない。それは、八一年の『生活保護三十年史』のなかで、ようやくあらわれるのである。

(141) 木村孜、前掲書、一〇八―一〇九ページ。
(142) 「朝日訴訟の経緯」七四三ページ。
(143) 天達忠雄ほか、前掲座談会、九八ページ。
(144) 前出座談会、一〇九ページ。

おわりに

本稿は、一九四五年から六〇年にかけての一五年間余で、日本において生活保護制度が形成された過程を記述・分析する習作である。その性格からして、これまでの叙述自体が主要な目標であり、それ以上に、結論といえるほどのものを導きだすところまではねらっていない。しかし、その叙述のなかであきらかにしたいくつかの事実や解釈には、管見のかぎりでの従来の生活保護制度の研究、とくに運動論的立場からのそれで、無視・軽視されていたものがあるので、それらを今後のいっそう掘りさげた研究の課題として整理しておくことにする。

(1)　民主主義の観点からみて、総体として、生活保護法は非常にすぐれた法律である。その主要な特性は、(i)国家責任、(ii)最低限度の生活保障、(iii)無差別平等の原則、(iv)生活保護をうける権利（＝不服申立て制度）、(v)欠格条項の除外、(vi)有給の専門職の担当、などの諸規定にみられる。この法律がすぐれていることについては、これと各国の公的扶助法との国際比較をおこなう必要がある。

(2)　生活保護制度は、生活保護法により支持、規制される人びとや社会組織の社会的行為の集合である。人びとと社会組織の一般的形態としては社会福祉主事と福祉事務所があり、かれらの社会的行為は公的扶助労働、公的扶助政策であって、生活保護基準にその主要内容が集約される。生活保護基準は国家が国民に保障する生活の最低限度であり、社会福祉主事は専門職であることがめざされた。

(3)　生活保護法と生活保護制度をつくった主体は厚生省である。それは必要におうじて、社会局あるいは保護課に限定してもよい。またそこで働く厚生官僚たちとしてみてもよい。かれらは敗戦後五年の時点でそれらの法と制度をつくったのだが、それを可能にしたのは、支配の道具であるという官僚制一般の本来的性格、内務省以来の民主主義的・自由主義的伝統、厚生官僚たちの自己変革などであった。最後のものはとくに重要である。

(4)　GHQ、とくにそのPHWは、厚生省が生活保護制度を形成するにあたって、教師、援助者、後ろだてとして決定的に重要な役割をはたした。生活保護法の特性の多くは、最初、PHWが厚生省に教えたものである。そのさい、PHWが厚生省の主体性をできるだけ尊重したことは特記されてよい。PHWの進歩的姿勢の少なくとも一部は、アメリカ合衆国のニュー・ディール政策の理念に由来する。また、厚生省が生活保護について他省庁と対立するとき、GHQは厚生省をしばしば擁護した。

(5)　生活保護制度について厚生省と対立した主要な他省庁は、大蔵省、自治庁、行政管理庁などである。なかでも大蔵省との対立はとくにはげしく、生活保護制度に大きい影響をあたえた。占領期は厚生省がGHQに擁護されて大蔵省に優越し、対日講和条約成立後は大蔵省がその擁護を失った厚生省をはげしくまきかえした。生活保護制度の最初の一五年間での動向は、基本的には、これら三者の関係の変化によって説明される。

(6) 前項(5)は、いくらか一般化していえば、生活保護制度の形成と運営にかんするかぎり、政府は緊密な統一性をもった官僚制組織ではないということである。政府は、利害・関心がさまざまに分岐し、対立する諸省庁という諸官僚制組織のゆるやかな連合体である。この実態にたいして、政府は完全な統一性をもつ官僚制組織であるという「タテマエ」が存在しており、政府官僚は外部にむかっては、その「タテマエ」にしたがって行動する。運動論的立場からの生活保護制度の研究は、とくにこの実態をみない。

(7) 厚生省が生活保護制度を形成してゆく過程で、特定の公務員やPHWの成員が個人としてもつ力量、知識、見識、人格などが、大きい影響力をもった例がある。もしかれがいなかったら、あるいは別の人物がかれのいた職位についていたら、事態は、いくらか、あるいは大きく変っていたのではないか。そのような重要な役割をはたしたのは、小山進次郎、黒木利克、葛西嘉資、木村忠二郎、ジョージ・K・ワイマン、クロフォード・F・サムス、アーヴィン・H・マーカソン、ネルソン・B・ネフなどである。私は、最初の二人にのみわずかにふれたにとどまり、かれらを充分に論じる仕事はまったく今後の課題として残すことになった。

(8) 冒頭にも述べておいたように、生活保護制度の形成において、制度準備期がもつ意味は小さいものではない。本文中では、これを、旧生活保護法の意義に集約しておいた。その最終段階では、(1)でいう生活保護法の六つの主要特性のうち、二つが完全に、二つが不完全に実現していたのである。また、厚生官僚の自己変革は、この旧生活保護法の形成と運営をつうじて大きく進められたのである。

(9)　同じく冒頭に述べておいたように、生活保護制度の形成において、制度草創期がもつ意味は決定的に重要である。厚生官僚たちは、そこで生活保護法と生活保護制度のほとんどをつくりあげた。法はほぼ理想的につくられたが、制度は他省庁との競合関係のなかでかなりの譲歩をかさねてつくられることになった。これらのうちでも、もっとも重要なものは、生活保護制度を生存権保障とする必要条件としての不服申立て制度の形成である。厚生官僚たちは、それが憲法の生存権規定を実質化するものとかんがえた。

(10)　制度準備期の貧困問題の担い手は、戦没兵士の遺家族、戦傷病兵士やかれらの家族、戦災にあった者や引揚者などであった。これにたいして、制度草創期がちかづくと、ドッジ・ラインの経済政策による失業者、半失業者という新しいタイプがくわわる。かれらは権利意識がつよく、貧困問題の担い手は質的に変化した。厚生官僚たちはこの事実を的確に認識しており、生活保護の新しい法と制度でこれに対応した。

(11)　制度草創期の生活保護基準はすさまじく低かった。その基本的原因は、当時の日本社会全体の経済力の弱さである。国民の多数がまだ飢餓線上の生活をしていた。水準抑圧期に入って、生活保護基準は実質的にさらに低下する。この基本的原因は、大蔵省の厚生省にたいするまきかえしである。国民の生活水準はようやく上昇しはじめており、したがって、それと被保護階層の生活水準の格差はひらく一方であった。

(12)　水準抑圧期の適正化対策は、厚生省にとって、濫救を防止するためのものであると同時に、基準改定のための前提条件づくりとかんがえられていた。厚生官僚のなかにも適正化対策のマイナスの効果をおそれるものがあり、また、現場では適正化対策に差別意識がはたらいた例もあった。この対策にさきだって、たしかに濫救の事実はあった。これについては、受給者である在日朝鮮人や戦傷病兵士である結核患者の、過去の差別や苦難の補償として受給をみようとする心情があったことをもかんがえあわせなければなるまい。運動論的立場からの研究は、それを、生存権要求に強引に読みかえているきらいがある。

⒀　朝日訴訟と第一審判決は、厚生官僚にとって、おこるべくしておこったもの、出されるべくして出されたものであった。しかし、かれらは政府の官僚としてそれをいうことは許されず、苦渋のおもいがあった。自らがつくった不服申立て制度で自らが裁かれるのである。第一審判決が強調した理念は、すでに一〇年まえ、かれらがかかげていたものであった。しかし、それは現実に転化されることがあまりに少なかった。朝日訴訟の第一審判決は、かれらの理念を国民諸階層にひろく知らせ、それを現実に転化する有力な契機のひとつとなった。非難されることが援助されることにつうじる歴史の皮肉を、厚生官僚たちは体験したのである。

2 生活保護制度の展開I——水準向上期

はじめに

一九六一年は、生活保護制度の歴史における最大の転機であった。この年を境にして、それは制度の形成期とその展開期に区分されることができる。形成期は敗戦の年の一九四五年から六〇年までの一五年間あまりであり、展開期は一九六一年から八三年までの二三年間である。おおまかにいえば、形成期に制度の骨格はつくられたが、その給付水準ははなはだ低く、被保護者たちの生活はきわめて苦しかった。また、制度の運用にあたって敗戦が残したさまざまな問題が投影していた。これにたいして、展開期には給付水準の引き上げをはじめとする制度の多くの点での改善のための政策努力が試みられた。しかし、制度の運用では膨大な漏救層を生じさせるという問題があった。二つの時期はそれぞれが、三つの時期に再区分される。本稿は、その展開期の最初の時期、水準向上期の通史を素描する習作である。

1　高度成長と国民生活

生活保護制度の形成期の後半の七年間、水準抑圧期は、生活保護基準の据え置きがあいつぎ、ときにおこなわれる引き上げもきわめてわずかなもので、被保護者たちは極貧の生活に苦しまなければならなかった。その基準のすさまじいまでの低さは、それが予定する食生活では、魚ならば骨まで食い、野菜ならば皮や根まで食うことで必要とされる栄養量が確保されることになっていたという一事からでもうかがうことができる。[1] 朝日訴訟はそのような状況からおこされてきた。これとは対照的に水準向上期に入ると、毎年、年度当初に生活保護基準の大幅な引き上げがおこなわれ、被保護世帯の生活水準は向上してゆき、またそれと国民一般の生活水準との格差もわずかずつではあるが縮小しはじめた。この変化を生じさせた契機は、大まかに二分して経済的契機と政治的契機に区分することができる。

経済的契機からみてゆこう。

通説にしたがい、一九五五年あたりから七三年の第一次石油危機までを、日本経済の高度成長期とかんがえる。この期間の最初、五五年から五六年にかけて、神武天皇以来最高の景気ということで、神武景気と呼ばれた好景気があった。当時は一九三四年から三六年の物価指数をつかって実質国民総生産の対前年成長率が計算されていたが、それは五五年一〇・〇%、五六年七・四%であった。[2] つづいて、一九五九年から六一年にかけて日本経済は、さきの神武景気をさらに上まわる好景気を経験する。これは神武景気以上だから天照大神の天の岩戸からの出現以来ということで岩戸景気と呼ばれた。それらの年度の実質国民総生産の対前年成長率は、のちに一九七〇年の物価指数を一〇〇とした計算によると、五九年一一・二%、六〇年一二・五%、六一年一三・五%となり、この六一年の数値は史上の最高を記録していた。六一年の後半に国際収支の赤字が発生し、金融引き締め政策がとられたせいで、前記の成長率は六二年は五・七%と落ちこむが、六三年一二・五%、六四年一〇・六%と二桁台がつづいた。その後、六五年にもう一度落ちこみがくるが、六六年からは六九年まで二桁台が並ぶ。[3] 高度成長の基礎的要因としては、つぎの七つがかんがえられる。(1)国民の経済発展にたいするつよい意欲、勤労意欲と貯蓄率の高さ、(2)産業におけるすぐれた人材と組織、導入技術の改良と定着、(3)財閥解体などによる経営の人材の刷新と企業間競争の活発化、(4)国民各層の生活改善と購買力の伸長、(5)国際通貨体制の安定維持と国際貿易の拡大、(6)主要産業での積極的な設備投資、(7)貿易・為替の自由化、日本に進出してくる外国企業をつよく意識した産業の合理化・近代化(4)。

生活保護制度の水準向上期の四年間は、この高度成長期の中央よりやや前寄りに位置づけられる。そこでの国民一般の生活水準の上昇はいちじるしかった。その一端は、さきの個人消費支出の伸びにうかがわれるが、その具体的な指数をあげれば、総理府家計調査によると、人口五万以上の都市部では一九六一年から六五年までの累計上昇率は一六五％となり、六五年の数字は戦前水準の一・八倍に達している。この背後には、高度成長にともなう就労機会の上昇、それがもたらす求人難と賃金の上昇があった。賃金の上昇についていえば、一九六一年から六五年までのあいだに製造業のばあい、三〇人以上の事業所では一・六倍、二九人以下の事業所では二倍の上昇がおこっていた。これらについての統計資料はのちにいま少し詳細な分析をするところで提示する。ここではまず概況を示しておきたい。このほか、この時期の生活水準の上昇を示す指標としては、耐久消費財のうちの電化製品の普及率があげられる。一九五五年当時、白黒テレビ、電気冷蔵庫、電気洗濯機をさして「三種の神器」という言葉がつかわれた。それは、それらの消費財の稀少性およびステイタス・シンボルとしての性格を示すものであった。しかし、それらは五〇年代の後半、急速に国民のあいだに普及する。一九六一年には、都市部のばあい、それぞれの普及率は、テレビ七一・九％、電気洗濯機五五・〇％、電気冷蔵庫二六・六％であった。六五年になると、それらの比率は、同じ順番で、九〇・三％、七二・七％、六二・四％となる(5)。「三種の神器」のそれぞれは、一〇年間で、国民の大多数あるいは過半数が保有するものとなったのである。

このような国民一般の生活水準のいちじるしい上昇は、水準向上期の生活保護基準が大幅に引き上げられる有力な一要因であった。それは、後述するその引き上げ過程の検討からもあきらかである。しかし、国民の生活水準の上昇という経済的契機は生活保護基準の改善という制度的変化を自動的にひきおこすものではない。水準向上期にさきだつ水準抑圧期においても国民の生活水準の上昇はおこっていたが、それはほとんど生活保護基準に反映していない。たとえば、神武景気の一九五五年、五六年をみると、この両年度のいずれでも生活扶助基準はまったく引き上げられず、据え置かれたままだったのである。[6]もちろん、いずれの年度においても、厚生省は大蔵省との予算折衝においてその基準の引き上げを要求したが、それが拒否された。これは、国民の生活水準の上昇という経済的契機と生活保護基準の改善という制度的変化のあいだに、厚生省と大蔵省の予算折衝およびそれをふくんだ、あるいはそれを基礎づける政府の政策決定という政治的契機が介在していることを示している。

（1）副田「戦後日本における生活保護制度の形成」、本書五九ページ。
（2）経済企画庁編『経済要覧　一九六二』（大蔵省印刷局、一九六二年）一九ページ。
（3）経済企画庁調査局編『経済要覧・昭和六〇年版（一九八五）』（大蔵省印刷局）二ページ。
（4）正村公宏『戦後史・下』（筑摩書房、一九八五年）一六四―一六六ページ。
（5）矢野恒太郎記念会編『一九六三年日本国勢図会』（国勢社、一九六三年）九二ページ、同『一九六七年日本国勢図会』（一九六七年）一二八ページ。
（6）副田、前掲論文、本書五八ページ。

2　池田内閣の登場

日米安全保障条約の改訂は、岸内閣のもとで一九五八年一〇月から日米間の交渉がはじめられたが、六〇年四月、五月に安保反対闘争の大衆運動の高揚に出会い、五月一九日の衆議院での強行採決から六月一九日の自然成立にいたった。首相岸信介は、自主的国民外交をめざし、反共主義の日米同盟を堅持しつつ、そのなかでの日本の地位の相対的引き上げを試みて、それには一応の成功をおさめたが、激しい反対運動を力で抑えこんだ代償として、政権を手放さなければならなかった。安保反対闘争の盛りあがりの主要な要因は、岸内閣の一連の外交政策への不信感、ソ連・中国からの条約改訂へのつよい反発、暴走気味の反対運動がマス・メディアをつうじて国民の広い範囲の関心を集めたこと、強行採決による国会運営の失敗などであった[7]。岸は、この反対運動にたいして、その背後に「国際共産勢力の策謀」があるとして、反共意識をあらわにした対決姿勢を示した。

一九六〇年七月、自由民主党大会は総裁公選をおこない、池田勇人を後継総裁に選出した。池田は臨時国会で首班指名をうけ、同月一五日、第一次池田内閣を発足させた。厚生大臣に中山マサが起用されたが、これは女性が閣僚になった最初の例である。池田は意識的に岸内閣と対照的な政治色を打ち出したが、その最初に話し合いによる議会運営と経済政策における社会保障の拡充があった。この社会保障の拡充は、国民の生活水準をできるだけ大きく引き上げてゆくために減税と社会保障はどちらも必要だが、どちらかというと社会保障に重きをおきたいという文脈のなかで出てきた[8]。この社会保障の重視は、当時、自由民主党内に賀屋興宣あたりを中心として、減税をせずにその費用によって社会保障予算を大幅に引き上げよと主張するグループがあり、その意見を吸い上げたものだろう[9]。以後、この社会保障を重視するという基本政策をめぐって、一一月に経済審議会が「国民所得倍増計画」を答申するころまで、厚生省と大蔵省は対立的な烈しい動きをみせる。

厚生省からみてゆこう。池田内閣の社会保障の拡充をめざす政策は、当時の厚生官僚にとっては久しく待望していた好機の到来とみえた。社会保障の大宗とされていた生活保護制度が七年間の水準抑圧期を経過したあと、ようやくつかんだ保護基準の大幅引き上げの機会である。厚生省の対応はすばやかった。新内閣が成立したとき、同省の六一年度の予算案の作成は、すでに課内会議をへて局議が終る段階にきていた。しかし、新内閣の社会保障重視の方針をみて、予算案を拡大するつくりなおし作業がおこなわれ[10]、新しい案を八月八、九両日に自由民主党政調会社会部会および同党社会保障調査会に報告した。報告の主要項目は三つで、その筆頭に生活扶助基準の二六％引き上げをおいた。ほかは、国民健康保険の現行の五割給付から七割給付への五年計画での引き上げ、国民年金の支給制限の緩和であった。生活保護については、生活扶助基準の引き上げのほかに住宅、教育、生業の各扶助基準の改定、勤労控除の引き上げ、期末一時扶助の常設などが組み合わされていた。これにたいして社会部会では、生活扶助基準は二六％ではなく五〇％程度の引き上げをやらないと所得間格差はちぢまらない、国保の七割給付は来年からやれなどと威勢のよい批判が出ていた。これは選挙対策の柱づくりをねらったものであった(11)。

しかし他方では、池田内閣の社会保障を拡充する政策は、生活保護の水準抑圧期を主導してきた大蔵官僚たちにとっては、それまでの財政政策の基調のひとつの抜本的変更を迫るものとみえたに相違ない。大蔵省はこれにすばやく、きびしい反発をみせている。内閣成立のはやくも二週間後、七月二九日の『朝日新聞』は、大蔵省当局の考えかたをかなりくわしく報じた。

それは冒頭で、来年度の予算編成の三本の柱は公共投資、社会保障、減税であるが、前二者と減税のかねあいがむずかしい問題になろうと述べて、首相の発言を牽制したうえで、社会保障の拡充についてはつぎのように反対した。

「自民党の一部でいわれている今年度一八〇〇億円であった社会保障関係費を一挙に一〇〇〇億円増額という案は実現不可能とみている。たとえば、生活保護費や失業対策事業費は、国民の最低所得層の所得や同業種の民間賃金ベースを基準とし、それにスライドして決めているので、この基準からかけ離れた増額は、一般の雇用情勢や賃金にあたえる影響が大きく、財政のありかたとしても問題があるからである。また、経済効果としても、社会保障費の増加は消費需要を高める程度で経済成長に貢献する度合いが比較的少ない。むしろ減税と公共投資をより重視するべきであろう(12)」。

こうした状況のなかで、八月二六日になって自由民主党政調会の役員会は、水田蔵相ら大蔵省首脳部を呼んで、池田内閣の新政策として、減税、社会保障、公共投資などの八項目について意見交換をした。このときも大蔵省側の姿勢は固く、歩みよりの徴候はみられなかった。回答の主要部分はつぎのとおりであった。

「一、新政策に順位はつけがたいが、大蔵省としては税制調査会の中間答申を尊重して、まず大幅減税を実施したい。一、公共投資については、道路公債などの発行を見送り、別の形で道路予算の強化をはかりたい。一、社会保障については、不均衡拡充を避け、軌道に乗りはじめた国民年金や国民健康保険の円滑な運用を推進し、全般にわたって〝浅く広く〟の手直し程度にとどめたい[13]」。

この動きでは、経済企画庁は大蔵省の別動部隊としてはたらいた。同庁は八月一五日に自由民主党政調会に経済見通しについて説明したが、そのなかで同党社会保障調査会の発表した社会保障優先の「賀屋構想」を批判するかたちで、つぎのように述べた。

「社会保障費支出を一挙に増やすため大きな財源がいるが、財源である税収入は、対国民所得の租税負担率が二〇・五％にもなっている現在、これ以上あまりふやしえない。社会保障予算には年々〝当然増〟がつくられ、財政の弾力性を失わせる。社会保障は所得再分配による平均化をめざすが、国民所得全体をふやさなければ再分配も有効におこないえない。（中略）国民所得全体をふやすためには公共投資をふやす必要がある。結局、まず公共投資をふやして経済の成長、国民所得の拡大をはかり、次に減税で低所得階層を救い上げて所得の格差を解消し、それでも救い切れない層に最後に社会保障を与える、というのが最も効果的である。重点を十年計画の前半では公共投資におき、後半のはじめで減税し、ここで所得倍増計画に乗ったら初めて社会保障に重点を移すのが望ましい[14]」。このような状況

政党内閣の基本姿勢にたいして、経済官庁が正面切って公然と反抗しているという印象すらある。このような状況

のなかで、内閣の主要経済政策は、社会保障の拡充と並んで減税、公共投資の三つであり、これらをバランスよく実施するというように修正がおこなわれた[15]。九月五日、自由民主党は一一月の総選挙に臨むにあたっての新政策を党議決定した。これは九項目から成り、その四で「一千億円以上の減税」、五で「社会保障の画期的拡充」をあげているが[16]、厚生官僚たちは後者にトーン・ダウンの印象をうけていたようである[17]。そのなかの「生活保護の改善」については、生活、住宅、教育などの各扶助の保護基準の改善、勤労控除の引き上げ、期末一時扶助の支給などがうたわれ、八月に発表された厚生省の次年度予算案といちおう平仄があわされていたが、注目の的であった引き上げ率は大蔵省と厚生省が予算折衝において調整するようにといって深入りを避けていた。

このあと、一〇月二四日に衆議院が解散され、一一月二〇日に総選挙がおこなわれて自由民主党が無所属をふくめて三〇〇議席をとり、一二月八日、第二次池田内閣が発足した。厚生大臣としては古井喜實が入った。この間、一一月一日に経済審議会が総理大臣に「国民所得倍増計画」を答申し、これがほぼそのまま一二月二七日に閣議決定されている。この計画は池田内閣の基本政策となったが、われわれは、そこで、社会保障、生活保護、貧困問題などの理解にかんして、それまでの自由民主党の歴代政府の発想が抜本的に転換されていることに注目する。管見のかぎりにおいては、わが国における社会福祉の社会科学的研究のなかで、国民所得倍増計画におけるこの転換とそのもつ意味を正しく指摘した例はきわめて少ない[18]。しかし、それは六一年度の保護基準の大幅引き上げやそこからはじまる六四年度までの生活保護の水準向上期の有力な要因であり、ひいては展開期の全体を支えた新しい貧困問題観、生活保護観の提示であった。

(7) 正村公宏『戦後史・下』一三二―一三四ページ。
(8) 『朝日新聞』一九六〇年七月二〇日朝刊。

（9）賀屋は『毎日新聞』一九六〇年七月二二日朝刊「私の意見」欄に「最低所得は五倍増に――池田内閣に千億社会保障を望む」を発表し、注目を集めた。

（10）小沼正「エンゲル方式採用とその背景」（厚生省社会局保護課編『生活保護三十年史』社会福祉調査会、一九八一年）二四三ページ。

（11）『朝日新聞』一九六〇年八月一〇日朝刊。

（12）同右、一九六〇年七月二九日朝刊。

（13）同右、一九六〇年八月二七日朝刊。

（14）同右、一九六〇年八月一六日朝刊。

（15）伊藤昌哉『池田勇人――その生と死』（至誠堂、一九六七年）一一一ページ。

（16）自由民主党編纂・発行『自由民主党史』（一九八七年）三一六―三一七ページ。

（17）小沼「今回基準改訂の背景と展望」（全国社会福祉協議会『生活と福祉』六一号、一九六一年）一四ページ。

（18）清水浩一「生活保護制度の展開」（横山和彦・田多英範編著『日本社会保障の歴史』学文社、一九九一年）一二三―一二四ページは、そのまれな一例である。

3　国民所得倍増計画

国民所得倍増計画は、一九七〇年度の国民総生産を六〇年度のそれの二倍にするという、わかりやすい到達目標をかかげた経済計画であった。このために実質経済成長率は、年平均七・八％と想定された。このように明確に数字をかかげることについては、自由民主党のなかでも一〇年後にそれが達成されなかったばあいをかんがえて躊躇する向きもあり、ジャーナリズムでもそのようなばあいには責任が追及しやすいとかんがえていた例があった[19]。しかし、神武景気、岩戸景気の経験は、池田をはじめとする主だった自由民主党の政治家たち、多くの企業経営者たちに高度成長がつづくことを確信させていた。池田は所得倍増というアイディアを五九年一月にえているが、それにさきだって福田赳夫も岸も似たような構想をもっていた。[20] 経済審議会が池田首相に出した国民所得倍増計画にたいする答申は、岸が首相であった五九年一一月二六日に同審議会におこなった諮問「国民所得倍増を目標とする長期経済計画いかん」にたいする、約一年をかけてつくられた答申であった。このかぎりでは、国民所得倍増計画は、一般にいわれているように池田の独創的政策でなく、[21] 自由民主党の主だった政治家たちの共通の願望の表現であった。

さて、池田内閣の基本的政策としての国民所得倍増計画は、その名称から想像されるところとはやや異なり、経済活動の分野を二つにわけ「主として国が直接の実現手段を有する政府公共部門」では「具体的で実行可能性のある計画」をつくり、「基本的にその活動を企業の創意と工夫に期待する民間部門」では「予測的なものにとどめ、必要な限りにおいてのぞましい方向へ誘導する政策」を検討している。計画全体は四部から構成され、第一部「総説」で、本項冒頭に示した目標などをくわしく述べたあと、第二部「政府公共部門の計画」第三部「民間部門の予測と誘導政策」第四部「国民生活の将来」がつづいている。本稿の課題の論議にとっては、その第二部とくにその第四章「社会保障の充実と社会福祉の向上」が重要である。

第二部は「計画における政府の役割」として、社会資本の充足、人的能力の向上と科学技術の振興、社会保障の充実と社会福祉の向上、民間産業誘導のための財政金融の適正な運営の四つをとりあげており、それだけでも社会保障を重視する姿勢がうかがわれるのであるが、その論議の内容をややくわしく紹介しておこう。

第4章の1「経済成長と社会保障」では、まず、高度成長が産業の二重構造と賃金格差をかならずしも解消してこなかったし、今後も所得格差の拡大がおこるかもしれず、そこから生じる「社会的緊張を解消する配慮が必要である」と説きおこしている。そこで最低賃金制度の強化拡充などが要請されるのだが、企業活動への統制措置が度をすごすことは経済全体にマイナスの影響をおよぼすだろう。「このような種々の条件をかんがえれば、所得格差の拡大を防止する面において社会保障の役割は、ますます重くならざるをえない。また、有効需要の喚起、景気変動の調整、各種年金制度の発展にともなうぼう大な資金蓄積などの点からかんがえて社会保障のもつ経済効果は看過できない。なお、今後この計画にともなって生ずる大幅な労働力の産業間流動、とりわけ農家人口の大規模な移動を促進し、農工間の所得不均衡を是正するうえにおいて社会保障の果す構造改善的役割を忘れてはならない[22]」。

このように社会保障の役割を概括したうえで、その充実のために、国民所得にたいする振替所得の割合を六〇年度の四・八％から、七〇年度には六・一％にまで上昇させるとした。正村公宏は『戦後史』下巻で、所得倍増計画を論じて、この数字にふれ、その割合が当時の西ヨーロッパ諸国では一〇％から二〇％に達していたということを理由として、国民所得倍増計画のその目標値はかなり低い、自由民主党は福祉国家に政策課題として高い優先順位をあたえていなかった、と批判している[23]。よくみかける批判の論法であるが、これはどうだろうか。高齢化社会においては、振替所得の大きい部分は老年人口のための年金と医療費につかわれるのであり、七〇年の西ヨーロッパ諸国の主要国と日本のそれぞれの老年人口比率の大きさは、おおまかにいって二対一くらいであったから[24]、単純に数字のみを比較する正村の論法にただちに全面的に同意することはできない。

しかし、振替所得の割合の目標値にかんするさきの記述よりは、それにつづく経済成長と関連させた最低生活水準にかんするつぎの記述がいっそうの注目にあたいする。正村が前掲の箇所でその意義に沈黙しているのは不可解である。

「最低生活水準とは国民の健康で文化的な最低限度の生活水準を保障する水準を意味するものであり、それは生活保護基準はもとより各種の社会保険給付や最低賃金等の水準を算定する際の最低基準となるべき概念である。したがって、社会保障政策の遂行にあたって重要な鍵をなす概念である。従来、ややもすれば最低生活費は絶対的なものとしてとらえられがちであった。たとえば、在来の保護基準は肉体的生存に必要不可欠の家計支出額を各費目について積算し、これを中心として算定されてきた。しかしながら、社会保障における最低生活は、国民が相互に一定限度の生活を保障しあうという社会連帯の国民感情や、一定の地域、一定の時点における生活習慣等をも考慮に入れて定められるべきであり、一般社会生活の発展に対応してゆく相対的なものである。今後の社会保障の推進は、この意味における弾力的な最低生活水準を基礎として展開されなければならない[25]」。

これは、三〇年あまりのちの現在でも通用する相対的貧困観の表明である。所得倍増計画の貧困観は時代の最先端をゆくものであった。あわせて、そこでは当時の生活保護制度がよっていた絶対的貧困観、それにもとづく最低生活費の算定方法としてのマーケット・バスケット方式が過去に属するべきものとして批判されている。政府の閣議決定をうけた文書が、同時期の生活保護行政のありかたを批判していたのである。これは後述される翌年四月からのマーケット・バスケット方式からエンゲル方式への切り替えにたいする、有力な援護になったとおもわれる。なお、同計画はこの貧困観の転換を提言したあと、生活保護制度の改善そのものについては、つぎのように述べている。

「生活保護制度は、さきに述べたように生活保護基準の算定方式を再検討し、これを相当に引き上げなければならない。そしてそれにともない現行の勤労控除制の改訂をはじめ、各種加算制度の検討も必要である。また、医療扶助、住宅扶助、教育扶助その他についても改訂を要すべき点が少なくない。ことに医療扶助については、できるかぎり国民健康保険の充実や公費負担制度の強化によって、その金額の減少を図る必要がある[26]」。

このようにして、国民所得倍増計画は、社会保障の経済的・政治的必要を説いて、その充実は「近代福祉国家の義務[27]」であるといい、伝統的な絶対的貧困観から現代的な相対的貧困観への転換、生活保護基準の引き上げの必要を主張した。これは六〇年の夏から秋にかけて大蔵省や経済企画庁が展開した池田内閣の社会保障拡充政策にたいする異議申し立てへの、最終的反論のようにもみえる。経済審議会はどのようにして、この計画をつくったのであろうか。利用しうる資料からは充分な情報がえられないのだが、六三年に刊行された経済企画庁編集『国民所得倍増計画――付経済審議会答申』によれば、同審議会は幹事には各省庁の官房の総務課長、調査課長、企画室長などのいずれかが並び、ほかに大蔵省は主計局主計官、自治省は財政局財務課長を入れて、政府公共部門の社会保障・社会福祉の作業班の専門委員としては今井一男、中鉢正美、山高しげり、近藤文二などの名前がみえている(28)。これから判断して、この計画は経済企画庁が所管する経済審議会の答申であるが、全省庁の合意を反映しており、その合意には、それまでの社会保障の拡充をめぐる各省庁の対立する意向が一時的にせよ収斂させられており、社会保障や貧困問題、生活保護などにかんしては前記の四人、とくに中鉢の見解が集約的に表現されたのであろうと推測される。

(19)　正村公宏『戦後史・下』一五七ページ。伊藤昌哉『池田勇人――その生と死』八七ページ。
(20)　正村、同右、一五六―一五七ページ。
(21)　伊藤、前掲書、六一ページ。
(22)　経済企画庁編『国民所得倍増計画――付経済審議会答申』（大蔵省印刷局、一九六三年）三九ページ。
(23)　正村、前掲書、一六二ページ。
(24)　厚生省人口問題研究所監修、人口問題研究会『人口動向――日本と世界』（厚生統計協会、一九九二年）四〇ページ。
(25)　経済企画庁編、前掲書、四〇ページ。
(26)　同右、四一ページ。
(27)　同右、一一ページ。
(28)　同右、二四四ページ、二四五ページ。

4　エンゲル方式

一部をくりかえすが、一九六一年度の生活保護基準の大幅引き上げで実務の中心人物たちのひとりとなったのは小沼正であった。かれは、五四年四月に大臣官房統計調査部から社会局保護課に転じてきているので、本稿でいう水準抑圧期を保護課のなかで直接経験してきているわけである。のちにかれが発表した回想記によれば、当時の保護課の空気はむしろ開明的で、それは五四年初頭に刊行された『生活保護百問百答（第七輯）』の第一章「保護基準について」で、それまでは秘密にしていた基準算定内容の詳細を公表し、社会福祉事業界の各方面から注目を集めたところにもよくあらわれていた。[29] しかし、五四年度、五五年度と大蔵省は厚生省にたいして固い姿勢を崩さず、保護基準を据え置いた。このとき、大蔵省側は据え置きの根拠として、インフレーションがおさまり、物価上昇がみられないという事実を強調した。小沼は、のちに、厚生省としては物価指数より賃金指数、生計費指数の増加を根拠として争うべきだったと述べている。[30] 大蔵省が被保護世帯は食べてゆけたらよいという絶対的貧困観をとっており、厚生省が被保護世帯と国民一般の生活水準の格差を縮小するべきだという相対的貧困観をはっきりと打ち出すにいたっていなかったことが、そこからうかがわれる。

また、両省の折衝において大蔵省は保護率が高すぎるのではないかという批判をくりかえしていた。保護課は将来のエースを育てるために小沼を五五年三月から半年にわたって外遊させ、欧米諸国の公的扶助事情を調査・研究させた。かれは、保護率が五二年のスウェーデンで四・二%、五四年のイギリスで五・〇%であることを知り、五四年の日本の二・一三%は高すぎないという認識をえた。[31] 基準算定方式にかんする当時の小沼の問題意識は、かれ自身の言葉によれば、「基準算定を理論化・客観化して政治折衝の外に置きたい、最低生活費は理論的・科学的に決定され、政治的掛引きの入込む余地のありえない体のものでありたい[32]」というものであった。これは、それまでの保護基準があまりに多くを大蔵省と厚生省の政治折衝のなかで、つまり両省の力関係のなかで決定されてきており、最低限度の生活費の保障というその本来的目的が第二義的になっているとかれがみていたということであろう。もちろん、かれは元官僚としてそれをあからさまに述べはしないが。

敗戦後、貧困問題が大きな社会問題になったということから、日本の貧困研究、その一環としての最低生活費研究は急速に進展した。森田優三、篭山京、中鉢正美、藤本武などの研究があいついで発表され、中鉢のエンゲル法則停止方式、藤本の労研方式がとくに著名であった[33]。保護課は、生活保護行政において最低生活費研究の実用化をめざし、五五年ごろから、前記の藤本、篭山、中鉢や江口英一などに研究を依頼し、その成果によって、最低生活費の決定にエンゲル係数を利用することができるという認識に到達していた。

一九五六年度も保護基準は据え置かれた。その年の年末、石橋内閣が成立し、同内閣の人心一新策によって五七年度には四年ぶりの基準改定がおこなわれたが、あまりに急なことであったので、基準算定方式それ自体を変更するにはいたらなかった。短命であった石橋内閣をついだ岸内閣は国民皆年金、皆保険体制を形成したが、生活保護制度では水準抑圧期を持続させた。そして、六〇年、池田内閣が登場し、社会保障を重要施策のなかでも最重視するという姿勢を示した。これへの厚生省の対応はさきに述べたが、その過程において生活扶助基準となる最低生活費の科学的算定のために小沼とかれの協力者たちはエンゲル方式と呼ばれる計算式を案出した。

エンゲル方式では、標準世帯を、日雇い稼働している三五歳の男、三〇歳の女、九歳の男、四歳の女の四人世帯とした。この四人のための飲食物費を、五九年一二月の栄養審議会答申「日本人栄養所要量」による必要カロリーにもとづき、マーケット・バスケット方式で算出する。つまり、その必要カロリーをもつ飲食物を市場で購入するさいに支払われるべき費用を計算する。また、その標準世帯のエンゲル係数は、実態生計費分布から求める。具体的にいえば、総理府統計局の家計調査により、東京都区部の有業者ひとりをふくめた四人世帯の生計費を特別製表し、消費支出階層別にエンゲル係数を算出し、そこから求める。こうしてえた、飲食物費をエンゲル係数で除して一〇〇を乗じてえた金額がその世帯の最低生活費となる[34]。

これにたいしてマーケット・バスケット方式は一九四八年の保護基準第八次改定以来採用されてきたもので、そこでは標準世帯を六四歳の男、三五歳の女、九歳の男、五歳の女、一歳の男の五人世帯としていた。そして、かれらの飲食物費をはじめ、すべての生計費の各費目について最低限度の生活に必要とかんがえられるものを積み上げて、最低生活費を算定する方式であった[35]。

マーケット・バスケット方式は、採用された当初は保護基準の引き上げに画期的な効果をあげたが、その後、とくに水準抑圧期をつうじて、制度的欠陥が目立つようになってきた。その主要な難点はつぎの三つであった[36]。

(1) 消費品目および数量の選定の恣意性。飲食物費については、栄養学によって年齢別、性別のカロリーなどの必要量が科学的に算出されており、これを基礎にした計算が可能である。しかし、その品目、数量の選定は個人の嗜好によって変化に富み、唯一無二のそれらの組合せがあるはずはない。ましてや、飲食物費以外の経費では品目、数量の選定は合理的・客観的におこなわれにくい。たとえば、パンツ一枚を何年はけるか、一ヵ月に葉書が何枚必要かなどが決められていたが、これらは恣意的にならざるをえない。くわえて、日常生活には無駄や不合理な生活習慣による生活費支出があるが、これを理論的に確定して積み上げることはきわめて困難である。これらについて予算折衝で議論がわかれがちであり、厚生省には大蔵省を説得する論議の決め手がなかった。

(2) 一般国民の生活実態との乖離。一九五五年以降、一般国民の生活水準は急上昇してきたが、それが保護基準の算定に端的に反映されない。国民生活は電化製品の普及に示されるように豊かさとゆとりをもちはじめていた。これにたいして、マーケット・バスケット方式を長期にわたってつかい、飲食物費優先で最低生活費の算定をつづけていれば、被服費、雑費などがいちじるしく不足して、保護基準は一般国民の生活水準と乖離し、その格差は拡大する一方となる。

(3)　標準世帯が非稼働世帯であるのは現実的ではない。保護課は前記の学者グループとの討議から、最低賃金制が確立していないわが国においては、最低生活費は地域ごとの日雇い労働者の賃金を目安として算定するのが一方法であるとかんがえていた。マーケット・バスケット方式が標準世帯とする非稼働五人世帯は、戦後混乱期の行政対象として有意味であった。しかし、その後の経済変動のなかで、被保護世帯のかなりの部分が稼働世帯となり、賃金変動を保護基準に反映する必要を生じたので、標準世帯は日雇い稼働世帯に切り替えるべきだとかんがえられた。

エンゲル方式は、以上の三つの難点を一定程度まで解消するものであった(37)。前段の記述と関連させていえば、その方式は、(1)消費品目と数量の恣意性を飲食物費のみに限定しえたし、無駄や不合理な生活習慣による生活費の支出もある程度までは保護基準のなかにみこめるようになった。(2)国民一般の生活実態、正確にはそのうちの低所得階層の生活実態と被保護世帯のそれとの乖離を、エンゲル係数をつかうことでかなり防止することができるようになった。(3)標準世帯として日雇い稼働世帯を採用することで、直接的には日雇い労働者の賃金、間接的には全労働者の賃金、およびそれらにもとづく生計費の変動を保護基準の変動と結びつけることができた。

(29)　小沼正「エンゲル方式採用とその背景」二四〇ページ。
(30)　同右、二四一ページ。
(31)　同右、二四一―二四二ページ。
(32)　同右、二四二ページ。
(33)　中鉢正美『生活構造論』(好学社、一九五六年)第三章第一節。労働科学研究所『日本の生活水準』(同研究所、一九六〇年）七―八ページ。
(34) 無署名「三六年度の生活保護はこうして――新しい基準・運営要領の解説」（『生活と福祉』第六一号、一九六一年）二ページ。
(35) 同右、二ページ。
(36) 小沼、前掲論文、二四八―二四九ページ。
(37) 同右、二五〇ページ。

5 生活保護基準の引き上げ

一九六一年度、生活保護基準は、年度当初の引き上げとしては、制度がはじまってからの最高値を記録した。まず、はじめてエンゲル方式で算定された生活扶助基準は、標準四人世帯で一級地のばあい、一万三四四円となった。前年度までつかわれたマーケット・バスケット方式で、六〇年の標準四人世帯の生活扶助基準は八九一四円と試算されており、これを比較の対象とすれば、前記の六一年の基準は一六・〇％の伸びを示したことになる。厚生省社会局保護課編『生活保護三十年史』は、この数字をつかっている。(38)

しかし、六一年度は、標準世帯の型の変更がおこなわれた年であり、計算の仕方によってその伸びの比率は若干の違いを生じさせる。当時の厚生省の公式見解では、六一年度の生活扶助基準の伸びは一八・〇％とされている。小沼が責任者として監修したとおもわれる『生活と福祉』第六一号（一九六一年四月）の「（昭和）三六年度の生活保護はこうして――新しい基準・運営要領の解説」では、つぎのような計算式が示されている。

まず、標準四人世帯の飲食物費であるが、その世帯の一人一日平均所要熱量（表2・1）を、一九五八年度の「国民栄養調査」の六大都市平均の費目別熱量配分率によって主食、副食、調味料へ費目配分し、品目の選択については総理府統計局の「家計調査」のデータを参考にし、従来の精麦、小麦粉を押麦、食パン、うどんなどの加工品におきかえ、副食の魚と野菜については「日本食品標準成分表」に採用されている品目別廃棄率の三分の一を採用するなどの内容改善をして、それぞれの品目別単価を乗じて算出された（表2・2）。この飲食物費に表中に示す基準外飲食物費をくわえ、前項で示したエンゲル係数をもとめる方式をつかうと、エンゲル係数は五七・九七九一六（％）となり、前記の飲食物費とエンゲル係数をもつ標準四人世帯の消費支出総額は一万三八四九円となる。これから、住宅費、教育費、医療費、一時扶助に該当する被服寝具などの費用、および勤労控除の経費などを差し引き、生活扶助の保護基準をもとめ、それを六〇年度までの一級地標準五人世帯分に換算すると、一万一三五二円になる。これとマーケット・バスケット方式による六〇年度の標準五人世帯の生活扶助の保護基準、九六二〇円を比較すると、六一年の伸びは一八・〇％となる（表2・3）[39]。

表2・1　年齢・性別所要熱量
（標準四人世帯）

	所要熱量	備　　考
35歳男	2,190cal	成人のみ軽労作（1日あたりcal）による
30歳女	1,850	
9歳男	2,100	
4歳女	1,400	
合　計	7,540	
平　均	1,850	

資料出所：全国社会福祉協議会『生活と福祉』第61号，1961年，4ページ．以下，表2・2，2・3も同じ．

表2・2　生活扶助基準飲食物費の算定基礎

	4人世帯 cal	4人世帯 金額(円)
主　食	1,367	3,159.94
米	699	1,890.02
非米主食	668	1,269.92
押　麦	101	180.21
食パン	320	798.49
ゆでうどん	247	291.22
副　食	397	3,316.01
魚　介	214	2,008.95
野　菜	183	1,307.06
調味料	121	442.05
食　塩		12.26
その他	121	429.79
嗜好品		24.84
計	1,885	6,942.84
基準外飲食物費		1,086.88
合　計		8,029.72
エンゲル係数		57.97916(%)

表2・3　現行(60年度)基準と改訂(61年度)基準の比較
(標準5人世帯　64男，35女，9男，5女，1男
……1級地東京)

		現行		改訂	
		cal	金額	cal	金額
生活扶助	主食	1,207	3,472.67	1,202	3,557.54
	副食	320	2,955.43	349	3,643.50
	その他	131	559.91	107	521.45
	*飲食物費計	1,658	6,988.01	1,658	7,722.49
	**その他の経費		2,632.52		3,629.74
	合計		9,620.53		11,352.23
	改訂率		100.00		118.00
住宅扶助			1,100.00		2,000.00
教育扶助			189.00		264.00
合計			10,909.53		13,616.23
生住教改訂率			100.00		124.81

* 飲食物費改訂率　110.51
** その他経費改訂率　137.88

なお、六一年度の生活扶助の基準引き上げ以外の主要な改善としては、つぎの四つがあった。

(1)　住宅扶助基準の引き上げ。地代と家賃の上昇により従来の基準が実態家賃とかなり離れてきたので、実態家賃を支払うことができるように、住宅扶助を二倍ちかく引き上げた。五人世帯は一級地のばあい、六〇年度の一一〇〇円を二〇〇〇円とした。また、それでも実態家賃が支払えないばあいは、特別基準の設定が認められた。特別基準についてはくわしくは述べないが、第二種公営住宅の最高額までの範囲でさらに引き上げを可能にするものであった[40]。

(2)　教育扶助基準の引き上げ。このころ学校教育の内容が向上してきて、実態教育費が教育扶助基準を大きく上まわっていた。そこで学用品費、実験実習見学費などを充実させ、とくに前者は学習指導要領に記載されているほとんど全品目を購入することができるようにした。この結果、一級地の標準五人世帯のばあい、六〇年度の一八九円が二六四円に引き上げられた[41]。

これらによって、生活扶助、住宅扶助、教育扶助の合計では、一級地の標準五人世帯では六一年度の伸び率は二四・八一%におよんだ(表2・3)[42]。

(3)　世帯分離要件の緩和。法による世帯単位の原則の適用が要保護世帯の自立助長を阻害することを避ける意味で、

世帯分離の要件が緩和された。緩和された要件は八つあるが、代表的なひとつを例示する。すなわち、六〇年度までは入院患者をその出身世帯員から分離できるための要件は、入院後一年を経過していること、出身世帯員との関係が生活保持義務関係にないこと、かつ同一世帯員と認定するのが不適当であることとなっていたが、第一の要件を「半年以上」の入院の「見込み」があることに改めた。[43] なお、これは、六五年度になって、入院期間が「すでに三箇月を越え、かつ引き続き三箇月以上入院を要する」という、いっそう具体化された規定になっている。[44]

(4)　被保護世帯員の高等学校修学の容認。六〇年度までは被保護世帯の成員が高校に進学するにはきびしい要件のもとで世帯分離をしなければならなかったが、この年度からその要件が緩和されるとともに、つぎの要件があれば世帯分離の必要がなくなった。つまり、被保護世帯員が高校に進学する道がはじめて開かれた。要件はつぎのとおり。日本育英会の奨学金、母子福祉資金の修学資金、その他の政府や地方自治体の奨学金などの支給または貸与がおこなわれていること、その奨学金あるいはそれに本人の収入をくわえたもので教育費がまかなわれていること、本人の修学が世帯の自立助長に効果的であること。[45]

表2・4　標準世帯の生活扶助基準額の推移

（1級地）

	年月日	改訂区分	基　準　額	改訂率
水準抑圧期	1954.4.1	改訂ナシ	8,234	—
	55.4.1	同上	8,234	—
	56.4.1	同上	8,234	—
	57.4.1	第14次改訂	8,850（8,264）	107.5
	10.1	米価補正	8,971	
	58.4.1	育児諸費改訂	9,071	—
	59.4.1	第15次改訂	9,346（8,674）	105.6
	60.4.1	第16次改訂	9,621（8,914）	102.9
水準向上期	61.4.1	第17次改訂	10,344	116.0
	10.1	補正	10,862	
	62.4.1	第18次改訂	12,213	118.0
	12.1	米価補正	12,460	
	63.4.1	第19次改訂	14,289	117.0
	64.4.1	第20次改訂	16,147	113.0

注：1)　標準世帯は，水準抑圧期は標準5人世帯，水準向上期は標準4人世帯である．
2)　標準生活費方式は，水準抑圧期はマーケット・バスケット方式，水準向上期はエンゲル方式である．
3)　（　）内の数字はマーケット・バスケット方式時の標準4人世帯の基準額である．
資料出所：厚生省社会局保護課『生活保護三十年史』資料篇，54-55ページ．

年度当初における生活扶助基準の大幅引き上

げは、つねに二桁台の改定率で六一年度をきっかけに六四年度まで毎年、水準向上期をつうじておこなわれた。すなわち六一年はさきにみたように一六・〇%であるが、ひきつづき、六二年一八・〇%、六三年一七・〇%、六四年一三・〇%である。これは、五四年度から六〇年度までの水準抑圧期をつうじての七年間で、年度当初の基準改定が四回まで見送られ、おこなわれた改定の改定率がいずれも一桁台であったのと対照的である（表2・4）。水準向上期の当時の厚生省の公式言明をみると、六〇年度を基準として引き上げ率を六二年度で四〇%、六三年度で六〇・〇%、六四年度で八一%強、つまり約二倍などと誇示している例もある。[46]

また、六二年度から六四年度までの、生活扶助基準の引き上げ以外の主要な改善にはつぎのようなものがある。

六二年度……テレビの保有の容認。重度の障害者などがいる世帯、六〇歳以上の老齢者がいる世帯、義務教育修了まえの者がいる世帯に、当該地域でその普及率が高く、かつその処分価値が少ないばあい、テレビの保有を認めることにした。[47]

六三年度……電気洗濯機の保有の容認。多子世帯もしくは母子世帯で家事に従事している者が就労しているばあい、または身体障害者世帯であってほかに家事に従事する者がないばあい、その保有を認めても当該地域の一般世帯との均衡を失することにならず、かつその処分価値が少ないとき、電気洗濯機の保有を認めることにした。[48] なお、この年から、きびしい制約のもとで世帯分離をすることが要件となっているが、被保護世帯の子どもが、高等専門学校、短期大学、大学に進学することが可能になった。[49]

(38) 無署名「標準世帯の生活扶助基準額の年次推移」厚生省社会局保護課『生活保護三十年史』五四—五五ページ。
(39) 無署名「三六年度の生活保護はこうして——新しい基準・運営要領の解説」四ページ。
(40) 同右、一〇ページ。

(41)　同右、一〇ページ。
(42)　同右、四ページ。
(43)　同右、五―六ページ。
(44)　保護課「昭和四〇年度の生活保護――第二一次基準改訂、実施要領、監査方針」(全国社会福祉協議会『生活と福祉』一〇九号、一九六五年）八ページ。
(45)　無署名「三六年度の生活保護はこうして――新しい基準・運営要領の解説」七ページ。
(46)　保護課「昭和四〇年度の生活保護――第二一次基準改訂、実施要領、監査方針」七ページ。
(47)　社会局「新しい基準・運営要領の解説」(全国社会福祉協議会『生活と福祉』第七三号、一九六二年）六ページ。
(48)　無署名「昭和三八年度の生活保護――第一九次基準改訂、運営要領、監査方針の解説」(『生活と福祉』第八五号、一九六三年）六ページ。
(49)　同右、五―六ページ。

6　厚生官僚たちの意識と行動

一九六一年度からのこの時期、生活保護制度を担当する厚生官僚たちの士気はおおいに高揚していたとおもわれる。長い水準抑圧期のあと、毎年度連続して生活扶助基準の大幅引き上げを実現し、あわせて、つぎつぎに懸案の各種の制度改善を達成していったのであるから、これは当然のことであろう。近代社会にふさわしい近代的社会保障がようやく形成されつつある、生活保護制度もようやく実質的に生存権を保障することができるものになってきた、とかれらはかんがえていたようである。

一例をあげる。小沼正は、前出の『生活と福祉』六一年四月号に「今回基準改訂の背景と展望」という文章を発表している。これは解説風の標題をあたえられているが、中ほどの三分の一は六一年の基準改定をどのような歴史的文脈において理解するべきかを論じた小論文となっている。そこで、小沼は、二〇世紀初頭のイギリスにおける救貧法の改革をややくわしく紹介している。すなわち、一九〇五年の「救貧法および失業救済に関する王立委員会」の多数派報告と少数派報告が、いずれも実施中の救貧法は生存権を保障するものでないと否定し、分類保護の原則、回復的処遇の原則、施策普遍化の原則を提唱した。それらの原則に通底するのは、貧困者は正常な勤労者と同じニーズをもつ者として遇されるべきであり、かつ貧困の原因がとりのぞかれるべきであるという考えかたであった。これは意識上の社会改革であり、その背景には産業革命以来の労働者階級の台頭、人権思想の向上があった。

イギリスにおける社会保障、公的扶助のこの「曲り角」に匹敵するべき変化が、六一年の日本で生じている、と小沼はいう。もちろん、日本の「曲り角」はイギリスのそれとまったく同一ではない。日本の生活保護法はイギリスの救貧法の一八三四年改正法に較べれば、はるかに進歩的である。しかし、イギリスの「曲り角」の認識は、日本の「曲り角」の認識の手がかりとなるだろう。(50)

日本経済の特徴は、近代的産業と前近代的産業の並存、いわゆる二重構造にあった。前近代的部門には、生産性の低い零細農民、低賃金労働者などが膨大に存在してきた。しかし、経済成長はようやくこの二重構造を解消しつつあり、社会構造が全体として変容しつつある。これに対応して、社会保障も転機をむかえた。近代的社会保障が成立する二大要件は最低賃金制と完全雇用であるが、前者はようやく実施されようとしている。近代的社会保障制度の骨格部分としての国民皆保険、皆年金体制も形成された。戦後一五年、民主化の進展をつうじて、生存権意識も国民自身のものとして確立した。「かく考えるならば、池田内閣新政策による社会保障の拡充も、当然現われるべくして現われたもの(51)」である、と小沼は宣言する。

しかし、生活保護基準の大幅引き上げをふくむ、池田内閣による社会保障拡充策は、日本の社会保障史において、はたして、イギリスの社会保障史における、二〇世紀初頭の救貧法の改革に比せられる出来事であったのだろうか。ここはそれをくわしく論じるべき場所ではないが、私はそれには全面的に同意することはできない。日本の公的扶助にかんする意識上の社会変革ならば、それはむしろ生活保護制度の形成期をつうじておこったとみるべきであろう。しかし、小沼の前記の見解は、いまとなっては、その歴史解釈の妥当性を論じられるよりは、当時の小沼やかれの同僚たちが、長かった水準抑圧期を抜け出し、水準向上期に入っていったさいの心のはずみやたかぶりをつたえる資料としてながめられるならば充分なのではないだろうか。

生活保護制度を担当する厚生官僚たちの士気の高揚と関連して、かれらが開発したエンゲル方式やそれが示す相対的貧困観の時代的意義に、てみじかにふれておこう。

これも小沼がつたえるエピソードであるが、一九六〇年の秋、厚生省と大蔵省の予算折衝がたけなわのころ、社会局のひとりの幹部が西ドイツに出張した。かれは、日本に帰ってきてから、「西ドイツの社会保障、公的扶助の専門家たちに、日本で採用する新しいエンゲル方式について話してみたところ、だれひとりとしてそれを知らなかった」と、いくらか不安げに語った。これをきいた保護課の担当官たちは「知っているはずがない」とかんがえ、意気をさらにたかめた。かれらは、エンゲル方式はかれらと学者グループの「まったく独創的な合作」であると自負していたのである。(52)

いまとなってかんがえてみると、一九六〇年代は、先進資本主義諸国の貧困理論において、貧困の基本的理解が絶対的貧困観から相対的貧困観へ推移してゆく時期であった。典型例として、イギリスのばあいをいえば、B・S・ロウントリイが第三次ヨーク調査を一九五〇年におこない、その結果を『貧困と福祉国家』にまとめるが、これにたいする批判が六〇年代に入って次第に広い範囲で支持されるようになった。それは、貧乏線のような柔軟性のない固定的な貧困の規定をとりつづけたために、現実の貧困の増加が見逃されてしまったという批判である。これによって、貧困はより社会的に定義されるべきであるという主張が一般化する。そこで貧困の新しい定義をもとめて多くの試行錯誤がおこなわれ、そのひとまずの成果として、P・B・タウンゼントの相対的収奪の概念が六〇年代末に登場する。この経過のくわしい紹介はほかの機会にゆずるが、わかりやすくいえば、ロウントリイの第一次的貧乏からタウンゼントの相対的収奪への変化は、食べてゆけない貧困から人並みに暮せない貧困への変化である[53]。同じような貧困観の変化は、アメリカ合衆国でもおこった[54]。

日本の生活保護制度におけるエンゲル方式の採用は、この六〇年代の先進資本主義国において生じた貧困観の変化の一環であり、しかも、そのもっとも早い例となった。一九六〇年、エンゲル方式によって最低生活費を測定するべきだとした厚生官僚たちの問題意識には「人間の日常生活のなかには若干の無駄や不合理な生活慣習など」による「生活費のロス」があり、それをも最低生活費にふくめるべきであるという考えかたがあった[55]。タウンゼントが相対的収奪の判定基準をつくるにあたり、慣習にそった食事のための費用には、栄養学的にみて無価値であっても、習慣をつうじて心理的・社会的に必要とされるもの、たとえば茶の費用をふくめるべきであると書いて、栄養学のみによったロウントリイの食費計算を批判したのは一九六九年である[56]。

一九六〇年に厚生官僚たちがエンゲル方式が示す相対的貧困観に到達していたという事実は、いまから振り返ってみると、なにか不思議な印象がある。潰滅的な敗戦はわずか一五年まえのことであり、そのあとも国民は飢餓線上をさまよわねばならなかった。生活保護制度にかんしていえば、その六〇年まで絶対的貧困観にもとづくマーケット・バスケット方式によって算定された最低生活費のもとで、被保護者たちが極限的貧困状態におかれつづけてきていた。そこからおこされた朝日訴訟では、法廷で「入院患者日用品費の額」が充分であるか否かが争われており、その基準消費量でいえば「肌着が二年に一着、パンツ（またはズロース）が一年に一枚、チリ紙が一ヵ月一束」では足りるか足りないかが争われていた時期である。厚生官僚たちには、絶対的貧困観によりつつ、最低生活費の引き上げをめざすという選択もあった。それを、かれらは他国にも例をみない相対的貧困観に跳躍して、新しい社会保障制度を構想した。

なにがこれを可能としたのだろうか。ゆきとどいた解答を提出する自信はないが、主要な契機とかんがえられるものを覚書きして、今後の検討の課題としたい。①水準抑圧期をつうじて大蔵官僚との折衝において、説得力がある科学的な最低生活費の算定方法の必要を厚生官僚たちが痛感していた。②貧困研究がおおいに進み、とくに最低生活費研究ですぐれた業績があいついで発表され、その分野の学者グループと厚生官僚たちの協働がおこなわれた。③高度成長にともなう国民一般の生活水準の急上昇をみて、内務官僚以来の伝統である厚生官僚たちの牧民意識が、被保護者たちにも成長の果実をわかつべきだとかんがえた。

(50)　小沼「今回基準改訂の背景と展望」一五―一六ページ。
(51)　同右、一六ページ。
(52)　小沼「エンゲル方式採用とその背景」二五一ページ。
(53)　副田「社会的行為」とくに「3生活費研究」（北川隆吉監修、佐藤守弘ほか編『現代社会学辞典』有信堂、一九八四年）一一三―一一七ページ。
(54)　小沼『貧困――その測定と生活保護』（東京大学出版会、一九七四年）八四―九五ページ。
(55)　小沼「エンゲル方式採用とその背景」二四九ページ。
(56)　P・タウンゼント、高山武志訳「相対的収奪としての貧困――生活資源と生活様式」（D・ウェッダーバーン編『イギリスにおける貧困の論理』光生館、一九七七年）三五ページ。

7 格差縮小の効果

生活保護基準の決定にあたって相対的貧困観を採用するということは、被保護世帯の生活水準と国民一般の生活水準との格差の縮小をめざすものであるが、しかし、相対的貧困観を採用するだけでただちにその縮小が生じるわけではない。実際には、その貧困観にもとづき新しいエンゲル方式で算定された上昇した生活保護基準があり、他方では上昇した国民一般の生活水準があり、両者の関係として格差の動きが生じる。これをいくらかくわしく検討する必要がある。

この主題にかんする論議のもっともゆきとどいた型は、一九六四年一二月の中央社会福祉審議会生活保護専門分科会の「中間報告」にみられる。以後のこの主題にかんする研究の多くはこの型にしたがっておこなわれている。そこで、まず、その「中間報告」の論旨をかいつまんで紹介しよう。それはつぎのとおりであった[57]。

経済の高度成長にともなって、国民一般の生活水準はいちじるしく向上したが、これを消費水準でみると、総理府家計調査による全都市勤労者世帯平均では、一九六〇年から六三年までに四四%、実質一九%の上昇を示している。農家世帯においても、農林省農家経済調査によれば、ほぼ同様の上昇がみとめられる。しかも、これらの消費水準の上昇の度合いを全都市勤労者世帯についてみると、低所得階層ほど高い上昇傾向をみせる。たとえば、全都市勤労者世帯第Ⅱ・10分位階級では、六〇年から六三年までに四四%、実質一九%の上昇であるが、第Ⅰ・10分位階級では五四%、実質二七%の上昇である。この結果、所得階層間の消費格差は、全都市勤労者世帯の平均消費水準にたいして、第Ⅱ・10分位階級では六〇年に七〇・七%であったものが六三年には七一%となって縮小し、第Ⅰ・10分位階級では六〇年に五九・一%であったものが六三年には六三・二%となって縮小している。

一方、六一年以降、生活保護基準の改善がはかられてきたので、生活保護勤労者世帯のばあい、その消費水準は六〇年から六三年までのあいだに七一％、実質四一％の上昇を示し、消費水準の全都市勤労者世帯にたいする格差も六〇年に四一・七％であったものが、六三年には四九・七％となり縮小してきたと推計される。

このような消費水準の上昇、所得階層間の消費水準の格差の縮小は、経済成長にともなう産業構造、雇用市場などの近代化による所得の向上、消費者の意識や生活態度の変化がもたらしたものである。これらの諸傾向はさらにしばらくは持続するとおもわれる。これにたいして、生活保護の水準は大幅に改善されてきたとはいいつつも、生活保護勤労者世帯の消費水準は、全都市勤労者世帯のそれに比較してその五〇％に満たない低水準にある。これと、前掲の所得階層間の消費格差が縮小しつつあることをかんがえあわせるならば、生活保護の水準はさらに相当改善されなければならない。この分析のあと「当面の生活保護水準改善の方途」として、つぎの提言がおこなわれている。

「一般国民の平均消費水準に比較して低所得階層の消費水準の上昇が大きく、消費水準の階層別格差縮小の傾向がみられる現状を前提として、最低生活保障水準の改善を考える限りにおいては、一般国民の平均消費水準の動向を追うのみではその目的を達し得ないものであって、低所得階層の消費水準とくに生活保護階層に隣接する全都市勤労者世帯第Ⅰ・10分位階級の消費水準の動向に着目した改善をおこなうことがとくに必要である。

すなわち、第Ⅰ・10分位階級における消費水準の最近の上昇率に加えて、第Ⅰ・10分位階級と生活保護階層との格差縮小を見込んだ改善を行うべきである。この場合、見込むべき格差縮小の度合いについては、第Ⅰ・10分位階級と生活保護階層との格差縮小の動向についても参酌すべきである(58)」。

この提言からは、六五年以降にエンゲル方式にかわって採用される格差縮小方式がつよく示唆されるが、それを論じるのは別の機会にゆずる。ここでは、この論議の型にしたがった研究の一例をみておこう。

木村孜は『生活保護行政回顧』第三章「昭和三十六年から昭和四十年まで」において、その時期の生活保護基準を

表2・5　一般世帯，被保護世帯1人あたり消費支出の格差

	一般世帯(A)	被保護世帯(B)	B／A
	円	円	%
1960年	9,039	3,437	38.0
61	10,295	4,275	41.5
62	11,203	4,984	44.5
63	13,291	5,883	44.3
64	13,870	6,528	47.1
65	14,636	7,351	50.2

注：東京都勤労者世帯.
資料出所：木村孜『生活保護行政回顧』121ページ.

表2・6　保護基準と第Ⅰ・5分位との比較②

	勤労世帯第Ⅰ・5分位1人あたり消費支出　(A)	1人あたり生活扶助基準額（1級地）　(B)	B／A
	円	円	%
1959年	4,277	1,869	43.7
60	4,871	1,924	39.5
61	5,388	2,586	48.0
62	6,340	3,053	48.2
63	7,068	3,572	50.5
64	8,036	4,037	50.2
65	8,792	4,551	51.8
66	9,715	5,166	53.2
67	11,115	5,863	52.7

注：(A)欄は人口5万以上都市の数値である（家計調査）.
資料出所：木村，前掲書，138ページ.

論じたさいに、この論議の型を巧みに利用している。木村の主要論点はつぎの四つである。

(1)　一九六一年から六五年までの保護基準の累積改善率は二・〇五倍であり、したがって被保護世帯の消費水準は六五年には六〇年の二倍にまで引き上げられたことになる。同じ時期に東京都における一般勤労者世帯の一人あたり消費支出の上昇は一・六二倍であった。これによって、この時期の被保護世帯の消費水準と一般世帯のそれとの格差は縮小した。すなわち、前者の後者にたいする割合は、六〇年には三八・〇%であったが、六一年以降は四〇%台で上昇してゆき、六五年には五〇・二%に達している（表2・5）[59]。

(2)　この時期、人口五万以上の都市で勤労世帯の第Ⅰ・5分位階級の一人あたり消費支出と、一級地の一人あたり生活扶助基準額を比較すると、被保護世帯の消費水準と低所得世帯のそれとの格差を縮小していることがあきらかである。すなわち、前者の後者にたいする割合は、六〇年には三九・五%であったが、六一年には四八・〇%にはね上り、六三年以降は五〇%台で、六五年には五一・八%に達している（表2・6）[60]。

表２・７　賃金の上昇率の状況

	製造業現金給与総額		屋外労働者賃金		
	29人以下	30人以上	建設業	港湾運送業	陸上運送業
	%	%	%	%	%
1961年	14.1	9.5	22.6	20.1	18.6
62	22.9	10.0	18.8	6.4	15.0
63	15.5	10.8	8.0	14.2	17.2
64	14.0	9.6	14.1	13.4	14.3
65	12.5	9.1	8.6	11.9	9.9
参考　65年／60年	2.01	1.60	1.95	1.85	2.01
参考　65年／61年	1.76	1.46	1.59	1.54	1.69

資料出所：木村，前掲書，177ページ．

表２・８　雑費の消費支出に占める割合

	人口５万以上都市勤労者世帯			被保護世帯（東京）		
	消費支出 a	雑　費 b	b／a	消費支出 a	雑費 b	b／a
	円	円	%	円	円	%
1960年	32,093	11,028	34.4	12,386	1,662	13.4
61	34,896	11,846	33.9	14,984	2,039	13.6
62	39,339	13,617	34.6	16,742	2,375	14.2
63	43,927	16,085	36.6	19,073	2,628	13.8
64	48,324	18,323	38.0	20,843	2,839	13.6
65	51,859	19,764	38.1	22,511	3,103	13.8

注：消費支出は消費支出総額から医療保健衛生費を除いた金額である．
資料出所：木村，前掲書，178ページ．

(3)　しかし、被保護階層に隣接するボーダーライン階層として、製造業の小規模事業所の労働者・屋外労働者に注目してみよう。前者としては従業員二九人以下の事業所の労働者をとり、後者は建設業、港湾運送業、陸上運送業ではたらく労働者をとってみる。六〇年から六五年までのかれらの賃金の上昇の度合いは、製造業の従業員二九人以下の事業所で二・〇一倍、陸上運送業も二・〇一倍、建設業で一・九五倍、港湾運送業で一・八五倍などとなっている（表2・7）。好況による求人難が、それまで賃金水準が比較的低かった部門の賃金を急上昇させたのである。前掲の数字と、同じ時期の保護基準の引き上げ率二・〇五倍はほぼ等しい。したがって、被保護世帯の消費水準と隣接するボーダーライン階層の消費水準の格差は縮小しなかった、あるいは保護基準の改善はボーダーライン階層の所得の伸びと並行する程度のものであったということができる。[61]

(4)　この時期、国民生活においては

電化製品の普及、レジャー費用の増大などによって、家計費における雑費の比率が三〇%台になり、さらに増大する傾向を示した。それは六五年には三八・一%に達している。ところが、東京の被保護世帯のばあい、その雑費の比率はほとんど一三%台の比率で推移しており、増大傾向もなかった(表2・8)。六二年、一般世帯のテレビ保有率は六五%であったが、横浜市における被保護世帯の調査ではテレビはおろかラジオの保有率が四〇%にすぎなかった。これらのデータを紹介して、木村はつぎのように結論づけている。

「この事実は当時保護基準の大幅改善があったといっても、被保護者の生活が依然としてなお苦しい状態にあったことを物語っている。だから、被保護者は一般世帯が家庭の電化を進めていたなかで、じっと耐え忍んでいたといえる。このような乖離は、単なる金額面の数量的違いというものを超えて、すでに生活様式自体の質的相違にまで及んでしまったものといってよかった。それだけに一般世帯の生活水準の向上のなかに取り残されてゆく被保護者の気持には複雑で寂しいものがあったろう。別のいいかたをすれば、いわゆる相対的窮乏感の発生ということになる(62)」。

(57) 中央社会福祉審議会生活保護専門分科会「中間報告(三九・一二・一六)」(社会保障研究所編『日本社会保障資料I』至誠堂、一九八一年)三九四—三九五ページ。
(58) 同右、三九四—三九五ページ。
(59) 木村孜『生活保護行政回顧』一七四ページ。
(60) 同右、一三八ページ。
(61) 同右、一七五—一七七ページ。
(62) 同右、一七八—一八〇ページ。

8　福祉事務所の状況

これまでのところ、もっぱら生活保護制度の政策決定のレヴェルで叙述を進めてきた。これとは区別されるものとして、政策執行のレヴェルがある。第一のレヴェルはすでにみたように内閣と厚生省を中心に各省庁の連関においておこなわれるが、第二のレヴェルの主要舞台は福祉事務所であり、それは第一線職員である社会福祉主事たちが被保護者とかれらをふくむ地域住民にたいしておこなう日常業務である。ほかの行政のばあいと同じように、生活保護においても政策決定のありかたは政策執行のありかたを強力に規制しているが、後者には、それが社会福祉主事と被保護者や住民との相互作用をふくむという特性によって、独自の論理をもつ事象が生じる。この時期の福祉事務所で生活保護を担当する社会福祉主事たちはどのような状況に直面し、どのような問題意識をもっていたのだろうか。

『生活と福祉』一九六二年四月号に座談会「第一線行政は悩んでいる――生活保護の取り扱いをめぐって」が掲載されている。司会は仲村優一日本社会事業大学教授で、出席者は青森、神奈川、広島、熊本の各県の民生担当部の保護係長、それに厚生省社会局保護課の課長補佐がくわわっている。四人の保護係長はいずれもケースワーカーとして長い経験をもち、「生活保護の生字引」といわれている存在であると前説で紹介されている。かれらの座談会における発言から、かれらが日常業務について感じている主要な傾向性や問題点を拾っておく。

(1)　実施要領について。五〇年代半ばころ生活保護の実施要領が被保護者にたいして非常にきびしかったが、それが次第にやわらかになり、社会通念にかなうものになってきた。これは四人の係長たちに共通する認識である。つぎの事例は、社会福祉主事たちが制度草創期には使命感をもってはたらいていたが、水準抑圧期には生活保護への権力による締めつけをつよく感じ、水準向上期に入ってふたたびはたらきやすさを感じていることをよく示している。

「私は昭和二四年からこの仕事ばかりやっていたんですが、二八年ごろまでは、まあ自分も若いせいもあったでしょうが、割りと伸び伸びと、ほんとうに生活保護は生活権の保障に役立つんだという考えかたをもって仕事ができたんですが、二九年、三〇年、三一年ごろになると、青森県はその当時保護費が全国で一番で、そういった伸び伸びとしたものが完全に粉砕されてしまった。これは青森県だけじゃなく（他県でも）そういった傾向が非常につよかった。そのころは、とにかく費用とか保護率が高いということそれ自体が、なにか悪いことのような、そういう締めつけかたがなされ、まあ生活保護の実施機関としては暗黒時代だったんじゃないかと思うのです。ここ三、四年ぐらいまえから、やっとホッとした気持で仕事を進めている、というのが大ざっぱな感じです[63]」。

(2) 保護基準について。社会福祉主事は、一方では革新組織による保護費獲得のための闘争の矢面に立ち、他方では地域住民たちから保護基準が高すぎるという心理的圧力をかけられていた。前者はかぎられた地域での出来事であったが、後者は広く低所得の地域に生じていた。

「これは郡部の福祉事務所でとくに顕著なんです。とくに（昭和）三六年度からの保護費の大幅引き上げ、今回の場合、さらに一七％上って四人世帯で場合によると最低生活（費）が二万円くらいになるんじゃないですか。そうすると、地域によっては、役場職員あるいは農協関係の職員という、かなり安定した公務員（などの給料）でさえも保護費を下まわる地域がある。そういう低所得の地域では、一般納税者側からの圧力のほうが、保護費獲得の圧力の悩みよりも強い。極端な場合は、あの人たちに保護をするならば、われわれは共同募金の募金運動に加わらないというような地域まであるそうです。こういう問題を福祉事務所は解決できるか、おそらく解決しえない、一種の福祉事務所に背負された、十字架じゃないかという気がするんですが、それを宿命としてほっておいてもいいものか、どうか（後略）[64]」。

さきにいったように、六三年までの三年連続の基準改定で、厚生省によれば生活扶助基準は六〇年を一〇〇％とすれば一八〇％に上昇した。これによって、おそらくは比較的多数の員数の世帯のばあい、世帯主が公務員としてえる俸給が、もしその世帯が被保護世帯であるとすれば受給する保護費を下まわるという事例が生じるばあいがあった。ここには高度成長期に入っても、町村の公務員の給与は都市の民間企業の労働者のそれに比較すれば、上昇がおくれがちであったという事情も作用していよう。ただし、この状況にたいして、住民が被保護世帯への反感をつのらせ、社会福祉への反発を共同募金への非協力で示すという反応はいかにも日本的である。

(3)　被保護者への住民の非難、偏見について。郡部では、少しでも田畑をもっている世帯が生活保護をうけると、財産をもちながら保護をうけるのはけしからんという強い批判が出る。また、被保護者が小ぎれいな服装をした、映画にいったというような行為さえ非難されがちである。

「途中で（被保護階層に）転落してきた人が、かりにきれいな着物を着て外に出る。そうすると、何だ、保護をうけているのにきれいな着物を着ているという。実際にその世帯の内容をみると、以前の生活がよかったから、悪い着物がない。それを売りとばして安い着物を買って、着かえて歩くこともできません。よほど高価な衣類については問題外ですが、社会通念的にかんがえて、少々いい着物でも、それしかなければ着て歩くより仕方がないというふうに（自分たち社会福祉主事は）かんがえる訳です。しかし（住民たちは）非常に冷たい(65)」。

(4)　保護基準のＰＲの必要。漏救層をなくすために、また最低賃金の保障などのためにも、被保護者にたいしても、一般市民にたいしても、保護基準を説明し広報することが必要である。

「端的にいうと、小学校や中学校の社会科の先生が簡単に保護基準を説明して、大体このくらいの生活水準であれば保護がうけられるんだということをわかってもらえるような仕組みにするのが大切なんじゃなかろうか。そういう意味で、今度の実施要領の改訂のばあい、いわゆる最低生活（費）の算定の方法と、加算を告示のほうにまわしたことは、一般市民に見てもらう部面が多く、（中略）私は厚生省がいいことをやったなあと思った。ついでに申しますと、認定するのに一番必要があるのは基礎控除と勤労控除の額なんですが、ああいうものも全部告示として、少なくとも法律と告示をみたならば、市民はだれでも自分の最低生活水準が算定できるという形のものが望ましいので、実施要領を、一般の市民に知って（もらえるようにしたい。）（中略）最低生活費が自分で算定でき、もっと一般にわかってもらえる形になれば、何も生活保護が国民の生活全部を解決してゆくオールマイティでなく、かえって他の雇用とか賃金とかの保障が並行しなければだめだということが、一般にわかってもらえる」[66]。

ほかに生活保護制度の運用にあたっての技術的な問題として、世帯概念と扶養概念の明確化の必要、扶養義務者を調査するさいの法的根拠の欠落などが論じられているが、それらは省略する。

（63）仲村優一ほか「第一線行政は悩んでいる——生活保護の取り扱いをめぐって」（『生活と福祉』第八四号、全国社会福祉協議会、一九六三年）五ページ。
（64）同右、四ページ。
（65）同右、六ページ。
（66）同右、六—七ページ。

9　被保護階層の動向

この時期の被保護階層の動態を検討してみると、つぎの四つの主要な特徴がみいだされる。

第一。まず、もっとも基本的な指標として保護率をみると、六一年度は一七・四‰、六四年度は一七・二‰で、両年度のみを比較すれば〇・二‰の微減が生じている。両年度のあいだでは、六二年度一七・六‰、六三年度一八・一‰である。六三年度の数字は展開期を通して最高のものであり、これ以後、保護率は七四年度まで連続して前年に比

表2・9　扶助別被保護人員および保護率の年次推移

	生活扶助	住宅扶助	教育扶助	医療扶助	出産扶助	生業扶助	葬祭扶助	保護率
1960年度	1,425,423	656,009	496,152	460,243	478	6,296	2,601	17.4‰
61	1,471,280	676,876	512,500	476,631	453	6,393	2,615	17.4
62	1,524,152	702,138	521,371	488,245	468	7,427	2,529	17.6
63	1,599,905	751,821	54,805	542,525	499	8,360	2,418	18.1
64	1,524,387	744,593	483,380	590,132	474	8,217	2,401	17.2
65	1,437,614	727,748	433,249	616,282	428	7,949	2,327	16.3

資料出所：厚生省社会局保護課編，前掲書，6-7ページ．

表2・10　入院・入院外別，病類別，医療扶助人員の年次推移

	入院					入院外				
	総数	結核	精神	その他	単給(再掲)	総数	結核	精神	その他	単給(再掲)
1960年度	179,618	94,414	48,338	37,165	127,940	280,625	47,922	2,852	229,851	26,994
61	170,752	78,254	49,572	42,925	112,873	305,879	43,193	3,243	259,442	20,471
62	149,166	52,412	45,693	51,060	93,976	339,080	38,367	3,988	296,725	18,477
63	137,005	26,608	50,783	59,617	85,616	405,520	35,788	5,317	364,421	22,484
64	138,746	19,540	56,396	62,809	88,063	451,386	33,840	6,067	411,478	26,142
65	148,921	16,876	64,517	67,528	96,627	467,365	31,656	7,265	428,444	28,033

資料出所：前掲書，19ページ．

較して減少する。これらをかんがえあわせると、水準向上期に生活保護基準の大幅な引き上げがおこなわれたが、それは二年目と三年目に保護率を押し上げるはたらきをしたものの、四年目にはその効果が失われていたと読める。念のために六〇年度と六五年度の保護率をも示しておいたが、それらをあわせても、この傾向は変らない（表2・9）。

第二。扶助別の被保護人員の動きでは、生活扶助のばあい、六一年度一四七万一二八〇人、六四年度一五二万四三八七人で、両年度のみを比較すれば、五万人弱の微増である。ここでも、それらのあいだでは、六二年度一五二万四一五二人、六三年度一五九万九九〇五人で、後者の数字が展開期をとおして最高値であり、それ以後、七二年度まで連続して前年より減少する（表2・9）。

第三。また医療扶助のばあい、被保護人員は六一年度四七万六六三一人、六二年度四八万八二四五人、六三年度五四万二五二五人、六四年度五九万一三二

表2・11 1960-65年度で被保護人員が増加した道府県

	1960	61	62	63	64	65
全　国	1,627,509	1,643,445	1,674,001	1,744,639	1,674,661	1,598,821
北海道*	95,919	100,705	110,262	120,726	120,429	119,824
青　森	36,877	39,268	39,938	41,566	41,680	41,143
岩　手*	32,117	32,386	32,841	35,816	36,074	34,829
秋　田*	28,004	29,538	30,442	32,096	32,768	28,537
福　島*	34,609	34,894	35,059	36,291	36,281	36,171
大　阪	25,474	24,680	24,600	25,659	25,452	25,825
鳥　取*	11,540	11,790	12,223	13,523	13,133	12,505
香　川	14,228	14,746	15,782	16,953	16,836	15,784
高　知	25,889	28,504	31,277	34,263	34,373	35,150
福　岡*	138,490	166,432	206,078	192,061	181,078	168,389
佐　賀*	20,251	21,105	22,525	24,868	24,015	22,935
長　崎*	43,704	47,156	53,046	60,822	61,612	59,600
熊　本*	49,774	51,820	55,423	59,725	57,093	54,436
大　分	22,298	22,390	22,849	25,574	27,261	27,154
宮　崎	25,736	27,280	29,150	30,959	30,819	30,098

資料出所：前掲書，35-37ページ.
注：＊印は炭田の所在を示す.

人と、毎年、前年度にくらべての増加がつづいている。六〇年度と六五年度の数字をあわせても、この傾向は変らない。医療扶助の被保護人員の対前年度での増加は六九年までつづき、その後も小さい減少を二度はさみながら、展開期の全体をとおしておこっている(表2・9)。

医療扶助の対象となる患者は、入院患者と入院外患者にわけてみると、前者は六一年度一七万七五二人から六四年度一三万八七四六人とおおむね減少過程をたどり、後者は六一年度三〇万五八七九人から六四年度四五万一三八六人へと増加過程をたどっている。ただし、病類別になると、両者とも結核患者が減少して精神病患者が増加している。入院患者では、結核患者は六一年度の七万八二五四人から六四年度の一万九五四〇人へとほぼ四分の一に減少し、精神病患者は六一年度の四万九五七二人から六四年度の五万六三九六人へと増加している。このばあいには、結核患者と精神病患者の実数の大小の関係が逆転してしまった(表2・10)。展開期をつうじて、医療扶助の入院患者のうち結核患者は減少しつづけ、精神病患者は増加をつづけて、ついには精神病患者が医療扶助の入院患者を代表する範疇となるが、この傾向は水準向上期にはじまっている。

また、入院外患者のばあい、結核患者は六一年度の四万三一九三人から六四年度の三万三八四〇人へと減少し、精神病患者は六一年度の三三四三人から六四年度の六〇六七人へと増加している。こちらでは、水準向上期のなかではニとおりの患者の実数の大小関係が逆転するまでにはいたっていないが、前記の減少と増加の傾向はその後長くつづき、七五年度になってその逆転が実現している。

第四、都道府県別に被保護人員の年次推移をみてみよう。それぞれの一九六〇年度と一九六五年度の人員数を比較すると、四六都道府県のうち増加がみられるのは一五道府県、減少がみられるのは三一都府県である。前者は、北海道、青森、岩手、秋田、福島、大阪、鳥取、香川、高知、福岡、佐賀、長崎、熊本、大分、宮崎の一道一府一三県である。[67]これらの道府県において、この期間に被保護人員が増加した理由は多元的であろうが、その有力なひとつとして石炭産業の合理化にともなう炭鉱労働者の大量失業があったとおもわれる。さきの一五道府県のうち、炭田が所在するものは九道県である（表2・11、表2・12参照）。六四年度のデータによって、一五道府県から被保護人員の数の大きさの順に三つをえらぶと、一位福岡、二位北海道、三位長崎となるが、これらにはいずれも大炭田が所在していた。六二年度で年間二〇〇万トン以上の生産高の炭田をあげれば、福岡には筑豊炭田、三池炭田、北海道には石狩炭田、釧路炭田、長崎には佐世保炭田、崎戸高島炭田などがあった（表2・13）。

戦後日本の石炭政策は、石炭産業の衰退にたいして、つぎの二つの政策で大きい加速効果をもたらした。すなわち、一九五五年からの石炭鉱業の合理化にともなう非能率炭鉱のスクラップ政策、および、五八年からの石油自由化にともなう本格的な石炭鉱山の閉山政策である。これら二つの政策の実施によって、大量の炭鉱労働者が失業した。[68]一九五七年末から六四年末までで、解雇された炭鉱労働者は二一万二四八八人におよんだ。[69]かれらの失業問題、生活問題

表2・12　1958年府県別出炭

（単位　千t）

府県別	出炭	府県別	出炭	府県別	出炭
北海道………	15,324	長野………	25	山口………	3,350
東部…………	4,277	富山………	1	鳥取………	0
岩手………	29	三重………	12	九州…………	26,687
宮城………	1	西部…………	3,386	福岡………	17,702
秋田………	77	福井………	3	佐賀………	3,205
山形………	118	奈良………	0	長崎………	5,490
福島………	2,463	和歌山……	15	熊本………	290
茨城………	1,550	徳島………	2		
新潟………	1	岡山………	16	全国…………	49,674

日本石炭協会「石炭・コークス統計年報」（1958年度）による．
資料出所：矢野恒太郎記念会編『1960年日本国勢図会』国勢社，1960年，230ページ．

表2・13　炭田別石炭生産高（1962年度）

	生産高（千t）		生産高（千t）
北海道………………………	19,865	九州…………………………	26,764
石狩（いしかり）…………	15,208	筑豊（ちくほう）…………	12,089
釧路（くしろ）……………	2,689	福岡（ふくおか）…………	902
留萌（るもい）……………	1,443	朝倉（あさくら）…………	41
天北（てんぽく）…………	373	三池（みいけ）……………	4,152
茅沼（かやぬま）…………	153	唐津（からつ）……………	2,693
東部…………………………	3,924	佐世保（させぼ）…………	3,342
常磐（じょうばん）………	3,837	崎戸高島（さきとたかしま）…	3,146
その他………………………	87	天草（あまくさ）…………	399
西部…………………………	3,034		
山口（やまぐち）…………	3,001		
その他………………………	33	全国…………………………	53,587

通産省「石炭・コークス統計年報」（1962年度）による．
「崎戸高島」は崎戸松島と高島炭田をさす．
資料出所：矢野恒太郎記念会編『1964年日本国勢図会』国勢社，1964年，267ページ．

にたいして、行政による政策的対応はきわめて不充分なものでしかなかった。それをくわしく述べることはほかの文献にゆずるが、失業保険制度はそれに未加入の中小零細事業所が少なくなかったし、保険金を受給できた人も受給期間中に新しい職場を見つけることができるのはまれであった。広域職業紹介は、県外の職場を紹介したが、その労働条件は劣悪で、住宅条件もよくなく、就職者たちは炭住に逆もどりしてきた。職業訓練所には定員を大きく上まわる人数が入所したが、過半数は生活困窮のために中途退所してしまった。結局のところ、失業した炭鉱労働者たちにとって、恒久的に生活を支えるために利用できたのは、生活保護制度と失業対策事業であった[70]。しかし、これら二つの制度の本来的目的は失業者の生活を一時的に支えるところにあったから、その利用のしかたは新しい問題を生むことになった。

(67)　木村孜『生活保護行政回顧』一六二ページ。
(68)　田中明「石炭産業の合理化と生活保護」(『生活保護三十年史』)三四四ページ。
(69)　木村、前掲書、一六一ページ。
(70)　高橋正雄編『変わりゆく筑豊』(光文館、一九六二年)二〇一―二一二ページ。

10　筑豊地区の生活保護(1)

この時期の産炭地の生活保護の代表例として、福岡県筑豊地区のそれをながめてみよう。この地区を産炭地の代表例のひとつとするのは妥当な判断であろう。一九六二年度の炭田別石炭生産高では、筑豊炭田は一二〇八万九〇〇〇トンで、石狩炭田一五二〇万八〇〇〇トンについで二位である(表2・13)。筑豊地区は、行政区画では、直方市、飯塚市、田川市、山田市、中間市、遠賀郡、鞍手郡、嘉穂郡、田川郡から成っている。当時のこの地区の生活保護のありかたを検討してみると、つぎの四つの特性がみいだされる。

第一。筑豊地区の保護率は、福岡県内でみても全国でみても相対的にきわめて高い。一九六一年度、それは七九・七‰であり、福岡県の保護率四一・五‰のほぼ二倍、全国の保護率一七・四‰のほぼ四・六倍であった(表2・14)。福岡県の保護率は、県内を筑豊地区以外で三つにわけると、北九州市六一・一‰、福岡市二五・五‰、その他の地区三四・〇‰であった。(71)これによってかんがえれば、福岡県の保護率の高さは、主として筑豊地区と北九州市の保護率によって引き上げられていたということができる。

高橋正雄編『変わりゆく筑豊――石炭問題の解明』の第七章では、福岡県の炭鉱地域として、前掲の筑豊地区の五

表2・14　全国，福岡県，筑豊地区の被保護人員，保護率の推移

	全　　国		福　岡　県		筑 豊 地 区	
	人　　員	保護率	人　　員	保護率	人　　員	保護率
1960年	1,627,509	17.4	138,498	34.6	54,649	65.1
61	1,643,445	17.4	166,373	41.5	66,916	79.7
62	1,674,001	17.6	206,068	51.4	85,941	102.3
63	1,744,639	18.1	247,660	61.8	107,271	127.7
64	1,674,661	17.2	242,974	60.6	102,172	121.6
65	1,598,821	16.3	233,336	58.9	96,851	145.9
70	1,344,306	13.0	189,904	47.2	81,374	122.6
75	1,349,230	12.1	162,893	39.0	66,111	113.1
80	1,426,984	12.2	179,861	39.9	63,955	103.0

資料出所：福岡県社会福祉協議会編集・発行『福岡県社会事業史・下巻』1982年，86-87ページ.

図2・1　福岡県における生活保護実人員のうごき
（福岡県民政部調）

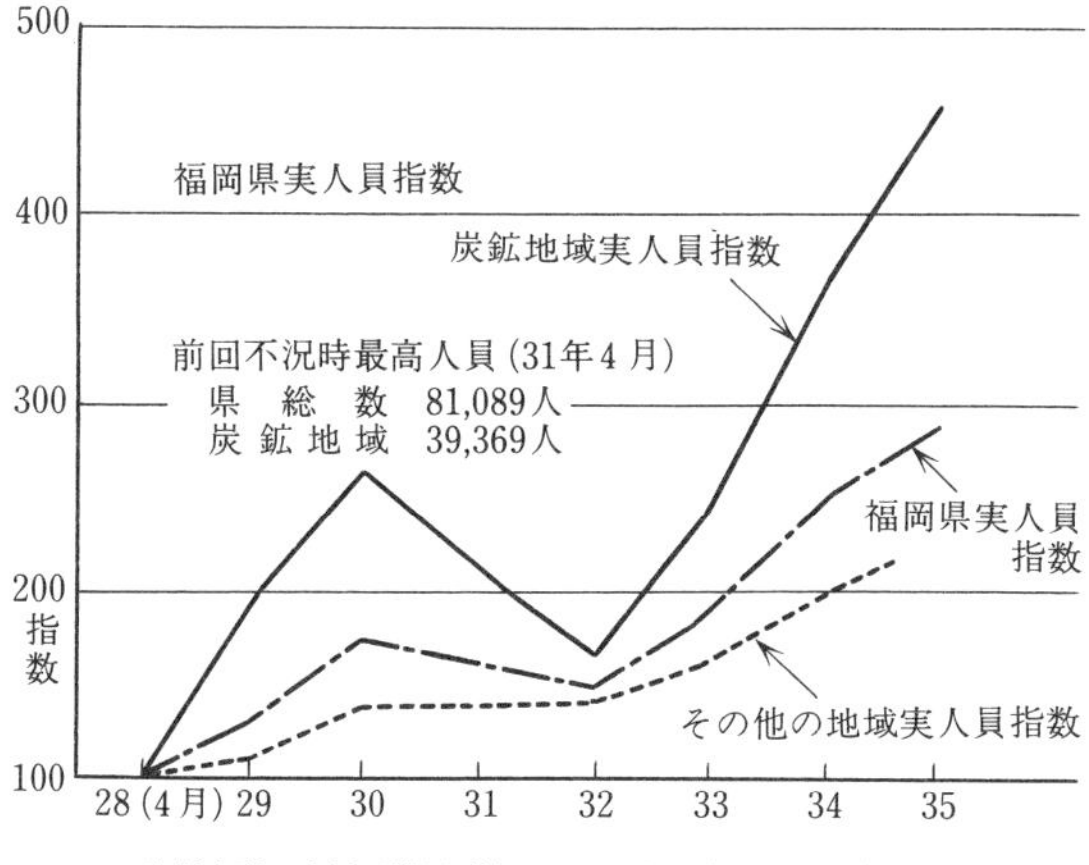

資料出所：高橋正雄編『変わりゆく筑豊』198ページ.

市四郡に粕屋郡、宗像郡をくわえており、この炭鉱地域の保護率が石炭業の合理化の進行と不況好況によって鋭角的に上下しつつ、県全体の保護率を上下させたとしている（図2・1）[72]。これだけでは北九州市の保護率の作用が充分

にとらえられていないのではないかという疑問は残るが、しかし、筑豊地区に主として立地する石炭産業からの大量の失業者が、水準向上期の初めの福岡県で高い保護率を出現させていたこと自体はあきらかである。

そして、筑豊地区の保護率は、その後、水準向上期をつうじてさらに高騰してゆく。すなわち、それは六二年に一〇二・三‰と一〇〇‰をはじめて超え、六三年一一七・七‰、六四年は一二一・六‰と微減したが、六五年には一四五・九‰に達し、これが記録されている最高値となった。この期間、市町村別にみると保護率が三〇〇‰を超えるところが多数あった。「産炭地において生活保護は個々の貧困者を救ったというよりも、とくに筑豊地区において生活保護は社会全体を救ったといったほうが実態に近かった[73]」と木村孜は端的にいっている。

第二。さきにわずかにふれたように、石炭産業の衰退は国家の政策がつくりだしたものであった。その事実はマス・メディアの報道などをとおして、広く炭鉱労働者たち、産炭地の住民たちに認識されていた。その労働者たちが失業したとき、国家権力が炭鉱を廃山に追いこみ、自分たちの職業を奪い、自分たちを経済的困窮のなかに突き落し、自らの手で生活する自尊を挫いたと感じたのは当然だろう。しかも、かれらは単純労働者であり、格別の職業的技能をもちあわさず、その仕事一筋で「山の男」の誇りをもち、生涯を生きようとおもいさだめてきていた。かれらの挫折にたいする絶望の深さ、国家にたいする憤怒の激しさは、われわれの想像を絶するものであったはずである。

しかも、かれらは炭鉱労働者であったころ、強力な労働組合に組織され、団体交渉や坐りこみをふくむ争議経験を多くもっていた。危険な坑内労働を遂行する過程は職場の仲間のつよい連帯や相互信頼をつちかっていた。炭住の共同生活はかれらの家族ぐるみの相互依存、一体感を形成していた。さらに、かれらには労働運動をつうじて、資本主義と資本家階級は悪であり、国家も階級支配の機構として悪に属し、階級闘争をつうじて社会主義を実現するべきだという、素朴で情緒的なマルクス主義思想が浸透していた。

図2・2　田川地区反失業・社会保障確立共闘会議の組織図

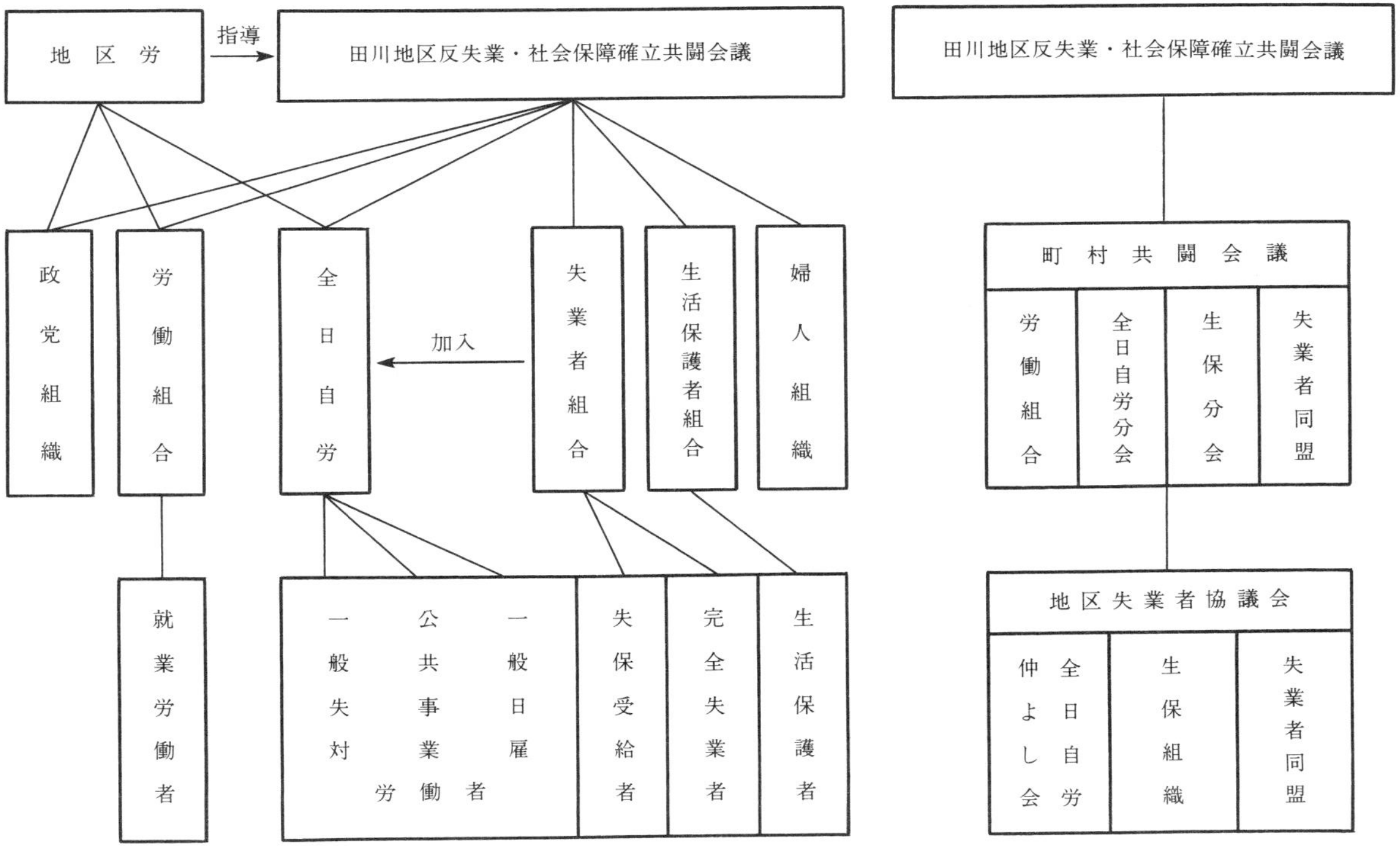

資料出所：高橋編・前掲書，237ページ．

第三。かれらは、ときには自然発生的に、ときには総評や地区労、社会党や共産党の指導をうけて、さまざまな組織を形成し、福祉事務所や県庁にたいして生活保護の要求運動をおこなった。その組織の主要なものは、生活防衛的機能をもった炭住の自治会、失業者組合、生活保護組合、全日本自由労働組合およびそれらの地域支部などであった。それらの諸組織の連合体の一例として、田川地区反失業・社会保障確立共闘会議の組織図を示しておく（図2・2）[74]。また、運動が要求する内容は多様であったが、比較的共通する事項としてつぎの四つがあった。すなわち、①保護基準の二倍引き上げ。②収入認定の除外、とくに日雇い労働者に支給される夏冬の期末手当を収入認定しないこと。③一時扶助は全世帯に一律支給すること。④就労指示、検診命令をおこなわないこと[75]。

この要求運動には、前項であげた諸要因がすべて作用していた。まず、そこでは、生活保護は、申請して受給するものではなく、闘争して獲得するものであった。その背後には一種の正義感、国家が政策によって炭鉱を廃山に追いこんだのだから、失業した自分たちの生活を保障する責任を負うべきだというおもいがあった。かれらはその責任追及を、国家機構の末端にあって生活保護行政を担う福祉事務所に烈しくぶつけてきた。それは挫折への絶望と国家への憤怒の吐け口でもあった。しかも、かれらの争議経験、つよい連帯感、素朴で情緒的な階級闘争史観は、行政にとってかれらの要求運動をきわめててごわいものにした。要求運動は福祉事務所や社会福祉主事にたいして、生活保護の申請手続きでは本来的に想定されていない深夜におよぶ大衆団交、坐りこみ、烈しい罵言や怒号をあびせるつるし上げなどを多用した[76]。

第四。それまでに例がなかった大量の生活保護の申請、急激に増加した被保護世帯、苛烈をきわめた要求運動の攻勢にたいして、筑豊地区の各福祉事務所の対応態勢は不充分なものであった。各福祉事務所で生活保護を担当する社会福祉主事は一九六一年には一五七人であったが、これが六四年までに三二八人まで増員された。しかし、この二倍増をもってしても、法定数の七五％を満たしていたにすぎない[77]。この事態をまねいた主要因のひとつとして、当時、県当局が職員組合と結んでいた協定のなかに人事異動は本人の承諾を必要とするという条項があり、はたらく者にとっては最悪の職場環境である産炭地の福祉事務所に職員を配置換えすることはきわめて困難であったという事情があった。したがって、生活保護の適正実施のために要の役割をはたす査察指導員は福祉事務所内部から昇格させるとしても、慢性的不足がつづくことになった。また、現業員は新規学卒者を多数採用して、充分な教育・訓練もおこなわずに、各福祉事務所に急ぎ配置することになったので、かれらの多くは充分な実務能力をもたず、しかもその員数は絶対的に不足していた[78]。

社会福祉主事たちの仕事は困難をきわめた。福祉事務所での大衆団交においては職員にたいする傷害事件も多くおこった。現業員が調査のために家庭訪問をすると、大勢の住民に長時間にわたってとりかこまれ、詰問され、心理的に圧迫されて、調査をさまたげられる例も多かった。当然、不正受給ケースが増加し、その事実確認の仕事が新しく生じる。このような状況のなかで、現業員たちの主要な反応類型は三つにわかれた。もっとも多いのは被保護者や住民を警戒、敵視する反応であった。つぎは、挫折感や無気力におちこんでしまうという反応があった。三番目は、運動団体の発想にちかい、あるいはそれと同一の考えかたをとり、それにもとづいて行政批判、権力批判をおこなうものであった。この最後の類型の反応をする職員たちが組織をつくり、福祉事務所内部から管理者（所長）批判をおこない、生活保護の適正実施をさまたげるという事例は六〇年代をとおしてみられた[79]。

(71) 福岡県社会福祉協議会編集・発行『福岡県社会事業史・下巻』（一九八二年）八六―八七ページ。
(72) 高橋正雄編『変わりゆく筑豊――石炭問題の解明』一九七―一九八ページ。
(73) 木村孜『生活保護行政回顧』一六二ページ。

(74) 高橋編、前掲書、二三五―二三八ページ。
(75) 田中明「石炭産業の合理化と生活保護」三四九ページ。
(76) 同右、三四八―三四九ページ、三六七―三六八ページ。
(77) 木村、前掲書、一六三ページ。
(78) 田中、前掲論文、三六四ページ。
(79) 同右、三六八―三六九ページ。

11　筑豊地区の生活保護(2)

以下、いささか書きづらい事柄にふれる。それは、端的にいえば、この時期の筑豊地区で生じた被保護者たちの集落の生活における深刻な頽廃の諸現象である。管見のかぎりでも何人かの研究者たちは、その存在を知っているが、それを記述し考察しようとしない。かれらがそれをあえてしない動機は、ひとつは失業して生活保護によって暮すことになった人びとの不幸に同情して、そのかれらを批判することにつうじる行為をしたくないというものだろう。また、いまひとつは、生存権保障を理念とする生活保護の要求運動、ひいては社会保障の要求運動の正当性と有効性を信じているので、それらを損ねる可能性をもつかもしれない行為をしたくないというものだろう。いずれも学問的動機ではない。しかしながら、私自身としても第一の動機にはかなりの共感があり、だからさきにいささか書きづらいと前置きした。

まず、なるべく事実に語らせてみたい。以下でその一部を紹介する文章は、筑豊地区で伝道に従事したキリスト教会のひとりの牧師が、生活保護を担当する社会福祉主事たちの研修会でおこなった講演「筑豊底辺のくらしとその背景」の速記録である。(80) 私はこれを木村孜『生活保護行政回顧』に抄録されているもので読み、その資料的価値に心を深く撲たれた。以来、私はこの速記録の現物をみたいと心がけているが、まだその機会をえていない。

「炭住に住んでいますと、朝から車がきて、またマイクロバスがきて、北九州のほうに働きにゆく訳です。皆、生活保護者です。収入認定なんかしているのは、ごく数えるだけでしょうね。生活保護を受けている人のほうがたかをくくって『福祉やケースワーカーはよう挙げん。挙げられるはずがない』。ぼく自身そこに居ながら変な話ですが、ぼくは随分警戒されて『△△先生が密告するんじゃなかろうか』といわれたんです。ぼくは絶対密告せん。福祉事務所から（職員が）きて、この人は働いていますかと訊かれたら『はあ、働いていますとだけ伝えて、自分からは絶対せん』といったのです。それは公然の秘密でしょう。

お爺さん、お婆さんの家族三、四軒をのぞいて働いていない者なんて誰もいないんですよ。しかし誰も何もいわない。それで働きにいっている人自身がいった先で、ぼくも働いていたからわかりますが、そこにハンコが一杯あって『小母さん、今日はどのハンコでゆくか』といっている訳です。皆、知っていることでしょう。

業者のほうも生活保護者を雇っている訳ですから、随分低賃金で押さえて、いっしょに働いている者は迷惑なもんですね。『明日は川で杭を打ってもらう仕事だから頑張ってもらわんと』と告げると、生活保護を受けている人は、明日はズラっと休んで、受けてない人はグショグショになって働く。生活保護を受けている人は、二、三日たってから、楽な仕事になったら出てきている。生活保護を受けている人は、それでいいだろうけど、受けていない人は働かないと具合が悪いから、いやな仕事でも皆やらされる。生活保護を受けている人は（報酬で）いくらか差をつけられ、『それでいいやろ』という形になったり、これは皆が知っている訳です。それは本当は悪いことだけれども、本当じゃなくて形式的には悪いとされているけれども、悪いことはないと思っている訳です」。

「炭鉱で働いていたときは、皆の収入は一致しているでしょう。労働の量に違いが出てくるから『あいつは働いているから、俺たちより多いのは当然』ということで、皆、認める訳ですね。一応は収入が決まっています。ところがいまは隠れて働いているから、収入が分らん訳です。北九州で働いている人間と、田川で働いている人間とでは収入が違うから分らん訳です。いろんな条件で差が出てきますから、そういうことで、いまや△△の炭住は皆、孤立化している。炭鉱時代は『共同体』なんていってカッコいいですよ。どこにいっても飯は喰わしてもらえるし、ふんどし一丁でとびまわるし、素晴しい『共同体』がそこにあった訳です。それが生活保護をうけて、不正受給をはじめてから、皆バラバラにされました。隣の人としゃべっても、変なことでも密告されたら大変だという訳です」。

「ぼくが△△にやってきたときは、閉山炭住に青年がいないということで通っていましたが、いまごろは青年がいないということはいえないようになりました。中学校卒業して就職していって、生業旅行というようですが、すぐ、一年か二年で生業資金があるから、すぐ帰ってくる。いくらでもいって、帰ってくる訳ですね。もちろん、かれらだけを責めることはできません。いまの都会のもつ恐ろしさ。若い子を人格として認めない。いわゆる『金の卵』としかみない。いろんな企業にたいして問題を感じます。しかし、それにしても（かれらの）耐えるということをしない体質はどこから生まれてきたかというと、この生活保護体制のなかで、小さいころ生まれてきたときから、充分に（それを）身につけている訳です。それで帰れば、生活保護体制のなかで生きてゆける。それで帰ってきている子どもが一五、六歳で子どもを生んで、三世ですね。ぼくは皆様のまえですが、父親としての資格はないし、母親としての資格は全然ない、そんな若者の自身の慰みのために生んだ子どもが育てられて、大きくなるなら、かれらの将来はどうなるのかと思うんです」。

文中、「生業旅行」、「生業資金」という言葉がつかわれている。多少の推測をまじえて、それらの語意について記しておきたい。生活保護の種類のひとつに生業扶助がある。生活保護法第一七条は、これをつぎのように規定している。「生業扶助は、困窮のため最低限度の生活を維持することができない者又はそのおそれのある者に対して、左に掲げる範囲内において行われる。但し、これによって、その者の収入を増加させ、又はその自立を助長することのできる見込のある場合に限る。／一、生業に必要な資金、器具又は資料／二、生業に必要な技能の修得／三、就労のために必要なもの」。一九六三年四月一日改正の「実施要領」では、「就労助成費」のなかの「新規中卒者就労助成費」はつぎのように規定された。

「新規中卒者等就職の確定したものに対し、生業扶助を決定する場合において、就労助成費として認められるものは、つぎのうちで、そのものが就職の支度に必要とするものの購入などに要する経費であること。(ア)就職地に行くために要する交通費および布団などの荷物の運賃、(イ)就職時に不可欠とする洋服類及び履物、(ウ)布団、布団袋、(エ)スーツ・ケースなどのバッグ、(オ)その他就職の支度に直接必要なもの[81]」。

この生業扶助を利用して、中学校卒業者が遠隔地に就職のため出かけるのを生業旅行といったのだろう。また、そのかれらが一、二年で離職し、今度は故郷で就職をすることになると、ふたたび、生業扶助を利用することができたらしい。ただし、生業資金というのは、世帯更生資金、母子福祉資金のそれぞれの種類のひとつで、生業扶助とは別物である。文中の生業資金が、それらの福祉資金のひとつを正確にさしているのか、生業扶助をさそうとして言い間違えているのかは判定しがたい。文の大意は、生活保護や福祉資金などの諸制度があるので、多くの若者たちが閉山炭住から都会へ就職のために出かけていっては、すぐ帰ってくるという事態がつづいているということである。

「ぼくがきたとき、△△小学校で1、2をとるのは△△（炭住）の子どもと、隣りの炭鉱の子で引受けていました。町に生まれたら3以上は絶対（とれる）という訳です。（中略）（炭住の）そんな子どもを相手にしながら勉強するんですから、なかなか勉強してくれません。けれども、勉強してくれないだけでなくて、勉強会は初め無料でやっていたんですが、来たり来なかったり、あまりいい加減なことをするものですから、『今月から、小学校一〇〇円、中学校二〇〇円とするぞ』と宣言した訳です。地区のお母さん（たち）からエライ文句が出て『△△先生お金とるんか』とこう来る訳です。子どもたちは町でも、先生やほかの人が塾で、小学校一〇〇〇円、中学校一五〇〇円をとっているということは知っている訳ですね。だから『小学校一〇〇円、中学校二〇〇円とって悪いことなかろ』というとブツブツいう訳です。

『教育費にお金をかけるなんて（いう）感覚が（かれらに）ない』といわれるかもしれません。お金が本当にないんかというと、そんな馬鹿なことはない訳で、地区では二つお菓子を売る店があるんですが、そうですね。多い子どもは（一日）一〇〇円つかうんです。三〇円、五〇円つかうのはザラで、五〇円つかうと一ヵ月一五〇〇円でしょう。そんなお金を子どもがパッパッと使いながら、一〇〇円、二〇〇円の学習会の費用にブウブウいうんですね。子ども会の費用も二〇円なんです。いままで一〇円でしたが『一〇円上げる』というと、集落挙げて大変なんです。そのことを（ぼくは）二重価格というんです。

（炭住の）人たちが遊びにいって、栄養剤とかマムシ（ドリンク）とかを飲んで、一〇〇円とか二〇〇円とかやはり払う訳でしょう。一方ではそんなことで余計（な金を）つかったり、高利貸の九分という冷たいお金を差っ引かれている。それだけお金の価値を知っていながら、一方では（子ども会の費用などが）一〇円たかい、二〇円たかい、お医者さんはただだという。いわゆる二重構造、二重価格ですね。それが入り乱れている。それで物の価値がどこで、どう決まるかということが、いまではわからんようになっていると思うんです。『本当にその価値はないか』といわれたときに、ぼくのいる閉山炭住の人の価値観というのは随分変わっていると思うんですね。（中略）

筑豊全体が価値判断が狂っているような気がします」。

多くをつけくわえる必要はあるまい。集落のほとんどの人びとが生活保護を不正受給し、不法な就労収入をえて、たがいに密告されることを恐れ、猜疑の目を向け合っている。このような生活環境で生まれ育った子どもたちは、学力は低く、耐性がとぼしく、依存的で、他地域に就職しても、すぐに炭住の生活保護体制のなかに帰ってきてしまう。かれらのなかから十代で母親、父親になる者も出てくる。まさに貧困層の世代的再生産である。人びとの金銭感覚には二重価格というべきものがあり、享楽のための支出は惜しまないが、教育や医療のための支出は惜しんで、無料を当然とする。

生活保護制度は惰民を養成するのか否かという、制度がはじまったころからの論議がある。理想主義的な立場にたつ多くの公的扶助研究者、ケースワーク研究者たちが、生活保護制度は惰民を養成しない、あるいは、少なくとも被保護者の大部分は惰民とならないという主張をくりかえしてきた(82)。しかし、われわれは、その主張に少なくとも例外があるということを認めるべきであろう。ただし、事態の本質はつぎのところにあるということが正確に認識されていなければならない。すなわち、地域社会が多くの失業者をかかえて全体として貧困化しているとき、かれらに正常な労働条件での就業機会を保障する雇用政策、産業政策を欠落させたまま、長期にわたって生活保護制度によりかれらの生活を保障する政策がとられると、被保護者たちは惰民化して、しかも世代的再生産をする。このかぎりでは、生活保護制度が惰民を養成するのは、第一義的に、政策を決定、実施する機構の責任に属する。しかし、別の角度からみれば、生活保護制度は、制度自体がどのように高水準で整備されても、一定の条件のもとでは社会的に危険な影響をもつ制度にもなりうるということが認識されるべきである。

(80) 木村『生活保護行政回顧』一六五—一七二ページ。

(81)　白沢久一「一九六〇年代生活保護行政の稼働能力者対策——生活保護実施要領二〇年の歩みに寄せて」(弘済会館『社会福祉研究』第七号、一九七〇年)六五ページ。
(82)　仲村優一『生活保護への提言』(全国社会福祉協議会、一九七八年)二〇五、二六九ページ。

12　生活保護の要求運動

筑豊のみならず全国的にみても、一九六〇年代前半には、被保護階層内の各種組織による県庁や福祉事務所への生活保護にかんする要求運動が多くおこなわれた。その種の組織としては、日本患者同盟、全日本自由労働組合、全国生活と健康を守る会が著名である。政府の文書では、それらの要求運動は「集団陳情」と呼ばれていた。木村孜によれば生活保護にかんする集団陳情の発生件数は一九六四年から六五年にかけてピークに達し、六五年のばあい、全国では、都道府県庁が対応したもの五八一件、福祉事務所で対応したもの七二四三件に達している[83]。全国では、平日のばあい、平均して二つの県庁と二三の福祉事務所で、生活保護にかんする集団要求がおこなわれていたことになる。

この時期、生活保護にかんする要求運動においてもっとも高い頻度で登場したのは全日本自由労働組合であった。これは主として失業対策事業ではたらく日雇い労働者の組合であったが、この時期になると、いわゆる失対労働者の高齢化が進み、それを一因として失業対策事業のありかたについて社会的批判がたかまり、それが組合員の危機感をつよめて、かれらの運動が尖鋭化したのかもしれないと、木村は推測している[84]。生活保護にかんする全日本自由労働組合の要求運動で中心的課題とされたのは、賞与の収入認定からの除外であった。失対労働者たちが市町村から日給以外の賞与を獲得しても、それを収入認定の対象とされて保護費から差し引かれるならば、実質的な増収にならない。そこで賞与の収入認定から逃れるために、さまざまな手段がとられ、また福祉事務所への圧力がかけられた。その手段としては、金銭支給にかわる現物支給、現物引換え券の支給、多額な臨時組合費の徴収の偽装などがあった。[85]

全日本自由労働組合が各地で展開したこのような要求運動にたいして、厚生省はどのように対応したか。この対応が生活保護の監査の基本方針のなかにあらわれるのは、一九六四年、水準向上期の最後の年においてである。それは、その年の二月、厚生省社会局が開催した全国民生主管課長会議において指示された。

すなわち、六四年度の監査方針では、それまでの方針にくわえて「とくに不正受給者の一掃、稼働収入・資産等事実把握の正確化など保護の適格性の再確認に問題点をしぼって、保護のより適正な実施を図るため、文字通り保護の〝適正化確保年間〟とすること」がさだめられた。[86] この方針をくわえた理由は五つに整理されている。

(1) 一部の地区において保護の決定、実施という福祉事務所の基本的業務が、集団的な陳情攻勢などによって、相当ゆがめられている事態がみられる。

(2) 一部の被保護者において、保護基準の引上げ等に伴い、反面、怠惰心を助長し、生活保護制度に依存する傾向がみとめられる。

(3) 生活保護制度に一番重要な事実把握の徹底――保護を継続しているケースについて、引きつづき保護を受ける資格があるかどうかの常時の検討・把握――に欠けている傾向がある。

(4) 稼働能力があると認められる者を、被保護者のうちに現に半数以上かかえているが、それらの世帯につき、自立助長を中心とする生活指導――検診命令、就労指示の徹底――に欠けている傾向がある。

(5) ごく一部であるが、保護の不正受給者にたいする法の規定する制裁措置――二七条にもとづく指導指示に違反したばあいの保護の停廃止、八五条にもとづく不実の申請、不正な手段により保護を受けたばあいの制裁措置――が徹底を欠く傾向がある。[87]

問題状況をこのように分析したのち、保護基準全般をさらに引き上げてゆくため「やや濫救という状態」をどうしても解消しなければならない、それは放置されると、納税者に基準引き上げへの抵抗感をもたせることになる、と訴えられていた。そして、それまでに例がないことであったが、六三年の監査結果では、全国でケースの不適正率は一八％であり、その半数ちかく、四九％で収入の適正な把握が欠けていたというデータが公表され、警告とされたのである。(88)

厚生省はこうして保護の適正実施をあらためてめざしたが、その基本的方法としては福祉事務所の運営・管理の強化が志向された。監査の総評はつぎのようにまとめられている。「第一線をまわってみて感じられることは、保護の決定実施が現業員のみにまかせられ、その指導監督も、せいぜい査察指導員に止まっている傾向が強い。（中略）つまり、福祉事務所としての組織的な業務活動——所長、課長、査察指導員のそれぞれの職責に応じた職務の遂行——が欠けている」。生活保護行政の水準を高めるためには「どうしても所長、課長の生活保護運営方針の確立と、査察指導員に対する方針の徹底、職務遂行の確保が、組織的に行われ、このために指導監督の強化が重視されなければならない」(89)。

しかし、残された資料から判断するかぎり、一九六四年度では、全日本自由労働組合の組織的要求運動への福祉事務所の対応は、あまり効果をあげなかったようである。(90)そこで厚生省は、六五年度に国の監査官を主要府県に派遣し、失対労働者の賞与の認定についての一斉調査を直接指揮させて、実施した。全日本自由労働組合はこれに烈しく抵抗し、組合の報復を恐れた市町村の多くは調査に協力しなかった。けれども、この調査は多くの不正受給の事実を明るみに出し、六六年度から生活保護の要求運動は件数でみると次第に沈静してゆく。

この運動状況の運動主体の側でのいちおうの決着は五年後の一九七〇年につくことになった。すなわち、同年、日本共産党は第一一回党大会において、大衆闘争の組織化について、第九回大会で定式化された「要求の獲得、大衆の自覚の成長と組織の強化、党勢拡大」という三つの観点にたいして、新しく「社会的階級的道義の尊重」という第四の観点をつけくわえた。それは「プロレタリアートとしての当然のモラルに裏付けられた社会的階級的道義をまもり、要求においても闘争方法においても、広範な勤労人民の社会的支持をえられるような道理と節度のある態度をとる」ことだと説明された[91]。これは、同党がそれまでに同党が指導した大衆運動が、少なくとも部分的にせよ、道義を守らず、道理と節度に欠けていたことを認めたのだとかんがえられる。同じころ、同じような決議を日本患者同盟、全国生活と健康を守る会もおこなっている。しかし、これは、水準向上期よりのちに属する事実であるので、くわしく論じる機会は別にえたい。

全日本自由労働組合自身は、この賞与の認定除外の問題をどうみているか。同組合が編集した『全日自労の歴史』でこれに唯一ふれた一節を引いておく。

「五七年から六七年にわたった朝日訴訟は、失業と貧困の実態を暴露し、生活保護基準、社会保障水準、低賃金の実態を暴露し、国民の生活水準を明らかにすることによって、労働者と失業者、貧困者を統一させてたちあがらせた貴重な武器となり、社会保障が基本的権利であるという思想、生存権思想の世論を国民的規模でひろげたことなど貴重なたたかいでした。全日自労は、統一共闘組織である朝日訴訟中央対策委員会に結集し、日患同盟、全生健などとともに、大行進など朝日訴訟の勝利をめざすさまざまな大行動で中心的な役割をはたし、生活保護からの『手当さしひき』反対など独自のたたかいと結合させて、職場や地域でさまざまな闘争をおこしていく活動にとりくんだのです[92]」(傍点、副田)。

(83) 木村孜『生活保護行政回顧』一八三ページ。

(84) 同右、一八〇―一八一ページ。
(85) 同右、一八三ページ。
(86) 厚生省生活保護監査参事官室「昭和三九年度の生活保護――第二〇次基準改訂・運営要領・監査方針の解説」(『生活と福祉』第九七号、一九六四年) 一一ページ。
(87) 同右、一一―一二ページ。
(88) 同右、一二ページ。
(89) 同右、一一ページ。
(90) 生活保護監査室「昭和四〇年度の生活保護――第二一次基準改訂・実施要領・監査方針」二〇、二一ページ。
(91) 『日本共産党の六十年』(日本共産党中央委員会出版局、一九八二年) 二七六ページ。
(92) 全日本自由労働組合編『全日自労の歴史』(労働旬報社、一九七七年) 一七五ページ。

13　朝日訴訟(1)

一九六〇年一〇月一九日、朝日訴訟の第一審判決が下され、原告・朝日茂が勝訴し、被告である厚生大臣が敗訴した。そこまでの事実経過はすでに前章で述べているので、それにゆずる。[93] ここでは、この判決が六一年度の生活保護基準引き上げをもたらしたという見解について、多少くわしい検討をするところからはじめよう。

大衆運動、社会運動としての朝日訴訟の正史というべきものは、大著『朝日訴訟運動史』であるが、そこでは第一審判決にふれてつぎのように述べられている。

「第一審の勝利の判決は、予想外の反響を呼んだ。これまでどちらかというと控え目にしかとりあげなかったマス・コミも、第一審の判決が出ると、ほとんどの新聞が現行の生活保護基準は憲法二五条を無視したものであることや、生活保護行政の矛盾などをとりあげて、政府の怠慢を批判する積極的な論調を掲載した。(中略)

このようなマス・コミをふくむ大きな反響が、保護行政に直接大きくひびいてくることは、一九六一年（昭和三六年）度国家予算が、数字をもって示した。

判決の影響の直接的なものは、保護基準の引き上げであった。

生活保護基準は、朝日訴訟が始まるまで四年にわたって引き上げが中止され、一般勤労世帯にたいする被保護世帯の生計費の比率も低下をつづけていたが、判決の翌年、一九六一年度予算では、保護基準は一八パーセントという、かつてないほどの大幅な比率で引き上げられ、日用品費はさらにそれを上回って、七〇五円から一三一五円へと四七パーセントの上昇率で増額された」[94]。

同様の見解は、朝日訴訟を推進あるいは支援した各種の大衆運動組織、朝日訴訟中央対策委員会、日本患者同盟、全国生活と健康を守る会、全日本自由労働組合などの運動史、組織史につねにみられる[95]。また、日本の社会福祉学研究においては、六〇年代、七〇年代をとおして、多くの代表的研究者たちは社会運動志向がつよく、それらの運動組織に参加する者も少なくなかったし、逆にそれらの組織の運動従事者から研究者に転じた例もあり[96]、それによって、さきの見解は社会福祉学研究での定説ともなった[97]。この見解がさらに一般化されると、私がさきに運動論的立場と呼んだものになる[98]。

さて、一般的にいって、ある政治的状況のなかで複数の政治諸勢力が争い、その諸勢力のひとつとして大衆運動組織があり、その争いの過程で前記大衆運動組織が望んだある政治的変化が生じたとして、この変化がどの程度まで前記組織の運動の成果であるとかんがえるかは、主として史実や資料の解釈にかかっている。それは経済統計や世論調査のデータを読解するほどに客観的な作業ではありえず、主観あるいは主観的願望による偏向が入りやすい。とくに解釈者がその運動組織の成員あるいは同調者などであり、困難な運動を経験してきていると、その政治的変化を事実と反して主として運動の成果として、ばあいによっては全面的に運動の成果としてかんがえる傾向があろう。朝日訴訟第一審判決の原告勝訴が六一年度の生活保護基準の大幅引き上げをもたらしたという判断は、その種の事実誤認の一例であると、私はかんがえる。

思考の手がかりをもとめて、本稿の2から6までの記述の主要事項を年表風に列挙し、そのなかに朝日訴訟第一審判決をおいてみよう。

七月、池田内閣登場、首相は話し合いの議会政治と社会保障拡充を基本的政策とすると言明。大蔵省は社会保障拡充に反対。

八月、厚生省は次年度予算案を公表、生活扶助基準の二六％引き上げを要望、エンゲル方式の開発。自由民主党は厚生省支援。大蔵省、経済企画庁は反対をつづける。

九月、自由民主党新政策を発表、減税と社会保障拡充はともに主要項目に入る。ただし、基準引き上げ率には言及しない。

一〇月、朝日訴訟第一審判決。

一一月、経済審議会が約一年をかけてつくった国民所得倍増計画を首相に答申。社会保障の重視、絶対的貧困観にかわる相対的貧困観の採用、生活保護基準の大幅引き上げを主張した。各省庁の意向はいちおうそこに収斂した。

一二月、第二次池田内閣、国民所得倍増計画を閣議決定。

秋以降、次年度予算決定、生活扶助基準は一六％引き上げ。

この九ヵ月間の事実経過をくわしく追えば、どうかんがえても、朝日訴訟第一審判決のみが六一年度の生活保護基準の大幅引き上げをもたらしたという判断は成立しない。それは運動論者がみる白昼夢でしかない。資料が出そろった現在となって、社会福祉学研究の定説から自由となり、比較的妥当な判断をもとめるとすれば、つぎのようなところではないか。六一年度の基準の大幅引き上げの本質は、池田内閣の高度成長政策の一環としての社会保障拡充政策と厚生官僚たちの基準引き上げという年来の政策上の宿願の合作である。第一審判決は、憲法第二五条でいう生存権を国家が最終的に保障する方途として生活保護制度があること、しかしその基準がきわめて低劣な水準にあることを国民の各階層にひろく知らせた。これは、さきの引き上げについて厚生官僚たちが大蔵官僚たちを説得するさいの材料のひとつとなったし、また、その引き上げを歓迎する世論あるいは時代的ムードを醸成する有力な契機のひとつとなったであろう。

さて、第一審判決で敗訴した厚生大臣は控訴し、朝日訴訟は東京高等裁判所に舞台をうつすことになった。その第一回公判は六一年二月二〇日におこなわれ、以後六三年七月八日まで一四回の公判と、六二年一〇月の三日にわたる現地公判がおこなわれた。第二審判決は六三年一一月四日に出た。今度は厚生大臣の勝訴、朝日茂の敗訴となったが、判決文は歯切れ悪く言訳をしながら、おずおずと国の勝訴をいいわたしている印象がある。長大な判決文のわずか一部を引用する。

「以上のように詳細に検討を重ねてみても、当裁判所は、本件保護基準を違法と決しかねるのであるが、しかしなお概観的にみて、本件日用品費の基準がいかにも低額に失する感は禁じえない。ただ、さきに示したように、入院入所患者の日用品費の額は、一般生活扶助の水準と同程度の生活を営むことを前提として、これに入院入所という特殊事情に基づく部分的補正を行って定められたものであるから、本件日用品費の水準の引き上げの要否を考慮するためには、一般生活扶助基準の引き上げの要否が不可分に考慮されなければならないところ、昭和三一年当時生活扶助基準と同程度又はそれ以下の生活を営んでいた国民だけでも一〇〇〇万人に近かったことは既に示したとおりであるから、右生活扶助基準をさらに引上げるということになれば、納税を通じて一般国民の負担に当然大きい影響を及ぼすことは否定できないものであり、このような場合に生活扶助のため一般国民がどの程度の負担をするのが相当かということは容易に決められない問題であって、（中略）本件日用品費の基準が、単に頗る低額に過ぎるとの比較の問題を越えて、さらにこれを違法としてその法律上の効力を否定しなければならないことを、裁判所が確信をもって断定するためには、その資料は、被控訴人側の熱心な立証にもかかわらず、本件口頭弁論に顕出された限りにおいては、なお十分でないといわなければならない」[99]。

(93)　本書七五―八四ページ。
(94)　朝日訴訟運動史編纂委員会編『朝日訴訟運動史』（草土文化、一九七一年）二三三―二三六ページ。
(95)　朝日訴訟中央対策委員会編『人間裁判10年』（労働旬報社、一九六七年）一〇八―一〇九ページ。日本患者同盟四〇年史編集委員会編『日本患者同盟四〇年の軌跡』（法律文化社、一九九一年）八〇ページ。全国生活と健康を守る会連合会『全生連運動の30年――人間の存在をかけた生存権運動のあゆみ』（同会、一九八五年）三七ページ。全日本自由労働組合編『全日自労の歴史』（労働旬報社、一九七七年）一七五ページ。
(96)　第一審、第二審に登場した朝日側証人のうち当時の代表的な社会福祉学者と目される人びとに、天達忠雄（明治学院大学教授）、小川政亮（日本社会事業大学教授）、児島美都子（ケースワーカー、のち日本福祉大学教授）などがいる。なお、運動家から研究者へ転じた一例には朝日訴訟中央対策委員会の事務局長であった長宏（のち日本福祉大学教授）がいる。第一審判決直後の感想会には、小川、児島の名前と並んで、当時まだ学生であった高沢武司（のち日本社会事業大学教授）の名前がみえる。『朝日訴訟運動史』一二四ページ。
(97)　この定説の成立過程や全体構造の検討は別の機会にゆずる。ここでは、社会福祉学の代表的研究者たちの近年の著書、編著書において、この定説がどのように記されているかを通してみておく。代表的研究者として、小川政亮、一番ヶ瀬康子、佐藤進、吉田久一などをあげる。
「ともあれ朝日訴訟が始まるまで四年間一銭の引き上げのなかった保護基準は訴訟の始まった年から少しずつ上り、この勝訴判決の翌年四月には一六%と大幅に引き上げられ、とくに問題の日用品費は一挙四七%も増額され、保護基準と密接な関係にある失対賃金も引き上げられ、国家予算に占める社会保障予算の割合もはじめて二〇%をこえることになった」(小川政亮『社会保障権と福祉行政』ミネルヴァ書房、一九七四年、六四ページ)。

「そしてこの一審判決によって、朝日訴訟が始まるまでの四年間一銭の引上げもなかった生活保護基準は少しずつ上り、判決の翌年には一六%と大幅に引き上げられ、とくに朝日訴訟で問題とされた日用品費は一挙に四七%も増額されることになった。この保護基準と密接な関係をもつ失業対策事業の日雇い労働者の賃金も引き上げられ、国家予算に占める社会保障予算の割合もはじめて二〇%をこえることになった」(大山博「概観」小川編著『社会保障裁判――戦後社会保障権運動の発展』ミネルヴァ書房、一九八〇年、三〇ページ)。

第二の引用文は、最初のセンテンスをみると、第一の引用文の不用意な書き写しのようにみえる。なお、朝日訴訟一審判決の直後、一九六一、六二、六三年あたりに小川が執筆した諸論文をまとめたつぎの著作では、一審判決には再三言及されているものの、この定説があらわれていないことに、私は関心をよせている。小川『権利としての社会保障』(勁草書房、一九六四年)。小川はいつごろから、どのような理由で、この定説をいうようになったのだろうか。

「高裁で破れたとはいえ朝日裁判は重要な社会的影響を及ぼした。六〇〇円の保護額(日用品費――副田補記)は訴訟後も毎年の引き上げ率は六四〇円、六七〇円と一〇%くらいだったが、一審判決の翌年には四七%あがって一〇三五円(第一七次改訂昭和三六年)になった。これには判決の影響が当然に考えられ、朝日さんの権利行使が他の何百万人の生活保護の受給者に利益をあたえたという意義を朝日裁判はもっていた」(川上昌子・宮崎礼子「社会福祉処遇の原則」一番ヶ瀬康子編著『社会福祉と政治経済学』一粒社、一九七九年、一七一ページ)。

「この法(生活保護法――副田補記)の所得保障にかかわる各種給付、生活扶助、教育扶助、住宅扶助、生業扶助、葬祭扶助、出産扶助、加えて医療現物給付の医療扶助水準は、戦後直後はともかく、第八次改訂を契機に導入されたマーケット・バスケット方式による最低生活費算定方式から、朝日生存権訴訟第一審判決(昭三五・一〇・一九)勝訴を一契機として、昭和三六年四月第七《ママ》次改訂とそれ以降エンゲル方式による生活費算定方式の改訂が行われて今日にいたっている」(佐藤進『社会福祉行財政論――人権と社会福祉行財政の課題』誠信書房、一九八五年、四七ページ)。

川上・宮崎も、佐藤も、第一七次改訂の全体像をつかむ努力をまったくしないまま、「判決の影響」、「勝訴を一契機」などといい、結果的には、一審判決が六一年四月の基準大幅引き上げをもたらしたという定説を述べることになっている。それにしても、佐藤の記述はあまりに雑である。エンゲル方式は六一年から六四年まで採用され、ついで格差縮小方式が六五年から八三年まで採用された。八五年の著書において、「エンゲル方式による生活費算定方式の改訂が行われて今日にいたっている」とは、弁明のしようがない事実誤認であろう。

「朝日訴訟第一審の経過によって、厚生省はこれまでの最低生活概念についての見解のうちでもとくに国民経済力、国民所得水準、納税者感情、国の財政力などに左右される相対的可動的な性格をもつものであるとする見方を強調するようになった。この変化は、所得倍増計画の社会保障拡充計画とも結びついているものであるが、また逆に、理論生計費時代の保護基準裁定の問題点も解消し、押し流してしまう理論である。（中略）しかし高度成長前半の保護基準の動向に最大の影響をあたえたものは、すでに述べたように、朝日訴訟の展開であろう。とくに第一審において一三次改訂のマーケット・バスケット方式の問題点が、国民の前で明らかにされ、一審判決で違法とされたことは、少なくとも、マーケット・バスケット方式の内容の大幅の改善を要請するものであった」（高野史郎「最低生活水準保障の展開――生活扶助基準を中心に」吉田久一編著『戦後社会福祉の展開』ドメス出版、一九七六年、二〇八、二〇九ページ）。

高野のこの記述は、以上の五つの引用文のなかでもっとも説得力に富んでいる。とくに前半、第一審の判決ではなく経過が厚生省に貧困概念の変革を迫ったという仮説は注目にあたいする。しかし、高野はそれを証明したわけではない。また、後半で第一審判決が、「高度成長前半の保護基準の動向に最大の影響をあたえた」というところは、その動向の全体的把握をおこなわないままに、定説をくりかえしているだけである。

なお、社会福祉学において編者たちの顔ぶれからみて、もっとも標準的と目される辞典の記述も一点引用しておこう。これによっても、以下は社会福祉学の定説とみなされよう。

「第一審では朝日氏が完全に勝利し、『憲法でいう健康で文化的なとはたんなる修飾ではない』などの判決が出た。（中略）また、注目すべきことは、第一審判決の翌年には、生活保護基準がいっきょに一八％、日用品費は四七％も引上げられ、その後も基準額の引上げだけでなく、障害者加算の新設をはじめ、生活保護行政の改善が大きく進んだことである」（長宏「朝日訴訟」仲村優一・岡村重夫・阿部志郎・三浦文夫・柴田善守・嶋田啓一郎編『現代社会福祉事典』全国社会福祉協議会、一九八二年、五八―五九ページ）。

(98) 副田、前掲論文、本書七ページ。
(99) 『朝日訴訟運動史』六九九ページ。

14 朝日訴訟(2)

一九六三年一一月二〇日、朝日茂は、第二審判決を拒否して、最高裁判所に上告した。しかし、かれの病状はそのころから極度に悪化し、喀血、睡眠不足、食欲不振などにより全身衰弱がはじまっていた。翌六四年二月一四日、かれは死去したが、それにさきだって、小林健二・君子夫妻をかれの養子として入籍させた。かれの死後、この養子夫妻は訴訟承継は当然であるという上申書を最高裁判所に提出した。厚生省はこれにたいして、訴訟は継続できないと反論し、養子夫妻はさらにそれに反論をおこなった。六五年四月一五日、訴訟は大法廷に移され、六六年七月、三日間にわたって口頭弁論が朝日側一六人の弁護士によっておこなわれた。六七年五月二四日、最高裁判所は判決を下した。主文は「本件訴訟は、昭和三九年二月一四日上告人の死亡によって終了した。(後略)[100]」であった。これに傍論がつけられ、第二審判決が支持され、その判決の理由がいっそう整備、強化されているようにみえる。

私は、生活保護制度の形成と展開に関心をよせる社会学研究者であり、法学の非専門家である。したがって、朝日訴訟の全体の法学的理解は私の手におえる仕事ではない。それを認めたうえで、前記の関心に即していえば、私は、生活保護制度の形成と展開にとって、実質的な影響力をもったのは、朝日訴訟のうちでも第一審の部分のみであるとみている。第二審および第三審の部分は、第一審で敗訴した厚生大臣が代表する国家が生活保護政策は違法であるほど低水準でないと主張して名誉を回復しようとし、第一審で勝訴した朝日茂とかれの支援組織が生活保護政策は違法であるほど低水準であると主張して国家を告発しようとし、たがいに争ったイデオロギー闘争であるが、その時代の生活保護制度の根幹になんらかの影響をもったとはいいがたい。そうかんがえたので、第三審の大部分は水準向上期より後に属する事柄であるが、ここでまとめてあつかうことにした。

以下、第二義的関心によってであるが、朝日訴訟の第二審以降の部分について、五つの指摘をしておく。

第一。朝日訴訟は朝日茂が原告となり厚生大臣を被告としておこしたものであるが、訴状が受理される以前に日本患者同盟の支援がえられており、最初から大衆運動、社会運動の一面があった。それでも第一審当時は朝日個人の活動の比重がかなり高かったが、第二審以降はその大衆運動、社会運動の性格がいっそうきわだってくる。朝日訴訟を守る会が各地でつぎつぎにつくられ、一九六一年二月、運動の機軸を担う朝日訴訟中央対策委員会が結成される。守る会は松川裁判の大衆運動化にモデルを求めたものだといわれる。中央対策委員会は日本患者同盟の呼びかけに応じて、当時の代表的革新組織が結集したものであるが、『朝日訴訟運動史』によれば、それらはつぎのとおりであった。「社会党、共産党、総評、日教組、全厚生、全医労、全日自労、中央社保協、護憲連合、全生連、民医連、日患同盟、国民救援会、日本社会事業大学学生自治会」[101]。

第二。朝日訴訟は一九五六年に津山市福祉事務所長がおこなった保護変更決定とこれにたいして原告がおこなった不服申し立てに端を発している。それぞれの内容のくわしい紹介はほかの機会にゆずるが、その主要部分はつぎのとおりである。原告に実兄から毎月一五〇〇円の仕送りがくるようになり、これによって福祉事務所長は原告の生活扶助を廃止し、一五〇〇円のうち六〇〇円を原告のための日用品費として控除し、残りの九〇〇円を医療費の一部自己負担額として原告に負担させ、これを差し引いた残額は医療扶助をつづけてまかなうことにした。福祉事務所長が日用品費を六〇〇円としたのは、それが生活保護法による入院患者の日用品の最高額であることからである。これにたいして原告は一〇〇〇円の控除を要求して、不服申し立てをおこなった。その理由は要約すれば、生活扶助基準の別表にさだめられている日用品の費目には不足があり、費目に入っているものでは基準数量に不足があり、また基準単価が低すぎるなどであった。たとえば、ペン・インクが入っていない。パンツが一年に一枚では足りない。理髪料では散髪はできても、あわせて洗髪はできないなど[102]。

以上からだけでもあきらかであるが、ここでは原告と被告は絶対的貧困観という共通の土俵のうえで争っている。それは、ある意味では当然のことである。生活扶助基準が絶対的貧困観にもとづくマーケット・バスケット方式によって算定された時代の、その基準を構成するための必要な日用品の質量の是非が争われているのであるから。小川政亮は「朝日訴訟の理論的な助言者」として運動内部で信望が高かったひとであるが、かれは第二審の第一二回公判で朝日側証人として証言している。その証言は、生活保護法の歴史的沿革、公的扶助の権利性の国際比較、保護率の国際比較、保護基準の算定方式などの多岐におよんで、当時としては第一級の学術的内容をもつものであったとおもわれる。その終りちかくで、かれは、健康で文化的な最低生活の基準の出しかたはいくつかあるが、労働科学研究所の藤本武の方法がもっともすぐれていると明言している[103]。その藤本は小川にさきだって、第一審の第一一回公判で朝日側証人として弁論をおこない、かれの最低生活費の算定方法をくわしく紹介している。その骨子は「ある限度までは生活費の支出高に比例して知能や能力が上り、それからさきは生活費の高騰にもかかわらず、能力その他人間的ないろいろな要素が横ばいをたどる」という事実に着目し、その横ばいになる生活費の線を二つ発見し、上の線を最低生活費、下の線を最低生存費とするというものであった[104]。この発想もあきらかに絶対的貧困観に属する。朝日訴訟では朝日を支援した研究者たちのうち代表的な人びとも絶対的貧困観をとっていたとみてよいだろう。

第三。貧困理論の歴史的観点からみれば、わが国の生活保護制度は一九六一年から相対的貧困観を基調とするものに移行した。朝日訴訟の第二審、第三審は、その時代に、絶対的貧困観を基調とする過去の制度を、ともに絶対的貧困観によって当事者たちが争ったものである。したがって、当然のことながら、訴訟のなかの貧困イメージ、生活保護イメージと、現実の貧困や生活保護とが次第に乖離してくることになる。訴訟のなかのそれらのイメージには急速に古色蒼然という印象が増していった。これは、朝日訴訟を支援する各種の運動団体が一九五〇年代末から六〇年代にかけて一貫して基準を二倍に引き上げるべきだと主張していたところにもよくあらわれている。その主張は水準抑圧期には説得力を充分にもったが、水準向上期をへたのちは空虚なスローガンに堕してしまった。前掲の一九六三年におこなわれた福祉事務所の第一線職員たちによる座談会での、生活扶助基準が地方公務員の給与を上まわることがあったという事実の指摘などを想起してほしい。

第四。別のいいかたをすれば、運動としての朝日訴訟は、第二審以降、生活保護基準にかんする政策提言能力をいちじるしく低下させた。それでも、前掲の小川の証言にみられるように、保護率や保護の申請手続きなどで一定の有効な提言があったのは認識・評価されるべきであるが。しかし、どちらかといえば、運動としての朝日訴訟は第二審以降、生存権思想とその国家による保障の必要を強調する思想運動の性格をつよめていった。朝日訴訟はこの性格によって、社会保障の要求運動、公害の反対運動などの分野で多くの訴訟運動の先駆的存在となった。社会保障分野でそのあとにつづいたものには、栃木の加藤健康保険、北海道の牧野老齢福祉年金、大阪の神坂医療費の一部負担、兵庫の堀木児童扶養手当、東京の藤木生活保護などの訴訟運動がある[105]。ただし、それらのなかに時代の生活保護制度のありかたにつよい衝撃をあたえるほどの訴訟運動はみいだされない。ここにも、朝日訴訟において朝日側がとった手法が制度批判の効果をあげにくくなった事情がうかがわれる。

第五。朝日茂自身は、一九四六年に日本共産党に入党し、日本患者同盟の中央委員などの役職を歴任しながら、死にいたるまで熱心な活動家党員であった。『朝日訴訟運動史』などでは徹底的にかくされているが、かれ自身は、朝日訴訟が社会主義を建設する運動の一環であると信じていた。一九六一年二月二三日付の児島美都子あての書簡の一節はつぎのとおりである。

「革命が地上最大の芸術といわれるとすれば、平和と民主主義を守り、社会主義社会建設をめざすこの行政訴訟の闘いも、一つの芸術作品であろうと思っております。私はあなたたちと作品行動をつづけていると思います[106]」。なぜ、生活保護についての行政訴訟が社会主義社会の建設に通じるのか。当時の朝日がこれら両者の関連をどのようにかんがえていたのかは推測するほかない。それは別の機会に論じたので、ここではくりかえさない[107]。ただ、前掲の書簡にみられる朝日の気分のようなものは、朝日訴訟運動に参加した人びとの少なからぬ部分が共有していたとおもわれる。

(100) 『朝日訴訟運動史』七〇四ページ。
(101) 同右、二四三ページ。
(102) 同右、六七〇―六七一ページ。
(103) 同右、四〇一―四一三ページ。
(104) 同右、二〇三ページ。
(105) 藤木訴訟については、本書二一〇―二一五ページで論じている。
(106) 朝日茂『人間裁判――生と死をかけた抗議／朝日茂の手記』(草土文化、一九六七年)二一七ページ。
(107) 副田「社会主義の不在と社会福祉の行方」(鉄道弘済会『社会福祉研究』第五二号、一九九一年)二―九ページ。

おわりに

私は一九四五年から八三年までの生活保護の歴史を六一年で区分し、六〇年までを制度形成期、六一年以後を制度展開期とする。二つの時期はそれぞれ三つの時期に再区分される。制度展開期の第一の時期は一九六一年から六四年までの四年間で水準向上期と呼ばれる。本稿は、冒頭に述べたように、この水準向上期における生活保護制度の展開を素描する習作であり、これまでの記述自身が主要な目的であって、そのうえになにか結論めいたものを導き出すことはかんがえられていない。しかし、この制度にかんするこれまでの社会福祉学者たちの論議、とくに運動論的立場にたつかれらの論議において無視ないし軽視されてきた事実、おこなわれなかった解釈をいくつか提示してきたし、また定説とされたものの一部を否定しているので、それらを要約・確認し、若干の感想をつけておきたい。

(1)　水準向上期は、それに先行する水準抑圧期と対照して、なによりも毎年度の大幅な保護基準の引き上げによって特徴づけられる。これには経済的契機と政治的契機があったが、前者は日本経済の高度成長にともなう国民の生活水準の上昇であった。ただし、国民の生活水準の上昇が自動的に保護基準の引き上げを生じさせるものでないことは、神武景気の時期をかんがえればあきらかである。政治的契機に注目しなければならない。

(2)　一九六〇年七月に池田内閣が登場する。池田首相は社会保障の拡充を最優先政策とすると語った。厚生省は、これにおうじて、生活扶助基準二六％引き上げを筆頭におく拡大した予算案をつくって、自由民主党にはかった。大蔵省、経済企画庁などは、首相と与党の社会保障拡充政策に反発して、減税と公共投資を優先させるべきだと主張した。首相と与党の社会保障拡充政策はのちやトーン・ダウンする。

(3)　「国民所得倍増計画」は、経済審議会が池田首相に答申し、六〇年一二月に閣議決定されて、池田内閣の基本政策となった。生活保護制度の展開にとっては、この計画に盛られた社会保障、貧困問題、生活保護にかんする理論的見方と将来構想が重要な影響をもった。それは貧困問題では相対的貧困観をはっきりと打ち出して、絶対的貧困観にもとづく従来の生活扶助基準の算定方式を批判し、保護基準の大幅引き上げを主張した。これは社会保障拡充策をめぐる省庁の意向対立のいちおうの収斂とみえる。

(4) 六一年度の拡大した厚生省予算は六〇年七月から八月にかけてつくられたのだが、そのなかの生活扶助基準の大幅引き上げのために、社会局保護課では小沼正が中心となり、エンゲル方式を案出した。これは相対的貧困観にもとづくものであり、それまで使用されていたマーケット・バスケット方式の恣意性を一定の限度に抑え、被保護世帯の生活水準と国民一般のそれとの格差を縮小し、賃金水準の変動と保護基準の変動を結びつける意図をもつものであった。

(5) 一九六一年度、生活保護基準は年度当初の引き上げとしては、制度がはじまって以来の最高値を記録した。生活扶助基準は一六・〇%引き上げられ、住宅扶助、教育扶助もそれぞれ基準が大幅に引き上げられた。また、世帯分離の要件が緩和され、被保護世帯員の高校進学が一定の条件のもとで認められた。以後、水準向上期をつうじて、生活扶助基準の大幅引き上げはつづき、資産保有の範囲もテレビ、電気洗濯機などで拡大した。

(6) 水準向上期をつうじて、生活保護制度を担当する厚生官僚たちの士気はおおいに高揚していた。小沼は、日本の六一年度の基準改定を今世紀初頭のイギリスにおける救貧法の改革になぞらえる文章を発表している。厚生官僚たちはエンゲル方式を世界で初の独創的工夫だと自負していた。先進資本主義国の貧困理論は、一九六〇年代に絶対的貧困観から相対的貧困観に移行するが、かれらの工夫はその先頭を走るものであった。

(7) 水準向上期をつうじて、被保護世帯の生活水準と国民一般の生活水準の格差は縮小したが、前者とそれが隣接するボーダーライン階層の生活水準との格差はかならずしも縮小しなかった。この縮小の必要性を指摘したのは社会福祉審議会生活保護専門分科会の六四年の中間報告である。木村はそれが実現しなかったことを実証し、あわせて電化製品の未普及によって被保護層に相対的窮乏感がつよまったと指摘した。

(8)　この時期、福祉事務所で生活保護の第一線にいる担当者たちは、実施要領が被保護者にたいしてやわらいだものになり、仕事がしやすくなったと感じていた。しかし、基準のあいつぐ大幅引き上げは、地域によっては、生活扶助基準が地方公務員などの給与を上まわるケースを生じさせて、住民の反発をまねいていた。住民の被保護者への偏見、反感は依然としてつよかった。また、保護基準のＰＲの必要が感じられていた。

(9)　この時期の被保護階層の動態には四つの主要な特徴があった。保護率は六二年、六三年と前年より高くなり、六三年一八・一‰が展開期の最高の数値で、以後、下降する。基準の引き上げの効果はその二年度でのみあらわれたとみえる。生活扶助の被保護人員の増減も保護率と同じような動きをみせた。医療扶助の被保護人員は増加をつづけ、入院患者のばあい、多数部分は結核患者から精神病患者に変った。地域別では産炭地をもつ道と県で、炭鉱労働者の失業による被保護人員の増加がめだった。

(10)　産炭地の生活保護の一例として、筑豊地区のばあいを観察した。その保護率はきわだって高く、水準向上期は一〇〇‰を超える数字が記録されていた。石炭産業の衰退は国家が政策的につくりだしたものであったから、炭鉱労働者の失業者は国家につよい怒りの感情をもっていた。くわえて、かれらは労働運動での豊富な闘争経験をもっていたので、かれらの福祉事務所にたいする生活保護の要求運動は苛烈であった。行政はこれに対応しきれず、現業員の仕事は困難をきわめた。

(11)　筑豊地区において多くの被保護者たちが集住する炭坑住宅では深刻な頽廃の諸現象が生じていた。多くの人びとが不正受給をし、就労収入をえてそれをかくしており、たがいに密告を恐れて猜疑の目でみあっていた。かつての炭住の共同体は崩壊してしまった。炭住の子どもたちは、学力が低く、耐性にとぼしく、中卒で就職しても長続きせず、炭住の生活保護体制のなかに戻ってきてしまう。十代で子を産む者もいた。貧困層の世代的再生産がおこなわれていた。

(12) 全国的にみても、一九六〇年代前半は、被保護階層内の各種組織による県庁や福祉事務所にたいする生活保護の要求運動が多発した時期であった。その運動組織としてもっとも高い頻度で登場したのは全日本自由労働組合である。この組合の要求の中心的課題は、賞与の収入認定からの除外であったが、それは生活保護法によれば違法の要求であった。六四年度、厚生省はこれにたいして適正化を試みたが充分な成果をえなかった。

(13) 朝日訴訟の第一審判決が六一年度の生活保護基準の大幅引き上げをもたらしたという判断は、朝日訴訟運動を推進した諸組織の運動史、組織史の著作や代表的社会福祉学者の著作において、定説となっている。しかし、六〇年七月から翌六一年三月までの政治状況を克明に追ってみると、それは事実とはいいがたい。六一年度の基準大幅引き上げは、池田内閣の所得倍増政策と厚生官僚たちの長年にわたる政策的宿願の合作であった。第一審判決は、大幅引き上げにとって副次的要因のひとつであったとみるべきである。

(14) 朝日訴訟の第二審と第三審はイデオロギー闘争であったが、時代の生活保護制度の根幹に影響したものではない。それは当時の代表的革新組織が結集した社会運動と国家との争いであったが、双方は絶対的貧困観によっていた。ところが、生活保護制度そのものは六一年度から相対的貧困観を基調とするものに変ってしまったので、朝日訴訟のなかの貧困や生活保護のイメージは、現実のそれらと次第に乖離した。朝日訴訟運動は思想運動の性格をつよめ、その政策提言能力は低下した。なお、運動参加者の少なからぬ部分には、その行政訴訟が社会主義建設に通じているという気分があった。

(15) 以下、水準向上期全般についての感想であるが、生活保護制度の歴史のなかで、この時期は制度形成期のうちの制度準備期、制度草創期と似通う印象がある。それは、最高の政治権力の意向が生活保護制度のありかたを大きく左右したというところに由来する。その権力はあらためていうまでもないが、制度準備期などではGHQであり、水準向上期では池田内閣であった。これらの政治権力は、対抗関係にある厚生省と大蔵省にたいして、前者を支援し、後者を牽制した。

(16)　前段でふれた三つの時期にたいして、制度形成期の水準抑圧期、および制度展開期の体系整備期、格差縮小期では、生活保護制度に最高の政治権力はほとんどかかわらず、制度運営は主として、厚生省と大蔵省の対抗関係のなかでおこなわれたようにみえる。これまで、私は、この判断をやや過剰に一般化していたが、本稿を執筆して、それは修正されるべきであり、前段の判断とこの判断にほぼ等しい比重をあたえるべきだとかんがえている。

(17)　水準向上期の生活保護にかんする大衆運動、社会運動を展望すると、一方では朝日訴訟運動が生存権保障の理念を強調する思想運動となって昇華してゆき、他方では、全日本自由労働組合などの要求運動が社会的道義を守らず、道理と節度を欠いた「ものとり」運動に下降していった。それは一見、二極分解のようにみえる。しかし、二とおりの運動はいずれも時代にふさわしい新しい生活保護制度を構想する力量を欠いていた。仮説構成風にいうが、前者の昇華と後者の下降は因果の関係にあったのではないか。

3 生活保護制度の展開Ⅱ——格差縮小と制度停滞

はじめに

本稿の課題は、日本の生活保護制度の通史を、われわれの時期区分でいえば、体系整備期（一九六五―七三年）および格差縮小期（一九七四―八三年）で素描することである。これは、制度の通史の一部を素描すること自体が目的であり、そのかぎりでは先行する二論文と性格を同じくするものである。しかし、ここで描き出される通史のいわば色調は、先行する二論文のそれと異なっている。それは以下の論議で次第にあきらかになってゆくのだが、感想の一部をさきどりしておけば、つぎのとおりである。

第一論文は制度形成期の三つの時期、すなわち制度準備期（一九四五―四九年）、制度草創期（一九五〇―五三年）、水準抑圧期（一九五四―六〇年）をあつかった。これらの時期をつうじて、敗戦に打ちひしがれた戦後日本社会のなかで多くの困難な条件のもとにありながら、厚生官僚たちは生活保護制度を形成した。この通史の基調は、理想主義、意欲と苦渋などである。第二論文は、制度展開期の最初の時期、通史では四番目の水準向上期（一九六一―六四年）をあつかった。そこでは、池田内閣の所得倍増政策と厚生官僚たちの年来の宿願が合致して、保護基準の大幅引き上げが実現する。この通史の基調は、躍動、達成感、自負などである。これにたいして、本稿で描き出す時期の通史では色調が暗転する。生活保護基準では格差縮小方式という時代の要請にもっともかなった方式をとり、オイル・ショック時の対応をつうじて国民一般と被保護階層の生活水準の格差の縮小を実現しつつも、通史の基調は停滞、守勢、理想主義の喪失である。それらは大量の漏救層、保護率の低下、異議申し立て制度の形骸化などをつうじて描かれる。

この通史の基調の変化をもたらした要因は無数にちかく予想される。私は以下の叙述で個別の歴史的事実に即してそれらの要因をなるべく多くとらえるように努力するつもりであるが、その主要なものはつぎのとおりである。(1)社会保障制度の全体系のなかで生活保護制度がもつ比重が、社会保険制度にたいしても、社会福祉制度にたいしても、一九六〇年代、七〇年代をつうじて低下していった。(2)前項の結果として、厚生官僚間の地位では、社会保険庁、保険局、年金局にいる保険官僚の地位が相対的に上昇し、社会局にいる福祉官僚、とくに生活保護担当の福祉官僚の地位が相対的に低下した。(3)生活保護制度は敗戦直後につくられ、救貧制度のエース的存在であったが、それだけに時代の諸条件の影響を刻印されており、それが高度成長にともなう国民生活の変化に対応しきれない制度的欠陥になっていった。

なお、二義的な問題であるが、社会福祉研究の現況のなかで、本稿が先述の二つの時期を論じることには多少の意味がある。それも以下の論議で次第にあきらかになることであるが、やはり結論の一部をさきどりしておけばつぎのとおりである。

日本の経済成長と社会保障の関係について、運動論的な立場にたつ社会福祉研究者のあいだで、ひろく採用されている説明の型がある。すなわち、六〇年代から七〇年代初頭にかけての経済の高成長は、その波及効果によって、社会保障制度をそれなりに充実させてきた。しかし、七三年秋のオイル・ショック以降、経済が低成長に転じると、社会保障制度の水準の上昇は止まり、局部的にはその低下がみられるようになり、低下の範囲はひろがり、その程度はいちじるしくなっていった。これは日本における福祉国家の危機である。運動論者たちは、この判断をかれら特有の誇張した表現でかたる。なかには、その危機を「いきつくところ基本的には一九世紀への逆行である(1)」とまでいう例もある。そして、危機に対応する大衆運動の必要が強調されることになる。

低成長期の社会保障にかんするこの現状分析に、私は全面的には同意しない。本稿は、生活保護にかんするかぎりで、さきの現状分析が的確なものでないことを示すものである。前述の時期区分における体系整備期は、第一次石油危機までの高成長期の最後の七年間であり、格差縮小期は、第一次石油危機の年の翌年からの低成長期に属する。ところが、これら二つの時期のそれぞれでの生活保護制度の展開過程をみると、それらのあいだでは、異質性よりは同質性がはるかに多く目につくのである。たとえば、両時期をつうじて、生活保護基準の決定のしかたはいわゆる格差縮小方式である。そして保護基準の上昇は、あとの時期でむしろ相対的にはよりいちじるしいのである。また、両時期をつうじて、制度運営におけるもっとも深刻な欠陥は、膨大な漏救者の存在が創出されていること、およびそれを解消するために有効な政策がおこなわれていないことである。したがって、単純に、生活保護制度は、高成長期にはそれなりに充実させられてきたが、低成長期にはいって危機に直面したなどということはできない。

(1)　高島進・三富紀敬「戦後日本資本主義と福祉の構造」(池上惇・高島進編『講座・日本の資本主義9　日本資本主義と国民生活』大月書店、一九八二年)二一七ページ。

一　体系整備期

1　二つの貧困概念

一九六五年から七三年というこの時期は、高成長期の最後の九年間にあたる。国民生活の水準の上昇はめざましくつづいた。一人あたり国民所得を指標にすれば、ドル表示で六五年には六九六ドルであったものが、七三年には二六四八ドルとなり、約三・八倍の伸びである。(2) これは、物価の上昇をかんがえに入れて実質で計算しなおしても、約二・五倍の伸びとなる。(3) なお、国際比較でみれば、日本の一人あたり国民所得の米国のそれに対する比率は、六五年に二四・五％であったものが、七〇年には四一・七％、七三年には四七・七％と上昇してきている。(4) 生活様式の具体的事項でいえば、この時期は、白黒テレビがほぼ九〇％の世帯に普及した年にはじまり、カラー・テレビが約七五％の世帯に普及した年で終っている。

一般に国民生活の水準の上昇がみられるとき、貧困の概念は、心身の健康を維持する生活がしてゆけない貧困から人並みの暮し向きを維持する生活がしてゆけない貧困に変化する。日本では一九六一年、池田内閣の『国民所得倍増計画』が明確な相対的貧困概念を打ち出すが、その歴史的意義の一端は、前章で述べた。生活保護制度の通史の時期区分でいえば、相対的貧困概念が制度の編成におおきく影響しはじめたのは、ここでとりあつかう時期のひとつまえの、水準向上期からである。この傾向は、体系整備期に入っていっそう加速されることになるが、まず、相対的貧困概念の強調からみておこう。その典型例のひとつが、一九六七年一一月三〇日の中央社会福祉審議会生活保護専門分科会の提言「生活保護基準の改善について」である。その主要部分はつぎのとおりであった。

「1　昭和四〇年代においては、産業構造の高度化に伴う人口の都市集中、交通の速度化やマスコミュニケーションの発展などが一段と進み、生活水準の向上はもとより、生活様式の都市化もいっそう強められ、相対的欠乏感の刺戟はますますはげしくなると予測される。

また、産業構造と社会構造の急激な変動に伴い、これに適応できない摩擦的落層者あるいは、人口老齢化に伴う落層者は、最低賃金制度の早急な確立が期待できない以上、増加するものと考えられなければならない。

したがって、経済の高い成長によって一般国民の生活水準は引き続き向上するにもかかわらず、階層間格差の縮小は、容易に望みえないとみられ、格差縮小の努力は、これまでにも増して必要であり、生活保護基準の改善のテンポは、これをゆるめることを許されない。

2　生活保護水準の現状をみると、昭和三六年以来平均して毎年一四％（名目）を越える引き上げを図ってきたにもかかわらず、一般国民の消費水準に比較し五〇％をわずかに上回る程度に回復したに過ぎない。

(1)　この程度の水準では、以上の情勢を考えれば、まだ不十分であり、また、過去数年にわたる基準の引き上げにもかかわらず保護受給者が年々減少を示していることからみて、国民生活の実態に即した格差縮小が実質的には図られていないという見方も成り立ちうるだろう。

(2)　さらに、これをたとえば、社会保障の先進国たるイギリス、西ドイツなどにおける一般世帯と保護世帯との消費水準の格差（約六〇％）と比較しても、なお相当のへだたりがあり、最近、急速に高まりつつあるわが国の国際的地位からみて不十分のそしりをまぬがれないであろう。その結果は、貿易面などにおいても不利をまねくこととなろう[5]」。

この提言がおこなわれたさいの事情をみると、これは、厚生省が大蔵省と対立しつつおこなってきた政策的主張の一環であったことがわかる。この年の秋、大蔵省は、財政硬直化問題に本格的にとりくみはじめ、その対策のひとつとして、生活保護基準の引き上げ率をそれまでより小幅にして物価上昇にみあう程度にすることを検討しはじめていた。一一月二四日付の『朝日新聞』は「財政硬直化・生活保護にシワ寄せか」という見出しのもとにその動きをつたえたうえで、大蔵省側があげる理由として、(1)生活扶助費の大幅引き上げがつづいたために、被保護世帯の最低生活費が住民税の課税最低限を上まわるという奇妙な状態になっている。(2)生活保護基準は他の社会保障費算定の基準となっているため、生活保護基準を引き上げると社会保障の費用が全体として増大し、財源不足が生じる、などを紹介していた。(6) この言い分は、格差縮小の必要を否定するもので、根底に絶対的貧困概念をあきらかに据えていた。厚生省はこれに反論する必要があるとかんがえ、審議会が大臣に財務当局への反論の根拠を具申するという形式でさきの提言をおこなわせ、あわせて、厚生省にたいする世論の支持を引き出そうとしたのであった。(7)

この時期の日本では、生活保護をふくんだ社会保障の全体系を構想するにあたり、その根本思想において、政府官僚たちのあいだで、またかれらの諸組織のあいだで、根づよい対立があった。過度の図式化の危険性を覚悟しつつ、このさきの論議の基本的方向を見通すためにいえば、それは、厚生官僚たち、厚生省の相対的貧困概念と、大蔵官僚たち、大蔵省の絶対的貧困概念の対立である。この対立のさまざまな表現に、これから、私たちはくりかえし出会うことになろう。

なお、このころの日本の社会科学における貧困研究の状況を一瞥しておけば、それは、絶対的貧困概念から相対的貧困概念へ移行する過渡期にあった。いわゆる労研方式の最低生活費を基準にして貧困か否かを判定する方法は次第にとられなくなってきており、その方式が説得力を低下させたことが認識されつつあるとみえた。しかし、貧困を相対的にかんがえる発想にいきなり移行することも困難であった。その主要な理由はつぎの三つである。(1)貧困を絶対的にかんがえる発想はひろい範囲にのこり、労研方式がだめでも、別の方式で最低生活費を計算する試みはあいついだ。しかし、これでの成功例はなかった。(2)貧困の相対的把握は、貧困の事実を隠蔽することに通じがちであるという警戒心が、それまでに形成されていた。(3)イギリスで相対的剝奪の理論がそれなりに成熟するのが六〇年代の終りちかくであり、当時の日本の貧困研究者はそれを知る由もなかった。

このような状況のなかで、いわば過渡期的性格をもつものとして、江口英一の不安定階層の理論が登場する。そのくわしい紹介は省略するが、不安定とは、端的にいえば生活保護の必要に直結しがちな状態、生活保護をうけることになる確率がきわだって高い状態である。この不安定性を内包する階層が、不安定階層であって、貧困階層である。(8)この不安定＝貧困の概念は、絶対的貧困概念にもとづく最低生活費の計算を放棄しており、そのかぎりで貧困を絶対的にとらえる発想と一線を画していた。ただし、それは貧困の相対的把握を直接にめざすものでもなかった。しいていえば、それは、相対的貧困概念にもとづく生活扶助基準と結びつけられてつくられており、そのかぎりで広義の相対的貧困概念に属するとはいえた。

(2)　財団法人矢野恒太郎記念会編『日本国勢図会』一九六七年版八七ページ、七五年版九一ページ。
(3)　同右、七〇年版四三二ページ、七五年版四三五ページ。
(4)　同右、六七年版八七ページ、七二年版九一ページ、七五年版九一ページ。
(5)　中央社会福祉審議会生活保護専門分科会「生活保護基準の改善について」(社会保障研究所編『日本社会保障資料Ⅱ』至誠堂、一九七五年)三九五ページ。
(6)　『朝日新聞』一九六七年一一月二四日朝刊。
(7)　藤井康「格差縮小方式の採用」厚生省社会局保護課編『生活保護三十年史』(社会福祉調査会、一九八一年)二七六ページ。

（8）東京大学社会科学研究所『都市における被保護層の研究』（同研究所、一九六六年）五ページ。

2 社会保障の構成と充実

この時期、日本の社会保障は全体としてどのような構成をもっていたか。その体系の基本的構成は、一九五八、九年から六五年にかけて形成されており、つぎのとおりであった。所得保障部門とサーヴィス保障部門にわけて、主要制度を分類し、制度名を括弧内に例示してみる。

所得保障部門

1 社会保険

1) 医療保険（健康保険、日雇労働者健康保険、船員保険、国家公務員共済組合、地方公務員等共済組合、公共企業体職員等共済組合、私立学校教職員共済組合、国民健康保険）

2) 年金保険（厚生年金保険、船員保険、国家公務員共済組合、地方公務員等共済組合、公共企業体職員等共済組合、私立学校教職員共済組合、農林漁業団体職員共済組合、国民年金）

3) 失業保険（失業保険、船員保険）

4) 業務災害補償（労働者災害補償保険、船員保険、国家公務員災害補償）

2 公的扶助（生活保護＝生活扶助、医療扶助、住宅扶助、教育扶助、出産扶助、葬祭扶助、生業扶助）

サーヴィス保障部門

1 社会福祉（児童福祉事業、身体障害者福祉事業、精神薄弱者福祉事業、老人福祉事業、母子福祉事業）

2 公衆衛生および医療

ここにあげられている制度、制度名と並べられるほどのもので、このあとに登場してくるものは、所得保障部門では、六七年の業務災害補償で地方公務員共済組合、七一年の社会保険と公的扶助にたいする第三の分野としての児童手当、サーヴィス保障部門では、六八年の老人医療、八三年の老人保健くらいである。六五年に日本の社会保障の主要制度はほとんど出揃っていたといえよう。そして、それらは、第一次石油危機までの七年間で、水準をいちじるしく引き上げられていった。その動向および地方自治体の関連する政策の動向を、生活保護との対比で、つぎの三点にまとめておく。

(1)　所得保障部門では、いわゆる国民皆年金・皆保険体制が実現すると、原理的には、公的扶助は社会保険にたいして、補助的・副次的な役割にまわることになる。このころの日本でも、一方ではそのような認識があったが、他方では年金の成熟がおくれていること、税制を変えないままでは将来においても高い年金水準が望めないことなどを理由にして、生活保護制度が社会保障の基幹的制度であるという主張がおこなわれていた[9]。しかし、この時期をつうじて、医療保険、年金保険の水準の引き上げがあいつぎ、所得保障部門での生活保護制度の相対的地位は低下することになった。すなわち、国民健康保険では、六八年に全被保険者の七割給付が実現し、七三年には家族給付率七割が実現している。厚生年金保険では六五年に「一万円年金」が実現し、国民年金でも翌六六年に「夫婦一万円年金」が実現し、それぞれが六九年には二万円水準に引き上げられ、さらに七三年には五万円水準に引き上げられ、物価スライド制が導入された。年金額でいうと、国民年金ならば七年間で五倍になったわけである。この期間に生活保護の生活扶助基準は二・四倍になるにとどまっている。

生活保護制度が社会保険制度にたいしてもつ比重は、社会保障関係費用において両制度の費用がそれぞれに占める構成比の推移によってもみることができる。社会保険制度の費用の比率が生活保護制度のそれをはじめて上まわったのは一九五九年のことであるが、この時期のはじめの六五年には、生活保護二〇・四％、社会保険四〇・四％となっていた。以降、前者は微増、微減をくりかえしつつ、減少の幅のほうがより大きく、七三年には一六・八％に低下する。これにたいして、後者は、微増をつづけ、微減が一度あったのみで、七三年には五二・九％にまで達する[10]。ここにも、生活保護制度が社会保険制度との関係において、相対的地位を低下させていった過程がみてとれる。

(2) 同じ方法によって、生活保護制度が社会福祉制度にたいしてもつ比重の変化をもみることができる。社会保障関係費用における社会福祉制度の費用の構成比は、六五年には八・四％であったが、以後、微増をつづけて七三年には一五・三％となっている。これは、さきに述べた生活保護制度のばあいの、六五年には二〇・四％だったものが、七二年には一六・八％になった推移と対照的である[11]。生活保護制度は、社会福祉制度との関係においても相対的地位を低下させ、七二年にはほぼ横並びの状態になったのである。

日本の社会福祉制度の主要なものには、その歴史的起源をみると、救貧政策にはじまり、のち、その性格を次第に薄れさせるという経過をたどった制度が多い。たとえば、保育制度。また、いくつかの主要制度は、最初、生活保護制度に内包されており、のち、そこから分化している。たとえば、老人福祉法による養護老人ホームは、同法が成立する以前には、生活保護法による施設であった。これらの歴史的経緯から、日本では、生活保護制度と社会福祉制度を一括してかんがえる慣例があった。たとえば、社会福祉事業法でいう社会福祉事業の概念は、その一括のための範疇である。これによってかんがえると、生活保護制度と社会福祉制度のあいだの関係のさきに述べた変化は、社会福祉事業のなかで、救貧的性格が後退し、性格の分化が実体化する過程とみられることになった[12]。

(3) 一九六〇年代の後半は、地方自治体による独自の福祉施策が拡充されることによっても特徴づけられていた。これは、政治的には、横浜市、東京都などのいわゆる革新自治体が先導し、ほかの自治体が追随したものである。また、経済的には自治体の財政が相対的に潤沢になったことで可能になったものであった。七〇年代前半では、都道府県税の伸びは、国民所得、国税の伸びを上まわっていた。その拡充のなかで比較的多くみられたのが高齢者への敬老金の支給で、七二年には市町村の六五％がこれを実施していた[13]。ほかには障害者への給付金も多くおこなわれていた。これらの地方自治体の独自の福祉施策の盛況は、福祉事務所においては、職員の労力がそちらに多くとられて、生活保護の業務に支障が出るという影響を生じさせていた。

(9)　木村孜『生活保護行政回顧』(社会福祉調査会、一九八一年)二〇八ページ。
(10)　「社会保障関係予算額の年次推移」(『生活保護三十年史』)五六ページ。
(11)　同右、五七ページ。
(12)　副田「社会福祉事業の諸分野の動向」(三浦文夫編『社会学講座15　社会福祉論』東京大学出版会)五二、五三ページ。
(13)　木村孜、前掲書、二〇六ページ。

3　格差縮小方式

生活保護制度そのもののありかたにかんする記述と分析に入ろう。

生活保護基準は、一九六五年に、それまでのエンゲル方式から、格差縮小方式にあらためられた。当時、厚生省社会局保護課において、この方式の策定作業のなかで中心的役割をはたしたのは課長補佐・藤井康であるが、かれは後年、その経過をくわしく語っている。それによれば、格差縮小方式の最初のアイディアは、六四年一二月一六日の中央社会福祉審議会生活保護専門分科会の「中間報告」によって提出されている。それは、一般国民の生活水準が向上したこと、消費水準の上昇の度合いを全都市勤労者世帯のばあいで所得階層別にみると、低所得層ほど高い上昇傾向にあること、すなわち、所得階層間の格差が縮小しつつあることを実証的にあきらかにしたうえで、その動向にふさわしい生活保護基準の引き上げのありかたを論じた。それは、一般国民の平均的消費水準の上昇を追うだけではなく、被保護階層に隣接する上位の所得階層、つまり、全都市勤労者世帯第Ⅰ・10分位階級との格差を縮小するものでなければならない[14]。それは、前述の動向のもとでは、一般国民の平均的消費水準の上昇の度合いを上まわる上昇をもたらすはずであった。

このアイディアを具体化した、生活扶助基準の引き上げ率を計算する式はつぎのとおりであった。

$$\text{政府経済見通しによる個人消費支出の対前年度比伸び率} \times \frac{1}{\text{対前年度比人口増加率}} + \text{アルファ}$$

藤井によると、この方式の長所と問題点はつぎのとおりである。まず、長所は、三点ある。⑴その年度における一般国民の消費水準の動向を消費者物価をふくめて、生活扶助基準に反映することができる。⑵個人消費支出の伸び率をつかうことによって、プラス・アルファ分はともかくとして、予算折衝において大蔵省との争点が減少し、生活扶助基準の比較的安定した改善が可能になる。⑶格差縮小の効果は本来ならば実態生計費において判断されるべきであるが、実態生計費の予測は困難なので、それに比較すると伸び率が平均してやや大きい個人消費支出を代用している。これによって、プラス・アルファがなくても、実態生計費での格差縮小が期待されることができる[15]。

問題点も三点ある。⑴一定の格差縮小率の確保に熱心になりすぎると、現実の貧困を第二義的にみてしまう危険がある。⑵格差縮小方式は、消費支出という「フロー部分」のみにかかわり、生活の重要な条件としての「ストック部分」にはかかわっていない。⑶格差縮小方式によってえられた改定率をどのように運用するかがあきらかにされていない。この方式が採用されたころは、一般国民の消費水準とすべての被保護世帯グループのそれとのあいだには大きな落差があったから、その改定率がすべての被保護世帯グループにそのままつかわれていればよかった。しかし、格

表3・1 生活扶助基準と第Ⅰ・5分位の消費支出の比較

	生活扶助基準（1級地）	生活扶助基準の伸び率（1級地）	1人あたり生活扶助基準（1級地）＝A	勤労世帯第Ⅰ・5分位1人あたり消費支出＝B	A/B×100
1964	16,147	—	4,037	8,036	50.2
65	18,204	112.7	4,551	8,792	51.8
66	20,662	113.5	5,166	9,715	53.2
67	23,451	113.5	5,863	11,115	52.7
68	26,500	113.0	6,625	12,840	51.6
69	29,945	113.0	7,486	14,616	51.2
70	34,137	114.0	8,534	16,728	51.0
71	38,916	114.0	9,729	18,602	52.3
72	44,364	114.0	11,091	20,019	55.4
73	50,575	114.0	12,644	24,089	52.5

資料出所：厚生省社会局保護課編『生活保護三十年史』53ページ，木村孜『生活保護行政回顧』138, 241ページ.
注：Bは人口5万以上の都市のもの.

差の縮小が進行してゆけば、その方法は、いつか、ニーズに対応した最低生活の保障をおこなうという、生活保護制度の本来の目的とずれたものになってくる可能性がある。そこで、被保護世帯の各グループごとに格差を設定することがかんがえられるが、それはすぐやれそうにない[16]。

さて、格差縮小方式のもとで、現実の生活扶助基準はどのようなありかたをしていたか。一級地の標準四人家族（男三五歳、女三〇歳、男九歳、女四歳）の生活扶助基準を例にとってみる。この時期をつうじて毎年、対前年比で一三％から一四％までの伸びがみられた。それは、水準抑圧期のばあいなどと比較すれば、高率の引き上げがつづいたといえるのである（表3・1）。

しかし、一般国民の消費水準と生活扶助基準の格差はどうであったか。一人あたり生活扶助基準の勤労世帯第Ⅰ・5分位の一人あたり消費支出にたいする構成比が、この期間に変動した経過をみてみよう。これでみるかぎり、格差縮小方式は、それが採用された六五年に一・六％、六六年に一・四％、七一年に一・三％、七二年に三・一％という格差縮小の効果をあげたにとどまり、ほかの年は格差拡大を防止しえなかったのである。この期間をつうじての、さき

表3・2　消費支出の格差（東京都区部）

	被保護労働者世帯＝A	一般勤労者世帯＝B	A/B×100
	円	円	
1965	7,351	14,636	50.2
66	8,277	16,006	51.7
67	9,360	18,017	52.0
68	10,202	19,376	52.7
69	11,487	21,731	52.9
70	12,684	24,639	51.3
71	14,335	26,957	53.2
72	15,935	30,524	52.2
73	19,657	35.128	56.0

資料出所：木村孜，前掲書，241ページ．

の構成比の平均は五二・四％で、先行する水準向上期の末尾のそれに比較して、わずか二・二％の格差縮小であった（表3・1）。この事態が生じた基本的原因は、個人消費支出の現実の伸びが政府の経済見通しによるそれを上まわりがちであったためである。さきに紹介した、藤井がいう格差縮小方式の長所は、この時期には発揮されなかった。それらが、めざましく発揮されることになるのは、オイル・ショック以後のつぎの時期においてである。

なお、この格差縮小方式の採用については、社会福祉の運動組織や運動論的立場にたつ研究者たちから、それは、生活扶助基準の低さを批判する手がかりを少なくすることをめざしたものだという批判が多く出された。エンゲル方式では、最低生活費は、標準世帯である日雇い稼働四人世帯について、まず飲食物費をマーケット・バスケット方式でもとめ、この飲食物費を消費する世帯のエンゲル係数を実態生計分布からみいだし、その飲食物費をそのエンゲル係数で除して、もとめられた。こうしてもとめられた最低生活費は、出発点の飲食物費を算出するための飲食物の内容の貧弱さ、水準の低位によって批判されてきた。その批判は、飲食物の種類と質量を手がかりにするので、わかりやすく、大衆への訴求力もたかかった。ところが、格差縮小方式では、この手がかりが失われるというのである。くわしくはいわないが、似たような批判は、マーケット・バスケット方式からエンゲル方式への切り替えのおりにもあった。藤井は、その批判はあたっていないといっている[17]。

もっとも、生活扶助基準ではなく、被保護世帯の実際の消費支出と一般住民の実際の消費支出を比較してみると、

表3・3　老人の生活扶助一類基準と老齢福祉年金の比較

	男65（60）歳以上一類基準		老齢福祉年金＝C	C/A×100	C/B×100
	1級地＝A	4級地＝B			
1970	7,255	5,295	1,800	24.8	34.0
71	8,580	6,265	2,000	23.3	31.9
72	9,780	7,140	2,300	23.5	32.2
73	11,150	8,140	3,300	29.6	40.5
74	12,180	9,770	5,000	41.1	51.2
75	16,520	10,260	7,500	45.4	73.1

資料出所：木村孜，前掲書，246ページ.
注：1）基準額は各年4月1日のもの.
　　2）年齢は70年のみ60歳以上，71年以降は65歳以上.

地域によっては、格差の縮小がわずかにみられることもあった。東京都区部において、被保護世帯の実際の一人あたり消費支出が、一般勤労世帯の実際の一人あたり消費支出にたいして占める構成比を六五年から七三年にかけて算出した結果が、表3・2である。これによれば、この期間を通じて、約六％の現実の格差縮小がみられたことになる。木村孜は、この縮小の原因は、地方自治体のさまざまな「福祉的給付金」の支給であっただろうと推測し、その裏付けを、東京都における被保護世帯の実収入のなかでの「法外援護費」の実額および構成比の上昇にみいだしている[18]。しかし、このばあいでも、被保護世帯の消費支出は一般勤労世帯のそれの六〇％にとどいていなかった。

また、この時期の後半あたりから、厚生省では、老齢加算が問題視されはじめていた。一九六〇年、国民年金の福祉年金が支給されるようになってから、厚生省は、その年金の受給年齢の被保護者にたいして、年金をいったんは収入として認定し、その金額を生活扶助の金額から差し引くものの、そのあと、生活扶助基準に年金額と同額の加算をおこない、事実上は生活扶助と年金をあわせて受給する結果となる方策をとってきた。ところが、この時期、福祉年金の引き上げが大幅におこなわれ、七三年には、六五歳以上の一類基準（個人費用）にたいする同額加算の金額の構成比が一級地で二九・六％、四級地では四〇・五％にまでおよぶことになった（表3・3）。しかも、それらの比率がさらに急上昇をつづけるであろうことが確実視されていた。これは、つぎの三点で問題視された。すなわち、(1)一般基準と加算のバランスが崩れつつある。(2)加算がある者とない者のあいだで不公平が生じる。(3)被保護者のなかに加算対象者が増加すると、生活保護制度が保障する最低限度の生活水準が生活扶助基準と加算をあわせたものでかんがえられるのが普通になり、生活扶助基準はそれのみでは最低限度の生活水準を支えきれないところに低下するのではないか。それは加算対象者ではない被保護者にとって深刻な脅威となる。(19)

(14) 中央社会福祉審議会生活保護専門分科会「中間報告」(社会保障研究所編『日本社会保障資料Ⅱ』)三九三—三九四ページ。
(15) 藤井康「格差縮小方式の採用」(厚生省社会局保護課編『生活保護三十年史』)二七四ページ。
(16) 同右、二七四—二七五ページ。
(17) 同右、二七一ページ。
(18) 木村孜『生活保護行政回顧』二三九ページ。
(19) 同右、二四七ページ。

4 資産保有範囲の拡大など

一九六六年一月二七日、被保護世帯で母子心中があり、その原因が生活保護行政がひきおこしたものであったため、事件がマス・メディアによって報道されると、生活保護制度とその運用について、政府や国会、ジャーナリズムでさかんに論議がおこなわれた。これは、のちにおこなわれた資産保有の範囲の拡大のひとつのきっかけとなった。まず、事件をつたえる『毎日新聞』一月二八日の記事を紹介する。

「二十七日午後四時ごろ、大阪府八尾市萱振二の九六、岡島智奈美さん(二七)が自宅で長女、雅美ちゃん(一つ)を道づれに母子ガス心中しているのを近所の人がみつけた。

八尾署の調べによると、智奈美さんは夫の政一さんが一昨年夏に病死したあと生活保護を受けていたが、二十二日夕、同市福祉事務所福祉職員が訪れ、電気冷蔵庫をみて、『生活保護世帯では電気冷蔵庫を置くことは認められていない。早く売って生活費に当てるよう』と指導されたことを苦にしたらしい。この電気冷蔵庫は智奈美さんが夫と共かせぎしていたころ、苦労して買ったもので、いわば政一さんのかたみだった。

同事務所の説明によると、厚生省発行の〝生活保護実施要領〟で、『電話、自動車、貴金属、ステレオなどは認めないこと』と決められており、電気冷蔵庫は自動車なみに『必要性が薄い』というのが国の見解で、係員もこれに従って冷蔵庫の売却をすすめたという[20]」。

これにさきだって、埼玉県では、被保護世帯が子どもの事故死の補償金をうけとったところ、それを理由に生活扶助の辞退届を福祉事務所によって書かされた事例が問題化していた。二八日の政府の閣議では、瀬戸山建設大臣がこれらの二事件をとりあげ、「生活保護にはもっと温かい配慮が必要ではないか」と発言した。これにもとづく協議の結果、鈴木厚生大臣は、「いまの生活保護制度のやり方は、被保護世帯の立場をあまり考えていない。このさい、制度、運用面の改善をはかりたい」として、その改善案の検討を事務局に指示した[21]。ひきつづき、この問題は国会でも活発に論議された。

資産保有の範囲は、それまでにも年々拡大されてきていた。たとえば、六三年には電気洗濯機が、六五年には白黒テレビが、すべての被保護世帯にその保有を認められている。しかし、国民全体の生活水準が急上昇してゆき、電化製品の普及もめざましかったので、被保護世帯の資産保有の範囲が狭すぎる、時勢におくれているという批判が、くりかえしおこなわれていた。以上の経過があって、六七年に示された資産保有の判断基準は、処分価値の小さいもの（一〇〇〇円程度）の保有を認め、処分価値の大きいものについては、認めないもの、認めるもののほかに、普及率によって判断するものをくわえた。この年では、たとえば、電話、カラーテレビ、自動車は認めないが、ラジオ、白黒テレビ、自転車、ミシンは認め、電気冷蔵庫は全般的には認めないが、地域単位で普及率が七〇%を超えたら認めるとした。[22] この普及率によって判断するものをくわえたことで、資産保有の範囲を社会の趨勢にある程度まで即応させることができるようになった。

さきの事件にたいする政府・国会レヴェルでの対応の概要は以上のとおりであるが、それとは区別されるものとして、福祉事務所の第一線職員の反応があった。かれらは、厚生省が資産保有の範囲を定めておきながら、かれらが行政実務のなかで被保護者にその範囲を守るように指導をして、その結果としてこの事件のような問題が生じると、厚生省は第一線職員に責任転嫁をする傾向があるとかんがえていた。事件直後、社会福祉業界の代表的業界紙『福祉新聞』の社説の一部は、かれらの気分をつぎのように伝えた。

「このような事件を二度とくり返さないように、売却の指示が正しかったのか、誤まっていたのかを明確にし、できればこの機会に、電気製品の保有の範囲を明確化するべきである（それは一応明確化されていた――副田補記）。万一、それで事件がおこったら厚生省が責任を負うべきであって、これまでのように、もってまわったような表現で、責任の所在をあやふやにしてはなるまい。（中略）事件がおこり、国会や社会から責任を追及されると『これこれの指示をしているが、現場で適正に運用されなかったことはまことに遺憾である』のたぐいである」[23]。

こののちの資産保有の範囲の拡大としては、つぎのようなものがある。六九年には、寝たきり老人と重度の障害者に電話の保有を認める。七二年には、老人世帯など要看護世帯に普及率にかかわりなく、カラーテレビの保有を認める。七三年には、身体障害者に通勤用の自動車の保有を認める。[24] これらに共通するのは、被保護階層に老人、障害者などが増加していることを重視し、それらの対象者のみにある特定のニーズをできるだけ充足することで処遇の充実をはかろうとする志向であった。

この資産保有の範囲の拡大とならぶ、体系整備期の生活保護制度の主要な変更としては、つぎの三点がある。(25)

(1)　六八年以降、扶養義務の取扱いが改善されていった。それまで生活保護制度においては、夫婦はさいごまで一体となって助けあうべきであるとされ、夫婦間の世帯分離はいっさい認められなかった。それが、六八年、精神病入院患者にかぎってであるが認められることになった。ついで、この取扱いは、七〇年、すべての入院患者に拡大された。さらに七三年には、同居している夫婦であっても、一方の収入が基準生活費にみたないばあい、それは、生活保持義務としての他方への扶養に使用するものとされないという取扱いまでがあらわれるようになる。

(2)　六九年には、福祉的給付金を収入認定から除外する制度がつくられた。それまで、中央政府、地方自治体、公益法人が支給する給付金で、財源が公費であり、継続的に支給されるものは、すべて収入認定されてきていた。ただし、国民年金の福祉年金については、老齢加算によって、事実上は生活扶助にあわせて受給することができるようになっていたのは、さきに述べたとおりである。この収入認定の根拠は、生活保護法第四条の補足性の規定にあるとされてきた。したがって、六九年の制度変更は、補足性の原理に新しい解釈をくわえたものである。この変更は、公的扶助としての生活保護制度の基本的目的は最低限度の生活保障であるという原則が、弱者救済が広い範囲で叫ばれる福祉ブームの社会情勢に譲歩させられたものとみなすことができる。

(3)　七一年には、重度障害者を介護する家族にたいして家族介護料制度が創設された。これは、積極的にみれば、重度障害者をかかえる世帯の介護などによる経済的負担を軽減、解消させる加算制度であった。また、当時すでに多くの地方自治体でこの種の給付金が支給されており、そのため居住地によって、それを受給できる者と、それを受給できない者とがいて、両者のあいだに不公平が生じていた。この加算制度は、その不公平をなくすものでもあった。

(20)『毎日新聞』一九六六年一月二八日朝刊。
(21)『朝日新聞』一九六六年一月二九日朝刊。
(22)「生活保護及び関連事項の年表」(『生活保護三十年史』所収)六六〇ページ。
(23)『福祉新聞』一九六六年二月二一日社説。
(24)「生活保護及び関連事項の年表」六七二、六七三、六九五、七〇二ページ。
(25)木村孜、前掲書、二一一―二一四ページ。

5　被保護階層の状態

被保護人員は、一九六五年は一五九万八八二一であったが、以後、一度の微増をはさみながら、減少をつづけて、七三年には一三四万五五四九までになっていた。この期間を通じてみれば、約二五万の減少である。保護率は、六五年に一六・三‰であったが、一度の微増があったのみで、あとは年々低下し、七三年には一二・四‰までになった。この期間を通じてみれば、三・九‰の低下である(表3・4)。この保護率の大きさと年次推移をどのようにみるか。当時、生活保護制度にかんする代表的な研究者たちは、生活扶助基準の引き上げがかならずしも充分ではなく、また、実際におこなわれている基準によっても、それを受給することができるのに受給しない漏救層がかなりあるとみていた。

たとえば、小沼正は、一九四八年から七〇年にかけてのイギリスと日本の保護率の推移を示したうえで(表3・5)、つぎのように説いている。日本の保護率の減少は経済の高成長やその結果としての貧困者の激減の結果であると説明されているが、はたしてそうであろうか。七〇年の保護率は、日本で一・三〇%、イギリスで七・七%、後者は前者の五・九二倍である。ほかの欧米諸国をみても、それぞれの保護率はいずれも日本のものより高い。イギリス

表3・4　扶助別被保護人員の年次推移

	生活扶助	住宅扶助	教育扶助	医療扶助	出産扶助	生業扶助	葬祭扶助	被保護人員	保護率
1965	1,437,614	727,784	433,249	616,282	428	7,949	2,327	1,598,821	16.3
66	1,401,915	730,460	398,960	658,138	433	7,399	2,422	1,570,054	15.9
67	1,346,178	719,951	360,290	682,982	430	6,719	2,352	1,520,733	15.2
68	1,266,471	695,926	322,188	697,808	380	5,929	2,149	1,449,970	14.3
69	1,206,170	670,023	291,730	702,808	312	5,437	2,226	1,398,725	13.6
70	1,143,103	643,421	263,495	701,783	269	4,513	2,004	1,344,306	13.0
71	1,116,164	634,708	244,318	722,801	248	3,914	1,922	1,325,218	12.6
72	1,113,772	654,782	238,297	758,868	240	3,636	1,968	1,380,659	12.7
73	1,143,537	666,687	234,338	763,249	217	3,364	1,844	1,345,549	12.4

資料出所：『生活保護三十年史』7，37-39，43-44ページ．同書は厚生省報告例による．

と日本の比較でいえば、五〇年代には両国でともに将来の保護率の低下が見込まれていたにもかかわらず、その後、イギリスではそれが上昇したのにたいして、日本ではなぜそれが下降したのか。それは、イギリスでは貧困意識が変化し、相対的貧困の概念が定着し、公的扶助が権利保障の性格をひろく認められたのにたいして、日本では貧困意識が固定して、絶対的貧困の概念がつよい影響力をもち、生活保護が依然として慈恵的救済としてかんがえられがちであるからである[26]。恥辱感ゆえに、多くの人びとが、生活保護を受給する資格をもちつつ、それを申請しないでいる。

仲村優一は、小沼と比較すると、生活扶助基準の引き上げ幅についてはより積極的に評価しているが、それにもかかわらず、福祉事務所がおこなう生活保護行政の消極性が、漏救者層をつくりだしていると説いた。すなわち、基準の引き上げがつづいたことにより、農村部では、一集落の全世帯が生活保護の対象になることができるようなところが現実にあらわれている。しかし、実際に一集落の全世帯が生活保護の対象となったという例はない。「集落全部が保護にかかるかもしれないほど全体として生活程度が低いところでは、お互いに低い方に足をひっぱりあって、誰か病人が出るというような突発事態でも生じないかぎり保護申請をしない（させない力がはたらくといったほうが当っているかもしれない）、申請がないから保護しないですむ、ということになっている

表3・5　イギリスおよび日本の保護率

（単位％）

年　次	イギリス(A)	日　本(B)	A/B
	%	%	
1948	3.0	2.51	1.20
49		1.99	
50(昭和25)	3.9	2.30	1.70
51	4.2	2.42	1.74
52	4.9	2.38	2.06
53	5.1	2.21	2.31
54	5.0	2.13	2.35
55	4.4	2.16	2.04
56	4.5	1.97	2.28
57	4.8	1.78	2.70
58	4.7	1.77	2.66
59	5.1	1.80	2.83
60(35)	5.3	1.74	3.05
61	5.1	1.74	2.93
62	5.7	1.76	3.24
63	5.6	1.81	3.09
64	5.3	1.72	3.08
65	5.4	1.63	3.31
66		1.59	
67	7.2	1.52	4.74
68	7.4	1.43	5.17
69	7.6	1.36	5.59
70(45)	7.7	1.30	5.92

資料出所：小沼正『貧困――その測定と生活保護』190ページ，同書は，日本は厚生省報告例，イギリスは *Poverty*, No.20-21, 1971年冬，による．

注：1）日本は生活保護，イギリスは国民扶助．ただし66年以降は国民保険における補足給付．

2）イギリスの49年および66年は数字欠．

のではないか。また、たまたま申請があっても、地域との均衡論で、保護にかけないように工作することになる(27)」。

生活保護制度を論じる研究者たちのうち、運動論的立場にたつ者の一部に、制度の欠陥のみを、ときに誇張してかたる傾向がある。しかし、小沼や仲村は、そのての論議をする研究者ではない。かれらは現実をよく識っており、バランスがとれた判断をする研究者である。その、かれらがさきのようにいうのであるから、この時期のかなりの大きさの漏救者層の存在は、たしかなことであろう。ただし、かれらは、その大きさを特定する試みにまでは進まなかった。

さて、この時期の被保護階層の状態の基本的動向はどうであったか。それを、つぎの三点に整理しておこう。

(1) 世帯数の増加と小人数世帯の構成比の増大。被保護世帯の総数は、六五年、六〇万五一四〇であったが、微減を二度はさんで、ほかでは増加がつづき、七三年には六七万三六六〇に達する（表3・6）。被保護人員は減少したのに、被保護世帯は増加するのであるから、小人数世帯の構成比が上昇するのは当然である。七三年でいえば、全被

表3・6　世帯類型別被保護世帯数の年次推移

	被保護世帯数					構成比				
	総数	高齢者世帯	母子世帯	傷病・障害者世帯	その他世帯	総数	高齢者世帯	母子世帯	傷病・障害者世帯	その他世帯
1965	605,140	138,650	83,100	177,850	205,540	100.0	22.9	13.7	29.4	34.0
66	618,960	140,830	77,960	212,390	187,780	100.0	22.8	12.6	34.3	30.3
67	631,380	158,880	74,810	206,920	190,770	100.0	25.2	11.8	32.8	30.2
68	628,530	172,180	72,740	218,690	164,920	100.0	27.4	11.6	34.8	26.2
69	629,580	187,350	67,000	289,420	85,810	100.0	29.8	10.6	46.0	13.6
70	629,220	197,250	64,920	225,600	141,180	100.0	31.3	10.3	35.9	22.4
71	640,230	198,520	63,840	280,310	97,560	100.0	31.0	10.0	43.8	15.2
72	671,890	230,420	65,490	294,450	81,530	100.0	34.3	9.7	43.8	12.1
73	673,660	232,270	63,240	378,090		100.0	34.5	9.4	56.1	

資料出所：『生活保護三十年史』8-9ページ．同書は，被保護者全国一斉調査による．

表3・7　世帯業態別被保護世帯数の年次推移

	総数＝A	稼働世帯＝B	非稼働世帯＝C	B/A×100	C/A×100
1965	639,723	302,707	336,452	47.4	52.6
66	653,009	292,580	360,429	44.8	55.2
67	657,611	276,602	381,009	42.1	57.9
68	655,508	255,843	399,665	39.0	61.0
69	656,764	238,801	417,963	36.4	63.6
70	654,550	220,130	434,420	33.6	66.4
71	666,051	197,495	468,557	29.7	70.3
72	689,470	191,499	497,971	27.8	72.2
73	693,536	183,077	510,458	26.4	73.6

資料出所：『生活保護三十年史』10-11ページ．同書は厚生省報告例による．なお，上記のBとCを足してもAにならない年度があるが，いずれも資料出所の原表のとおりでである．

保護世帯のうちで一人世帯が五三・九%、二人世帯が二一・二%におよんでいる。

(2)　非稼働世帯の構成比の増大と稼働世帯の構成比の減少。非稼働世帯とは働いている者がいない世帯であるが、全被保護世帯のなかでのその構成比は、六五年で五二・六%であり、その後は増加をつづけて、七三年、七三・六%にまで上昇した。これにたいして、稼働世帯は働いている者がいる世帯であるが、その構成比は、六五年の四七・四%から、七三年の二六・四%まで下降する(表3・7)。

(3)　傷病・障害者世帯および高齢者世帯の構成比の増加。全被保護世帯のうちでの傷病・障害者世帯の構成比は、六五年に二九・四%であったが、七二年には四三・八%にまで上昇してきている。高齢者世帯の構成比は、六五年、二二・九%であったが、七三年には三四・五%にまで上昇してきている。これら二とおりの世帯類型に母子世帯をあわせると、全被保護世帯の約八八%を占めることになる（表3・6）。これは、被保護世帯の「被救恤層」化とでもいうべきものである。[28]

これら三つの基本的動向は、たがいに関連しあっている。被保護階層における小人数世帯の構成比の増大のかなりの部分は、高齢者世帯、つまり、老人ひとり暮し世帯、老人夫婦のみの世帯などの構成比の増大である。非稼働世帯の構成比の増大は、そのまま、さきにいった被保護世帯の「被救恤層」化である。これらの関連しあう三つの動向を、生活保護制度の基本的性格とかかわらせて、どうみるか。厚生省は、それらの動向を当然の与件であるとみて、生活保護の基本的性格を構想しようとした。それは、労働力を不充分に、あるいはまったくもっていない人びとのための生活保護であり、老人、傷病・障害者、母子のための生活保護である。しかし、これにたいする批判的見解、対立的意見も少なからず存在した。これらについては、次項で多少くわしく検討しよう。

(26) 小沼正『貧困――その測定と生活保護』（東京大学出版会、一九七四年）一九〇―一九七ページ。
(27) 仲村優一『生活保護への提言』（全国社会福祉協議会、一九七八年）一八―一九ページ。
(28) 小沼、前掲書、一九八ページ。

6　生活保護制度の基本的性格

一九七〇年前後、厚生省とその周辺には、格差縮小の必要と被保護階層の質的変化を強調しつつ、生活保護制度の基本的性格をかんがえてゆこうとする動きがあった。当時にせよ現在にせよ、それをどう評価するかは、評価者の立場、価値意識によってわかれよう。しかし、いずれにせよ、そこでかんがえられた基本的性格は、現実の制度において、それまでにある程度実現しており、その後さらに明瞭になってくるものであった。この基本的性格は、七〇年九月の厚生大臣官房『厚生行政の長期構想』のなかの第二章第四節「公的扶助制度の改善」[29]、同年一一月の中央社会福祉審議会生活保護専門分科会「昭和四四年諮問に対する中間報告」[30]、および七一年一一月の同審議会「国民生活の変化等に対応した生活保護制度のあり方について」[31]などでうかがうことができる。

それらをつうじて、生活保護基準の改善のためにつぎの三点が強調された。(1)資産のとりあつかいの改善。これからの生活保護は生活周期の考えかたにもとづき、保護の受給の前後をつうじて、生活の大きい断層を生じさせないようにするために、資産保有の範囲を国民生活の動向にあわせて拡大してゆくべきである。(2)被保護階層の質的変化への配慮。これからの生活保護の主要な対象は、老人、身体障害者、その他の経済成長に適応しえぬ人びとであるが、とくに前二者を重視するべきである。かれらは、経済成長の配分をうけることは少なく、物価騰貴の悪影響は全面的にうけ、毎年の所得税減税の恩典に浴することもない。(3)基準の大幅な改善。平均階層に着目しての格差縮小方式がおこなわれているが、低所得階層の生活水準が平均以上に上昇するなどの諸条件があるので、生活扶助基準を大幅に引き上げなければ、格差縮小どころか、その維持さえ困難となろう。

これらのなかでも、被保護階層の質的変化に配慮しつつ生活保護制度の基本的性格を構想しようという主張がとくに重要であった。それは、現実の制度では、傷病・障害者世帯、高齢者世帯などが対象の大部分を占めるようになり、各種の加算制度が創設されることで、ある程度は実現していたといってよい。そして、その論理をさらに推し進めてゆけば、(1)生活保護制度は、病人、身体障害者、老人、母子などの対象のカテゴリー別に分化されるべきである、(2)生活保護制度は、その対象から労働力をもつ健康な男子の就業者を除外するべきである、という発想があらわれてくるはずであった。

生活保護制度の分化の構想は、厚生省や中央社会福祉審議会が出した文書には直接に出てこないが、それらの文書が作成される過程ではたびたび検討されたにちがいない。三浦文夫は、前記審議会の有力な成員たちのひとりであったが、七〇年の論文において、その構想をつぎのように展開した。

六〇年代の社会福祉は、五〇年代のそれが救貧制度としての生活保護事業を主要部分としたのにたいして、対象の範囲を拡大して、低所得階層対策の充実・強化をめざした。それは、非経済的保障においては一定の成果をおさめた。すなわち、生活保護事業に収斂されていた低所得階層のためのサーヴィス保障を、老人福祉法などにより、対象のカテゴリー別に単法化することをつうじて積極化した。しかし、それは、経済的保障ではみるべき成果をあげなかった。生活保護事業をいわば超えてひろがる、低所得階層のための防貧的制度が確立されなかった。(32)

七〇年代の社会福祉が体系的に発展し、積極的に防貧的な性格をもつためには、その前提として低所得階層のための所得保障が整備されなければならない。所得保障の主要制度としては、すでに社会保険と生活保護が存在するのであるが、前者の未成熟、未整備のために、両者それぞれの適用範囲のあいだに「すきま」があり、低所得階層はその「すきま」に落ちこんで、所得保障をきわめて不充分にしかうけられないでいる。そこで一方では、社会保険の改善がおこなわれなければならない。それは、給付水準の引き上げ、成熟度の促進、スライド制の導入、低所得階層のための保険料の減免と公費負担の強化などである。他方では、生活保護についても抜本的改正が必要であろう。それは、六〇年代に進行した分化傾向のいっそうの推進であり、多くの案がかんがえられる。「たとえば、現行の生活保護制度をカテゴリー別に再編成することもその一つの考え方であろう」。そのばあいは生活扶助基準、収入認定、資産保有、指導・援護などがカテゴリー別に体系化される。「あるいはまた、よりラディカルな形では、生活保護に含まれている社会福祉機能はいうに及ばず、経済保障機能をも各種の福祉法に移管し、カテゴリー別に対策を統合化し、生活保護制度の解体と再編をはかることも、一つの案ということになるのかもしれない。」「現行の生活保護制度のもつ『救貧法』的残滓をなくし、イギリスその他でみられるような『補足的給付』に限定していくことなども考えられよう[33]」。

この、生活保護制度の解体案、および、生活保護と社会保険を組み合わせて所得保障をおこなうという案に、運動論的立場にたつ研究者たちは激しく反発した。かれらは、それらの案を生活保護解体論と呼び、それを批判した。その比較的まとまった一例として、児島美都子の所説を紹介する。彼女は、現行の生活保護基準は「健康で文化的な最低限度の生活」にふさわしいものでないといい、それを引き上げぬままに生活保護を解体すれば、社会保障の後退に通じることになるという。これを基本的判断としたうえで、彼女は、生活保護解体論の政治的意図を三とおりに推測している。

すなわち、(1)生活保護のみでおこなっていた所得保障を、生活保護と社会保険の組合せでおこなうということは、財源の面でみれば、租税収入のみでおこなってきたものを、租税収入と保険料収入でおこなうことへの切り替えである。それは受益者負担の傾向の強化である。(2)生活保護基準は現行の算定方法をとるかぎり、毎年、自動的に引き上げられる。それは、被保護世帯にとってはあまりに低いが、政府にとっては高すぎる。生活保護から年金への移行は、年金を引き上げるときには保険料を自動的に引き上げることができるので、政府の負担を軽くする。(3)わが国では、生存権の思想は、生活保護の充実・改善をもとめる運動のなかで、芽生え、育てられてきた。これにたいして、年金の金額は、保険経済の枠組のなかで経済合理的にだけかんがえられてきた。この背景からかんがえれば、生活保護解体論は、生存権思想を切り崩し、受益者負担、高福祉高負担の発想を定着させるものである[34]。

この論争の全貌の紹介と評価は、本稿の課題から遠くはなれるので、別の機会にゆずる。[35] いまは、七〇年前後に厚生省がもっていた生活保護制度の基本的性格にかんする判断のひとつが、論理的に極限化すればどのような性格のものになるか、それが当時の運動論者の目にはどう映じたかを一瞥するにとどめておく。

生活保護制度は労働力をもつ健康な男子の就業者を対象としないという発想は、分化の構想のようにまとまった表現をあたえられなかった。もし、それがあたえられたならば、激しい反発がおこっていたであろう。当時の生活保護の研究者たちの多くは、日本では最低賃金制が確立されておらず、膨大な低賃金労働者が存在しているので、かれらの生活保障は生活保護制度によっておこなうべきだとかんがえていた。たとえば、篭山京は、七〇年の著書『低所得層と被保護層』の終章「公的扶助制度の改正」において、「働ける人の保護制度」と「働けない人の保護制度」を論じて、前者では、生活扶助基準に所得控除をあわせたものが低所得層上層の収入水準であるべきだと述べている。それは、一時的に収入が減少した上層および、中層、下層のすべてを被保護者とすることになる。篭山は、「この提案のねらいは」「日本の社会の下層から不安定就労をなくしてしまうということにある。それが労働者階級を、階級としてしっかりした力あるものにすることである」という。[36]

この提案についても、総合的な評価は、本稿の課題からはなれすぎるので、ほかの機会にゆずる。しかし、私見の一端をつけくわえるならば、長期的視野でかんがえるかぎり、低所得層の問題は、基本的には最低賃金制度の確立をはじめとする労働政策によって解決するべきであろう。生活保護制度のいわば守備範囲を拡げてそのすべてを解決しようとすれば、別の副次的効果、たとえば労働意欲の喪失を広範囲にひきおこす危険性があろう。当時の生活保護制度が、受給資格のある低賃金労働者をその対象としたのは当然のことであるが、それはあくまでも、不備な労働政策のもとでの、一種の緊急避難のたぐいであり、低賃金問題にたいする主要でかつ恒常的な政策であるべきではなかった。なお、これについては、効果的な労働政策の実現の可能性を疑わしいとする見解からの反論もあろうが、くわしく論じる機会はほかでえたい。

(29) 厚生大臣官房『厚生行政の長期構想』(社会保障研究所編『日本社会保障資料II』至誠堂、一九七五年)五九―六〇ページ。
(30) 中央社会福祉審議会生活保護専門分科会「昭和四四年諮問に対する中間報告」(同右)三九六―三九七ページ。
(31) 中央社会福祉審議会「国民生活の変化等に対応した生活保護制度のあり方について」(同右)三九八―四〇〇ページ。
(32) 三浦文夫「七〇年代の社会福祉の動向」(弘済会館『社会福祉研究』第七号、一九七〇年)九―一一ページ。
(33) 同右、一二―一三ページ。
(34) 児島美都子「生活保護解体論と公的扶助の動向」(労働旬報社『賃金と社会保障』No.六二五、五月上旬号、一九七三年)三六―四二ページ。
(35) かつて私は、この論争を紹介・論評したことがある。副田、前掲論文、七七―八一ページ。しかし、私は、そこでは、生活保護行政の歴史と生活保護解体論の関連を充分に把握していなかったし、運動論者の側からの解体論にも目配りをしていなかった。たとえば、竹村栄一「公的扶助とケースワークについて」(『季刊・社会保障研究』第七巻第三号、一九七一年)。さらに、解体論を批判する論議を生活保護充実論と呼んで、解体論はその充実をめざしていないかのような印象をあたえる不用意さもあった。現在、私は、その紹介・論評が不充分なものであったとかんがえている。
(36) 篭山京『低所得層と被保護層』(ミネルヴァ書房、一九七〇年)三〇二―三〇七ページ。

7　大蔵官僚と厚生官僚

生活保護制度の運営、とくに生活保護基準の毎年の決定は、基本的には、厚生官僚と大蔵官僚との交渉のなかでおこなわれる。そこで、かれらは対立し、抗争し、妥協する。そのさいの厚生官僚の主張や思想については比較的多くの資料があるが、大蔵官僚の主張や思想にかんする資料はきわめてとぼしい。多くのばあい、私たちは、それを傍証から推測するほかはない。ところが、この時期には、大蔵官僚が生活保護基準の引き上げを主題にした論文を発表するという、めずらしい一事例があった。佐藤吉男「財政的側面からみた生活保護基準引き上げの諸問題」（社会保障研究所『季刊・社会保障研究』第四巻第一号、一九六八年）が、それである。佐藤は、これを執筆した当時、大蔵省主計局総務課長であった。これによって、大蔵官僚たちのその主題についての率直な意見表明を、私たちは知ることができる。

佐藤の主要な主張は四点に整理される。

⑴　一九五五年から六八年までの時間域でみると、六一年以降、生活扶助基準の大幅な引き上げが毎年つづいている。この基準は、「社会保障の水準の基本」として、また、「国の社会保障にたいする態度を示す心理的バロメーター」として、社会保障関係者に重視されてきた。この重視が大幅引き上げの動因である。しかし、六八年の引き上げ率で、生活扶助基準、失対賃金日額、公務員給与の三者を比較すると、生活扶助基準は一三・〇％、失対賃金は一二・〇％、公務員給与は約八％であった。公務員給与は、企業規模一〇〇人、事業所規模五〇人の労働者の賃金にほぼひとしい。そこで「働かない順に改定幅が大きくなるのは何とも不思議なことだ。一体政府は何の目的で何をしようとしているのであろうか」というささやき声もある。[37]

⑵　生活扶助基準、失対賃金日額、義務教育学校教官初任給（大学卒）、自衛隊三曹のそれぞれで、一九六〇年の金額を一とし、六八年の金額が何倍になっているかをみると、生活扶助基準二・九七、失対賃金日額二・三八、義務教育学校教官初任給二・三八、自衛隊三曹一・九九、となる。「このような八年間という長い期間を通してみると、たとえば義務教育学校教官の初任給が、その改善率において生活保護世帯の扶助基準の改善に及ばない現象には、何かスッキリしないものを感じさせられるのである。一年や二年ならば、まだしも、こんなに長い期間にわたってこの

ような常識上頭をかしげるような事態がつづくことは、正常なものではないと思われる」[38]。なお、公務員には昇給があるが、生活扶助基準にはそれにあたるものがないという反論が予想されるが、昇給は雇用者に提供するサーヴィスの質の向上にともなう対価であるから、生活扶助基準にそれにみあうものがないのは当然のことである。

(3)　年金額の決定基準は、(i)それが受給者の生活の「主たる」あるいは「相当の」よりどころとなること、(ii)拠出と給付のあいだに「一般的な」対応関係があること、である。(i)により、物価水準、所得水準などの諸事情にいちじるしい変動があれば、年金額は改訂されなければならない。そこで増大する費用のかなりの部分は、現在および将来の納税者が負担することになる。ところで、原理的にいえば、年金額は生活扶助基準を上まわる必要はない。しかし、両者がある程度の対応関係にあるのは事実である。このところの恩給の連年の引き上げは、生活扶助基準の引き上げを一因としている。日本の年金受給者の対人口比は将来膨大なものとなることが確実視されている。その時代の納税者の負担をかんがえるとき、年金額の改定、ひいては生活扶助基準の引き上げについては、より慎重になるべきであろう[39]。

(4)　日本の保護率は、六六年、一・五六％で、生活扶助基準の一般消費水準を上まわる引き上げがつづいているにもかかわらず、六〇年の一・九四％から減少してきている。また、国際比較をしてみても、欧米諸国の保護率で、日本のそれのように低いものは見あたらない。たとえば、英国の保護率は、六三年で六・一六％である。富の分布において、日本は中進国であり、先進国型に近づきつつあるとおもわれるのに、なぜ、保護率でこのような特異性を示すのか。これは、申請主義の制度のもとで、日本国民は、諸外国の国民に比較して、被保護者となることを不名誉であると感じる感情がよりつよいためであろう。したがって、主として被保護者であることに慣れた一部の人びとが生活扶助基準の引き上げの恩恵を享受していると極言できる。年齢階級別保護率で日英比較をすると、三〇歳以上五九歳以下の壮年層で、日本の構成比がよりたかい。日本では、働けるのに働かず、要求の声のみ高い人びとが、被保護者のなかに相対的に多いのではないか[40]。

あらためていうまでもないが、(1)と(2)は、一般国民の消費水準と被保護世帯のそれのあいだでの格差縮小の必要を正面から否定するものであり、貧困を相対的にかんがえることの拒否に通じている。したがって、結果的には、絶対的貧困の概念をかたく守ることになる。そこで、佐藤が「常識」といっているものは、働く者は働かない者にたいしてつねに優遇されるべきであるという論理であり、一般的にいえば、経済の論理、資本の論理ということになろう。(4)では、日本の保護率の低下、国際比較での相対的なきわだつ低さを論じて、不名誉感から、それを受給することができるのに受給申請をしない人びとが多くいるのだろうと推測しているところが興味深い。これは、膨大な漏救者たちの存在を、大蔵官僚が、かれらなりの文脈においてではあるが、認めていたということである。その認識は、政府の官僚たちが共通してもつものであったと判断される。

佐藤のこの論文にたいする反論は、前出の小沼正が執筆した。当時、かれは社会保障研究所第一部長であったが、それにさきだって、厚生省社会統計課長をつとめ、五四年から六一年にかけては保護課の事務官でもあった経歴から、その反論は、厚生官僚の反論を少なくとも一部にふくむとみなされる。その内容は、第5項などの叙述から予想されうるものが多いので、簡単な紹介にとどめておく。

佐藤の主張の(1)と(2)にたいして、小沼はそれらを第一の問題点として、現行の生活扶助基準それ自身が低すぎるので、引き上げ幅は依然として大きくすべきであると応じている。その引き上げの方法としては、(1)資産保有限度と勤労控除の引き上げ、(2)要否判定における収入の認定手続きの是正、(3)基準算定の考え方とその算定方式の改善、があげられている。算定方式では、一般賃金から労働力再生産の費用を差し引いたものを老後の生活費とみなし、これを老齢年金水準とし、生活扶助基準をそれに並べるという試案が提示されている。[41]

また、佐藤の主張の(4)にたいしては、小沼はそれを第二の問題点として、保護率がなぜ低下するのかというところにしぼって、三つの理由を論じている。すなわち、(1)生活保護制度の実施方法の変更により、その適用の枠がせばめられ、母子、老人、身体障害者、傷病者など被救恤層に重点がおかれることになった。しかし、低賃金で働く低所得者を対象から締め出してゆくことは、現在の段階で妥当であろうか。(2)漏救の多さは、解消されるべきである。そのためには、生活保護制度のPR、漏救の点検運動、申請手続きの簡易化をおこなうべきであるが、それらは政治の課題である。(3)屈辱感によって、受給申請をできるのにしない人びとが多くいるのも解消されるべきである。行政は、それをかえって好都合であるとして放置する傾向があるが、それは批判されるべきである。[42]

小沼のこれらの主張のうち、第一の問題点にたいするものは、ほぼ、そのまま、厚生官僚が生活扶助基準の決定方法についてもっていた理想案のひとつの表明とみなすことができる。しかし、第二の問題点にたいするものは、より多く小沼の個人的見解であり、かれが厚生官僚の現役を退いていたからこそ、いえたことであった。現役の厚生官僚としては、格差縮小の必要性を強調することはできても、生活保護行政の現状批判ははばかられたであろう。さいごに、佐藤の主張の(3)、将来の社会保障財政の拡大と納税者の負担の増大をかんがえて、生活扶助基準の引き上げにより慎重になるべきだという意見については小沼が反論していないのに留意しておこう。この沈黙は半ばは同意にちかかったのではないか。

(37)　佐藤吉男「財政的側面からみた生活保護基準引き上げの諸問題」(社会保障研究所『季刊・社会保障研究』一九六八年、第四巻第一号)二二ページ。

(38)　同右、二三ページ。

表3・8　被保護世帯の世帯業能別構成比の推移

	総　数	稼働世帯	非稼働世帯
1958年	100.0	58.4	41.6
59	100.0	57.0	43.0
60	100.0	55.2	44.8
61	100.0	53.0	47.0
62	100.0	51.5	48.5
63	100.0	51.3	48.7
64	100.0	50.0	50.0
65	100.0	47.4	52.6
66	100.0	44.8	55.2
67	100.0	42.1	57.9
68	100.0	39.0	61.0
69	100.0	36.4	63.6
70	100.0	33.6	66.4
71	100.0	29.7	70.3
72	100.0	27.8	72.2
73	100.0	26.4	73.6
74	100.0	24.2	75.8
75	100.0	22.8	77.2
76	100.0	22.1	77.9
77	100.0	21.8	78.2
78	100.0	21.7	78.3
79	100.0	21.7	78.3
80	100.0	21.6	78.4
81	100.0	21.4	78.6
82	100.0	21.3	78.7
83	100.0	21.2	78.8

資料出所：『生活保護制度三十年史』pp.10-11，厚生省大臣官房統計情報部『昭和58年度社会福祉行政業務報告』p.147，いずれも厚生省報告例による．

(39) 同右、二二四―二二五ページ

(40) 同右、二二五―二二六ページ

(41) 小沼正「生活保護の問題点――最近の関係論文をめぐって」（同右誌第四巻第二号、一九六八年）三六―四五ページ。

(42) 同右、四五―四七ページ。

8　稼働能力者対策の展開

話をいくらか前にもどすが、一九六〇年代における被保護世帯の基本的動向のひとつで、社会福祉学研究において長いあいだ論争の主題となってきたのは、稼働世帯の構成比の減少はなにがもたらしたのかということであった。

この減少の事実は、体系整備期にかぎっては第5項で示した。しかし、この減少はそれ以前からはじまっており、それを示すデータは一九五八年から残されている。また、それは体系整備期以降、格差縮小期にも一貫してつづいている（表3・8）。けれども、その大幅の減少は一九六〇年代、より正確にいえば一九六〇年から七三年までのあいだ、われわれがいう水準向上期と体系整備期のあいだに生じている。被保護世帯のうち稼働世帯の構成比は、六〇年で五五・二％、七三年で二六・四％で、この一三年間に半減したのであった。七四年以降の減少は、それがつねに二〇％台前半にある微減の連続である。社会福祉学者たちがこの減少の事実を六〇年代に生じた特徴的な出来事とみているのは、根拠がないことではない。

この減少の事実について対照的な二とおりの説明が七〇年代に入っておこなわれるようになった。そのひとつは、経済の高度成長にともなう雇用機会の増大、賃金水準の上昇などによって、労働能力をもつ者の世帯が自立しやすくなったため、その現象がおこったと説明した。『厚生白書』一九七〇年版、七一年版、七二年版などの生活保護にかんする記述にその典型例がみられる(43)。いまひとつは、「適正保護」の名のもとに、稼働世帯にたいして生活指導、検診命令、就労指導などを強化し、基準が低すぎるために隠れて働いたり、収入を実際より少なく申告している「不正受給」をきびしく取り締まり、稼働世帯を排除していったため、その現象がおこったと説明をする。このほか、六〇年代に入ってから新しくおこなわれることになった各種の「稼働能力者対策」が、その現象の少なくとも一部をもたらしたという説明のしかたもある。これらは当時の代表的な生活保護研究者である、児島美都子、白沢久一たちが提示したものに代表例がみられる(44)。

社会学的にいえば、これら二とおりの説明はいずれも仮説的性格がつよく、これらのみではそれぞれがどの程度に妥当であるかをいうことができない。私としては、これらの説明はいずれも部分的にあたっているであろうという見込みをもつが、それを最終的に確言するのは、方法を工夫して、それぞれの証明がおこなわれてからのことである。その方法は、代表的地域を選定し、それぞれの福祉事務所における廃止ケースのケース記録を統計的に調査、研究してみることであろう(45)。ところが第一の説明はそのような証明をぬきにして、それのみがただ提出されているだけである。また、第二の説明も証明はつけられないまま、こちらはイデオロギー闘争風に自らは正しく、第一の説明は誤りであると一方的にいいたてられている。

しかし、第二の説明を試みる文献のうちには、六〇年代の生活保護行政における稼働能力者対策の実態を示して、そのかぎりで資料的価値が高いものもある。白沢久一「一九六〇年代生活保護行政の稼働能力者対策――『生活保護実施要領二〇年の歩み』によせて」はその一例である。これは、その対策が稼働世帯の減少をどれほどもたらしたかを特定しようとはせず、それはその減少にとっての「一要因」であったと考えられるというにとどめて[46]、その対策の展開を克明に追っている。われわれは、それをつうじて、福祉事務所を舞台にして生活保護をめぐって、行政の末端と運動の先端とがどのように葛藤していたかを知ることができる。白沢はつぎの五点でくわしい記述をおこなったが、かいつまんで紹介する。

(1) 中学卒業者就職支度費の削減。この支度費は一九五七年から六二年にかけて、「就労のため生業に必要な資金、器具、資材など」の「など」の解釈が拡大されて、福祉事務所によっては支給が当然視され、当時の金額で二万円ちかくが出されていた。これが、六三年四月一日の「実施要領」改正で品目と金額が例示され合計一万七〇〇〇円と画一化し制限された。この制限は六四年にもさらに進められ、就職にともなって新しい歯ブラシ、時計、下着、背広などを買う必要はないとされた。それらの要不要は各地の集団陳情ではげしく争われている。六五年、この支度費は品目などを例示せず、自宅からの通勤者で八〇〇〇円、寄宿先からの通勤者で一万三〇〇〇円と固定化された[47]。

(2) 期末手当認定と保護辞退の禁止。東京都民生局は、一九六二年一月、失業対策労務者の年末ボーナスの認定で、「衣料品など購入済のばあいの控除認定（五〇〇〇円以内）」を黙認したが、それ以後の期末手当などは全面認定にふみきった。つまり、それらを収入のなかに入れて、その分を保護費から削減することにしたのである。全日本自由労働組合はこれにたいして、期末手当を受領した時期にかぎって保護を辞退する運動をおこすと予想された。行政はこれに対抗して、その種の辞退の申し出があってもこれを認めず、収入認定をおこなって、保護停止の処分をおこない、保護費の支給は一定期間止めても、生活指導は継続しておこない、生活保護基準にひとしい生活費しかつかわせないようにすることとした[48]。

(3)　要否判定における自立助長的経費の除外。一九六七年秋には、保護開始期の要否判定に「期末手当の月割平均額の認定の指示」があった。それまで保護の開始申請がおこなわれたばあいの要否の認定は、原則として申請月までの三ヵ月間の平均収入充当額にもとづきおこなうとされていた。「しかしながら、一部の常用勤労者にあっては、労働協約などからみて、賞与をふくむ年間収入が確実に推定できるばあいがあり、このようなばあいには、その年間収入を基礎として生活設計を行うのが通常の生活実態であると考えられる。したがって、これらの常用勤労者から保護の開始の申請があった場合においては、(中略)申請以降一ヶ年間において確実に得られる総収入の平均月割額をもって申請月の収入と認定して保護開始の要否を判定するのが妥当であり……」。これによって、認定の原則は「実態」主義から「推定」主義に変化した。この背景には一部地域における公務員組合の「集団保護申請運動」があった[49]。

(4)　臨時組合費控除の禁止。失業対策労務者の期末手当が収入認定されることを回避しようとする試みは、当初、一時的な「保護辞退」や「現物給付」の偽装によったが、のち「臨時組合費」の徴収という方策となった。これは、労働組合費が必要経費として控除されることに着眼し、期末手当を臨時組合費として一旦組合本部に徴収し、(あるいは徴収したとみせかけ)、収入認定の対象とされることを避け、のち組合員に現金あるいは現物で払い戻すというものだった。一九六五年度の「実施要領」は「必要経費としての労働組合費は……臨時徴収は含まない」として、これを禁じた。白沢は、この措置を「『組合費』が政府によって指示されるということは、働く労働者の団結権の制限

という可能性の側面をもつ」と批判している。(50)

(5) 係争行為と能力活用要件。一九六七年一二月、東京都保護課が配布した「生活保護実施上の留意事項について」のなかに「解雇を不当として係争中のものからの保護開始申請について」という項目がある。これによれば、「係争行為と能力活用要件」の原則を「使用者から解雇された労働者がその解雇を不当として労働委員会または裁判所において係争し、またはこれと合わせてすわり込み、びら配りなど解雇反対闘争をおこなうことは、法第四条第一項の能力活用の要請にこたえるものとは解されないこと」としている。白沢はこれを「生活保護者には厳密な条件設定をしないと、労働争議権の制限」となると批判している。また、そこでの「就職活動をおこなうよう指導すること」、「誠実な求職活動」の要求、「内職などの指示」は、今後に問題を残すと指摘している。(51)

(43) 厚生省『厚生白書』一九七二年版、三〇二ページ。
(44) 児島美都子「生活保護解体論と公的扶助の動向」(労働旬報社『賃金と社会保障』No.六二五、一九七三年五月上旬号)三九ページ。白沢久一「生活保護」(有斐閣『ジュリスト』五三七号、一九七三年)一一三ページ。
(45) のちに紹介する小野哲郎の業績はその先駆例である。小野「ケースワークにおけるリサーチの一例――相談、却下、取下、廃止ケースの事例分析」(小野『ケースワークの基本問題』川島書店、一九八六年)三五四―三六四ページ。私は、この業績の方法を批判的に検討して、その発展的継承を試みた。副田「『保護廃止世帯』論序説」(沖縄県平良市福祉事務所『福祉を考えるシンポジウム報告書』一九九〇年)五―五六ページ。
(46) 白沢久一「一九六〇年代生活保護行政の稼働能力者対策」(『社会福祉研究』第七号、一九七〇年)六四ページ。
(47) 同右、六五―六六ページ。
(48) 同右、六六―六七ページ。
(49) 同右、六八―六九ページ。
(50) 同右、六九ページ。
(51) 同右、六九―七〇ページ。

9　労働運動と稼働能力者対策

前項でみた一九六〇年代の生活保護制度における稼働能力者対策は、いずれも福祉事務所を舞台にして行政の末端と運動の先端とのあいだの葛藤から形成されたとみられる。白沢は、その運動を担った組織として、(1)では六四年の日本患者同盟、(2)では六三年の全日本自由労働組合、(3)では六七年秋の「公務員などの集団保護申請運動」、(4)では六四年の全日本自由労働組合などをあげている。これらのうちで日本患者同盟、全日本自由労働組合の活動については不充分なものにせよ各組織が刊行している組織史があり、また、行政の側からそれぞれの要求運動がどのようなものであったかを示す記録、証言などもある。しかし、(3)でいう「公務員などの集団保護申請運動」については、白沢はそれ以上の説明をせず、注も一切つけていない。そこで、かれの論文からはこの運動がどのようなものであったかを知る手がかりがまったくえられない。

その手がかりになりそうな情報が、杉村宏の論文「戦後公的扶助の展開――とくに一九六〇年代の転換に関連して」にみいだされる。かれは、白沢がいう「期末手当の月割平均額の認定の指示」という実施要領の改訂についてつぎのように述べた。

「むしろ注目すべきは、先の実施要領の改訂の引き金となったものは、公務員労働者の集団保護申請であったということである。それは全林野長野地方本部で、組合員の賃金をもとにその世帯の生活保護基準を比較したところ組合員の四〜五%にあたる一五〇人あまりが、生活保護基準以下の生活をしていることが判明し、ボーダーラインにあるものを含めれば、ゆうに一〇%を超えると発表したことに端を発している。一九六七年秋には公務員組合のいくつかが運動化するに至ったのである。

すなわち、当時公務員労働者の一割ちかくが毎月々の収入が最低生活費を下まわる低賃金下にあったのである。

そして彼らの少なくない部分が、生活の保障をもとめて生活保護の申請をしようというのである。もしこれを容認するならば、公務員労働者はもとより広範に存在する下層労働者が生活保護受給世帯として立ちあらわれる可能性があった」[52]。

公務員労働者の一割ちかくが生活保護基準以下の低賃金しかえていなかったとは、家計調査などの各種のデータをかんがえあわせてみると、にわかに信ずるわけにはゆかない判断である。そこで原資料で確認をとりたいのだが、杉村は、自らの論文の論旨の主要部分を基礎づける全林野長野地方本部の調査データの出所をあげていない。私はこの原資料を入手するために手だてをつくしたが、成功しなかった。そこで全林野労働組合中央本部に依頼して、同本部が発行する『全林野新聞』の六六年、六七年のバックナンバーを調査させてもらい、先述の調査の結果が発表された記事を探してみた。杉村が言及したデータそのものは見つけられなかったが、それと関連が深いとみられる記事を数例みつけることができた。

その一例は、『全林野新聞』六六年五月二六日号のもので、ヘッド・ラインは「日給制賃上げ、中央動員背景に額上げへ」となっている。中見出しのひとつには「生活保護より低賃金の国有林労働者の調査、中間集約三～一〇％が該当か」とある。本文中には「全林野本部では日給制賃金闘争で五月二六日から各分会一名の中央動員をおこなって中央交渉を促進させることになった。（中略）これは日給制の低賃金を広く世論にうったえ、大幅賃上げを実現する一環として調査したものである」とあり、生活保護基準以下の低賃金とは日給制労働者のそれであることがわかる。また、全国一四地方本部の調査結果の中間集約で「生活保護より下まわる賃金の人」が二四七人おり、そのうち長野地方本部分は最高の八六人となっている。ほかに「〔長野発〕上松分会・上松運輸分会では、九名の仲間が生活保護を申請していたが、このほど上松町は一人について生活保護の適用を決めた。（中略）残りの八名は一応親せきの援助、共働きなどの収入を算入し、生活保護以上と認定したもの」という記事もある。[53]

この調査結果の一部をつかったと推測される参議院社会労働委員会での社会党議員による林野庁追及の記事が、『全林野新聞』の四月二五日付号外の一部にある。「二一日の参議院社労委で日給制の低賃金（生活保護以下の）について、政府・林野庁追及がおこなわれた。社会党野々山委員から国有林の日給制の賃金は、勤続年数、十～十五年の常用作業員で生活保護以下の賃金である。国の経営する事業でこのようなことは許されることではない。直ちに改訂することを明らかにせよと迫った。これに対し、林野庁（職員部長）は、国有林の日給制賃金は民間の林業労働者の賃金を考慮して決定しており、また生活保護より低い賃金は例外で、育苗手などの女子作業員で家族の多い場合であると答弁した。この不誠実な答弁に対して、社会党委員から例外であるというとはなにか、既に新聞にも出ており、そんな賃金があることが重大問題だ。（後略）[54]」。

この日、林野庁が「国有林労働者の賃金は生活保護より安くない」と主張するためにまとめた資料が、前出の『全林野新聞』五月二六日号の解説欄に紹介されている。「この中で育苗手Bとの比較をして、国有林賃金二〇、二〇五円対生活保護八、八一四円であり、国有林の賃金は生活保護より低くない――との結論を出している。ところが、この当局の比較はズサンなもの。例えば、年末手当、夏季手当、石炭手当などを月割にして加算している。（生活保護では三ヶ月の収入を平均するので、手当のない月は低くなって生活保護に該当する。）また、賃金から控除するものは共済掛金しかみていない。（生活保護では、賃金から労働組合費、全林野共済・失保などの保険料、年金掛金・税金・山泊実費・通勤実費などが控除できることになっている。）（後略）[55]」。ここにみられる林野庁の計算方法、つまり年末手当などを月割にして加算するやりかたは、翌年秋に厚生省がおこなう実施要領での「期末手当の月割平均額の認定の指示」をさきどりしているとみえる。ほかに裏付ける証拠はないのだが、この林野庁の計算方法は厚生省社会局保護課と相談してつくられたものであり、六七年秋の厚生省の指示は、前年春の林野庁の資料に示唆されたもの、あるいはその資料と平仄をあわせたものであるという仮説をたてることはできる。

以上に紹介した事実を理解するために必要とおもわれる、国有林ではたらく公務労働者とかれらの労働条件にかんする基礎的事実をてみじかに述べておこう。一九六七年のデータによれば、同年七月、国有林ではたらく公務労働者は総雇用人員は一一万余で、その雇用区分別構成は、常用作業員九％、定期作業員二六％、月雇作業員四％、日雇作業員六三％である。全体の半数以上が日雇である。[56] ところが、同年の年間総雇用量でさきの構成をみると、同じ順番で、二三％、四四％、六％、二七％となる。[57] これらによって、国有林の公務労働は、季節によって需要の変動が大きく、夏場にその需要量が大きくなり、それが主として日雇作業員によってまかなわれていることがわかる。また、月雇作業員と日雇作業員、とくに後者は賃金がきわだって低い。全作業員の平均賃金（一日分）は、一六六〇円である。これを雇用区分別にみると、常用二一一一円、定期一九三五円、月雇一一九二円、日雇九二二円となる。日雇の平均賃金は常雇のそれの半分にみたない。[58]

六〇年代後半の全林野労働組合の運動史をみると、日給制賃金の引き上げは最重要課題のひとつとされていた。その運動のためのキャンペーンにおいて、訴及力がつよく、わかりやすい訴えとして、日給制賃金の一部が生活扶助基準以下であるという事実、日雇作業員の世帯の少数のものが生活保護を受給しているという事実が利用された。しかし、生活保護の生活扶助基準額は世帯員数によって変るし、生活保護が受給できるかどうかは世帯総収入によって判定されるものである。したがって、全林野労働組合はさきの訴えのしかたをいつまでもつかったわけではない。六七年五月二三日の中央団交で、同組合は日給制賃金にかんする「一〇確認」を獲得するが、その一〇番目はつぎのとおりであった。「（賃金が）生活保護より低いかどうかは、世帯構成の因子があるので直ちに結びつかない。しかし保護を受けている世帯は、低額職種であることから、昨年の調停案の経緯もあり、とくに低額職種の底上げを配慮することを考えている」[59]。

以上の記述から、本項のはじめで引用した杉村論文の貢献と誤りはあきらかであろう。その貢献は全林野労働組合の生活保護に関連する調査と運動の一部についての情報を不充分なものにせよ提供したところにある。しかし、かれはおおよそ研究者らしからぬ過ちをおかしている。それは、全林野長野地方本部の組合員のデータをただちに公務員労働者全体のデータに一般化するところからはじまる。そのさい、国有林の公務労働者の大きい部分が日雇の低賃金労働者であるという特殊性が無視される。公務労働者全体が日雇の低賃金労働者を年平均で三割ちかく、月によって六割以上もふくんでいることなどありえない。どうして、このようなひどい間違いがおかされたのか。かんがえられるケースは二つある。⑴杉村は全林野長野地方本部がおこなった調査の報告書、あるいはそれのくわしい結果紹介などをみておらず、「組合員の四～五％にあたる一五〇人あまりが、生活保護基準以下で生活をしている」などの断片的情報を手に入れ、その裏付けをとらないまま、かれらが日雇労働者であることを知らずに、さきの論文を執筆した。⑵杉村は、その報告書あるいはそのくわしい結果紹介をみており、全林野労働組合の組合員の多くが日雇労働者であり、かれらの一部の低賃金が生活扶助基準以下といわれている事実を知っていたが、運動論的立場からの生活保護の稼働能力者対策の批判をより効果的にみせかけるために、その事実を知らないことにした。第一のケースでは、研究者としての基礎的訓練が欠如しているというほかない。第二のケースでは、それは政治的煽動パンフレットの書きかただといわざるをえない。

しかも、杉村は、さきの論文の末尾ちかくで、公務員労働者の集団保護申請は無理からぬものとして理解しうるものだが、やはり労働運動は賃金の引き上げ、労働条件の改善を第一義的任務とするべきであろうなどと、したり顔につけくわえる。かれは全林野労働組合の日雇制賃金の引き上げ闘争をまったく知らないらしい。かれの勤務先の北海道大学図書館には、林野庁監修『国有林労働運動史』のバックナンバーや全林野労働組合『闘いの年輪――全林野三〇年史』は所蔵されていないのか。北海道の広大な国有林、五つの営林局、同大学農学部のことなどをかんがえると、それらが所蔵されていないとはおもえないのだが。それらの文献の一点だけにでも目をとおしていれば、かれは上述の誤りを防げたはずである。

(52) 杉村宏「戦後公的扶助の展開――とくに一九六〇年代の転換に関連して」(吉田久一編『社会福祉の形成と課題――社会事業から社会福祉へ』川島書店、一九八一年)一七一―一七二ページ。
(53) 全林野労働組合中央本部『全林野新聞』六六年五月二六日号。
(54) 同右、六六年四月二五日付、号外。
(55) 同右、六六年五月二六日号。
(56) 林野庁監修、林野弘済会編集・発行『国有林労働運動史・第一〇巻』一九七七年、二五ページ。
(57) 同右、二七ページ。
(58) 同右、四〇ページ。
(59) 全林野三〇年史編纂委員会『闘いの年輪――全林野三〇年史』(全林野労働組合、一九八三年)九四八ページ。

10 藤木訴訟

この時期、一般に藤木訴訟、あるいは藤木第一次訴訟と呼ばれる訴訟がおこされている。生活保護行政のありかたを不服としておこされた訴訟として、これは、朝日訴訟と並べられることが多い。時間的経過でいえば、朝日訴訟の最高裁判決が一九六七年五月に出されているが、藤木訴訟の契機となった保護申請、申請却下、都知事への審査請求は、それぞれ、同年八月、九月、一〇月にあいついでおこなわれている。藤木訴訟は三つの訴訟から成るが、それらのうちの第一次訴訟は、六九年八月に東京地裁に提訴され、七二年一二月二五日に原告勝訴の判決が出されている。被告側は控訴を見送り、第二次訴訟、第三次訴訟については和解が成立した。また、藤木訴訟の弁護団、支援組織は、かつての朝日訴訟の弁護団、支援組織がひきつづきはたらいていた。これらのいきさつから、藤木訴訟は「第二の朝日訴訟」と呼ばれることもある。しかし、二つの訴訟を比較すると対照的な面も少なからずみいだされ、そこには時代の推移と生活保護制度の変化が投影している。

藤木訴訟にかんする文献としては、管見のかぎりでは、大山博「藤木第一次訴訟――生活保護行政の矛盾を衝いて」がもっともくわしい。これによって、訴訟がおこされるまでの経過、および訴訟の一部をみると、つぎのとおりであった。原告・藤木イキは、夫・Yと子ども四人といっしょに生活しながら、劣悪な労働条件で共働きをしていた。一九六〇年、彼女は結核性脳髄膜炎を発病し、健康保険被保険者本人として療養の給付をうけて入院、翌年からは国立東村山療養所に入院、闘病生活をはじめた。六五年七月、彼女の健康保険の資格喪失後の継続給付が切れた。夫は、六〇年一一月から、江戸川区で、生活保護を受給し、子どもと暮していた。そこで彼女も、六五年七月以降は医療扶助を受給することになった。

Yは、最初のうちは、イキをよく見舞っていたが、同年八月の見舞いをさいごに連絡がなくなった。かれは、一〇月、子どもといっしょに埼玉県与野市に転居し、隣家の主婦・O女と同棲をはじめた。江戸川区での生活保護は打ち切られ、Yは同居する子ども三人とイキ、さらにO女を同居人として、与野市に生活保護を申請し、受給した。このころから、Yは入院中のイキにくりかえし離婚を強要するようになり、彼女は一時はそれに応じかけたが、残念におもい、のちにそれを拒否した。

六六年一一月、イキは、厚生年金保険法の障害年金一六万円を給付され、それは彼女をふくめた家族の世帯収入と認定された。また、Yにも臨時採用の慰労金が入って、それを収入と認定され、一一月で、生活保護は打ち切られた。イキは、それ以後、この年金で入院費、生活費をまかなってきたが、六七年七月にはそれをつかいはたしてしまった。そこで、療養所の医療ケースワーカーに相談して、八月、療養所がある地域の東京都北多摩郡西部福祉事務所に、単身で現在地保護をうけたいと申請したが、九月に却下された。申請却下通知書には、「保護の実施責任については、夫婦の一方が入院している場合、長期入院、援助の有無、婚姻解消の意志等にかかわらず、同一世帯と認定し、その居住地を所管する福祉事務所が責任を負うものとなっています。よって現在夫が居住する与野市の福祉事務所に実施責任があるものと認められる」とあった。これに対応しつつ、イキは三つの訴訟をおこすのだが、以下では第一次訴訟をとりあげる。

六七年一〇月、イキは、この却下処分の取り消しを求めて、都知事に審査請求をおこなった。そこでは、つぎの三点が主張された。(i)イキは民法上の妻であるが、事実上の妻ではなく、Yとイキは社会通念上夫婦と呼びえない。(ii)妻ではないO女を含めて世帯を認定するのは、憲法第二四条でいう一夫一婦制に矛盾する。(iii)現実に即さない、このような生活保護行政によって、入院費の支払いができない事態がおこる。しかし、この請求は、世帯単位の原則によって、六八年一月に棄却された。そこで、イキは、同趣旨の再審査請求を厚生大臣にたいして同年二月におこなうが、これも翌六九年五月に棄却された。イキは、これを不服として、東京都北多摩郡西部福祉事務所長を被告として、六九年八月に東京地方裁判所に訴えをおこした。これが第一次訴訟である。[60]

イキの訴訟の動機の一端は、彼女が東京地方裁判所に出した上申書のつぎの一節からもうかがえる。「夫は、私の面倒を全くみなくなって、私に何度も離婚しろとつきつけました。私は一度は判を押しましたが、書き方が間違っていたため離婚届けの提出をとりやめました。……それで私は生活保護を申請したのですが、……ただ戸籍上の夫婦だというのでだめになりました。私は療養をつづけて生きたいという苦しさから何度離婚をしようと思ったか知れません。このやり方は、生きたかったら離婚をしろということです。……夫が私の入院中に同棲をはじめ、そのために夫は離婚をせまっているのですが、与野市福祉事務所では、夫の世帯の収入をその女性の収入までふくめて計算して保護の必要がないといっております。これでは福祉事務所が夫の不貞をすすめていることになりませんか。……私のように夫から見はなされ自分の力だけでは生きてゆけない病人が、離婚を強制されたり、不貞をすすめられたりすることなしに保護を受けることができること、それが私どもの権利であり、国の義務であることをこの裁判のなかではっきりさせて下さい(61)」。

ここにみられるイキの、結婚、夫婦などにかんする価値意識と論理は、この時代の、彼女と同年代の女性がひろく一般にもつものであろう。彼女は夫の不貞に怒っている。離婚の申し出に応じることは残念だとおもい、それを拒んでいる。夫とは社会通念上の夫婦ではないことを認めているが、戸籍上の夫婦でいることに執着している。これらの感情は、この時代の多くの女性にとって、当然のもの、無理からぬものである。これらの感情を尊重しつつ、生活保護をうける権利を認めよと、イキは主張している。この主張の後段に重きをおけば、藤木訴訟は第二の朝日訴訟であるといえなくもないが、彼女の力点はあきらかに前段におかれている。そのかぎりでは、藤木訴訟は第二の朝日訴訟とはいいがたい。朝日訴訟が、水準抑圧期における生活扶助基準がもたらす飢餓状況を告発し、その基準の引き上げを要求したのにたいして、藤木訴訟は、体系整備期における世帯単位原則の過剰な適用を批判して、個人単位原則を事実上みとめる世帯分離を要求するものであった。

しかし、ここまでいうのなら、つぎの指摘はやはりしておくべきであろう。イキは、前掲の上申書において、行政が「戸籍上の夫婦」ということを理由にして、世帯分離を適用して生活保護をおこなわないことを非難している。しかし、イキも、さきに述べたように、Yと「戸籍上の夫婦」でありつづけることを望んでいるのである。「戸籍上の夫婦」にこだわる点では、行政もイキも似たようなものである。イキの言い分は、戸籍上は世帯単位を重視しつつ、生活保護の受給においては個人単位を主張している。この矛盾を無理からぬものとかんがえるには、有責主義の立場にたたねばなるまい。破綻主義の立場にたてば、社会通念上夫婦でない者が戸籍上の夫婦にこだわりつづけることは原理的には無意味であると判断せざるをえない。その判断をとったうえで、イキの言い分を無理からぬところがあるとみる見方は、権利論レヴェルにではなく、人情論レヴェルに属する。したがって、運動論者たちがこの裁判を論じて、生活保護行政が夫婦を離婚に追いこんだり、家庭崩壊をもまねくと批判しても[62]、イキとYのばあいは、その好例とはいいがたい。かれらの夫婦関係は、実質的には、行政とはかかわりなく、破綻していた。また、運動論者たちが藤木訴訟を第二の朝日訴訟であると主張しても、この訴訟が朝日訴訟ほどに世論の共感を呼ばなかった理由も、そのあたりにあろう。

それにしても、このケースに関係する二つの福祉事務所の対応ははなはだしく不手際であった。与野市福祉事務所が、YとイキとO女を同一世帯と認定したのは、生活保護行政が妻妾同居を認めたと非難されても反論のしようがあるまい。その認定を前提にした、北多摩郡西部福祉事務所の判断も、世帯単位原則のグロテスクな拡大である。厚生省は、早くからこの裁判での敗訴を予想していたと推察することができる根拠がある。すなわち、イキが厚生大臣に再審を請求した直後、六九年三月に、厚生省が直接指導して、西部福祉事務所はイキにたいする生活保護を開始しているのである[63]。これは、厚生省が、彼女の言い分を実質的にはみとめていたということである。このあと、厚生大臣はさきの再審査請求を棄却し、東京地裁での第一次訴訟がはじまるのであるが、そこで原告が求めたのは、保護を申請してからそれが開始されるまでの約一年半の遡及保護であった。

(60)　大山博「藤木第一次訴訟——生活保護行政の矛盾を衝いて」(小川政亮編『社会保障裁判——戦後社会保障権運動の発展』ミネルヴァ書房、一九八〇年)六三—六七ページ。
(61)　同右、六八ページ。
(62)　同右、七六ページ。
(63)　同右、七二ページ。

二　格差縮小期

1　時代的背景

格差縮小期は一九七四年から八三年までの期間である。この起点は、いっそう正確には七三年一〇月の第一次石油危機以降というべきである。石油危機により石油価格が高騰し、資源の輸入と製品の輸出に大きく依拠している日本経済は深刻な影響をうけ、不況とインフレーションが同時に進行するスタグフレーションが生じた。経済成長率は、六〇年代後半はつねに一〇%を超え、七〇年代に入ってからも七三年までは一〇%から六%程度であったものが、七四年、戦後はじめてのマイナス成長を記録し、七五年以降、三%から五%の成長率がつづいている。七五年からのこれらの成長率は、世界的にみると相対的には高成長であるが、六〇年代と比較すれば低成長といわざるをえない。この低成長のもとで、税収は減少していった。国家財政、地方財政の双方で税収不足、財政硬直化が問題視された。

ところで、一九七三年は、政府によって、「福祉元年」と呼ばれた年でもあった。すなわち、政府は一九七三年度予算を編成するにあたり、財政政策のひとつとして国民福祉の向上をとりあげることにし、「福祉元年」をキャッチ・フレーズとしたのである。その政策の主要な内容は、⑴老人医療の無料化、⑵健康保険の給付改善、⑶五万円年金の実現と物価スライド制の導入である。⑵は七三年九月法改正、一〇月施行、⑶は九月法改正、一一月施行、いずれも第一次石油危機の直前の法改正というきわどい成立のしかたであった。このほか、つぎの四つも「福祉元年」の内容に数えられた。⑴七一年からの国民年金の一〇年年金の給付、⑵七二年からの児童手当の施行、⑶七五年から施行される雇用保険の準備、⑷生活保護の給付内容の改善。「福祉元年」の発想において、社会保障はまぎれもなくプラス・シンボルであった。それは、高成長が生んだ社会的不公平を解消させる政策として評価されたのである。[64]

社会保障の費用のうち狭義の社会保障の実支出が国民所得（名目）に占める比率をみると、六〇年代後半から七一年にかけては六％程度で推移し、七二年、七三年と微増、七四年から急上昇の増大で、七九年に一三・〇％となっている。七〇年代の一〇年間で、この比率は二倍以上になったのである。また、社会保障の費用が一般会計総額に占める比率をみると、六〇年代後半から七三年までは一四％台で推移し、七四年から上昇して、七六年には一九・八％、以降、微増・微減はあったが、七九年にも一九・八％を記録している。こちらは七〇年代の一〇年間で、一・四倍弱になっている。[65]

一方では低成長下の税収不足、財政の硬直化傾向があり、他方では高成長のいわば到達点としての社会保障体制、増大してゆくその費用があった。その矛盾のなかから「福祉見直し」の声があがる。このような状況のなかで、政府の官僚たちとかれらの諸組織はどのように抗争したか。いま、大蔵省と厚生省の関係に観察の焦点をあわせてみれば、つぎのような図式がみてとれる。七〇年代後半、大蔵省は、社会保障費用から予算編成上の聖域という性格をとりのぞこうとして力を尽したが、厚生省は政党、政治家たちなどの諸勢力と結んではげしく抵抗し、後退せず、ときに逆襲にさえ出たのである。比喩的にいえば、「福祉元年」型の社会保障体制という巨大陣地に厚生官僚たちが拠り、大蔵官僚たちはそこを攻めるが、陣地を削り取るどころか、ときに拡大される有様であった。「福祉見直し」が現実化しはじめるのは、八一年度予算あたりからである。

やや具体的にいえば、七〇年代後半、大蔵省は財政硬直化対策を迫られて、社会保障にかんしては国庫負担を軽減させるための保険料の引き上げ、受益者負担の強化、所得制限の強化などをはかろうとしたが、厚生省の抵抗にあい、ほとんどそれらをはたさなかった。それは、現象としては、大蔵省の提案の多くが国会審議や政治折衝のなかで否決され、あるいは原案の意図が逆になるように修正されるというあらわれかたをした。この間の事情にかんしては、管見のかぎりでは、田多英範の分析がもっとも説得力に富んでいるので、これにしたがって、以下を記述する。

まず、大蔵省の失敗の主要例にはつぎのようなものがある。

(1)　保険料引き上げの失敗例。

七六年の健康保険法改正案では、国会審議で、負担の強化案は削除され、給付水準の改善案のみが通った。七七年度の予算編成時における健康保険法改正のための政府提案でも、負担の強化案は薄められ、給付水準の引き上げは原案以上のものになった。

(2)　受益者負担強化の失敗例。

七六年度の予算の編成過程で、老人医療の無料化の取り止め、一部負担の導入を提案して、三木首相の裁定で見送られている。これは、その後毎年論議されたが、それが実現するのは八二年の老人保健法の成立によってである。

(3)　所得制限強化の失敗例。

七七年度予算の編成過程で福祉年金、老人医療費の所得制限を強化しようとしたが、復活折衝で据え置きとなった。七八年度予算の編成過程でも老人医療費の所得制限強化をとりあげたが、翌年度からの実施を条件に据え置きとなり、実際には七九、八〇年度と据え置きがつづいた。

八〇年度予算編成で、児童手当の所得制限の強化を提案したが、国会審議で野党と自民党の一部によって否決された。[66]

このような、大蔵省にたいする厚生省の抵抗を可能にした条件はなにか。田多の分析に示唆をえつつ[67]、この時期の政治・経済状況を、正村公宏『戦後史』によって、概観する。

(1) 保革伯仲の政治状況。七〇年代後半、「福祉見直し」の声が高まるなかで社会保障の拡充をささえた決定的条件はこれである。この時期、国政選挙で自民党は不振をきわめた。第一次石油危機の直後の七四年七月の参議院選挙、ロッキード疑獄がおこったあとの七六年一二月の総選挙では、いずれも自民党は過半数がとれず、無所属議員を入党させるなどしてそれを維持した。七七年七月の参議院選挙、七九年一〇月の総選挙でも、自民党は辛うじて過半数をえるにとどまった。[68] このような状況のなかで、福祉の充実を主張する野党との対抗関係におかれて、自民党は、政権を維持するためには、福祉の見直しにたやすく踏みきれなかった。厚生官僚たちは、保革伯仲の状況が、かれら自身にとって有利な条件であることをよく識っていた。

(2) 景気刺戟型の財政運営。第一次石油危機につづく「狂乱インフレ」に対抗して、田中内閣の福田大蔵大臣は「低成長路線」を打ち出し、政府と日本銀行は強力な総需要抑制政策をおこなった。当然、不況は深化する。これに七四年春闘の大幅賃上げがくわわり、日本経済はスタグフレーションに落ちこんだ。しかし七四年後半、物価安定化の徴候がみえると、三木内閣の経済対策閣僚会議は次第に景気刺戟型の財政政策に転換してゆく。七六年一二月に成立した福田内閣は、積極的な景気拡大政策を採用した。すなわち、税収不足は国債を発行して補い、財政支出の拡大、需要の拡大をつうじて、不況からの脱出をはかるのである。[69] それは、やがて財政危機の深刻化によってゆきづまるのだが、それまでは、「大きな政府」とその主要な機能のひとつとしての社会保障が支持される条件であった。

(3)　産業の活力。七〇年代には円がくりかえし値上りをし、輸出の困難が懸念されたが、日本の主要産業はいっそうの合理化により製品価格を引き下げ、その品質を改善し、輸出を拡大していった。技術革新と日本的労使関係が、産業の国際競争力を、「世界最強」に押し上げたのである[70]。これは、対外的には貿易摩擦に通じてゆくことになるが、国内では失業者数を、高成長期に比較すれば増加したものの、欧米諸国と比較すればきわめて小さい数字におさえさせた。くわえて、欧米諸国に比較すれば、社会保険制度は未成熟であり、人口の高齢化もおくれていた。これらによって、日本の税負担、保険料負担は、先進資本主義国のあいだでは相対的に軽く、社会保障にたいする国民感情を悪化させるまでにはいたっていなかった。

(64)　横山和彦「低成長期の社会保障の展開」(日本社会事業大学編『社会福祉の現代的展開』勁草書房、一九八七年)八四—八七ページ。

(65)　社会保障制度審議会事務局編『社会保障統計年報』昭和四六年版、一九七一年、七三ページ、昭和五一年版、一九七七年、七三ページ、昭和五六年版、一九八一年、八一ページ。

(66)　田多英範「拡充期としての一九七〇年代日本の社会保障」(『日本社会事業大学研究所年報』第二三号、一九八七年)二一五—二一六ページ。

(67)　同右、二一七—二一八ページ。

(68)　正村公宏『戦後史』下(筑摩書房、一九八五年)四三四—四三五、四五二—四五三、四七〇、四八三ページ。

(69)　同右、四三九—四四〇、四六七—四六八ページ。

(70)　同右、四六三—四六六ページ。

表3・9　保護基準の改訂と消費者物価の上昇率（対前年同月）の比較

	基準改訂率	消費者物価上昇率(東京)
	%	%
1973年4月(第29次改訂)	14.0	10.0
10月(補正)	19.0	13.2
12月(特別一時金)		17.1
74年3月(特別一時金)		21.7
4月(第30次改訂)	20.0	23.3
6月(補正)	26.0	21.7
12月(特別一時金)		21.5
75年4月(第31次改訂)	23.5	13.4

資料出所：木村孜，前掲書，266ページ.

2　格差縮小の実現

このような時代的背景をもって、生活保護制度はどのように展開したのか。生活扶助基準の推移からみてゆこう。

一九七三年から七四年にかけて、物価の急上昇がおこり、生活扶助基準は年度内で再改定されたり、それだけではまにあわず、実質は再改定とみなされる特別一時金の支給で補われるという事態がつづいた。木村孜は、そのめまぐるしかった対応を、表3・9のようにまとめている。かれによれば、その経過はつぎのとおりであった。

七三年、消費者物価の上昇が加速しはじめていた。その対前年同月比のアップ率は、一月六・二％であったものが、四月九・四％、七月一一・九％、九月一四・六％と上昇していった。この上昇の基本的原因は、通貨の大増発をまねく金融の超緩和政策、田中内閣の列島改造計画など過度に積極的な経済政策、企業の土地の買い漁り、輸入インフレなどである。[71] 七三年四月の生活扶助基準の改定率は一四・〇％であったから、その引き上げ率は、九月で物価上昇分にもおよばないということになった。そこで、一〇月に基準の再改定がおこなわれ、一四・〇％を一九・〇％にまで引き上げた。しかし、物価の上昇は依然としてつづきそうであり、この再改定によって年度末までしのげるかどうかわからない、とも懸念されていた。[72]

その直後に第一次石油危機がおこる。トイレット・ペーパー、ついで洗剤、砂糖が小売店から消える。人びとはそれらの買いだめに走った。物価は急上昇していった。異常なインフレーションであった。生活扶助の「一〇月再改訂分などその月のうちに物価上昇分によってふっとんでしまった」[73]。そこで、一二月、被保護者と社会福祉施設収容者に特別一時金を支給して、物価上昇による家計への圧力の解消がはかられた。これは、「実質的には保護基準の改訂」[74]であった。なお、このとき、同じ趣旨で、福祉年金受給者などに臨時給付金が支給されている。しかし、その後、物価の上昇はさらに加速する。対前年同月比のアップ率は、一月二三・一％、二月二六・三％、三月二四・〇％となり、三月には被保護者などにふたたび特別一時金を支給しなければならなかった[75]。

七四年度に入っても、ほぼ同様の事態がつづくことになる。七四年度の予算原案では、前年度の経過をふまえて、生活扶助基準の改定率は二〇・〇％と決定されていた。しかし、七四年に入り一月の消費者物価が発表されると、四月に予定されている基準の改定率は物価の上昇分におよばないことが判明する。このままでは、被保護世帯の生活水準は、前年度のそれより低くならざるをえない。全国分より早く発表される東京都の消費者物価の二月分、三月分が発表されると、これは決定的となった。生活保護行政にたずさわる厚生官僚たちは暗澹としたおもいで、その発表をきいた。新年度に入ると、すぐ、六月に基準を改定して二〇・〇％を二六・〇％に引き上げ、急場をしのいだ。補正と特別一時金の支給をふくめてかんがえると、前年の一〇月、一二月、この年に入って三月、四月、六月と、九カ月で五回の基準改定がおこなわれたことになる。生活保護制度がはじまって以来、最初の出来事であった。その後も、消費者物価の二〇％台の上昇がつづき、これによって、一〇月には教育扶助基準をふたたび改定し、一二月には三度目の特別一時金の支給をおこなって、対応がはかられた[76]。

消費者物価の沈静化の徴候は一九七五年に入ってあらわれた。すなわち、一月の対前年同月比のアップ率は一七・〇％で二〇％台を割り、四月一三・四％、七月一一・八％と落ち着いてゆく。七五年四月の生活扶助基準の改定率は二三・五％であった。

表3・10　生活扶助基準と第Ⅰ・5分位の消費支出の比較

	生活扶助基準（1級地）	生活扶助基準の伸び率（1級地）	1人あたり生活扶助基準（1級地）＝A	勤労世帯第Ⅰ・5分位1人あたり消費支出＝B	A/B×100
1974	60,690	120.0	15,173	24,999	60.7
75	74,952	123.5	18,738	27,451	68.3
76	84,321	112.5	21,080	35,259	59.8
77	95,114	112.8	23,779	40,410	58.8
78	105,577	111.0	26,394	42,801	61.7
79	114,340	108.3	28,585	45,107	63.4
80	124,173	108.6	31,043	53.064	58.5
81	134,976	108.7	33,744	51,934	65.0
82	143,345	106,2	35,836	55,102	65.0
83	148,649	103.7	37,162	55,110	67.4

資料出所：厚生省社会局保護課編，前掲書，53ページ，木村孜，前掲書，241，277ページ．ただし，Bの78年分以降は，総務庁統計局マイクロ・フィルムにより，A/Bは副田が算出した．
注：Bは人口5万以上の都市のもの．

一九七三年から七五年にかけてのインフレーションへのこのような制度的対応は、注目するべきひとつの結果を生んだ。すなわち、一般国民の消費水準と被保護者の消費水準の格差の縮小である。すでに前節第3項で、体系整備期をつうじて格差の縮小はきわめてわずかしか進まなかったといった。その時期における、人口五万以上の都市の勤労世帯第Ⅰ・5分位の一人あたり消費支出にたいする、一級地の一人あたり生活扶助基準額は、平均して五二・五%であった。七三年のそれも五二・五%である。それが七四年に六〇・七%にはね上り、七五年には六八・三%となった。七六年には五九・八%、七七年には五八・八%と微減しているが、ほぼ六〇%が維持されていた（表3・10）。

この格差縮小がおこった基本的原因は二つであった[77]。

(1) 第一次石油危機以降、日本経済が停滞したのは、前項にみたとおりである。その状況のなかで、政府が発表する経済見通しは、政府自身の努力目標をあらわす性格をもち、経済成長率、国民の消費支出の伸びなどを、実際より高めに設定する。その消費支出の伸びが、そのまま、生活保護基準の改定に反映した。

(2) 経済の不況が深化すると、国民は、生活防衛のために消費を手控えがちになる傾向がある。それは過去にもみられたし、石油危機以降もおこった。このために、生活扶助基準に国民の消費水準が接近した。

これら二つの基本的原因は、その後、変らず存在したので、格差縮小方式がとられつづけるかぎり、被保護世帯と一般世帯との消費水準の格差は縮小しつづけることになる。厚生省がその経過を示すために公式につかう「PR資料[78]」は表3・11である（なお、この表の比率の数字は正確にいえば格差ではなく、一〇〇％からその数字を減じたものが格差であるが、ここでは、発表されたものを、そのまま再録しておく）。この表のなかでも、早くからよくつかわれてきたものは東京都分なので、それによっていうと、体系整備期は、七三年をのぞいては、五一％台から五三％台で経過している。それが七三年に五六・〇％にはね上り、以後、一度だけ微減があるが、あとは九年間微増をつづけ、八二年に六一・二％とはじめて六〇％を超え、八三年には六二・三％を記録したのである。なお、これも厚生省がつかう表3・12をあわせ掲げておく。

表3・11　被保護世帯の一般世帯に対する消費水準格差

	一般勤労者世帯を100％とした場合の被保護世帯の格差	
	全　国 （被保護勤労者世帯）	東　京　都 （被保護労働者世帯）
1965	－	50.2％
66	－	51.7
67	－	52.0
68	－	52.7
69	－	52.9
70	54.6	51.3
71	55.7	53.2
72	55.7	52.2
73	57.7	56.0
74	57.2	56.4
75	55.8	57.9
76	56.0	57.1
77	60.9	58.5
78	61.7	58.8
79	62.0	58.9
80	63.6	59.1
81	65.3	59.4
82	66.7	61.2
83	66.4	62.3

資料出所：全国社会福祉協議会『生活と福祉』第349号，7ページ．

一九六七年一一月、中央社会福祉審議会生活保護専門分科会が提言のなかで、「社会保障の先進国たるイギリス、西ドイツなどにおける一般世帯と保護世帯との消費水準の格差

表3・12 課税最低限と生活扶助基準の比較（夫婦・子2人）

	課税最低限		生活扶助基準注2)		C/A×100	C/B×100	参考	
	所得税＝A	住民税＝B 注1)	生活扶助＝C	(参考) 生活扶助＋住宅扶助＋教育扶助＋期末一時扶助＝D			D/A×100	D/B×100
					%	%	%	%
1975	1,830,000	1,309,000	874,280	975,740	47.8	66.8	53.3	74.5
76	1,830,000	1,418,000	989,200	1,094,300	54.1	69.8	59.8	77.2
77	2,015,000	1,418,000	1,113,190	1,254,050	55.2	78.5	62.2	88.4
78	2,015,000	1,490,000	1,237,120	1,392,770	61.4	83.0	69.1	93.5
79	2,015,000	1,584,000	1,346,030	1,505,120	66.8	85.0	74.7	95.0
80	2,015,000	(1,757,000)	1,460,560	1,623,060	72.5	(83.1)	80.5	(92.4)
81	2,015,000	(1,885,000)	1,586,660	1,753,430	78.7	(84.2)	87.0	(93.0)
82	2,015,000	(1,885,000)	1,694,520	1,864,510	84.1	(89.9)	92.5	(98.9)
83	2,095,000	(2,000,000)	1,767,360	1,938,920	85.2	(88.4)	93.4	(96.9)
84	2,357,000	(2,021,000)	1,822,330	1,995,240	77.3	(90.2)	84.7	(98.7)
85	2,357,000	(2,135,000)	1,875,200	2,049,470	79.6	(87.8)	87.0	(96.0)
86	2,357,000		1,915,510	2,090,610	81.3		88.7	

資料出所：全国社会福祉協議会『生活と福祉』第361号，9ページ．
注：1）住民税は前年の所得を課税ベースとしているため1年くりあげている．（ ）内は非課税限度額である．
2）1級地，標準4人世帯の暦年額である．米価補正をふくみ臨時措置，一時金はのぞく．

（約六〇％）」をひとつの目標値として提示して以来、一五年目でそれが達成されたわけである。これにたいして、中央社会福祉審議会は、八三年一二月二三日、「生活扶助基準及び加算のあり方について」という意見具申を出し、つぎのように述べた。

「一、生活扶助基準の評価

(1) 生活保護において保障すべき最低生活の水準は、一般国民の生活水準との関連においてとらえられるべき相対的なものであることは、既に認められているところである。

(2) 一般勤労世帯のエンゲル係数が二〇％台に低下し、サービス関連支出が増大するなど、国民の生活水準が著しく向上した今日における最低生活の保障の水準は、単に肉体的生存に必要な最低限度の衣食住を充足すれば十分というものではなく、一般国民の生活水準と均衡のとれた最低限度のもの、即ち家族全員が必要な栄養量を確保するのはもちろんのこと、被服およびその他の社会的費用についても、必要最低限度の水準が確保されるものでなければならない。

(3)　このような考え方に基づき、総理府家計調査を所得階層別に詳細に分析・検討した結果、現在の生活扶助基準は、一般国民の消費実態との均衡上ほぼ妥当な水準に達しているとの所見をえた」[79]。

意見具申は、これにひきつづいて、生活扶助基準の新しい改定方式を提言しているが、それについては、本書次章でとりあげる。格差縮小方式はその歴史的任務をはたしたとして、新方式と交替させられることになったのである。この事実について、二つの検討課題を覚書きしておきたい。

(1)　六七年に目標値として掲げられた前記の六〇％という数字を、不動のものとしてかんがえることは、はたして妥当であろうか。国民の貧困にかんする意識、最低生活保障水準は、時代とともに変化する。イギリスの補足給付コミッションは、七八年の年報で、その水準をコミュニティの一般生活に参加しうるものでなければならないとして、その生活を食事、職業、服装、住宅、社交、娯楽、教養などの各面で描写している[80]。

(2)　被保護世帯の一般世帯にたいする消費水準格差をかんがえるにあたって、被保護労働者世帯と一般勤労者世帯を例にとることは、必要にして充分な方法であろうか。のちにみるように、この時期においても、被保護世帯の多数部分は、傷病・障害者世帯と高齢者世帯である。これらの世帯類型における被保護世帯と一般世帯の格差の確認は必要であろうとおもわれる。

(71)　正村公宏、前掲書、四一一―四一二ページ。
(72)　木村孜、前掲書、二六一ページ。
(73)　同右、二六四ページ。
(74)(75)　同右、二六五ページ。
(76)　同右、二六六―二六八ページ。

(77) 同右、二八一―二八二ページ。
(78) 藤井康「生活保護の点検」(『季刊・社会保障研究』第一三巻第三号、一九七七年)三四ページ。
(79) 中央社会福祉審議会「生活扶助基準及び加算のあり方について(意見具申)」(全国社会福祉協議会『生活と福祉』第三三三号、一九八四年)一二―一三ページ。
(80) 小沼正「一九七〇年代の生活保護――イギリスの補足給付と対比して」(『季刊・社会保障研究』第一六巻第一号、一九八〇年)二二、二五ページ。

3 老齢加算と四級地撤廃など

さきに述べたように、高齢者への生活扶助に福祉年金の同額を加算する方式の老齢加算は、一九七二、三年ごろから、厚生省で問題視されはじめていた。生活保護制度の本来の目的のためのあるべき制度像をかんがえるとき、高すぎる老齢加算は廃止されるべきであった。しかし、生活扶助基準は低すぎる、それを引き上げるものはなんでも望ましいというような社会的雰囲気が、当時は存在していた。したがって、その廃止案が社会的に容認される見通しは、なかなかえられなかった。そのため、当時の福祉年金の金額を上まわる老齢加算を制度化して、加算額と年金額の関連を断ち切るという案まで検討されたという。それでも、将来の福祉年金の引き上げをかんがえあわせれば、ましだとおもわれたのであった。

そこに第一次石油危機がおこり、それへの対応で、保護課は七三、四年度はあけくれることになった。加算の調整などかんがえる暇がないというのが実態であったらしい。七五年に入り、ようやく物価が沈静化する。この年一〇月、老齢福祉年金は一万二〇〇〇円に引き上げられ、このままゆけば、老齢加算額は老人の一類基準と並ぶようになるだろうとかんがえられた。同額加算方式とここで訣別するべきであるという判断と、それを国会に提案すれば福祉充実への逆行として野党から論難の十字砲火を浴びねばなるまいという予想とが、厚生大臣をはじめとする厚生省上層部から保護課のなかにまで交錯していた。七六年一月、大臣は、この提案を決裁した。しかし、社会労働委員会の審議の行方はまったく予断ができなかった。[81]

「そのとき、突如ロッキード事件が発生した。国会は審議どころではなかった。一切の審議はストップし空転した。新聞は連日ロッキード事件の記事で埋めつくされた。そして春までその状態がつづいた。これを幸運と表現するのは不謹慎であろう。しかし事実ロッキード事件によって事実上国会審議が行われなかったといってよかった。かくして加算調整は昭和五十一年一月から実施された[82]」。

木村孜は書いている。おもいがけない「幸運」に小躍りしたい厚生官僚たちの気分がよくつたわってくる文章である。まことに、これを幸運というのは、不運なロッキード高官たちにたいしても、論戦の機会を失った野党議員たちにたいしても、不謹慎な話である。しかし、事実は厚生官僚たちが厄介な年来の懸案をなんの抵抗もうけずに片づけて終ったのである。引用文中、「しかし」ではじまるセンテンスで、「事実」、「事実上」と同語を反復するあたり、その事実をひたすらうれしくおもう、かれらの心情がうかがわれる。

老齢加算の調整はつぎのようにおこなわれることになった。七六年一月以降は、老齢加算の加算額は、老齢福祉年金の金額とは関係なく、生活保護制度において独自にさだめられる。それは、生活扶助基準の第一類額の一定の割合の額とし、生活扶助基準と同時に引き上げられることになった。最初、それは八五〇〇円からはじめられた。なお、ほかの加算は、母子加算（子一人）一万一〇〇〇円、障害者加算（障害等級表一、二級のばあい）一万三〇〇〇円、とされた[83]。

この時期における、生活保護制度のその他の主要な変更としては、七四年の入院患者日用品費の改善、七五年の四級地の廃止、八一年の生活扶助基準の第一類における男女差の縮小などがある。

まず、入院患者日用品費の改善であるが、その背景には、精神障害者の人権擁護の声がたかまり、精神衛生法による措置入院が批判されて、それによる患者数の伸びが止まり、これが生活保護法による精神病院入院患者の増加をもたらしたといういきさつがあった。この動きは、一九七〇年あたりから出てくる。そのなかで、生活保護行政がそれまで入院患者日用品費を、精神病患者とその他の疾病の患者とで二本立てとしており、前者の費用を後者のそれより低く抑えていたことが、精神病患者への差別であるという批判がおこった。精神病患者といってもその病状は多様であり、作業療法の段階にある者はほかの疾病の患者と大差はない。かれらを例にとれば、さきの批判は説得力があった。この批判をいれて、七四年、入院患者日用品費は単一支給額となった(84)。

つぎに、四級地の廃止であるが、これは六〇年代をつうじて町村合併が進み、小さい市が多数誕生して、市と町村の生活格差、物価格差が縮小してきたことから、生活保護行政の実務のなかで、その必要がくりかえし指摘されてきていた。電化用品の普及、流通機構の発達なども、さきの縮小傾向を加速させた。狂乱インフレーションへの生活保護行政の対応が国会において審議されたさい、生活扶助基準が一級地で一〇〇とすれば、四級地で七三になる必然性があらためて問題とされた。当時、総理府が発表する消費者物価地域差指数は、東京都区部を一〇〇とすると、全国町村の平均は八六程度であった。具体的な商品によれば、市部より町村部で価格が高いものも少なからずあった。これによれば、四級地の生活扶助基準は、不当に低く抑えられているといわざるをえない。この批判によって、四級地は、七五年から次第に廃止されてゆき、七八年度からはすべて三級地に格上げされた(85)。

さいごに、生活扶助の第一類における男女差の縮小であるが、これについては七七年から中央社会福祉審議会生活保護専門分科会が審議をし、八一年、「生活扶助基準一類における男女差の取扱いについて」という意見具申が出されたのが発端である。その概要はつぎのとおりであった。

「一、生活保護基準は、国民の最低限度の生活の保障をおこなうことからあくまで国民の生活実態に対応させる必要がある。

二、直接、男女の生活実態を把握できる資料は極めて限定されるので、種々一般の資料からの検討を行った結果、①食料費は男性が女性を上回っているものの、消費支出における食料費割合は低下している。②女性の社会的進出や生活実態の変化から、食料費以外の経費は女性の支出の伸びが多い。特に、被服費、理容衛生費等では大幅に男性を上回っている。③総体的にみれば、男女の消費支出総額は接近する傾向が明確で今後ともこの傾向が強まる。

三、以上のことから、生活扶助基準第一類の男女差について速かにその実態に応じて是正を図ることとし、さらに今後とも消費実態の変化を把握してそれに対応する必要がある」[86]。

これによって、生活扶助基準第一類の男女の平均格差八五％は、八一年から九〇％程度に縮小された[87]。

(81) 木村孜、前掲書、二八六―二八八ページ。
(82) 同右、二八九ページ。
(83) 小沼正、前掲論文、二七ページ。
(84) 木村孜、前掲書、二七四―二七六ページ。
(85) 同右、二七六―二七八ページ。小沼正、前掲論文、二七ページ。
(86) 厚生省社会局保護課「昭和五七年度の生活保護」（全国社会福祉審議会『生活と福祉』第三一三号、一九八二年）五、七ページ。
(87) 同右、七ページ。

4　被保護世帯の貯金をめぐって(1)

話を以前にもどすが、一九七四年末、被保護者の老人が盗難の被害をうけた事件が報道され、これをきっかけとして生活保護制度の補足性の原則にかんする検討の必要がいわれ、保護申請時の預金・貯金のとりあつかいかたが批判され、手持金のとりあつかいかたが制度的に一部改められるという経過があった。これは、生活保護制度のありかたや制度改正をかんがえてゆくうえでかなり重要な意味をもつ出来事であったが、かならずしもそのように論じられてこなかった。以下、これをとりあげておきたい。

まず、その盗難事件をつたえた新聞記事の紹介からはじめよう。この事件は、七四年一二月二一日、朝日、毎日、読売の各紙がそれぞれかなり大きく報じたが、比較的まとまりがよい『毎日新聞』のものを引用する。

「十九日正午ごろ、葛飾区白鳥二の五の二、菓子店『マミートーイ』に小学四年生（九つ）が一万円札をもって買物に来たので、近くにいた亀有署少年係員が不審に思い聞いたところ、『友だちのAちゃん（一一）＝小学六年生からもらった』と答えた。Aを調べたところ、前日の十八日午後三時ごろ、同所三ノ二四、都営住宅九四号、鈴木菊治さん（八一）方に忍び込み、一階四畳半の押し入れの小物入れの引出しから現金三十三万円を盗んだと自供。

鈴木さんは東京・向島の生れの草履職人。クツに市場を奪われたうえ、老齢で働けず、（昭和）四十一年から生活保護をうけながら内縁の妻、高野ハツエさん（六五）と二人でひっそり暮している。（中略）四十三年、喉頭ガンで声帯を取り、声が出なくなったため、『死んだ時ぐらいは世話になった人にお礼がしたい』とタンス預金を始めた。鈴木さんの収入は現在、月額三万四千七百二十円の生活保護費と七千五百円の老齢年金だけ。三度の食事を二度に切りつめ、やっと三十三万円をためた。三年前、ハツエさんが高血圧で近くの病院に入院。それからは、とくに近所の人たちの世話になることが多かったという。

鈴木さんはハツエさんが近く一時帰宅するので着物を買ってやろうと思って、十九日昼ごろ引出しを見たら、お金がなくなっているのに気付き、ガックリして、同署に届け出た。

盗まれた金のうち三十万二千五百円は二十日、鈴木さんに返され、Aの父親は近く残りを返すことを約束、鈴木さんは同署で『夢のようです。まことにありがとうございました』と便せんにうれしさを書いた。

しかし、犯人が近くの小学生だと聞かされて、鈴木さんの気持は複雑。『あの子はどうなるのだろうか。金は戻ったんだから、重い罪にしないでほしい』。（中略）

三十万円以上の貯えがあったことがわかったため、鈴木さんの生活保護が打ち切られる恐れも出てきたが、佐藤徳治郎民生局保護課長は、『法律の精神からいえば、貯金があれば保護を打ち切ることになる。しかし、食事を切りつめてまで貯金をしたという事情もあるので、鈴木さんの不利益にならないよう措置したい』という[88]」。

最後のパラグラフの内容について、『朝日新聞』は関連はあるが少し異なった見方を述べているので、そこだけを紹介する。

「が、心配がなくなった訳ではない。生活保護法では、二千円を超す収入があった場合、その分は生活保護費から差し引かれる。鈴木さんのように、コツコツためた場合も、『収入』と認定される。この収入認定が適用されると、生活保護費の支給は打ち切られてしまう」。

これにつづけて、前出の保護課長の「生保は国の委託事業ですし、たてまえからいくと、収入と見ざるを得ないのですが、よく調べたうえ、事情をくんで善処したい」という談話をつけている[89]。

くりかえしをいとわずに整理をすれば、ここには、生活保護制度を運用してゆくさいの三つの問題が示唆されている。ひとつは、生活保護の受給資格と預金、貯金の所有についてである。生活保護法は、保護の開始の要件のひとつとして、受給者が預金、貯金をもっていないことを定めている。保護が申請されても、資産調査によって申請者に少額でも預・貯金があれば、保護は開始されない。申請者はそれらを生活費として消費しつくしてから、あらためて保護を申請するべきだとされている。この規定によれば、保護を受給中の者が預・貯金をもっていることがわかれば、それが保護を打ち切る理由とされる。この処置は、保護の開始を申請するにあたっても、また、それを受給していても、生活上の必要から一定程度の預・貯金は認められるべきだという立場にたてば、問題視されることになる。

また、保護を申請する者がもつ預・貯金はその申請を拒む理由となっても、保護を受給する者がその保護費のなかからたくわえた預・貯金はそれを打ち切る理由にならないという言い分もかんがえられる。保護費のすべてを生活費として消費するか、その一部を倹約して貯蓄にまわすかは、生活者としての被保護者の私事の自由に属するとみる立場にたてば、この言い分は成り立つ。これを現行法によって否定するとすれば、生活保護は最低生活費の保障であり、その最低生活費のなかには貯蓄にまわされる金額はふくまれていないので、被保護世帯が預・貯金をもつということはありえないという判断になろう。したがって、さきのケースは、保護費の消費のしかたについて、貯蓄にかんする私事の自由を認めるか否かという問題も内包している。

三つ目は、さきのケースで、盗まれた三十万円余が被害者に返されたさい、これが収入として認定され、保護が打ち切られる可能性があったことについてである。盗まれた金が正当な所有者の許に返されただけのことを、新しい収入があったとみなすのは、被保護者が預・貯金をもっているはずがないという先述の前提にたつからである。これは、すでにみた二つの立場、すなわち、保護を申請するにあたっても、また、それを受給していても、生活上の必要から一定程度の預・貯金は認められるべきであるという立場、および、保護費のすべてを生活費として消費するか、その一部を倹約して貯蓄にまわすかは、生活者としての被保護者の私事の自由に属するとみる立場の双方から問題視される。

この事件が示唆した生活保護制度にかんする問題は、国会でもとりあげられることになった。まず、一二月二〇日、衆議院予算委員会で、社会党議員・八木一男の質問への答弁で、田中正巳厚生大臣は、つぎのように述べた。「生活保護法（に）は補足性の原則があり、（これと）社会常識とのあいだで違和感がある。実際には弾力的に条文を適用しているが、その実態については事務当局に調査を命じたところだ。これは時代の要請に合ったものに抜本改正したいとの底意があるからだ」。この厚相の発言にたいして、三木首相、大平蔵相もその考えを全面的に支持するという意向を表明した。この論議を紹介した新聞報道はあわせて、公害補償金を収入認定して社会問題化した事例があったとも述べている。(90)

ついで二三日、参議院予算委員会で、民社党議員・木島則夫がこの事件をとりあげ、収入認定をしない方法はないかと質問し、政府に温かいはからいを求めた。三木首相は、事件について、「高度経済成長が人間の精神を荒廃させたのではないか、とかんがえさせられた」と答弁した。田中厚相は「私も新聞記事を読んだとき、まず収入認定のことを心配した。いまの生活保護法は補足性の原則があまりにきびしく貫かれている。したがって、生活保護法と実際の社会常識とのあいだにへだたりがあって、この種の記事が出るわけだ。生活保護のありかたを近代的に直したい」と述べ、さきの事件の被害者のばあいには収入認定としないことを確約した。(91)

(88)『毎日新聞』一九七四年一二月二一日夕刊。
(89)『朝日新聞』一九七四年一二月二一日夕刊。
(90)『読売新聞』一九七四年一二月二一日朝刊。
(91)『朝日新聞』一九七四年一二月二四日夕刊。

5　被保護世帯の貯金をめぐって(2)

厚生大臣のこの国会答弁による生活保護制度の近代化の約束にたいして、厚生官僚たちはどう対応したか。厚生省の外郭団体のひとつが刊行する『生活と福祉』七五年一月号は「新春鼎談　公的扶助、今後の課題」で仲村優一、小沼正と社会局保護課長の山本純男を登場させたが、そこで小沼と仲村は被保護世帯が貯蓄をもつことを認めるべきだと発言し、山本はその件について目下考慮中であるというにとどまった[92]。

つづいて同誌三月号に山本は、「生活保護行政の当面する課題」という小文を寄せているが、その末尾で大臣の約束について、つぎのように述べた。生活保護法が制定されてから四半世紀ちかくが経過し、社会・経済情勢は大きく変化した。その変化に対応するため、「行政上の工夫」、「法律の解釈を弾力化し円滑に行うという方向」でやってきたが、そこには限界があるから法の改正をかんがえたいというのが、大臣発言の趣旨である。しかし、情勢の変化はこれからもつづくだろう。「そういう意味から何らかの対処をするとしましても、それは今明年のことであるのか、なお先のことであるのかということについては、専門家の間でも自ら異論があるわけでして、今後の検討にまたなければいけないものだと私としては考えている訳です。事柄の内容といたしましてはむしろ現在の行政運営自体を一度洗い直してみる必要があるというご趣旨だというふうに私は受取っております。そういうことで当課としても検討を進めて行こうと考えております[93]」。

官僚の作文特有のもってまわった表現をつうじてであるが、山本は、かなり露骨に大臣がいう「抜本的な法律改正」をやるつもりがないといっている。「行政上の工夫」をすれば、充分に対応することができるのだともいっている。

厚生省がこの件でおこなった実際の対応は、小野哲郎の教示によれば、つぎのとおりであった[94]。七五年二月二六日、厚生省社会局保護課は全国都道府県の社会局関係主管課長会議において、保護申請時の手持金は当該世帯の最低生活費の一定の割合までにかぎって認めると口頭で伝達した。それを文書で伝達することは避けられた。なお、その一定の割合としては五割がめどとして示されたのではないかとおもわれるが、それは確認されることができない。各都道府県の主管課長はこの伝達をもちかえり、文書または口頭で各福祉事務所に下達した。

東京都のばあいのその文書を紹介する。これは東京都福祉局『四訂版生活保護実施要領手引』に収められており、「生活保護法関係、昭和五〇年六月ブロック会議連絡事項」の一部である。

「保護開始時の手持現金の取扱いについて

1　趣旨

一般世帯はもちろん、要保護世帯、あるいは被保護世帯であっても、その生活実態を観察すると、月々の生活費とは別に一定額の家計上の繰越金を保有しており、それが月々の家計の円滑な回転を助けていることが認められる。また、月々の生活費にしても日々均等に消費されるというものではなく、時に被服等の計画的な更新、その他のために弾力的な消費がなされているというようなこともあるようである。とすれば、生活保護の開始に当って被保護者が保有する金銭をすべて一律に「資力」として認定することは、時に被保護者のその後の家計運営の円滑をそこなうこととともなりかねないであろう。この取り扱いに当ってある程度の配慮が要請される所以である。

そこで本都においてはこの取扱いを以下により行うこととする。

ただし、このことは保護の要否の認定や、資産収入の調査についての従来の取り扱いを改める趣旨ではない。

2　手持現金の保有容認の原則

保護開始時（始源的開始）の手持現金は、保護の程度決定に際して、当該世帯の最低生活費（一般生活費に教育扶助と住宅扶助を含めた額）の½の範囲内において保有を容認する。（以下、略）[95]」。

この½の根拠は明示されていないが、小野は地方自治体の生活保護行政の実務担当者たちの見解をききとり、総合して、つぎのように判断している。生活保護の申請が受理されてから、要否の判定が二週間の期限内におこなわれるとされており、二週間は一ヵ月の二分の一になるので、その期間をいわば食いつなぐ必要から、最低生活費の月額の半分の保有を認めたのであろう。なお、この½が、ほかの自治体では三割になっていた例がある。入手したかぎりの資料によれば、横浜市は東京都と同様にそれが½であったが、千葉県、埼玉県では三割であった[96]。

なお、七五年四月から適用される「実施要領の改正」で、この件と関連がありそうにみえるのはつぎの項目であった。

「補償金等を弔慰にあてる場合の限度額を五万円から二〇万円に引き上げたこと。（中略）

（解説）

従来補償金等を弔慰にあてる場合の限度額は戦傷病者戦没者遺族等援護法による弔慰金の額（五万円）を限度としてきたが、昨年制定された公害健康被害補償法の葬祭料の額（二〇万円）に切り換えたものである。災害による補償金については（中略）自立更生にあてる限り収入として認定しないことになっているが、高齢世帯については、修業、生業等は適用の余地がなく、住宅や間接医療費についての需要でもないかぎり自立更生といっても極めて適用の余地が狭められていた。老い先短かい老人にとって配偶者や子供の霊を慰め、あるいは自己の死後に備えるという面での要望が強いことから老人の処遇の充実をねらいとして改訂したものである[97]」。

これを準用すれば、前項でとりあげた盗難事件の被害者は返済された三〇万円あまりのうち、二〇万円までを弔慰にあてる費用として認められることになる。

生活保護の研究において、この事件によって示唆される制度の欠陥を批判的に検討した例は少ない。管見のかぎりでは、篭山京の「生活保護を受けられない生活困窮者」の一篇があるのみである。

この論文は、事件の事実経過の記述やほかの統計調査のデータのあつかいかたでいくつか問題をもつが、それらをいちいちとりあげない。ここで参考としたい部分のみをとりあげるとすれば、それはつぎのとおりである。

租税を財源として公的扶助をおこなう場合、扶助される側に、生計をたてるために本人がまず努力するのを求めること、資産を保有していればそれを売却して生活費にあてるとか、貯金があればそれを取り崩して生活費にまわすとかいう努力を求めることは、それ自体として過酷なことではない。そうやって本人が努力しても、なお生活困窮から抜けられないときにはじめて扶助をおこなうということは、広く人びとが納得するところであろう。そのばあい、実際に問題となるのは、資産の売却や貯金の引き出しをどこまで要求するかということなのである。資産も貯金もまったくそのままにしておいて、収入が扶助基準以下になっていることのみを条件として扶助をおこなうケースを最右翼としよう。これにたいして、資産も貯金もまったくなくしてしまってから、収入が基準以下になっていることを条件にして扶助をおこなうケースを最左翼としよう。日本の生活保護制度は、その最左翼からはじまった。それは制度発足当時、日本国民の一般的な生活水準の反映であった。

「その当時、昭和二十二、三年頃には日本人の全部が貯金をはたき、物を売って食べるという生活をしていた。女房が嫁入りにもってきた晴衣をタンスの底から引っぱり出して米と交換するという時代だったのである。したがってその中で扶助を受けるからには、現金・貯金ゼロでも仕方がなかったのである（後略）」[98]。

しかし、その後、国民の生活水準は次第に上昇してきた。篭山は、テレヴィ、電気洗濯機などの保有状況を例としている。その上昇傾向によって、生活保護の実施要領においても資産保有の範囲は次第に拡大されてきた。「ところが現金・貯金だけは（昭和）二二―三年当時と同様にゼロの建前をとりつづけている」。この建前は現実とはなはだしく矛盾するようになった。篭山はその現実の一端を示すものとして、七三年におこなわれた神奈川県の『ひとり暮し老人生活実態調査報告書』をとりあげ、その一部をつぎのように要約している。

「ところが前述の一間風呂なしの一人暮し老人の実態をみると、この建前と逆になっている。電気洗濯機など勿論もっていない。しかし貯金は僅かでももっている。これだけインフレーションが激しいと、金を若干でももっていないと暮していくことができない。米を買うにも、現金払いをしないと売ってくれない。（中略）このインフレーションの激化のさなかに、庶民の貯蓄率が上昇しているというのは、ほかにどうしようもない生活防衛なのである[99]」。

この分析によって、篭山は、生活保護の開始にあたっても、受給中のばあいでも、現金、貯金の保有を認める限度額を「せめて一〇万円までゆるめられないか」と提言した[100]。あわせて、かれは、インフレーションのなかで保護率の低下がつづく主要な原因は、この現金、貯金にかんするゼロの建前だともいう。ただし、これについては証明の手続きはとられていない。のちにその証明の一部とみなせる小野の仕事をとりあげる[101]。また、被保護者の私事の自由の観点からこの事件をながめる発想は篭山にはなかった。生活保護研究においてその発想が出てくるのは、一九八〇年代に入り、われわれの研究グループが生活保護台帳、ケース記録の収集調査をおこなう過程においてであった。この発想にもとづき、生活保護の生活指導を批判的に検討する最初の論文は樽川典子によって発表された[102]。

（92）仲村優一・小沼正・山本純男「新春鼎談　公的扶助、今後の課題」（全国社会福祉協議会『生活と福祉』二二五号、一九七五年）四―五ページ。
（93）山本純男「生活保護行政の当面する課題」（『生活と福祉』二二七号、一九七五年）四―五ページ。

(94)　以下で記述する厚生省の対応は、副田の問い合わせにたいして、小野哲郎氏が書簡で教示されたものである。東京都をはじめとする地方自治体が出した文書のコピーも、小野氏がその書簡とともに恵与されたものである。小野氏の御好意に心から感謝する。なお、小野氏自身は、この件について、前出の著作のなかで、わずかにではあるが、すでに言及されている。小野『ケースワークの基本問題』三四三ページ。私の問い合わせは、その記述にかんしていっそうくわしい情報をえたいという動機からおこなわれた。

(95)　東京都福祉局『四訂版生活保護実施要領手引き』一九七五年、八八ページ。

(96)　千葉県八千代市「保護開始時の手持現金の取扱いについて」一九七六年。

(97)　厚生省社会局保護課「実施要領の改正」(『生活と福祉』二二九号、一九七五年)一四ページ。

(98)　篭山京「生活保護を受けられない生活困窮者」(弘済会館『社会福祉研究』第一六号、一九七五年)四四ページ。

(99)　同右、四四―四五ページ。

(100)　同右、四五ページ。

(101)　本書、二五一ページ以下参照。

(102)　樽川典子「生活保護における指導の実施過程」(副田編著『社会問題の社会学』サイエンス社、一九八九年)二〇七―二四六ページ。

6　漏救問題への注目

生活保護制度において批判的に検討されるべき最大の問題は膨大な漏救者たちの存在である。生活扶助基準以下の収入で生活しながら、保護を申請せず、保護をうける権利を行使しない人びとが多数存在する。これは、厚生官僚たち、かれらと交渉する大蔵官僚たち、生活保護行政の現業ではたらく福祉事務所の公務労働者たちが、いずれもそれぞれの立場で熟知している事実である。しかし、さきに紹介した大蔵官僚の発言のような例外をのぞき、多くのばあい、かれらはそれを公式に認めるような発言はしない。行政機構が公表する文書では、この事実は存在しないようにあつかわれる。本稿が大きく依拠している木村孜『生活保護行政回顧』は、この主題についてまことにゆきとどいた記録であり、資料としても、研究としても高い価値をもつものであるが、漏救問題については一言もふれていない。これにかんしては徹底した沈黙が守られているのである。

そこで本項以下の三項では、もっぱら政府の外部の研究者たちの手による文献によって記述をおこなう。すでに前節第5項で、六〇年代から七〇年代初頭にかけて、生活保護制度の代表的研究者である小沼正と仲村優一が、それぞれ、かなりの数の漏救者がいるはずだと示唆したが、その数量の特定の作業にまでは進まなかったと述べた。

実は体系整備期には、その終りちかい七二年に、江口英一の手によって、東京都中野区で漏救者の数量を測定したとみなされる調査がおこなわれている。それを紹介した、かれ自身の論文によると、「ほぼ生活保護基準未満とみられる『低所得世帯』の人口数」は、中野区全人口の二九・二％、約三割であった。その年の中野区の保護率は〇・七八％であったので、同区における生活保護の捕捉率は二・七％という「おどろくべき低位な、貧弱な、割合」となる。[103]江口は、つづいて、捕捉されなかった者のすべてが生活保護の対象となるべきだとおもわないがといっているが、それにしても、生活保護基準未満の収入で暮す人びとが全人口の三割になるとは、各種の家計調査のデータを判断基準とすれば、にわかには信じがたい、おもいがけない高率である。調査方法は前記の論文中には示されていなかったので、調査報告書の現物を入手して通読してみると、冒頭の資料の紹介にあたっては、「区に保管されたデータ」をつかったとのみいって、資料名が記されていない。しかし、本論に入って一箇所でだけ、「われわれが用いたデータは税務関係のものである」といっているので、資料の性質がわかる。[104]これは課税台帳のことであろう。もしそうであれば、それは、住民の経済生活の状態を知るためには、きわめて不適切な資料である。自営業者たちの多くが、税の支払いのための収入の申告で、その額を過少にするのは今日周知の事実である。前記の三割は多くの自営業者をふくんでいよう。私は、この調査を、漏救者の数量を特定する試みの先駆例とみなすが、成功例とはみなさない。したがって、これを体系整備期の貧困の実態を示すものとしてはあつかわず、以下に述べる研究の前史に属するものとして、ここであつかうことにする。

それにしても、六〇年代とくにその前半までの江口の貧困研究での数々のすぐれた貢献をかんがえるとき、この調査の方法と結果は信じられないものである。かれは、トウゴウサンとかクロヨンという俗語が意味するものを知らなかったのだろうか。もし知らなかったとすれば、社会調査者にあるまじき浮世ばなれである。それを知っていれば、かれは税務資料以外の資料をつかうべきであった。どうしても税務資料をつかわなければならないなら、せめて、前述のような計算をしたにしても、三〇％はかなり過大な見積りかもしれないというコメントをつけるべきであろう。それはおこなわれなかった。また、かれが、「ほぼ生活保護基準未満」というものは、「厳格な保護基準」にたいして、一人世帯ではそのおおよそ二倍までをふくみ、二人世帯ではそのおおよそ一・六倍までをふくんでいる。[105]その計算のしかたはそれなりに納得しうるものであるが、しかし、それを「ほぼ生活保護基準未満」というのは、誤解をまねく表現であろう。一般に、生活問題の量や程度を誇張してかたる傾向、習慣が、運動論的立場にたつ社会福祉研究者の多くにみられるが、江口ほどのひとですら、そのイデオロギー的誇張の誘惑をまぬがれなかったのであろうか。

管見のかぎりでは、格差縮小期の漏救者の数量を特定する試みとして、曾原利満の「低所得世帯と生活保護」が信頼しうる本格的論考である。かれは、「低所得世帯」を「所得水準が被保護世帯の所得水準と同じか、それ以下にある世帯」と定義し、全国の低所得世帯数を推計して、それと被保護世帯数を比較している。その推計、比較の手続きはきわめて慎重に設計、検討されており、この種の作業の模範例のひとつとおもえる。その手続きをくわしく紹介することはできないが、それは基本的にはつぎの三段階にわかれる。すなわち、(1)世帯人員別に低所得基準の設定をする。これは、厚生省「国民生活実態調査」により、被保護世帯一世帯あたり平均所得を世帯人員別に分解して作成される。(2)さきにもとめた低所得基準で、同じく「国民生活実態調査」の世帯人員別の所得階級別世帯数分布を切り、低所得世帯の全世帯に占める比率、すなわち低所得世帯率をもとめる。(3)この低所得世帯を、厚生省「厚生行政基礎調査報告」による世帯数の全国推計値に乗じて、低所得世帯の全国推計値をもとめる。曾原は、この方法によったばあいに結果にバイアスを生じさせる問題点を六つ予想し、それらをくわしく分析して、大部分で修正の工夫をしているが、その紹介は省略する。[106]

曾原によれば、一九七二年から八二年にかけて、低所得世帯率、低所得世帯中の被保護世帯の出現率、つまり捕捉率とみなしうるものの推移は、表3・13のとおりである。八二年の数字でいうと、全国で低所得世帯は二四四万八〇〇〇世帯であり、これは全世帯の七・一四%にあたる。この年、全国で被保護世帯は五九万四〇〇〇世帯あり、さきの低所得世帯の二四・三%にあたる。すなわち、捕捉率は二四・三%、生活保護を受給することができる状態にいながら、それを受給しない世帯が七五・七%とみなすことができる。[107]

この二四・三%という数字をどう評価するか。これは、曾原自身も試みていることであるが、イギリスの補足給付の捕捉率との比較という方法があろう。制度に種々の違いがあるので厳密な比較はできないが、イギリスでは、補足給付委員会がその捕捉率を毎年、調査して結果を公表しており、約七五%から六五%くらいの数字が出ているようである。[108]これに比較すると、さきの二四・三%は、はなはだしく低い。ここには、生活保護制度の運営方法に重大な欠陥があることが示唆されているといわざるをえない。

もっとも、公平さを欠かないためにいえば、捕捉されなかった七五・七%は、すべて生活保護を受給することができるとみなせるにせよ、それを受給させるべきであるとまではいうべきであるまい。それを示唆するデータを曾原の

表３・13　低所得世帯数と被保護世帯数の年次推移

	低所得世帯数（A）		被保護世帯数（B）		B/A×100	全世帯数
	推計値	低所得世帯率	実数	世帯保護率		
	千世帯	%	千世帯	%	%	千世帯
1972	1,850	6.36	508	1.75	27.4	29,089
73	1,779	5.98	512	1.72	28.8	29,752
74	1,578	4.82	508	1.68	32.2	30,129
75	2,077	6.78	525	1.72	25.3	30,629
76	2,116	6.66	530	1.67	25.1	31,770
77	1,992	6.13	545	1.68	27.4	32,488
78	2,033	6.22	561	1.72	27.6	32,688
79	2,174	6.58	568	1.72	26.1	33,036
80	2,089	6.20	572	1.70	27.4	33,695
81	2,056	6.00	581	1.70	28.3	34,271
82	2,448	7.14	594	1.73	24.3	34,288

資料出所：曾原利満「低所得世帯と生活保護」（社会保障研究所編『福祉政策の基本問題』東京大学出版会，1985年）184ページ．

表３・14　低所得世帯における生活保護受給率の年次推移

	1人	2	3	4	5	6人以上
1973	66.6	46.1	34.8	17.8	10.4	5.1
74	66.7	39.9	32.3	17.1	9.7	4.9
75	69.2	36.3	26.1	14.8	9.0	5.1
76	62.4	36.4	25.9	13.4	7.8	4.6
77	64.3	42.8	26.5	12.7	7.7	4.9
78	67.5	41.5	30.0	12.4	7.3	5.1
79	69.2	36.8	28.1	12.5	7.9	5.1
80	63.8	32.3	27.3	14.1	8.7	5.0
81	57.3	32.6	25.2	13.7	8.3	5.1
平均	65.1	38.1	28.1	14.1	8.5	5.0

資料出所：曾原，前掲論文，192ページ．

表３・15　生活扶助基準と平均所得水準の世帯人員別指数

	1人	2	3	4	5	6人以上
生活扶助基準	33.8	56.6	80.7	100.0	119.2	153.9
平均所得水準	39.9	72.4	91.3	100.0	108.7	122.4

資料出所：曾原，前掲論文，194ページ．

論考からひとつ引用する。低所得世帯を世帯員の数で区分して、それぞれの世帯における生活保護受給率の推移を、七三年から八一年にかけてあきらかにすると、表3・14がえられる。低所得世帯では、受給率の平均は、一人世帯で六五・一%ともっとも高く、二人世帯で三八・一%とこれにつぎ、以下、三人世帯で二八・一%、四人世帯で一四・一%、五人世帯で八・五%、六人以上世帯で五・〇%となる。一人世帯では高齢者世帯が半数以上でその大部分が生活保護を受給している。(109) 五人以上の多人数世帯で受給率が低い理由としては、(1)安定就業者がいて収入をえているがそれが生活扶助基準に達していないこと、(2)生活扶助基準がほかの世帯より高めに設定されているので、それを下まわる収入でも生活しうるばあいが相対的に多いこと、などがかんがえられる。(2)でいう高めの設定は、四人世帯の生活扶助基準と平均所得水準をそれぞれ一〇〇としたばあい、一人世帯から三人世帯まででは平均所得水準が生活扶助基準を上まわるのに、多人数世帯では逆の傾向がみられることで確認される(表3・15)(110)。

(103) 江口英一「序　社会福祉研究の視角——本書の編成にあたって」(江口編『社会福祉と貧困』法律文化社、一九八一年)一二ページ。
(104) 東京都企画調整局調査部『都民の社会階層構造とその変動——社会構成変動調査(下)』(一九七三年)一三、一一三ページ。
(105) 同右、一七—二〇ページ。
(106) 曽原利満「低所得世帯と生活保護」(社会保障研究所編『福祉政策の基本問題』東京大学出版会、一九八五年)一八三—一八八ページ。
(107) 同右、一八四、一八九ページ。
(108) 小沼正、前掲論文、三二ページ。小沼「貧困と公的扶助の動向」(社会保障研究所編『社会保障の基本問題』東京大学出版会、一九八三年)一七三ページ。
(109) 曽原、前掲論文、一九一ページ。
(110) 同右、一九四ページ。

7　漏救の原因(1)

おおまかにいって、生活保護を受給しうる世帯のうち、四世帯に一世帯が受給しているにとどまり、三世帯は受給していない。捕捉率は低く、漏救率は高い。この事態は、なににによってもたらされたのか。

まず、生活保護制度にひきつけていえば、生活扶助基準以下の収入で生活している人びとの多くが、保護を申請しないということがある。その第一の原因は、生活保護制度を運用する厚生省と地方自治体が、あるいはいっそう特定していえば、厚生省社会局保護課と福祉事務所が、保護の申請が活発におこなわれるように、積極的に政策、実践で努力をしないからである。このばあい、政府と自治体の力関係からかんがえれば、主要な原因は厚生省の側にあるといわざるをえない。

小沼正によれば、イギリスでは、政府が一九六六年に貧困調査を実施したあと、政府職員が基準を下まわる世帯を戸別に訪問して、扶助の受給を勧めたという。また、補足給付委員会の年報は、七五年から、保健・社会保障省の年報からわかれて独立して刊行されるようになると、受給率と漏救問題を積極的にとりあげた。政府は漏救は権利侵害であると認識し、その問題の解決のために政策努力をおこなっている(11)。これと比較すると、日本の政府、厚生省の対応はあまりに対照的である。厚生省としては、漏救率が約七五%という数字をそのまま認めないかもしれないが、(ただし、それは厚生省がおこなった統計調査のデータにより、手がたい推計によって導き出されたものであるが)しかし、かなりの大きさの漏救があることは知りつつ、これについて完全に沈黙し、なんの政策努力もしていない。

生活保護制度が形成されたころ、その形成に従事した厚生官僚たちには、保護を受給する資格がある人びとを積極的に保護の対象にしてゆこうという基本的発想があった。そのひとり黒木利克は、社会局保護課長の職位に一九五二年から五六年までいたが、当時、仲村優一との対談で、「限られた諸条件下であっても、要保護者の経済的要求に照らして保護を最大限に活用すること」、「いかにして保護しないようにするかでなく、いかにして保護にかけるかを積極的に考えること」を力説した[112]。少なくとも、五〇年代半ばには、このような発想で生活保護制度は運用されており、漏救は積極的に防止されなければならないとかんがえられていたのである。

それが、ある時期から、厚生官僚たちは、漏救問題について、公式には沈黙し、非公式には地域的均衡論をとって、その放置を正当化するようになった。この時期を明確に特定する仕事は非力な私の手にあまるが、そのための材料となりそうなものを一、二、あげておく。黒木は厚生省を退官後、政界に転じたが、七一年、仲村とふたたび対談して、公的福祉の状況を、かれが厚生省にいたころと比較してどう評価するかと訊かれて、「当時の理想はどこにいってしまったのか、むしろ当時より低下していると私は思いますね」といい、「少なくとも灘尾、葛西、木村、黒木までの線は、まだそういう情熱、理想はもっていたと思うんですけれども、いつの間にか行政の域に、またもとどおりになったような感じですね」といっている[113]。これでみると、黒木は、六〇年代前半あたりで、生活保護行政が積極的なものから消極的なものに転換していったとみているようである。

また、厚生省大臣官房企画室は『厚生行政の長期構想』を一九七〇年九月に発表している。これにさきだって、企画室は、その草稿について経済学研究者グループと社会学研究者グループの意見をきく機会をつくった。社会学のグループは、福武直が中心となり、松原治郎と私などが随行した。その席で、私は、栃木県の農村部における被保護世帯調査でかいまみた多数の漏救者たちの存在に言及して、この問題をとりあげるべきだといったところ、企画室長の伊部英男から地域均衡論でこともなげに反論され、それをとりあげる必要はないとあっさりといわれて、白けた気分になった記憶がある。そのころには、理想主義的な発想を比較的織り込みやすい「長期構想」でも、漏救問題への積極的取り組みなどはもち出せない雰囲気になっていたようである。そして、七〇年代の生活保護行政は、漏救問題があたかも存在しないかのようにして、おこなわれていった。

一九六〇年代、七〇年代をつうじて、前節第2項および本節第1項で素描しておいたように、厚生官僚たちは社会保険の諸制度の拡充のために熱心にはたらいている。これとの関連でいえば、厚生省のなかで、社会保障の機軸部分として社会保険を重視し、それにみあって生活保護を軽視する傾向が生じていたのではないか。それが生活保護における漏救問題の無視の一因であるとおもわれる。

その傾向は、厚生官僚間の地位でいえば、社会保険庁、保険局、年金局にいる保険官僚の地位が相対的に上昇し、社会局にいる福祉官僚の地位が相対的に低下するということである。その一端は、戦後の厚生事務次官の経歴移動の変化にもみいだすことができる。藤村正之は、一九四五年から六二年の社会保険庁設置までと、同庁設置から八三年までとに時期を二分して、それを表3・16のように整理している。第一の時期、次官は一〇人出ており、そのなかでは社会局長から昇格したものが四人でもっとも多く、ついで引揚援護庁長官から昇格したものが二人であった。国民皆保険、皆年金体制がととのえられ、社会保険庁が設置されると、社会保険庁長官が次官に昇格するという経歴が一般化する。この時期、次官が一六人出ているが、実にそのうち一四人までが社会保険庁長官からの昇格である。その長官のひとつまえの職位をみても、社会局長七、保険局長六、年金局長一、となっている。(114) 以上から、六二年を境界線にして、それ以前は福祉官僚が優位にあったが、それ以後は保険官僚が優位にたったとみることができよう。これは、さきに紹介した黒木の判断ともかなり符合する。

厚生省は漏救問題の存在を認めず、その解消のために政策努力をまったくおこなわない。その姿勢は、生活保護の現業機関である福祉事務所の仕事のしかたに反映する。「これまでの生活保護行政は『保護しないですむものならすませたい』、『申請がなければ保護しない』、『あまり積極的にＰＲをしない』、『保護の中味や認定の内容は対象者に知

表3・16　厚生事務次官の経歴移動

1945年～社会保険庁設置まで	社会保険庁設置以後～1983年まで
引揚援護庁長官2 → 厚生事務次官	保険局長6 → 社会保険庁長官 → 厚生事務次官
引揚援護局長1 → 厚生事務次官	社会局長7 → 社会保険庁長官 → 厚生事務次官
社会局長4 → 厚生事務次官	年金局長1 → 社会保険庁長官 → 厚生事務次官
勤労局長1 → 厚生事務次官	薬務局長1――社会局長 → 厚生事務次官
石川県知事1 → 厚生事務次官	薬務局長1――児童家庭局長 → 厚生事務次官
東京都電気局長1 → 厚生事務次官	

資料出所：藤村正之「厚生省と自由民主党社会部会」（真生会社会福祉研究所『母子研究』No. 6，1985年）88ページ.

らせない』などなど、全体として消極的な色あいが強かった。厚生省や都道府県の当局は、現業機関に対し、そのような指導はしたことがないというかもしれない。しかし、現場の側は、こういうやり方をしていれば、監査にもひっかからないし、上からも文句をいわれなくてすむという考えが強いように思われる」[115]。仲村優一がこう書いたのは、六七年のことであるが、この事態は七〇年代をつうじて変らず、やがて、後述する不正受給防止キャンペーンでさらに悪化することになった。

(111)　小沼正「一九七〇年代の生活保護――イギリス補足給付と対比して」三一、三二ページ。
(112)　仲村『生活保護への提言』二ページ。
(113)　黒木利克・仲村優一「社会福祉主事誕生前夜」（厚生省社会局保護課編、前掲書）一六五、一六六ページ。
(114)　藤村正之「厚生省と自由民主党社会部会」（真生会社会福祉研究所『母子研究』No. 6、一九八五年）八七―八九ページ。
(115)　仲村優一、前掲書、一一〇―一一一ページ。

8　漏救の原因(2)

漏救の第二の原因は、国民・住民の側にある。それは、(1)権利意識の弱さ、(2)制度にかんする知識のとぼしさ、(3)申請・受給にともなう恥辱感、などである。

まず、国民・住民に、「健康で文化的な最低限度の生活を営む権利」、生存権の思想が充分に定着していない。ＮＨＫ世論調査部の「日本人の意識」調査の結果によってみよう。この調査では、「リストには、いろいろなことがらが並んでいますが、この中で、憲法によって、義務ではなく国民の権利ときめられているのはどれだと思いますか。いくつでもあげてください」という質問があり、リストに七つのものがあげられ、そのなかに、「人間らしい暮らしをする」という生存権を意味するものが入っている。これを正答にえらんだ標本の比率は、一九七三年六九・六％、七八年六九・六％、八三年七七・二％となっている。この比率は全国民の平均であって、対象を範疇別にみると、それが低くなるところがある。八三年の比率にかぎっていうと、地域別では町村の七一・四％、学歴別では新中卒・旧小卒の六五・九％、その他・ＮＡの五三・一％、年齢別では七〇歳以上の六二・四％、などである。町村の住民、低学歴者、高齢者のそれぞれで、生存権を認識する者の比率が低い(116)。それらの三条件のうち二つ以上が重複すると、その比率はいっそう下がるであろう。また、この調査では訊かれていないが、所属する経済階層がわかれば、低所得階層でその比率はさらに下がるにちがいない。これは、生活保護を受給する資格がある人びとでは、生存権を認識するものの比率が、ほかの範疇の人びとに比較してもっとも小さいだろうということを示唆する。

つぎに、国民、住民に生活保護制度にかんする知識が充分に定着していない。「人間らしい暮らしをする」ことが憲法のなかで権利とされていることを知っていても、それだけでは、生活保護の申請に結びつかない。生活扶助基準以下の収入で生活する貧困状態は「人間らしい暮らし」でないこと、その状態にある人びとを救済するために生活保護という制度があること、国家はその制度をつうじて「人間らしい暮らし」の権利を国民に保障していること、などが認識されていなければならない。しかし、これらの認識は国民・住民のなかにきわめてわずかしか浸透しておらず、その基本的原因は、政府が制度にかんする広報・啓蒙をほとんどおこなっていないところにある。

この制度の認識の不充分さやその原因については、みるべき全国的データはない。しかし、つぎの国際比較のデータは、事態の深刻さを示唆する。イギリスの補足給付制度における不服申し立ては、補足給付審査局にたいしておこなわれる。一九七八年、一一万五四六七件の不服申し立てがおこなわれている。これらは、「審査局以前に却下」二万一〇七九件、「審査局以前に改訂」三万二〇八〇件、「審査局受理」六万二三〇八件、「審査局改訂」一万二五二六件、となる。つまり、約一一万五〇〇〇件の不服申し立てがあり、約四万五〇〇〇件が通っているのである。日本では、この不服申し立てにあたるのは「審査請求に対する裁決件数（却下を含む）」であるが、これは、七八年、わずかに七八件であった。[117] 一一万五〇〇〇件と七八件の対比は、国際比較のなかで、日本人の生存権意識の弱さ、公的扶助制度にかんする知識のとぼしさが、いかにはなはだしいかを示唆する。

生活保護制度にひきつけていえば、制度草創期にはたらいた厚生官僚たちが生活保護法の新法をつくった動機のひとつは、不服申し立てを制度的に可能にしたいということであった。その経過を私はさきに多少くわしく紹介しておいたが、かれらは、憲法第二五条第一項にいう生存権規定と生活保護法の関係をつぎのようにかんがえていた。一方では、生活保護法第二条にみられるように、前者が後者を基礎づける。しかし、他方では、この不服申し立ての制度にみられるように、後者が前者を基礎づける。すなわち、生存権は、憲法それ自身においては実定法上の請求権としての具体的権利の意義をもっていないが、この不服申し立ての制度によって「真正の意義の『権利』」となったのである。[118] しかし、それから三〇年ちかくたってからの、前述の事態は、この制度がほぼ形骸化したことを示している。草創期の厚生官僚たちの生活保護制度にこめた理想主義は、そのかぎりでは色褪せたといわざるをえまい。

さらに、申請・受給にともなう恥辱感であるが、公的扶助にかんしてその種の心理的苦痛がある程度ともなうことは、経済生活において自助が原則となる社会では避けられない。しかし、日本社会では、つぎの諸条件によって、その恥辱感がとくにつよくなっている。(i)R・ベネディクトのいう「恥の文化」(119)が、行為規範として決定的影響力をもっている。恥をかきたくないという動機は、しばしば第一の行動原理となる。(ii)高成長期以降、経済至上主義、競争主義、能力主義が日本人の社会意識のなかでより支配的になった。それは生活保護の申請・受給をいっそう恥ずかしいもの、みじめなものと感じさせる価値意識に通じた。(iii)のちにくわしく論じるが、保護率が一％余の低率であるということは、それが七、八％はあるというイギリスなどと比較して、申請・受給にスティグマの性格をいっそうあたえるということがある。保護率が低くなるほど、公的扶助のイメージは悪くなるのである。(iv)この恥辱感をやわらげ、少なくするための制度的工夫、政策的努力がほとんどおこなわれていない。

(116)　ＮＨＫ放送世論調査所『9月国民世論調査――日本人の意識 1983（附、1973年、1978年調査結果）』一九八三年、二七七、二七八ページ。
(117)　小沼正、前掲論文、三三ページ。
(118)　本書、四七ページ以下。
(119)　ルース・ベネディクト、長谷川松治訳『菊と刀』（社会思想社、一九六七年）二五七―二五九ページ。

9　相談ケース、取り下げケース、却下ケース

福祉事務所が生活保護行政において漏救防止の観点からみたばあい消極的な仕事のしかたに傾いている実態の一端は、相談、取り下げ、却下ケースの実証研究によってうかがうことができる。相談ケースは相談（不申請）ケースともいわれるが、生活問題、医療問題などをかかえて福祉事務所に相談にきたが、保護の申請をしなかった、あるいはできなかったケース、福祉事務所側からいえば相談のみにのったケースである。取り下げケースとは、福祉事務所にやってきて保護の申請をしたが福祉事務所が調査を開始すると、あるいはその調査過程において、申請者が自発的意

志にもとづいてその申請を取り下げたケースである。却下ケースとは、やはり福祉事務所にやってきて、保護の申請をしたが福祉事務所が調査をして、申請者が保護をうける要件を欠いていると判断し、申請を却下したケースである。そのさいには、福祉事務所は却下理由を明記した却下通知書を申請者に送付することが義務づけられている。申請者はこの行政処分にたいして不服があるばあい、行政不服審査法によって「不服の申し立て」をすることができ、それによって「保護請求権」が法制度上は保障されている。しかし、この仕組みが極端に形骸化しているのは、前項で述べたとおりである。

相談ケースの件数の全国データはない。取り下げケース、却下ケースについては、それぞれの件数の全国データがある（表3・17)。格差縮小期の最後の年である一九八三年のばあい、全国で生活保護の申請件数は二三万四一八六であったが、そのうち取り下げ件数は二万八〇六〇（一二・〇%)、却下件数は一万二五七四（五・四%）であった。第一の件数から第二、第三の件数を差し引いた残り、一九万三五五二（八二・六%）が、おおよそのところでは、実質的な保護の開始の決定件数とみてよい。ただし、このデータは全国の各福祉事務所からの毎月の報告を集計してつくられるのだが、各福祉事務所は管内に転入してきた被保護世帯を開始件数のうちに数えることになっているので、統計表上の開始の決定件数とその比率は、さきに示したものより大きくなっている。また、毎月の報告であるから、各月の未処理件数が出て合計されているが、それは翌月にはおそくとも処理されるので、実質的には無視されてかまわない。なお、格差縮小期の全体にわたってみると、申請件数、却下件数、開始の決定世帯数はつねに発表されているが、取り下げ件数は八〇年から発表されるようになった。

この時期の相談および取り下げ、却下のケースにかんする本格的な実証研究は、管見のかぎりでは小野哲郎によっておこなわれた一例があるのみである。小野は、七四年度の東京都における一〇の福祉事務所で処理されたケースを

表3・17　生活保護の申請，取り下げ，却下，決定，未処理の各件数

	保護開始							
	申請件数＝A	取り下げ件数＝B	B/A×100	却下件数＝C	C/A×100	決定世帯数＝D	D/A×100	未処理件数
1974	247,990	−	−	17,028	6.9	208,107	83.9	−
75	236,928	−	−	15,881	6.7	203,695	86.0	−
76	227,293	−	−	16,040	7.1	195,077	85.8	−
77	237,337	−	−	15,639	6.6	204,651	86.2	−
78	229,871	−	−	14,426	6.3	200,217	87.1	−
79	220,184	−	−	11,655	5.3	190,045	86.3	−
80	224,894	25,361	11.3	11,334	4.8	195,996	87.1	−
81	234,250	27,192	11.6	11,384	4.9	205,049	87.5	8,409
82	233,635	27,442	11.7	11,836	5.1	205,423	87.9	8,300
83	234,186	28,060	12.0	12,574	5.4	205,268	87.7	8,231

資料出所：『社会福祉行政業務報告』昭和49年版，pp.38-39，昭和50，51，52，53，54，55年版いずれもpp.40-41，56，57，58年版いずれもpp.38-39.

対象に相談受付カード、相談記録票、保護台帳などを情報源として前出の各ケースの調査をおこなった。その主要な発見から福祉事務所が生活保護行政に積極的に取り組んでいないとみられる判断をひきだして紹介する。

(1)　相談（不申請）ケースは一九六七件あった。一福祉事務所の平均は二〇〇件弱である。来所理由は、生活問題がもっとも多く四六・七％、ついで医療問題二七・四％、その他の問題二五・九％となる。不申請の理由は七つに分類されるが、多いほうから、一位＝その他三一・一％、二位＝他法・他施策優先二五・一％、三位＝収入の超過一六・八％、四位＝資産保有一〇・八％、五位＝管轄ちがい六・三％、六位＝意志不明確五・一％、七位＝代理人来所四・八％となる。

(2)　不申請の理由のその他には、大別して三つのものがふくまれる。(i)生活保護制度の内容、手続き、義務など制約的側面の説明を聞き、それらを嫌ってその場で申請を取り止めたもの。(ii)問題の一部なり全部が現行制度では対応しきれないもの、たとえば差額ベッド料や付添看護料がほしい、問題の担い手が住所不定やドヤ街居住者であるなど。(iii)記録が不備であったり欠落したりで、主訴がわからない、不申請の理由がわからないもの。この最後のものには、福祉事務所側の対応が消極的に過

ぎた例がふくまれる。[120]

(3) 収入の超過では、その超過額の分布をみると、〇円一八・四%、三万円未満二七・二%、三万円以上四六・九%、金額不明七・五%となっている。〇円とは、世帯総収入額が生活保護制度の最低生活費と一致するばあいで、理屈のうえでまったくありえないことではないが、そのようなケースが二割ちかくも出るはずがない。このなかには収入明細書をとらないでおこなわれる見込み処理が多数ふくまれており、また少額の扶助なら支給せずにすまそう、受給せずにすまそうというケースもあり、それらの一部は福祉事務所側の消極的対応のあらわれとみなされる。金額不明のケースにも、相談者側が収入をいい渋った例が多かろうが、そこには福祉事務所の面接担当者の高圧的対応が作用していよう。[121]

(4) 意志不明確や代理人来所を不申請の理由としたものについては、ほとんどが記録では再申請の有無がはっきりしない。また、管轄ちがいを不申請の理由としたものについては、本来の管轄福祉事務所への連絡が記録されていない。いずれも福祉事務所側に漏救防止に取り組む積極的姿勢が欠けていることを示している。[122]

(5) 取り下げケースは八二四、却下ケースは一九七、両者の合計は一〇二一であった。合計に対する構成比は取り下げケース八〇・七%、却下ケース一九・三%となる。小野は、取り下げケースが却下ケースの約四倍と多いこと、却下ケースは不服申し立ての権利をもつが取り下げケースはそれをもたないこと、そこにわが国の生活保護行政の問題が存在していることを指摘した。「以上の結果には、申請者の権利よりも、実施機関の立場や便宜が重視された事務処理が、はたして先行していないかどうか疑問が多いところである。つまり『却下』にともなう『不服申し立て』を考えたばあい、実施機関の〝面倒くささ〟〝不都合〟あるいは〝体面〟といったことを考慮して、本来は『却下』すべきものまでも、申請者を〝説得〟して、『取り下げ届』を書かせてしまうということは、国民の権利意識もさることながら、とくに現状の実施機関の体制からみると容易に推察できるのではないだろうか」（傍点は小野による）。[123]

(6)　取り下げケースと却下ケースの合計で取り下げと却下の理由をみると、多いほうから、一位＝収入超過三七・二％、二位＝他法・他施策一五・二％、三位＝資産保有一三・五％、四位＝その他九・九％、五位＝居所不明八・〇％、六位＝取り下げ届七・二％、以下は転出、管轄ちがい、死亡である。

(7)　収入超過と資産保有の小計は五〇・七％であり、取り下げケースと却下ケースの半数はそれらの理由によっている。その超過金額の分布をみると、〇円九・五％、三万円未満一八・二％、三万円以上三八・〇％、金額不明三四・二％となっている。〇円と金額不明の相対的高率は、相談（不申請）ケースのばあいと同様に、福祉事務所が漏救防止に積極的に取り組んでいないことを示唆する。[124]ただし、この調査の翌年、保護申請時の手持金が当該世帯の最低生活費の半分まで認められたので、以後は、さきの五〇・七％はいくらか減少したと推測される。

(8)　取り下げケース、却下ケースの事例研究によってあきらかになった処遇上の問題点のひとつは、取り下げや却下の少なくとも一部で「理由なり根拠なりが不明確」で、しかも「申請者の生活実態や将来の見通しについての確認」が充分におこなわれていないということであった。親族援助の可能性とか就労見込みとの申告だけで取り下げをおこなわせたり、生活歴聴取を拒否したからという理由であきらかに保護基準以下で生活しているケースに取り下げをおこなわせていた。また、内縁関係、反社会的行為などにかんするケース、精神疾患、病弱などのケース、母子世帯、単身世帯の一部のばあい、困窮の実態を適切に把握するよりは、一定の先入観や倫理的判断にもとづいた対応により、取り下げを促したり、却下をおこなったりして、保護請求権が保障されていない事例が多くみられた。[125]

(120)　小野哲郎『ケースワークの基本問題』（川島書店、一九八六年）三三二ページ。

(121)　同右、三四二ページ。

(122) 同右、三三四ページ。
(123) 同右、三四五—三四六ページ。
(124) 同右、三五二、三五四ページ。
(125) 同右、三五二ページ。

10 被保護階層の状態

格差縮小期の被保護人員は、一九七四年、約一三一万人からはじまり、一度だけの微減があったが、ほかは年々、微増をつづけて、八三年には一四七万人ちかくにまでなっている。保護率は、七四年のみ一一・九‰で、あとは一貫して、一二‰台前半で経過している。前期の体系整備期には、さきにみたように一五・九‰から一二・四‰までの下降がみられたのにたいして、この時期は変化がないのが特徴である（後掲の表3・18）。

この一%余の保護率にかんして、どのような注解をつけるべきか。まず、漏救問題の論議を終えたいま、その問題が完全に解決されるなら、この比率が少なくとも三%台から四%台にまで上昇するはずだといえる。それを一%余にとどめているのは、漏救問題を無視し、その解消に取り組もうとしない生活保護政策のありかたである。

さきに、そのありかたの原因を論じて、厚生省は、所得保障の方法として、社会保険を重視するあまり、生活保護を軽視することになっているのではないかといった。この判断について、ここでいくらか掘り下げた論議をしておきたい。

社会保障の機軸は所得保障である。その方法の理念型をかんがえるさい、分類の軸は二つある。す

	選別主義	普遍主義
国庫支出	公的扶助	
民間拠出		社会保険

なわち、対象にかんする選別主義と普遍主義、財源にかんする国庫支出と民間拠出である。これらを組み合わせると、所得保障の方法の理念型は上図のとおりとなり、選別主義・国庫支出の欄には公的扶助が入り、普遍主義・民間拠出の欄には社会保険が入る。もちろん、これは理念型なので、現実の制度と厳密には対応しない。日本の生活保護は公的扶助の性格をほぼ純粋に示すが、その各種の社会保険には、普遍主義・国庫支出の欄に入る要素が少なからず存在しているのはあらためていうまでもない。

所得保障において、選別主義は貧困層への効果的な所得の再分配であり、普遍主義は全国民への効果的な所得の再分配である。また、国庫支出は国家責任の原理をあらわし、民間支出は社会連帯の原理をあらわす。選別主義・国庫支出の公的扶助の第一義的目的はナショナル・ミニマムの生活水準の保障であり、普遍主義・民間拠出の社会保険はなるべくの平等の達成を第一義的目的とする。イギリスに典型的にみられるものだが、公的扶助が補足給付として社会保険に結びつけられ、これに家族手当、住宅手当などがくわえられ、ナショナル・ミニマムの保障となるべくの平等の達成とがめざされるという方向がある。そこでは、選別主義と普遍主義、国家責任と社会連帯という各原理がそれぞれ一定の割合で共存している。また、所得保障の方法にかんしていえば、いわばメニューが豊富であり、その組合せによって政策が効果的におこなわれる可能性があるともいえる。

これを基準にしてみると、さきの保護率が一％余の日本の現状は、所得保障の諸制度のなかで、生活保護制度を政策的に衰退させた結果であるともいえる。その選択は、所得保障のメニューを貧しくした。そこで、普遍主義が肥大化して、選別主義はスティグマに通じやすくなり、社会連帯が過度に強調されてナショナル・ミニマムの保障という観念が弱くなっている。保護率の上昇は好ましくないという判断は政策当局のなかにさえあるようにみえ、世論のなかにはそれが低ければ低いほど好ましいという気分さえひろがっている。一定の高さの保護率は、所得保障が健全に

表３・18　扶助別被保護人員の年次別推移

	生活扶助	住宅扶助	教育扶助	医療扶助	出産扶助	生業扶助	葬祭扶助	被保護人員	保護率
									‰
1974	1,120,104	664,695	222,949	755,572	200	2,938	1,806	1,312,339	11.9
75	1,159,990	704,626	228,684	785,084	207	2,960	1,780	1,349,230	12.1
76	1,174,017	736,522	233,737	793,458	209	3,015	1,708	1,358,316	12.0
77	1,209,718	778,649	244,224	818,654	231	2,848	1,759	1,393,128	12.2
78	1,246,322	823,726	255,512	846,814	246	2,770	1,690	1,428,261	12.4
79	1,252,096	848,124	259,117	854,509	244	2,666	1,709	1,430,488	12.3
80	1,251,347	866,857	260,781	856,245	236	2,678	1,665	1,426,984	12.2
81	1,266,395	896,604	265,271	870,019	242	2,656	1,596	1,439,226	12.2
82	1,287,189	927,334	270,237	885,051	233	2,635	1,508	1,457,383	12.3
83	1,298,682	952,959	269,773	897,102	216	2,757	1,473	1,468,245	12.3

資料出所：厚生省社会局保護課編『生活保護制度三十年史』2，7ページ．同書は厚生省報告例による．ただし80年以降は厚生省大臣官房統計情報部編『昭和60年度社会福祉行政業務報告（厚生省報告例）』156-157ページ．

表３・19　世帯類型別被保護世帯数の年次推移

	実数					構成比				
	総数	高齢者世帯	母子世帯	傷病・障害者世帯	その他世帯	総数	高齢者世帯	母子世帯	傷病・障害者世帯	その他世帯
1974	657,450	232,860	62,230	281,150	81,210	100.0	35.4	9.5	42.8	12.4
75	680,600	233,290	64,380	313,420	69,510	100.0	34.3	9.5	46.1	10.2
76	683,370	230,360	66,510	303,250	83,250	100.0	33.7	9.7	44.4	12.2
77	695,660	223,580	74,110	312,400	85,570	100.0	32.1	10.7	44.9	12.3
78	713,100	235,420	78,960	308,620	90,100	100.0	33.0	11.1	43.3	12.6
79	721,620	238,510	84,210	305,730	93,170	100.0	33.1	11.7	42.4	12.9
80	744,724	225,341	95,620	342,777	80,986	100.0	32.6	12.6	43.5	11.3
81	754,601	228,055	100,116	346,992	79,438	100.0	33.0	12.9	42.9	11.2
82	768,457	232,684	106,150	351,866	77,757	100.0	32.3	13.0	44.6	10.1
83	780,325	237,067	111,177	355,565	76,517	100.0	32.3	13.5	44.6	9.6

資料出所：厚生省社会局保護課編，前掲書，8-9ページ．同書は，被保護者全国一斉調査による．ただし80年以降は，厚生省大臣官房統計情報部編，前掲書，153ページ．

機能していることを知るための指標であるという認識が、社会的に受容されるための努力が、政策、運動、研究のそれぞれのレヴェルで必要である。

さて、世帯類型別に被保護世帯数の動きを観察してみよう。さきに、体系整備期において、傷病・障害者世帯、高齢者世帯の比率が増大し、それらと母子世帯で被保護世帯の八〇%以上を占めるようになり、被保護階層の被救恤階層化が進んだと述べた。これは、その時期だけのことでなく、制度が創設されてのち一貫して進行してきた傾向であった。それが、格差縮小期に入って停止する。表3・20であきらかなように、傷病・障害者世帯は、この時期、七五年の四六・一％を唯一の例外として、四二％台から四四％台までで経過する。その比率の増加は止まった。高齢者世帯は、七四年三五・四％ではじまり、微減、微増をくりかえしながら、減少分のほうがやや大きく、八三年には三二・三％まで低下してきている（表3・19）。

この変化をもたらした主要原因は、一九七三年の福祉元年をうたった社会保障制度の一連の改善と、そのあとにつづいた制度の拡充であろう。とくに年金保険の給付水準の引き上げ、高額医療費制度、特定疾患公費医療制度、老人医療制度などの創設は、大きい影響をもったとおもわれる。[126]

なお、母子世帯は、この期間、微増をつづけ、七四年の九・五％から、八三年には一三・五％と約一倍半になっている。この背景には、離婚の増加にともなう生別母子世帯の増加、不況にともなう母親の就労収入の減少などがあるとかんがえられる。

また、これらの世帯類型別の被保護世帯の変化にともない、そのなかでの非稼働世帯と稼働世帯の構成比もほとんど動かなくなった。七七年以降、前者が七八％台、後者が二一％台で、八三年まで経過してきている（表3・20）。これも、前期までの動きと対照的である。

(126)　木村孜、前掲書、二七一—二七二ページ。

11　不正受給対策

一九八〇年、厚生省社会局監査指導課は、二月に社会局長通知で「昭和55年度における生活保護指導監査方針」を各都道府県知事、政令指定都市市長に示し、『生活と福祉』五月号で例年どおり、その概要を発表した。その末尾に、

表3・20　世帯業態別被保護世帯数の年次推移

	総数＝A	稼働世帯＝B	非稼働世帯＝C	B/A×100	C/A×100
1974	685,960	165,996	519,964	24.2	75.8
75	704,785	160,767	544,017	22.8	77.2
76	706,995	156,588	550,408	22.1	77.9
77	721,050	157,452	563,599	21.8	78.2
78	736,901	159,989	576,914	21.7	78.3
79	742,577	161,036	581,541	21.7	78.3
80	744,724	161,215	583,509	21.6	78.4
81	754,601	161,278	593,323	21.4	78.6
82	768,457	163,659	604,798	21.3	78.7
83	780,325	165,624	614,701	21.2	78.8

資料出所：厚生省社会局保護課編，前掲書，10-11ページ．ただし，80年以降は，厚生省大臣官房統計情報部編，前掲書，153ページ．

前年度まではなかった文章がついていた。「以上、昭和五十五年度の生活保護の監査方針の概要について述べてきたが、本年は生活保護法・新法制定三十年という記念すべき年を迎え、関係者一同あらためてこの制度の重要性とその本旨の正しい認識を深めるとともに、いやしくも一部マスコミの報道にみられるような不正又は不当な事例を招来することのないよう、国民の負託に応えることが肝要である。そのため、指導監査に当たっては、以上述べた諸点を十分ふまえ、監査方法等に創意工夫をこらし、生活保護法の適正な運用に寄与されるよう切望する次第である」[127]。

この文章にあるように、新聞などマス・メディアが生活保護の不正受給事件をとりあげて報道する例が、八〇年ごろからめだちはじめた。それは同年秋あたりから、とくに頻度が高くなっていった。このような現象がマス・メディアに生じると、不正受給事件そのものが多発しているような印象が形成されるが、おそらく事実はそうであるまい。それは先行する研究が示唆するところである。たとえば、新聞などがコイン・ロッカーに嬰児が放置される事件をあいついで報道し、子捨て・子殺しが急増しているようにみえた七二年に、犯罪統計などではその増加の事実はまったくなかったことが確認されている[128]。マス・メディアは、受け手が好むニュースを多くとりあげて流すのである。八〇年あたりから生活保護の不正受給事件の報道が増加したということは、そのころからの不正受給事件そのものの増加ではなく、世論が生活保護制度や被保護者たちに反感を昂進させはじめたことを示しているとみるべきであろう。その報道の増加と反感の昂進はたがいに強化しあう関係にあり、社会保障イメージの悪化の一環を形成することになった。

このような状況のなかで、八一年の生活保護指導監査方針では、福祉事務所にたいする指導監査の主眼事項として三つのものがあげられるが、それらは、「①組織的な運営管理の推進、②個別処遇の充実、③不正受給の防止対策の推進[129]」であった。不正受給対策は、前年度の方針では末尾で付言される程度の扱われかたをしていたが、ここでは、いきなり主眼事項に格上げされたのである。厚生省が事態の展開を重視したことがわかる。それはつぎのように説明された。

「最近、各地で暴力団関係者が生活保護を不正に受給している事例等が相次いで発生し、社会的な問題となっているが、たとえ極く一部であっても、このような事態の発生は、これまで培われてきた生活保護制度に対する国民の信頼を損うことになり、極めて遺憾なことといわざるを得ない。

本来、主眼事項の①および②に掲げられた事柄が十分確保されていれば、かかる不正受給事件は相当未然に防止することができるのであるが、現に福祉事務所が抱えている暴力団関係者等については、特に重点的な取り組みを図るため昭和五十六年度においては、新たに主眼事項として不正受給の防止対策の推進を掲げることとしたものである。

主眼事項及び着眼点のポイントは次のとおりである。

不正受給防止対策の推進

実態は握及び指導が困難なケースについては、担当者まかせとせず、福祉事務所の組織として対応しているかどうか、必要に応じて関係機関との連携がなされているか。

また、不正受給が発見された場合における行政処分等の措置は適切か[130]」。

八二年、八三年の生活保護指導監査方針も、それぞれ主眼事項、重点事項として不正受給防止対策の推進をとりあげており、ほぼ同趣旨の説明がみられるが、福祉事務所への対応の指示はより具体的になってきている。[131]また、八三年には臨時行政調査会の答申にも不正受給者排除が唱えられた。

それでは、不正受給の実態はどの程度にあきらかになったのか。これについての資料は、それまではあまり発表されなかったのだが、この防止対策の推進がおこなわれるようになり、発表されるようになった。八三年の不正受給事件は七八九件、その金額は七億八八一九万六〇〇〇円、一件あたりの金額は平均して九九万九〇〇〇円、二二件が告発され、六八一件が行政処分にあっている。前年度もほぼ似たような件数、金額が出ているから、この当時の体制では、摘発することができる不正受給事件はこの程度のものであったとみるべきなのであろう。なお、八〇年、八一年に比較すると件数などが八二年で倍増しているようにみえるが、これは現実の件数が増加したせいではなく、摘発の体制が強化されたためであろう（表3・21)。八四年、八五年にも、八二年、八三年と大差ない結果が出ている。

八三年の不正受給事件数七八九と、不正受給された金額約七億九〇〇〇万円をどう評価すべきか。この年度の被保護世帯数は七八万三二五世帯で、不正受給事件は〇・一%で生じている。また、この年度の生活保護の費用は約一兆四二三九億円で、不正受給された金額は〇・〇五%にあたる。法規範のめざすところにしたがえば、もちろん、不正受給は根絶されることが望ましい。しかし、〇・一%は、わが国の犯罪者の対人口比率に比較しても、きわめて小さい数字である。ユートピアはいざ知らず、現実の社会では少数の逸脱者が出ることは、放置されるべきではないが、不可避なこと、自然なことという考え方もある。〇・〇五%の不正受給された金額にしても、制度を維持するにあ

表3・21　不正受給件数，金額などの推移

	不正受給件数	金　額	1件あたり金額	告　発	行政処分
	件	千円	千円	件	件
1978	336				
79	405				
80	402	269,852	671	10	352
81	479	438,053	915	31	421
82	813	799,551	983	47	730
83	789	788,196	999	22	681

資料出所：厚生省社会局監査指導課「生活保護行政の現状と課題（前）――昭和57年度監査結果の概要」（全国社会福祉協議会『生活と福祉』332号）6ページ，同課「生活保護行政の現状と課題（前）――昭和58年度監査結果の概要」（『生活と福祉』334号）11ページ．

たって必然的に生じる冗費の範囲におさまるものとみる見方もありえよう。

生活保護において不正受給の取り締まりが大規模に展開した歴史的先例としては、水準抑圧期、五四年からの医療扶助の適正化、および五六年からの在日外国人保護の適正化がある。前者は大蔵省、行政管理庁などが大量の濫救の事実を調査をつうじてあきらかにしたのが直接のきっかけとなり、後者はマス・メディアが大量の濫救を告発するキャンペーンをおこなったのが直接のきっかけとなった。(132)これらと比較すると、今回の不正受給対策の推進は、マス・メディアのキャンペーンを契機とした点では先例のひとつと似通うが、大量の濫救があるわけではなかったところでは先例のいずれとも異なる。したがって、それを監査の主眼点のひとつにしてみても、数百件の事件があきらかになるのにとどまる。これは、五五年に一三万人の在日外国人が生活保護を受給していたのが、六一、六二年には半減したという結果になった適正化対策とは性格がまったくちがうものである。あえていえば、今回の不正受給対策の推進には、濫救防止の実際的効果をあげるための政策の性格より、マス・メディア対策、世論対策の性格が、より多くみてとれる。

(127)　厚生省社会局監査指導課「昭和五五年度の生活保護、社会福祉指導監査方針」（全国社会福祉協議会『生活と福祉』二八九号、一九八〇年）一八ページ。

(128)　中谷謹子「幼児殺傷・遺棄――いわゆる〈親不知子不知時代〉の背景と分析ならびに対応」（有斐閣『ジュリスト』一九七三年八月一日号）五四ページ。

(129)　厚生省社会局監査指導課「昭和五六年度の生活保護、社会福祉指導監査方針」（『生

活と福祉』三〇一号、一九八一年）一五ページ。
(130) 同右、一七ページ。
(131) 同課「昭和五七年度の生活保護、社会福祉指導監査方針」（『生活と福祉』三一三号、一九八二年）一七ページ、同「昭和五八年度の生活保護、社会福祉指導監査方針」（『生活と福祉』三二五号、一九八三年）一六ページ。
(132) 本書、六五―七二ページ。

おわりに

本稿は、冒頭に述べたように、体系整備期と格差縮小期の生活保護制度の展開過程を素描することをめざす習作であり、これまでの記述自身が主要な目的であって、そのうえになにか結論めいたものを導き出すことはかんがえられていない。しかし、この制度にかんするこれまでの論議、とくに運動論的立場からのそれで無視ないし軽視されてきた事実、おこなわれなかった解釈をいくつか提示してきているので、それらを要約、確認しておくことにしたい。

(1) 体系整備期は高成長期の最後の九年間にあたる。この時期、厚生省は相対的貧困概念をかかげて、生活保護基準の改善の必要を主張し、一般世帯の消費水準の約六〇％にまで生活扶助基準を引き上げるべきだと提言した。この厚生官僚たちの主張は、大蔵官僚たちの絶対的貧困概念にもとづく生活保護基準の引き上げを小幅にしようという主張と、対抗していた。なお、学界は、絶対的貧困概念の限界を知りつつ、相対的貧困概念に移行することはできない過渡期にあった。

(2) この時期の最初に、現在の社会保障の主要制度はほとんど出揃い、以後の九年間にその水準をいちじるしく引き上げられていった。そのなかで、生活保護制度は、所得保障部門において社会保険制度にたいする相対的地位を低下させ、社会福祉事業において社会福祉制度にたいする相対的地位を低下させた。また、地方自治体の多くで独自の福祉政策がさかんにおこなわれ、福祉事務所の生活保護の業務に支障が生じることがあった。

(3)　生活保護基準は、一九六五年、それまでのエンゲル方式から格差縮小方式にあらためられた。それは一般国民の消費水準と生活扶助基準の格差を縮小するための工夫であった。しかし、この方式のもとで、体系整備期をつうじて対前年比は一三、四％の引き上げがつづいたが、格差の縮小はほとんどおこらなかった。その基本的原因は、個人消費支出の現実の伸びが、政府の経済見通しによるそれを上まわりがちであったことにある。

(4)　資産保有の範囲は年々拡大されていたが、国民全体の生活水準が急上昇するので、それと比較すると拡大が不充分であるという批判がたえなかった。六七年、前年の八尾市の母子心中事件がきっかけとなり、地域普及率が七〇％を超えた特定の品目は保有を認めるという改善がおこなわれた。このほか、制度の変更として、扶養義務のとりあつかいの改善、福祉的給付金の収入認定からの除外の制度化、家族介護料制度の創設などがおこなわれている。

(5)　この時期、保護率は一六・三‰から一二・四‰にまで低下した。当時、生活保護制度にかんする代表的な研究者たちは、生活扶助基準の引き上げがかならずしも充分ではなく、また実際におこなわれている基準によっても、それを受給することができるのに受給しない漏救者がかなりあるとみていた。被保護階層の状態では、世帯数の増加と小人数世帯の比率の増大、非稼働世帯の比率の増大、傷病・障害者世帯、高齢者世帯の比率の増大などがめだつ動向であった。

(6)　前項後半で述べた被保護階層の動向を当然の与件とみて、七〇年代初頭、厚生省は生活保護制度の基本的性格を構想していた。各種の加算制度の創設などにそれはある程度実現されていたとみてよい。その論理を推し進めるならば、生活保護制度の分化および健常な成人男子は対象にしないという発想が生じるはずであった。分化の発想は発表され、運動論者たちからはげしく論難された。また、有力研究者たちのなかには、低賃金労働者の生活保障を生活保護制度によっておこなうべきだとかんがえる者があった。

(7) 大蔵官僚は、対前年比で生活保護基準の引き上げが公務員給与の引き上げなどを上まわり、それが長期にわたってつづいているのは不当であると主張した。そこには、格差縮小の必要の否定、相対的貧困概念の拒否がうかがわれる。また、社会保障費用の肥大のきっかけになる生活保護基準の引き上げへの警戒、膨大な漏救者の存在を前提としつつ少数の厚顔の受給者のみに利得をえさせるべきでないという言い分があった。

(8) 一九六〇年から七三年にかけて、被保護世帯のなかの稼働世帯の構成比が半減した。政府文書はこれを高度成長の波及効果のひとつとみており、運動論的立場にたつ社会福祉研究者たちは底辺労働者層を生活保護制度から締め出す「稼働能力者対策」のせいだとした。その対策の主要なものは、期末手当認定と保護辞退の禁止、要否判定における自立助長的経費の除外、臨時組合費控除の禁止、係争行為は能力活用とみなさないことなどであった。

(9) 前段でいう要否判定における自立助長的経費の除外は、具体的には「期末手当の月割平均額の認定の指示」である。この指示が出された背景には、全林野労働組合の日給制労働者の賃金引き上げをねらう闘争、とくに賃金調査とその結果を生活保護基準以下の低賃金と世論に訴えるキャンペーン、さらにはそれをめぐる国会での論争があったと推測される。以上にあわせて、運動論的立場からの事実のはなはだしい曲解の一例を批判した。

(10) この時期おこされた藤木訴訟は、世帯単位原則の過剰な適用を批判して、個人単位原則を事実上認める夫婦間の世帯分離を要求するものであった。原告は、夫に不貞の行為があり、別居している彼女と夫は社会通念上の夫婦でないことを認めつつ、無念のおもいから離婚に応じないでいた。前記の要求はそこから出ている。彼女の心情は理解しうるものだが、運動論者たちがこのケースをさして生活保護行政が夫婦を破綻させたとまでいうのはイデオロギー的誇張である。

⑾　格差縮小期は低成長期に入ってからの最初の一〇年間である。この時期、低成長にもとづく税収不足と財政の硬直化傾向があり、高成長の到達点としての社会保障体制と増大してゆくその費用があり、それらの矛盾から福祉見直しの声があがった。しかし、社会保障制度の後退は八〇年代初頭までは現実には生じなかった。その基本的原因は、保革伯仲の政治状況、景気刺戟型の財政運営、産業の活力、税や保険料の負担の相対的な軽さなどであった。

⑿　一九七三年から七四年にかけて物価の上昇がおこり、厚生省は、生活扶助基準を年度内で再改定したり、特別一時金を支給したりして、めまぐるしい対応をつづけなければならなかった。しかし、以後、一般国民の消費水準と生活扶助基準の格差が縮小しはじめ、八三年、前者にたいして後者は、東京で六二・三％に達した。その基本的原因は政府の経済見通しでの消費支出の伸びが実際のそれより高かったこと、不況のなかで国民が消費を手控えがちであったこと、である。この年、厚生省は生活扶助基準がほぼ妥当な水準まで上昇したと判断した。

⒀　この時期の制度の主要な手直しとしては、老齢加算の方式の変更がある。高齢者への生活扶助に老齢福祉年金の同額を加算する方式は、老齢福祉年金のあいつぐ大幅引き上げによって、最低生活費を保障する生活保護制度にふさわしくなくなっていった。この変更は困難視されていたが、七六年、ロッキード事件によって、国会審議を実質上うけないままに実現されてしまった。ほかに、入院患者日用品費の一元化、四級地の廃止、生活扶助基準第一類の男女差の縮小などがあった。

⒁　一九七四年、被保護者の老人が保護費から貯蓄した三三万円を子どもに盗まれ、その金が返ってくると、生活保護法によって収入認定の対象になる恐れが生じたという事件があった。そこには三つの問題があった。生活保護を申請、受給する資格を、生活上の必要から一定額の預・貯金をもっていても認めるべきではないか。保護費の一部を

預・貯金にまわすのは被保護者の私事の自由に属するのではないか。前記のケースで盗まれた金が返ってくるのを新しい収入とみなすべきではないのではないか。

(15) この事件は国会論議でとりあげられ、厚生官僚たちは大臣のこの言明を露骨に無視した。かれらは、全国都道府県などの社会局関係主管課長会議において、保護申請時の手持金は当該世帯の最低生活費の一定の割合にかぎって保有を認めると口頭で伝達するという対応をとるにとどめた。ほかに実施要領の改正で、補償金などを弔慰にあてるばあいの限度額が五万円から二〇万円に引き上げられた。

この事件は国会論議でとりあげられ、厚生大臣は生活保護法と社会常識のあいだに大きいズレがあるので法の抜本的改正をはかりたいと言明した。

(16) 生活保護制度において批判的に検討されるべき最大の問題は膨大な漏救者たちの存在である。その数量にかんする推計としては、曾原利満の仕事が信頼されるべき手続きをとっている。かれによれば、「所得水準が被保護世帯の所得水準と同じか、それ以下にある世帯」、すなわち低所得世帯は、八二年で全世帯の七・一四%である。これによると、生活保護制度の捕捉率は二四・三%、漏救率は七五・七%となる。この捕捉率の低さは、制度運営の重大な欠陥を示唆する。

(17) 捕捉率が低いのは、生活扶助基準以下の収入で生活している人びとの多くが保護を申請しないからである。その第一の原因は、厚生省と地方自治体が、保護の申請が活発におこなわれるように、積極的に政策的努力をしないからである。六〇年代前半あたりで、厚生官僚たちが生活保護行政に取り組む姿勢が、積極的なものから消極的なものに変化した。そのころから、社会保険の重視、生活保護の軽視、福祉官僚の優位が保険官僚の優位に変ったことなどがあった。

(18) 第二の原因は国民、住民の側にある。それは、(i)権利意識の弱さ、(ii)制度にかんする知識のとぼしさ、(iii)申請・受給にともなう恥辱感である。生存権を認識する人びとの比率は、生活保護を受給する資格がある階層でとくに低いと推測される。また、日本人の権利意識の弱さと制度にかんする知識のどぼしさがいかにはなはだしいかは、不服申し立てについての日英比較によっても、あきらかである。申請・受給にともなう恥辱感は、恥の文化、能力主義、保護率の低さなどにより深刻化する。

⒆　福祉事務所が生活保護行政においてなるべく保護をあたえまいとする消極的対応に傾きがちであることは、相談（不申請）ケース、取り下げケース、却下ケースの実証研究からうかがうことができる。とくに各ケースの収入超過を理由とするもので超過額〇円および金額不明が相対的に高率であること、相談ケースの記録の不備、取り下げケースが却下ケースより多いこと、取り下げ、却下の双方の少なくとも一部で「理由なり根拠なりが不明確」で申請者の将来の生活の見通しがたっていないことで、それがうかがえる。

⒇　この時期、七五年以降、保護率は一二‰台前半で経過している。これは、漏救問題がある程度解消すれば、三%台から四%台に上昇するはずのものである。日本では生活保護制度が政策的に衰退させられ、所得保障において普遍主義が肥大化して、選別主義がスティグマに通じやすくなってしまった。被保護階層の被救恤階層化は、七三年以降の社会保障制度の改善によって、進行が止まり、一部で逆行が生じている。

㉑　厚生省は生活保護への指導監査において、八〇年から不正受給対策をとりあげ、八一年からはこれを主眼点のひとつとしている。これは、このころから、世論が生活保護制度や被保護者たちに反感を昂進させはじめたことによっている。八三年の不正受給事件は七八九件で、かつての水準抑圧期のような大量の濫救があるわけではない。今回の不正受給対策は、濫救防止のためのものというより、マス・メディア対策、世論対策の性格を多くもっている。

4　生活保護制度の低保護率期

はじめに

本稿の課題は、一九八四年度から、おおまかにいって二〇年前後のあいだの歴史的時間域のなかで、日本における生活保護制度の社会史を素描することである。われわれはすでに、その社会史の研究を、一九四五年の敗戦直前からはじめて八三年度まですすめ、その成果を三つの論文にまとめておいた。本稿はその後の研究を四つめの論文にまとめたものである。

最初にこの四作品のなかで、本稿のみにみいだされた執筆時の事情について、てみじかにふれておきたい。本書の主題は生活保護制度の社会史であり、私は、そのドラマをその制度を形成・運営した厚生官僚たちを主役にして描いてきた。そのさい、かれらの回顧録、証言は第一級の資料である。一九八〇年は現行の「生活保護法」の制定から三〇年にあたり、それをひとつの契機として、厚生省社会局保護課編『生活保護三十年史』をはじめとするすぐれた資料が公刊された。私はそれらに学び、刺激をうけて、先行する三論文をかきついだ。ところが、そのあとをうけて本稿を執筆するにあたり、一九八〇年代以降の生活保護制度の歴史にふれる厚生官僚たちの回顧録、証言などをさがしたが、これが皆無なのである。私の探索が不充分であるのを恐れて、研究者志向のつよい元厚生官僚に問いあわせてみたが、そういう資料はやはりないとのことであった。彼女は、役所の常識からすれば、一九八〇年に『三十年史』をつくって、二〇〇〇年に『五十年史』をつくらないことはかんがえられないともいった。また、『五十年史』の企画はいちおう立てられたが、なんらかの都合で中断されたのではないかともいった。

この理由は私にはわからない。おそらくは厚生行政のなかで、生活保護行政の相対的地位がいちじるしく低下したという原因があるのではないかとかんがえられるが、それはひとつの推測にとどまる。たしかにいえることは、本稿の執筆にあたって、利用しうる資料にかぎっていえば、私が、先行する三論文のばあいより、いちじるしく不利な条件のもとで仕事をしなければならないということである。作品の完成度のみにこだわるならば、本稿はまだ執筆されるべき時期にきていないのかもしれない。しかし、私が期待する資料が今後あらわれるとはかぎらないし、生活保護制度の通史の必要は福祉社会学界において高まる一方である。老境に入った私の残り時間もかんがえねばならない。それらの諸事情を勘案して、本稿の執筆にあえて踏みきることにする。したがって、以下の叙述は先行する三論文のばあいに比較して、仮説の諸断片の提示という性格をより多くもつことになるとおもわれる。

1　低保護率期

日本の生活保護制度の社会史において、一九八四年度からはじまる約二〇年間の時間域は、先行する時間域にたいして、きわだつ独自性をもっている。それに概括的な説明をくわえるところからはじめる。

まず、この時間域における保護率の年次推移をみておこう。表4・1は、一九五二年度から二〇〇五年度にかけての五四年間の被保護実人員と保護率の推移を示している。また、図4・1はその五四年間のなかで一九八四年度から二〇〇五年度にかけての保護率の推移を棒グラフで示したものである。これらによれば、一九八四年度の保護率は一二・二‰で史上三番目の低さであり、翌八五年度の保護率一一・八‰はそのときまでの史上最低値である。その後、一〇年間、保護率は、一度の例外もなく対前年での減少をくり返して、一九九五年度に七・〇‰にまで落ちこむ。こ

表4・1　被保護実人員・保護率の年次推移

年	被保護実人員（人）		保護率	総人口（千人）
	年度合計	1カ月平均	（人口千対，‰）	
1952	—	2,042,550	23.8	85,808
1953	—	1,922,060	22.1	86,981
1954	—	1,881,687	21.3	88,239
1955	23,152,899	1,929,408	21.6	89,276
1956	21,311,646	1,775,971	19.7	90,172
1957	19,484,924	1,623,744	17.8	90,928
1958	19,530,852	1,627,571	17.7	91,767
1959	20,030,160	1,669,180	18.0	92,641
1960	19,530,102	1,627,509	17.4	93,419
1961	19,721,338	1,643,445	17.4	94,287
1962	20,088,014	1,674,001	17.6	95,181
1963	20,935,671	1,744,639	18.1	96,156
1964	20,095,930	1,674,661	17.2	97,182
1965	19,185,850	1,598,821	16.3	98,275
1966	18,840,650	1,570,054	15.9	99,036
1967	18,248,793	1,520,733	15.2	100,196
1968	17,399,641	1,449,970	14.3	101,331
1969	16,784,694	1,398,725	13.6	102,536
1970	16,131,677	1,344,306	13.0	103,720
1971	15,902,613	1,325,218	12.6	105,145
1972	16,188,002	1,349,000	12.7	107,595
1973	16,146,592	1,345,549	12.4	109,104
1974	15,748,062	1,312,339	11.9	110,573
1975	16,190,758	1,349,230	12.1	111,940
1976	16,299,790	1,358,316	12.0	113,094
1977	16,717,534	1,393,128	12.2	114,165
1978	17,139,126	1,428,261	12.4	115,190
1979	17,165,854	1,430,488	12.3	116,155
1980	17,123,811	1,426,984	12.2	117,060
1981	17,270,712	1,439,226	12.2	117,902
1982	17,488,592	1,457,383	12.3	118,728
1983	17,618,943	1,468,245	12.3	119,536
1984	17,633,481	1,469,457	12.2	120,305
1985	17,173,407	1,431,117	11.8	121,049
1986	16,177,955	1,348,163	11.1	121,660
1987	15,193,510	1,266,126	10.4	122,239
1988	14,115,099	1,176,258	9.6	122,745
1989	13,194,245	1,099,520	8.9	123,205
1990	12,178,098	1,014,842	8.2	123,611
1991	11,356,484	946,374	7.6	124,101
1992	10,781,987	898,499	7.2	124,567
1993	10,597,348	883,112	7.1	124,938
1994	10,618,939	884,912	7.1	125,265
1995	10,586,753	882,229	7.0	125,570
1996	10,649,395	887,450	7.1	125,859
1997	10,867,069	905,589	7.2	126,157
1998	11,363,923	946,994	7.5	126,472
1999	12,053,666	1,004,472	7.9	126,667
2000	12,866,887	1,072,241	8.4	126,926
2001	13,777,056	1,148,088	9.0	127,316
2002	14,912,681	1,242,723	9.8	127,486
2003	16,131,921	1,344,327	10.5	127,694
2004	17,080,661	1,423,388	11.1	127,787
2005	17,710,054	1,475,838	11.6	127,768

注：保護率の算出は，1カ月平均の被保護実人員を総務省統計局発表による各年10月1日現在の推計人口（1955, 1960, 1965, 1970, 1975, 1980, 1985, 1990, 1995, 2000, 2005, 2010年度は国勢調査人口）で除し，1000を乗じたものである．

出所：1954年度以前は，生活保護の動向編集委員会編集「生活保護の動向」平成20年版．

資料：総人口は，総務省統計局「我が国の推計人口 1920年～2000年」「各年10月1日現在人口」．
　　総人口以外は，厚生労働省大臣官房統計情報部「社会福祉行政業務報告」（福祉行政報告例）．

平成23年度出所：「社会福祉行政業務報告」平成23年度 福祉行政報告例／年次推移統計表 第5表 被保護実人員及び保護率（人口千対）．

図4・1　保護率の推移と景気循環の山と谷

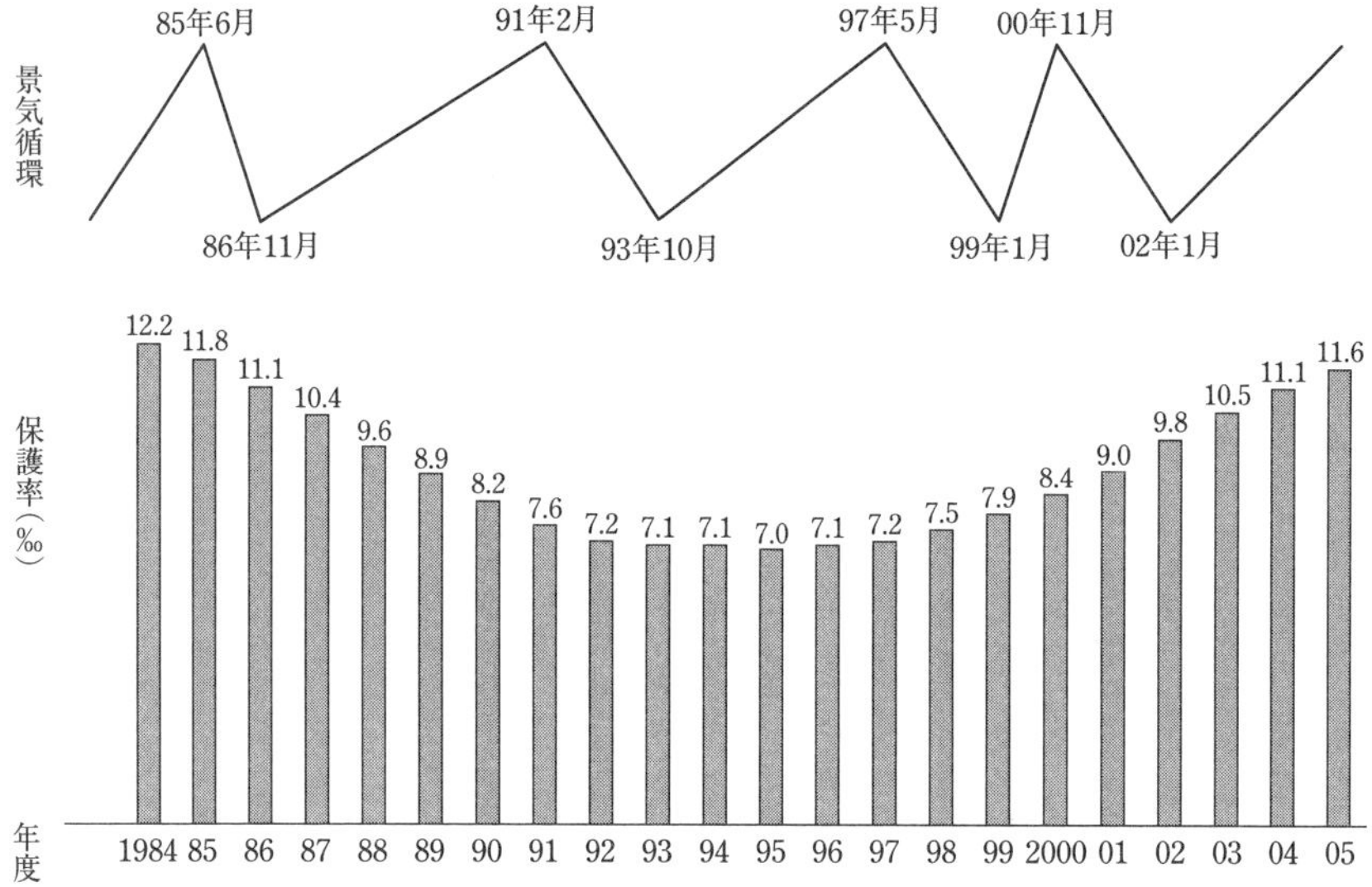

れはもちろん、文字通りの史上最低記録である。そこから一度の例外もなく対前年での増加をくり返して、〇五年度の一一・六‰まで上昇する（表中、九三年度と九四年度は七・一‰で同率とみえるが、小数点以下三位まで計算すると、九三年度七・〇六八‰、九四年度七・〇六四‰で、対前年の減少が確認される）。この時間域を、そのあいだの保護率のはなはだしい低さに注目して、低保護率期と呼ぶことにする。

図4・1が描きだす二〇年間の浅いU字曲線を規定する最有力要因は、厚生省社会局に拠った福祉官僚たちがとった生活保護の引き締め政策（行政上は「適正化政策」と呼ばれた）である。その政策は、生活保護の申請の受付にあたってきびしい態度でのぞみ、拒否することの多用と、受給中の生活保護を些細なミスをとがめだてて、辞退届をかかせて廃止することの多用を、主要な内容とする。最初の一〇年（八五、六年度から九五年度まで）、この政策がとくに苛酷に適用され、のちの一〇年（九六年度から二〇〇五年度まで）この政策がしだいに緩和された。

すでにみた保護率の低下と上昇は、この時期の生活保護制度の運営が、引き締め政策で一貫するにしても、前半はそれがきびしく、後半はそれがゆるやかであったことを示唆する。なお、あらためていうまでもないが、引き締め政策の特性は、最初の一〇年でもっとも露骨にあらわれる。

結論の一部をさきどりするが、この引き締め政策の発端は、一九八一年一一月に厚生省社会局保護課長などが発した「生活保護の適正実施の推進について」(昭和五六年一一月一七日、社保第一二三号、厚生省社会局保護課長・監査指導課長通知)、いわゆる「一二三号通知」にあった。保護課が事実上編集する『生活保護手帳』は、「生活保護法」および関係法令、通知などを収録している年次刊行物であるが、その「関係通知」の欄の筆頭に、八六年から二〇〇五年まで「一二三号通知」をおいて、生活保護行政のキイ・ノートを示してきた。この通知は暴力団組員による生活保護費の不正受給を防止することに元来動機づけられており、それ自体は、当初、制度運営上、必要・有効なものとなることが期待された。しかし、いくつかの原因が複合して、この通知は保護率全般を低下させ、生活保護制度を機能不全に追いこむ悪法に変化した。この通知は毎年細部で変更がみられるが、二〇〇〇年度にはさきにいった緩和の方向が示唆されている。二〇〇六年度からは、「生活保護行政を適正に運営するための手引きについて」を新しく作成して、「関係通知」の欄の筆頭においたが、これは暴力団組員であることを欠格条項として事実上明示するものであった。くわしくはのちに述べるが、そのことの重要性をかんがえ、二〇〇五年度までを低保護率期とし、〇六年度以降を現在とする。

福祉官僚たちがこの二〇年間の保護率の継続的変化について発言した例を、私は知らない。かれらが引き締め政策の効果にふれた例もない。かれらは保護率の短期の変化についてはときに話題とするが、その主要な要因としてあげるのは、景気の動向、失業率の増大、高齢化の進行、他法・他施策の充実などである。それらのいずれか、あるいは二つ以上の組み合わせによってでは、ここにみる保護率の長期的変化を説明することができない。その事例はのちに

表4・2　失業率

年	失業率(%)
1984	2.7
1985	2.6
1986	2.8
1987	2.8
1988	2.5
1989	2.3
1990	2.1
1991	2.1
1992	2.2
1993	2.5
1994	2.9
1995	3.2
1996	3.4
1997	3.4
1998	4.1
1999	4.7
2000	4.7
2001	5.0
2002	5.4
2003	5.3
2004	4.7
2005	4.4

総務省統計局「労働力調査」より.

表4・3　高齢化率
（総人口に占める65歳以上の割合）

年	高齢化率(%)
1984	9.9
1985	10.3
1986	10.6
1987	10.9
1988	11.2
1989	11.6
1990	12.1
1991	12.6
1992	13.1
1993	13.6
1994	14.1
1995	14.6
1996	15.1
1997	15.7
1998	16.2
1999	16.7
2000	17.4
2001	18.0
2002	18.5
2003	19.1
2004	19.5
2005	20.2

総務省統計局「人口推計」より.

紹介するが、一般的にいって、景気循環のばあい、好況期では保護率の低下は説明できるが、その上昇は説明できない。不況期では保護率の上昇は説明できるが、その低下は説明できない。福祉官僚たちは、保護率の変化をとりあげて要因としての景気循環に言及するとき、説明できないものについては口をつぐんでいるのが常である。図4・1の上部は、内閣府が発表した景気基準の日付によって景気循環の山と谷の時点と谷から山への上昇期、山から谷への下降期を示している。下部は、保護率の規則的変化をあらわしている。両者をつきあわせると、景気循環によって保護率の変動が説明されえないのはあきらかである。失業率は、完全失業率のばあい、一九八四年度から九四年度まで二％台で一貫しており、その間の保護率の低下を説明するのにつかえない。九五年度から二〇〇三年度までは三％台、四％台、五％台で経過し、保護率の上昇の一因であると解釈することができそうであるが（表4・2）。高齢化率は、一九八四年度の九・九％にはじまり、二〇〇五年度の二〇・二％まで一貫して上昇する。これも、先の完全失業率と同じく、前半の一〇年あまりの保護率の低下を説明しない。後半の一〇年の保護率の上昇にとっては、高齢化率の上昇を一因とみると解釈することができるのであろうが（表4・3）。

2　不正受給事件

生活保護制度の社会史の格差縮小期を叙述するにあたり、最後の節を「不正受給対策」と題して、一九八〇年から八三年までのその対策について述べた。すなわち、各年度における「生活保護指導監査方針」を紹介し、八三年にかぎって不正受給事件の概況を示し、その対策は濫救防止のためのものというより、マス・メディア対策、世論対策の性格を多くもっている、とした(1)。この判断は、格差縮小期の末尾の数年間にかぎっての生活保護行政については妥当である。しかし、そこから三〇年間あまりの時間が経過した時点からふり返ってみると、八〇年から八三年にかけての不正受給対策は、それにつづく低保護率期の生活保護行政、さらには現在までの時間域の生活保護行政のありかたにとって予兆の意味をもっていたのではないか。もう一度、八〇年代初頭の不正受給対策を検討することからはじめよう。

まず、生活保護制度と被保護者たちに反感をもつ人びとに刺激的であった、不正受給批判キャンペインの二例を紹介しよう。一九八〇年一一月一九日、『読売新聞』朝刊は、大見出しで「暴力団を生活保護で丸抱え」、中見出しで「御坊（和歌山）の組員70人中／なんと60人が受給」、小見出しで「審査の盲点をつく」とかきたて、つぎの記事を掲載した。

「公費で暴力団員が養われていた――」。和歌山県の御坊市で、市内にある七つの暴力団の組員のほぼ八割にあたる約六〇人もの暴力団員が、そろって市の福祉事務所から生活保護費をもらっていたことが十八日、表ざたになった。御坊署が逮捕した組員の〝自供〟から、はからずも明るみに出たものだが、この中には組員同士のけんかで殺人を犯して捕まった凶悪犯まで含まれている始末。警察は市当局に対し、『組織の資金源に使われる恐れが強い。生活保護費の支給は審査をあくまで慎重に』と申し入れ、同事務所も『今後は警察と連絡して厳しくチェックする』と〝反省〟しているものの『資格や基準に外れず、申請があれば支給しないわけにはいかない』という支給基準の盲点をつかれたかっこう。過去にもこうしたケースはあったというが、これほど大量の支給ははじめてと警察庁ではいっており、基準やチェックをめぐり今後、論議を呼びそうだ。

〔御坊〕生活保護費支給が明るみに出たきっかけは、御坊市生れ、会津小鉄会系図越組内京田組員、前歴十二回、福田鶴三（三七）の逮捕。さる十三日、イノシシ肉さばき用ナイフ（刃渡り十五・四センチ）を持ち、同市内の商店街をうろついているところを、同署員に見つかり、『生活保護費で護身用に買った』と自供した。

同署で調べたところ、福田は最近、刑務所を出所したばかりで、十一日御坊市に帰り、翌十二日、市福祉事務所を訪れ『組に関係していたが、正業につきたい。職がなく、所持金もないので何とかしてほしい』と生活保護の適用を申請。同事務所は県と相談、応急措置としてとりあえず十三日から三十日までの保護費を日割計算、二万五千四百二十円を支給していることがわかった。

驚いた同署は、ほかにも同じケースがあるのでは、と今年一月からこれまでに殺人、暴行、道交法違反などで逮捕、検挙した暴力団関係者五十一人を洗い直した結果、大半が生活保護を受けており、この中には十月四日夜、暴力団組員同士によるけんか殺人で逮捕された五人のうち四人も含まれていた。同市内の暴力団は七団体、約七十人。うち八割に近い約六十人が生活保護を受けている勘定だが、御坊市内で生活保護を受けているのは六百二十世帯だというから、単純計算して十世帯に一世帯が〝暴力団保護者〟というありさまだ。

こうした実情から同署は、『生活保護費が暴力団の資金源に使われている恐れが強い』として、組員の生活保護受給問題を重点活動の一つに取り上げ、返上させるよう強い態度で臨むことにした。

同署では、支給時の審査や支給中のチェックを厳しくするよう福祉事務所に要望。同事務所職員が組員らに脅迫された場合や、車を所有しているなど保護要件を超えるケースがわかったさいは、すぐ連絡しあうなど、監視を強化する」(2)。

これに、御坊市福祉事務所長の弁明の談話、警察庁捜査二課長の批判の談話がそえられていた。

この事件の第一報は『朝日新聞』一一月一六日朝刊がつたえているが(3)、前掲の『読売新聞』のものがよりくわしい内容をもっているので、こちらを引用した。ただし、『朝日新聞』はこの事件の報道に熱心で、一一月中に七回、続報をだしている(4)。また、『読売新聞』は一一月二九日朝刊に「暴力団の生活保護、京都市でも106人」という見出しのもとに、つぎの記事をのせた。

「〔京都〕和歌山県御坊市で多数の暴力団員が生活保護を受けていたことがわかり問題となったが、二十八日、京都市内でも暴力団員百六人が生活保護を受けていることが、京都府警捜査四課の調べでわかった。ほとんどが不正受給とみられ、市は支給打ち切りを検討、捜査四課も悪質なものに対しては詐欺容疑で捜索する方針。

捜査四課は今年八月、京都市職員と共謀して偽装交通事故を起こし、保険金を詐取した同市左京区浄土寺下南田町、暴力団会津小鉄会系中村組員、井上進（四〇）を逮捕して調べているうちに井上が数年前から毎月約十万円の生活保護費を受け取っていたことを突き止め、他にもあるとみて実態調査を実施していた(5)」。

マス・メディアは類似の事件の報道をつづけた。翌年、一九八一年になっても、北九州市や福岡市で暴力団組員による生活保護費の不正受給事件が大きく報道された。

（1）本書、二六二―二六三ページ。

（2）『読売新聞』一九八〇年一一月一九日朝刊。
（3）『朝日新聞』一九八〇年一一月一六日朝刊。
（4）同右、一九八〇年一一月一九日、二一日、二二日（和歌山版）、二三日、二六日（以下三点は和歌山版）、二七日、三〇日、一九八一年一月八日、各朝刊。
（5）『読売新聞』一九八〇年一一月二九日朝刊。

3　福祉官僚の反応

山内豊徳は、厚生省社会局保護課で一九六三年から六六年まではたらき、一九七八年一月から七月にかけて同課長をつとめたが、それにさきだち、秀抜な生活保護論考「貧しさの深さと長さ」を執筆・発表している。私は、この人物と多少の縁があり、その論考を愛読して、学ぶところが多かった。その書き出しは、つぎのとおり。「多くのケースワーカーの方がそうであろうと思いますが、私ども生活保護にたずさわっている者にとって気になることの一つは、生活保護制度なり生活保護行政の評判ということではないでしょうか」。それは公務員であるケースワーカーの個人としての働きぶりの評判のことではない。かれらの無数の努力の全体の総合、生活保護制度という行政制度の評判である。(6)

行政制度の評判を重視しなければならない理由は二つある。ひとつには、行政というものが国民の寄託のもとにおし進められている公権力活動である以上、それは国民に知られていなければならない。行政活動には行政自体を説明するという姿勢が必要である。いまひとつには、行政についての認識や理解が、当該行政による利益の享受と結びついている。行政の目的自体が、国民に知られることによって実現される。以上の理由から、生活保護行政において、「個々の受給者だけではなく、世間一般による制度に対する評判も行政の対象として考えるべき」であると、山内は

述べている。(7)

わかりやすくいえば、生活保護行政の任務は、被保護者・要保護者にたいする最低限度の生活の保障と自立の助長、および、国民全体、社会一般による生活保護制度の理解と支持の形成である。これは、積極的に仕事をする保護課の福祉官僚たちに共通する使命感であっただろう。しかし、山内の保護課長時代は半年あまりと短かった。かれが環境衛生局企画課長に転じたあと、一年半ほどして、暴力団による不正受給事件の報道があいつぐようになる。生活保護制度の評判はいちじるしく悪化した。福祉官僚たちは、暴力団員による不正受給を根絶して、その評判の回復につとめねばならない。厚生省社会局保護課は、この一連の報道の初期段階で素早い反応を示した。すなわち、御坊市のニュースの直後、八〇年一二月三日、保護課長、監査指導課長連名による内簡「暴力関係《ママ》者に対する組織的対応の指導」を発した。内簡は必要な事項を伝達するために中央政府から地方自治体に送付される文書で、法令や通達により規定するのになじまない事項を伝達するためにもちいられる。行政府内での拘束力の強さの序列は、強い順で、通知、事務連絡、内簡となる。このばあいには、のちに通知としてよりゆきとどいた内容で送付するものを、急いでとりあえず内簡として送付した印象がある。

私は、この内簡の存在を、北九州市民生局指導課主査（当時）・江口祐一の論文「生活保護の適正化対策――暴力団不正受給対策その経過と実例」によって知った。(8)その実物のコピーをみたいとおもい、厚生労働省に情報公開の請求をおこなったが、現物が保存されていないとの回答がもどってきた。江口の論考から推測して、この内簡は、暴力団員とおぼしき生活保護受給者のケースを把握し、保護の申請から決定にいたる過程を調査することを指示していたのだとおもわれる。北九州市民生局は、この指示にしたがい、組織的取組みをおこない、つぎの一連の事実をあきらかにした。

暴力団員の収入源としては、麻薬売買、売春管理、ノミ行為、みかじめ料などが知られているが、これらにかんする情報はえられない。警察当局との情報交換によっても無理であった。しかし、保険金、すなわち、損害賠償保険、生命保険、簡易保険などによりかれらに支払われる保険金にかんしては収入にかんする正確な情報がしばしば入手された。損害保険のばあい、市民や交通事故の相手からの連絡、損保会社が組織する防犯対策協議会との情報交換、損保会社からの照会、弁護士会からの照会、警察からの捜索関係事項の照会などによる情報がある。それらを手がかりにして、福祉事務所側から「生活保護法」第二九条によって照会する方法で、暴力団員がかくしている収入を確認し、保護費の不正受給を告発することが可能になった。

念のため第二九条を引用しておく。「保護の実施機関及び福祉事務所長は、保護の決定又は実施のために必要があるときは、要保護者又はその扶養義務者の資産及び収入の状況につき、官公署に調査を嘱託し又は銀行、信託会社、要保護者若しくはその扶養義務者の雇主その他の関係人に、報告を求めることができる」。

生命保険、簡易保険のばあい、過去数年間「四カ月入院」が不自然にくり返されている事例を調査しなおして、入院給付金（一二〇日＝四カ月が限度）の有無を、生命保険協会、郵便局、あるいは簡易保険局をつうじて、第二九条により照会した。これによって、暴力団員がかくしている収入を確認し、不正受給の告発につなぐことができた。

告発の前段階は本人からの事実確認である。暴力団員はさまざまな対応を示した。主なものはつぎのとおり。⑴証拠をつきつけるだけで不正受給を認める。⑵事実は認めるが、収入を申告する必要はないとおもっていたなどと強弁する。⑶事実を認めず、逆にそんな情報をどこから入手したかと脅しに出る。⑷告発の法的手続きがはじまるのを察知しておとなしくなる。ほかに、⑸警察の捜索が先行して、逃亡を防ぐため福祉事務所に静観が要請されるケースもあった。

悪質な事例は、不正受給の事実をあくまで否認して、不正受給の保護費の返還に誠意をみせなかった。それらの事例にたいしては、告発・被害届で対応がおこなわれた。一九八一年二月から翌年九月までにおこなわれた告発・被害届は三二件である。この対応にあたっては、つぎの手続きが重要であること、立件上の不可欠の条件であることを、福祉事務所の係員たちは学んだ。(1)本人がかいた収入申告書（代筆のばあいは本人に確認させておく）が徴収されていること。(2)あらゆる収入にかんして申告の義務があるのを教示しておくこと。

なお、調査が進むにつれて、不正受給が一般市民にもみられることが注目された。八二年四月現在で約一五〇ケース、うち八月までに告発四、被害届一。それらにはつぎのような特異な現象があった。(1)同一人物がくり返し事故を起こしたり、入退院をしていること。(2)暴力団員をふくむ特定人物の介在（示談交渉）があること。(3)損害保険、生命保険、簡易保険がセットで受給されていること。(4)休業損害証明を発行する会社が特定されていること。[9] これにつづく事例分析で、江口の研究は、福祉社会学と犯罪社会学が交錯する領野をつまびらかに照射して興味深い。紙幅の制約ゆえに、これ以上の紹介はひかえるが、関心がある読者は江口論文の現物にあたることをおすすめしたい。

御坊市の事件が報道されたのち、各地の暴力団組員の不正受給事件がつたえられるたびごとに、新聞各紙の投書欄は、生活保護行政を批判する投書でにぎわった。生活保護の必要性を否定する例はなかったが、不正受給が国民にもたらす不公正感をうったえ、税金が不正につかわれるのは納税者として許しがたいという声が多かった。[10] 厚生省は、生活保護行政への批判がつよまるのにたいして、警戒心をとがらせていった。

（6）　山内豊徳「貧しさの深さと長さ」『福祉の国のアリス』八重岳書房、一九九三年、八―九ページ。初出は『生活と福祉』一九六四年。ただし、のちに圧縮・編纂されている。前掲書三四三ページ参照。

（7）　同右、九―一〇ページ。

(8) 江口祐一「生活保護の適正化対策――暴力団等不正受給対策その経過と実例」全国社会福祉協議会『生活と福祉』第三一八号、一九八二年一〇月、二一ページ。
(9) 同右、二一―二三ページ。
(10) たとえば、「生活保護不正受給にメスを/調査は厳密に、詐欺罪で告発も」『読売新聞』一九八三年八月二四日朝刊。

4 「一二三号通知」

前記の内簡が地方自治体のどの範囲に送付されたのかはわからない。また、各自治体がそこで示された方針をどのていどに実施したかもわからない。江口は北九州市のばあいでくわしい報告をのこしているが、これは厚生省社会局保護課と北九州市民生局とのかねてからの密接な関係によっていたともかんがえられる。すなわち、一九八〇年当時の北九州市長は二代目の谷伍平で、かれは六七年に就任した。かれの前任者の時代、北九州市の保護率は六七・二‰という全国最高値を記録していた。そこには濫救の事実もふくまれていた。谷は選挙戦のスローガンのひとつに生活保護の適正化をかかげて戦った。当選後は本庁民生局に福祉事務所の指導監査をおこなう指導課を新設し、厚生省社会局に乞うてそこからひとりの官僚をまねき、指導課長に就任させた[11]。北九州市の生活保護行政は、事実上、厚生省の直轄統治のもとにおこなわれてきた。前出の内簡が送られたのは、その一三年目のことであった。

一九八〇年から八一年にかけての北九州市における生活保護行政の実践は、厚生省にとっても学習効果がきわめて高いものであったにちがいない。その結果が前掲の「生活保護の適正実施の推進について」(「一二三号通知」)となった。長文であるが、本文前半を引用する。

「標記については、平素格別の御配意を煩わしているところであるが、近時、暴力団関係者等による生活保護の不正受給事件が再三発生し、このため生活保護行政のあり方についての批判すら招いていることはまことに遺憾である。このような事件の発生は、大多数の善意の被保護者に多大な迷惑をかけるばかりでなく、生活保護制度そのものに対する国民の信頼を失わせるおそれがあり、その社会的影響は極めて大きいものがある。

これらの事件の中には、保護の実施機関等関係者の努力だけではその発生を未然に防止することが困難なものもあるが、他方、保護適用者の資産及び収入のは握が適切でなかったために生じたと思料されるものも見受けられる状況にある。

かかる事態にかんがみ、ごく限られた一部の者によるとはいえ厳に不正受給の防止を図り、一方、真に生活に困窮する者に対しては必要な保護を確保するため、保護の決定又は実施に当たっては、福祉事務所の組織的な対応の強化を図るとともに特に次の点に留意のうえ適正に行うよう、貴管下実施機関に対し指導の徹底を図られたい。

1　新規申請の場合

(1)　保護の新規申請時における資産の保有状況及び収入状況の調査は握をより確実にするため、申請者等に対し次の措置を講ずること。

ア　資産の保有状況については、土地、建物、預貯金、自動車等の保有状況、生命保険の加入状況等資産の種類ごとに克明に記入したうえ、当該記入内容が事実に相違ない旨附記し署名捺印した書面及び保護の実施機関が行う資産の保有状況に関する関係先照会に同意する旨を記し署名捺印した書面を申請者等から提出させたうえ、訪問調査等により事実の的確なは握に努めること。

イ　収入状況については、勤労収入、年金、仕送り、保険金等その収入の種類ごとに克明に記入したうえ、当該記入内容が事実に相違ない旨附記し署名捺印した書面、当該記入内容を証明するに足る資料及び保護の実施機関が行う収入状況に関する関係先照会に同意する旨を記し署名捺印した書面を申請者から提出させたうえ、訪問調査等により事実の的確なは握に努めること。

ウ　訪問調査及び提出資料によってもなお資産の保有状況又は収入状況に不明な点が残る場合には、必要に応じ雇用主等の関係先に照会を行うとともに関係官署と連けいを図ることにより、事実の的確なは握に努めること。

(2)　(1)のア、イによる書面及び(1)のイによる記入内容を証明するに足る資料の提出並びにこれらに関する調査を拒む等の者に対しては、生活保護法（以下「法」という。）第二八条の規定により保護申請を却下することについて検討すること」[12]。

本文後半は「2　保護受給中の場合」で「不明な点がある場合」の調査と処分について述べている。収入状況については、収入の種類ごとに克明に記入したうえで、新規申請のばあいと同じように、確認、署名、捺印させる。訪問調査、提出資料によっても不明の点がのこるならば、関係先照会をおこなう。「以上の結果、不正受給が確認できた場合には、法第七八条に基づき給与した保護費を徴収するほか、更に法第八五条又は刑法の規定に係る告発について検討すること」。さいごには「刑事事件及び新聞、議会等で問題になることが予想される等の不正受給事件については、その概要、対応方針等について速かに本職あて報告すること」でしめくくられている[13]。

この通知にかんする以下の考察にヒントを提供する資料として、一九八六年三月三一日付の日本弁護士連合会の「『生活保護の適正実施通達』についての厚生大臣への要望」を紹介する。

まず、「一二三号通知」を略述し、それとの関連で「生活保護法施行規則」などの改正にふれてから、つぎのようなまとまりのよい批判を述べる。

「『生活保護の適正実施』を名分としたこの新方針は、直接にはこれに先立つS五五～五六年に一部に発生した暴力団関係者の生活保護不正受給事件への対応を契機としている由であるが、その内容をみると一部暴力団関係者ら不正受給の疑いある者のみならず、すべての新規保護者や被保護者で不明の点ある者に対して詳細な収入等申告書や同意書の提出を求めるものとなっていて、目的と手段の間に余りにも不均衡が目立ち過ぎる上、そうでなくとも保護対象者の人権やプライバシーをそこなうとして批判の多い資産・収入調査を極度に厳格化するものであり、そのために保護申請者を萎縮・躊躇させることを通じて生活保護制度の存在意義を無にするおそれがあり、その他現行生活保護法の建前やひいては憲法二五条の趣旨に反する疑いさえなしとしないのである」[14]。

以上の理由によって、厚生大臣に新方針に検討をくわえ、必要な措置を講じることを要求している。

社会局保護課などの福祉官僚たちは、生活保護制度の評判を守るために「一二三号通知」を発したのであった。その三年あまりのち、日本弁護士連合会の弁護士たちは、「一二三号通知」が生活保護制度の存在意義を無にするおそれがあると主張する。総じていえば、前者の行為は立場上無理からぬものであったが、後者の見通しは正しかった。「一二三号通知」は悪法に変化した。そこにはどのような条件が作用していたのだろうか。

ここで脇道に入った議論をはさんでおく。暴力団組員による不正受給の発覚と事件化、それに対応する「一二三号通知」の送付は、厚生官僚たちのそれなりに筋をとおした対処であった。その背後には、公然とかたられることがなかったもうひとつの対応の可能性がかんがえられていたのではないか。低保護率期において不正受給事件は年間にどのくらいあったであろうか。厚生官僚たちが残した文章から任意にひろってみると、つぎのような数字がみいだされる。各年の件数と、それが、一カ月平均の被保護実人員を一〇〇%として、そのなかで占める構成比をもとめてみる。

一九八七年、約二〇〇〇件[15]、〇・一五%。

一九九八年、四〇六三件[16]、〇・四二%。

二〇〇四年、一万九一一件、〇・七六%。[17]

つまり、おおまかにいって生活保護の受給者が一〇〇〇人いるとして、不正受給者は、八〇年代には一・五人、九〇年代には四人、二〇〇〇年代初期には七、八人いたわけである。一九八四年のわが国で交通関係の業過をのぞく刑法犯の発生率が人口一〇〇〇人あたり一三・二ていどであることをかんがえあわせると、[18]前記の不正受給事件の出現率は、観念論的理想論からみればゼロになることがもちろん望ましいが、違法行為の一定程度をふくむのが常態の社会生活の許容範囲におさまっているとみることもできる。なお、不正受給事件が年々増加するようにみえるのはみせかけの傾向である。その大部分は福祉事務所の取り締まりの強化によって、従来は告発されなかったものが告発された結果である。この過程をつうじて、一般市民による不正受給事件の割合が増してきていると推測される。

(11) 副田義也「生活保護における逆福祉システムの形成」『福祉社会学の挑戦——貧困・介護・癒しから考える』岩波書店、二〇一三年、二九、三七ページ。
(12) 「生活保護の適正実施の推進について(昭和五六年一一月一七日、社保第一二三号、厚生省社会局保護課長・監査指導課長通知)」全国社会福祉協議会編『生活保護手帳(昭和六一年版)』一九八六年、三六〇—三六一ページ。
(13) 同右、三六一ページ。
(14) 日本弁護士連合会「『生活保護の適正実施通達』についての厚生大臣への要望」寺久保光良『続・「福祉」が人を殺すとき』あけび書房、一九九五年、二一八—二一九ページ。
(15) 福山嘉照「生活保護の適正実施に想う」全国社会福祉協議会『生活と福祉』第三九七号、一九八九年五月、二ページ。
(16) 菱川隆夫「指導監査を通じてみた運営上の課題」『生活と福祉』第五三三号、二〇〇〇年八月、七ページ。
(17) 藤崎誠一「総務課指導監査室」『生活と福祉』第六〇一号、二〇〇六年四月、一二ページ。
(18) 法務省『昭和六〇年版　犯罪白書』1—1表　刑法犯の認知事件及び検挙人員。

5　原理的考察

暴力団員による不正受給事件をつたえる『読売新聞』の記事のなかに、「審査の盲点をつく」、「支給基準の盲点をつかれた」などのフレーズがあった。いずれもわかりやすい表現であるが、「生活保護法」に即して厳密にいうと、かならずしも正確な表現ではない。盲点とは一般にひとの見落としがちなところをいうが、このばあい、法の制定者たちは暴力団員の受給の可能性を見落としていた訳ではない。くわしくは「生活保護法」の旧法、社会保障制度審議会の勧告、「生活保護制度の改善強化に関する件」および現行の「生活保護法」の欠格条項の有無にかんして論じたところであるが、簡単にくりかえしておくことにする。

「旧法」には、無差別平等の原則と欠格条項がつぎのように規定されていた。

「第一章　総則

第一条　この法律は、生活の保護を要する状態にある者の生活を、国が差別的又は優先的な取扱をなすことなく平等に保護して、社会の福祉を増進することを目的とする。

第二条　次の各号の一に該当する者には、この法律による保護は、これをなさない。

一　能力があるにもかかわらず、勤労の意思のない者勤労を怠る者その他生計の維持に努めない者／二　素行不良な者[19]」。

「旧法」は「新法」に一九五〇年五月に切り替えられるのだが、それにさきだって、「新法」を準備するための前出の「勧告」があり、そのなかでも「保護の欠格条項を明確にしなければならない」と明言されていた。欠格条項の必要の認識では当時の厚生官僚たちは一致していた。

しかし、欠格条項は「新法」にとりいれられなかった。それは、ＧＨＱにおける法案の審査の過程で欠格条項を入れるべきでないというＰＨＷ（公衆衛生福祉局）のマーカソンたちの説得を日本側が受けいれたからである。先行する章から、ひとつのパラグラフを引用する。

「当時も現在も、アメリカ合衆国をはじめ多くの先進資本主義諸国の公的扶助制度は、欠格条項をもつか、あるいはさらに進んで健常で健康な身体の持ち主である男子は対象としない。したがってマーカソンたちの説得は、アメリカの法や制度を規範的モデルとして、日本をそれに見習わせるというものではなかった。それは、徹底した性善説と教育の可能性への信頼にもとづき、勤労意欲をもたぬ者でも素行不良の者でも、生活保護をあたえつつ指導によって更生に導くことができるし、大事であるという理想主義の色調が濃厚な主張であった。これが日本で受けいれられて、生活保護法は、公的扶助に欠格条項を設けないという点で、国際的にみて珍しい例となったのである。もっとも、当時の一部の厚生官僚たちは、どうしてもその点に納得することができず、自立助長の規定を欠格条項にかかわるものとみなしたりした[20]」。

私がこのパラグラフをかいたのは一九八五年のことである。二〇一三年、いまこれを筆写しつつ、法学の非専門家である社会学研究者は連想する。「生活保護法」のこの理想主義は、「日本国憲法」第九条「戦争の放棄、戦力の否認」の理想主義と似通っているのではないか。いずれもアメリカ占領軍が敗戦国日本にあたえたものであり、本国アメリカにもなかったラディカルな理想主義である。そうして九条の理想主義にたいして、政治のリアリズムは自衛隊を誕生させた。「一二三号通知」の出現は同種のリアリズムが必然にしたものではないか。戦後日本の法制度、政治制度には、このような理想主義と現実主義の因果関係と相克関係がくり返しみられるとかんがえられる。素人のこわいもの知らずによる仮説のひとつの提示を許されたい。

ここまでの記述に即していうならば、不正受給の防止の理念型はつぎの三つに区分される。

(1)　暴力団員にかぎっての不正受給の防止。
(2)　暴力団員と区別される国民の不正受給の防止。
(3)　暴力団員をふくむ国民の不正受給の防止。

「新法」は欠格条項を設けていない以上、暴力団員の不正受給の防止の手段として、(1)はありえず、(3)によるしかない。しかし、(3)では、暴力団員の不正受給を効果的に防止することができない状況がある。不正受給批判キャンペインはその状況をとがめている。福祉官僚たちは、(3)に拠って、適用するルールをより厳格にすることで、キャンペインに対応しようとした。日本弁護士連合会は、ルールの厳格化は貧しい人びとが生活保護制度を利用しにくくすると主張した。その主張は少なくとも部分的には正しかったが、キャンペインにどう対応するか、つまり、生活保護制度の評判をどうたもつかという観点を欠いていた。

念のためいうが、「一二三号通知」は、欠格条項を設けないという理想主義に対抗しつつ調和するという矛盾する性格をもっている。対抗は、理想主義が指導の力の限界によって形骸化し、暴力団員の不正受給をうむのを抑止しようとするところにみいだされる。これにたいして、調和は、相手が暴力団員であるにしても、収入調査などの対象にして不正受給の事実が確認されてから処分などに踏み切るという理想主義の手続きを守るところにみいだされる。

(19)「旧生活保護法」第一条、第二条、小山進次郎『改訂増補・生活保護法の解釈と運用・復刻版』全国社会福祉協議会、一九七六年、九〇二ページ。
(20)　本書、四三ページ。

6　ケースワーカーたちの心情

一九八三年度から九五年度にかけて、保護率の低下が連続的におこった基本的原因は、「一二三号通知」をきっかけにした生活保護の引き締め政策である。これについては、私がかねてから信頼している有力研究者たちの判断は一致しており[21]、私はそれにしたがう。そのうえで、ひとつの疑問がある。元来は暴力団組員の不正受給を防止するために出された通知が、なにを媒介要因として、生活保護を必要とする人びと一般をその保護から遠ざけ、一〇年で保護率を半減させるという惨状をまねいたのか。「一二三号通知」が引き締め政策に転化する経過について、私は充分に説得的な論議を知らない。

運動論の立場にたつ研究者たちは、「安上がり政策」の貫徹などという。厚生官僚は、暴力団組員の不正受給の防止を表向きの理由として、生活保護全般の経費と現業員を削減しようとしたというのである。しかし、あらためていうまでもないが、官僚たちの基本的な職業的習性のひとつは、自己が属する組織の予算と人員の増大を推進し縮小を阻止しようとする傾向である。「安上がり政策」は、この職業的習性と矛盾しないかぎりにおいて、出現するのみである。社会学的想像力をたくましくすれば、一〇年余にわたる保護率の低下は、厚生省社会局の福祉官僚にとって、必ずしも望ましいものではなかった。かれらの少なくとも一部にとっては、組織防衛のため「一二三号通知」を発して、それが巨大な引き締め政策におもいがけず発達するのを見守るほかなかったのではないか。

それにしても、なにを媒介要因として、引き締め政策が成立したかである。以下、手持ちの経験的事実にかんする断片的認識と、それらを社会学的想像力をはたらかせつつ組み合わせて得られた論理構成を述べる。

福祉事務所のケースワーカーたちの広い範囲に、要保護階層、被保護階層の人びとにかんする価値剥奪的な意識が存在していた。その基本的特性は二つあった。すなわち、第一は、かれらの人権、生存権の主張を不快に（うとましく）おもう意識である。第二は、かれらの人格、人間性を差別する（見下げる）意識である。ケースワーカーたちは、それらそれぞれの生育歴、教育歴と日常の業務の経験から、それらの意識を身につけてきたのであった。かれらは、それらの意識を不充分にではあるが抑圧して生活保護の仕事をおこなってきていた。そこに八一年、「一二三号通知」が発せられた。この通知は、暴力団組員の不正受給を防止するためのものであったが、生活保護の申請の手続きを厳格化し、それを受給中の者の給付を途中で打ち切る条件をあきらかにしていた。ケースワーカーたちは、前述の価値剥奪的な価値意識にみちびかれて、この通知の論理を貧困層の人びと一般に適用していった。そこから生活保護の申請を受けつけない水際作戦と辞退届の強制による給付の途中での廃止が拡がっていった。すなわち、引き締め政策の成立である。

ケースワーカーたちが貧困層にいだく二とおりの価値意識の判断につうじる断片的事実について覚え書きをしておく。

第一。私の若書きの論考に「福祉労働論の基本的枠組」（一九七二年）がある。[22] マルクス主義の文献による労働理論と人権研究における生存権保障の理論を組み合わせた工夫は、のちに私自身によって大きい欠陥をもつと評されるが、発表当時は、その工夫の先駆的独自性によって注目をあつめた。美濃部都政下の東京都福祉局は、職員研修の連続講義の基礎理論としてその論考をしばらくのあいだ位置づけ、私にそれにもとづく講義をさせていた。そのおりの経験である。質疑応答の時間だか、総括討論の時間だか、ひとりの青年ケースワーカーがたって、にこやかな表情、礼儀正しい口振りで、しかし辛辣な批評を述べた。

先生の論考は、われわれ役人の気質というか発想というか、そういったものを理解せずに組み立てられていると感じる（かれは、役人といい、公務員とかケースワーカーとか、いわなかった）。役人は、住民が自分の権利だ、人権だといいたて、胸をそらして、なにかの要求をもってやってくると、まず、その頭をこずいて、要求を退ける。それは要求の出しかたに不備なところをみつけることで簡単にゆく。そのうえで、態度をかえてお願いしますという態度に出ればよし、人権だ、生存権だといいつづけているあいだは、とりあってやらない。それが役人というものです。四〇年まえ、私が三〇代後半のときのことである。ほかの老大家の講師にくらべて、若い講師で、発言者はものがいいやすかったのかもしれない。三、四〇人の受講者は、興味津々という表情で、仲間の主張に聞きいっていた。全体に共感と同意の雰囲気があり、困ったことをいいだした、不当な発言だという反応はみいだせなかった。その率直な発言のしかたに親しみを感じ、私は、勇躍（!?）反論に出たところまでは記憶している。論争の決着は忘却のかなたに沈んでいる。おそらく痛み分けだったのではあるまいか。

第二。生活保護の引き締め政策には地域差があった。東京都では荒川区でとくに苛酷な引き締めの政策がおこなわれたことがひろく知られている。大熊一夫は「ヤッさんはなぜ首を吊ったのか」という衝撃的ルポルタージュのなかで、ひとりの老人の自殺を素材にその実態を克明に描いた。ここでは、紙幅の制約ゆえに、かれの晩年の二年のあいだの生活保護の開始、廃止、再度の開始、廃止の経歴を、てみじかにでも紹介することはできない。思考の材料として、ヤッさんの担当であったケースワーカー・Oの大熊に語った言葉を引用しておく。

「少しでも努力してくれる人にはやさしくしています。でも、努力しないでいい加減な人生歩いてきた人ばかりですよ。努力しないで税金で生きてきた人には厳しいです、はっきり申し上げて。私は自分が学歴もないし、がさつな人間ですので、一生懸命生きてきました。だから、一生懸命生きない人、許せないんです」[23]。

許せないとは、またなんと傲慢な言葉だ。大熊がリアルに描写するヤッさんの人生は、私の常識から判断すると、社会の下層にあって、努力の人生、一生懸命に生きた人生である。しかし、私の常識からの判断はいちおう措くことにする。Oの発言に即してかんがえれば、このケースワーカーは、生活保護の業務において、クライアントに「やさしく」するばあいと「厳しく」するばあいとがある。ヤッさんは、厳しくとりあつかわれて、自殺に追いこまれた。

Oが厳しく接するのは、努力しないで人生を歩いてきたひと、一生懸命生きてこなかったひとである。クライアントには、そういう連中が多い。「……人ばかり」は誇張がすぎたのであろう。しかし、Oはクライアントの大多数を差別し、見下している。かれらは厳しくあつかわれるべきなのだ。こうかんがえるとき、ケースワーカーは、引き締め政策に共感してはたらくことになり、その牽引者になったはずである。

Oは、「学歴もない」が、「一生懸命生きて」きたと自己規定する。おそらく、地方公務員として、低学歴ゆえに昇進はおくれたが、職務に打ちこんで努力してきたからこそ、現在のそれなりに安定した生活があるといいたいのだろう。ルサンチマンと満足感の共存。それらの感情は、クライアントへの差別意識に敵意の味わいをつけくわえ、正当性を供与することになる。

(21)　たとえば、星野信也「わが国における貧困と不平等の測定」法政大学大原社会問題研究所『大原社会問題研究所雑誌』四四六号、一九九六年、三一ページ。田多英範『現代日本社会保障論』〔第二版〕光生館、二〇〇七年、一二五―一二六ページ。

(22)　副田義也「福祉労働論の基本的枠組」鉄道弘済会『社会福祉研究』第一〇号、一九七二年。

(23)　大熊一夫「ヤッさんはなぜ首を吊ったのか」『母をくらないで下さい』朝日新聞社（朝日文庫）一九九二年、二一七ページ。

7　行政機構の矛盾

「一二三号通知」とそれにもとづく引き締め政策は、行政機構の内部にさまざまな亀裂と矛盾を生じさせた。その主だったものを整理してみる。説明の便宜上、行政機構を三層に区分しておく。⑴厚生省社会局保護課―⑵都道府県庁・市役所民生局担当部課―⑶福祉事務所担当部課。当初、「一二三号通知」への反発はもっぱら⑶の現場において生じたが、それは自治労の職員組合の組織的活動としておこなわれることが多かった。

第一。「一二三号通知」をめぐる行政機構内部の緊張関係、葛藤関係の多くは、まず、(2)と(3)のあいだであらわれた。久田恵がくわしいルポルタージュをかいた北海道札幌市のばあいを例にとると、同通知の実施をめざす市当局とその実施に反対する自治労札幌市役所職員組合の団交をふくめた話し合いが一年にわたってつづいた。組合側はケースワーカーの言い分として、生活保護の申請を受けつける段階で、資産や収入にかんする広範囲の調査をされてもかまわないという同意書をとると、ケースワーカーと被保護者との信頼関係が築けない、崩れると主張した。一年後、札幌市は、民生局社会部長名で「一二三号通知」を実施するという通知を出した。同時に保護指導課長名で同意書にかんする取扱要領を通知した。すなわち、当分のあいだ、同意書をとらないと調査ができないケースにかぎって同意書をとりなさい、とらなくてもやれるなら従来どおりでよい。これは組合側の主張への部分的譲歩であった。厚生省はこれに怒ったが、事実上、この処置を黙認した。(24)

副田のコメント。私の知識がおよぶかぎりでかんがえると、久田の叙述は、組合側とケースワーカーの一部分子の言い分を偏重している。まず、ケースワーカーと被保護者のあいだの信頼関係は、一般的には存在しないというべきである。それが存在するとすれば、例外的なものである。あるいは、ケースワーカーの一部分子が信頼関係をつくったつもりでいても、クライアントは面従腹背の気分でいるのがふつうである。組合側が「一二三号通知」に反対して、信頼関係がつくれないというのは、その反対理由が「タテマエ」としてもっとも通用しやすいからであって、真実であるからではない。そうでなければ、組合の反対闘争のスケジュールがおわったあと、ケースワーカーたちの大多数が引き締め政策の実施にいっせいに走ったことが説明できないではないか。組合にとって「一二三号通知」への反対は、反権力運動のための手ごろなテーマのひとつであり、それ以上のものではなかった。

第二。約一年あまりの自治労による抵抗がおわったのち、一九八四年度から、すでに注目していた保護率の低下がはじまる。これは生活保護の締めつけ政策がはじまったということであり、生活保護をめぐる多様な権利侵害事件があいついで生起した。行政機構の内部でも、現場の引き締め政策の暴走ぶりを阻止しようとする動きがたびたびみられた。二例をあげる。

(1)　一九八六年一一月、東京都福祉事務所ブロック会議において、都福祉局の係員はつぎの注意をおこなった。

「最近、生活保護の開始に関して、電話での照会、投書など当課に寄せられた情報から判断すると、住民に申請権を抑制していると受け取られかねない例があったので、ブロック別事務打合会の席上を借りて注意を促したい。

一、申請書の交付及び受理

保護の申請者に、申請書を交付する前に十分に説明することは必要なことであるが、保護制度に対する誤解、見当違い、管轄違い等で申請意志を撤回したような場合を除いて、申請書の交付及び受理は福祉事務所の義務であるので、慎重に対処願いたい。

(後略)」。

引き締め政策のためにもっとも多用される手口は、申請書を渡さないこと、受けとらないことである。記録には、生活保護の申請を相談とかきかえる。それらを申請権の抑制として禁じた。「慎重に対処」は、行政機構内でつかわれる婉曲的用語法で、このばあいは、規則どおりにやれといっている。(25)

(2)　一九八七年九月から一〇月にかけての指導検査で、東京都指導第一課は、各区の福祉部長、管理課長、保護課長、保護課職員などに、つぎの講評をおこなった。荒川区にかんする批判的部分をぬきがきする。

「荒川区の生活保護の実施にあたっては、非常な御努力をされている、そういう点が充分感じられます。反面と申しますか、正直申し上げますと、やや窓口での対応がキビシイのではないかという感じを記録等から受けたということがございます。

（中略）

記録を読ませていただいた限りでは、生活保護を適用になるような人に対しても、いわゆる生活指導が先行しております。助言指導なり、自主指導なり——もちろん、これは必要なことですが——その面が先行している（副田のコメント＝保護の金品の給与が必要な相手に、言葉での説教だけしている）。本来なら、保護が受けられるような人についても申請が受理されていない、あるいは取り下げという形で保護開始に至っていないケースが、記録を見た中で散見される」。

講評はこのあと、それらのケースについてのくわしい類型分析がつづく。紙幅の制約により強引にまとめる。⑴相談の段階で就労斡旋依頼をおこなった。⑵扶養親族がいれば保護に該当しないといった。⑶生命保険に加入していれば保護を受けられないといった。⑷持ち家を売却しなければ保護を受けられないといった。⑸低額の年金のみで暮らしている要保護老人を保護を必要としないと判断した。⑴は違法、⑵、⑷は事実ではない。⑶は例外がある。⑸は根拠があきらかでない。

結論はつぎのとおり。「生活保護制度が、国民の生存権の保障措置であることを認識して頂き、仮にも保護受給権の制限と受け取られるような対応のないよう、万全の注意を払って適正実施に取り組まれたいと思います(26)」。これは正論ではあるが、行政官が行政官にここまでいわなければならないのは異様な事態でもある。

第三。一九八〇年代後半、生活保護の引き締め政策の進行はとまらず、保護率の低下はつづき、各地で権利侵害の事実の報告があいついだ。厚生省はこの状況をどうみていたか。一例を、九〇年一〇月一日、全国生活保護査察指導員代表者研究協議会の冒頭でおこなわれた、社会局監査指導課長・上沢輝男の講義、「生活保護の動向と課題」からうかがうことにする。上沢は制度運営の概況などを述べたあと、「実施上の諸課題」をとりあげ、そのひとつとして、「国民の常識に沿った懇切・丁寧な対応を」として、つぎのように語った。

「実施をめぐる一つの問題ですが、保護率は最低になったとはいえ、生活保護の実施に世論は強い関心をもっております。（中略）／ここで注意すべきことは、制度の実施に携わる者は、法の原理・原則・実施要領等を踏まえ運用しなければならないということはいうまでもありませんが、これに加えて国民感情も含めた世間一般の常識を忘れてはならないと考えています。生活保護について一般国民の目がマスコミ報道にも見られるように、不正受給に対してだけでなく、これらの真に生活に困窮している人に対する保護の取り扱いに思いやりをもってなされているかという点にも向けられていると思います[27]」。

生活保護制度の運営は、一方で法にもとづくものでなければならないが、他方で思いやりをもっているものでなければならない。法と国民感情、常識が対置されている。語られていることの紙背の論理をさぐれば、法の適用の徹底が、貧しい人びとへの思いやりの欠落になりがちであるのではないかと、いっている。これは、厚生省が、「一二三号通知」を契機とした生活保護の引き締め政策のゆきすぎを認めはじめたシグナルとみられる。

（24）久田恵『ニッポン貧困最前線　ケースワーカーと呼ばれる人々』文藝春秋（文春文庫）、一九九九年、一八二―一八八ページ。
（25）「保護申請権の確保について（昭和六一年一一月、都福祉局ブロック会議から）」寺久保光良『「福祉」が人を殺すとき』あけび書房、二〇〇九年、二三四―二三五ページ。
（26）「昭和六二年度東京都指導検査講評」同右、二三五―二四一ページ。
（27）上沢輝男「生活保護の動向と課題」全国社会福祉協議会『生活と福祉』第四一五号、一九九〇年一一月、七ページ。

8　厚生省の公式見解

この引き締め政策のもとで、生活保護を受給した、あるいはそれを拒まれた人びとはどう生活したか。すでに、その一端は被保護実人員の保護率に注目してかいまみた。つぎに低保護率期前半にかぎって、かれらを世帯レヴェルで観察して変化をみる。

まず、被保護世帯の全数であるが、一九八四年には七八万七七五八世帯であった。それが毎年減少して一一年目の九四年には五九万四四三九世帯に落ちこむ[28]（表４・４）。八四年の数字を一〇〇％とすれば、九四年の数字は七五・五％になる。これは第一義的に引き締め政策の苛酷な適用の結果であった。

被保護世帯の世帯類型別構成比の年次推移によって、その質的変化をうかがおう。八四年と九五年の二時点のそれぞれにおける構成比を示してみる。

八四年＝傷病者世帯と障害者世帯の小計四五・一％、高齢者世帯三〇・七％、母子世帯一四・六％。労働力の全面的あるいは部分的欠損を機軸とする社会的ハンディキャップをもつ四世帯類型の合計が九〇・四％におよぶ。労働力をそなえているその他の世帯は九・六％。

九五年＝高齢者世帯四二・三％、傷病者世帯と障害者世帯の小計四二・〇％、母子世帯八・七％。両時点間で社会的ハンディキャップをもつ四世帯類型の合計が九三・〇％となるところはほとんど変化はないが、高齢者世帯の増加と母子世帯の減少が目につく。これにはのちにふれる。その他の世帯は六・九％（表４・４）。

被保護世帯の特性は世帯人員数にもよくあらわれる（表４・５）。

八四年＝一人五六・七％、二人二〇・一％、三人以上二三・二％、平均世帯人員一・八六人。

九五年＝一人七一・八％、二人一七・三％、三人以上一〇・九％、平均世帯人員一・四八人。両時点間で、一人世

表４・４　現に保護を受けた世帯数，世帯類型別（１カ月平均）と世帯保護率

年	被保護世帯数						世帯保護率				構成比（%）					
	総　数	高齢者世帯	母子世帯	障害者世帯	傷病者世帯	その他の世帯	総　数	高齢者世帯	母子世帯	その他の世帯	総　数	高齢者世帯	母子世帯	傷病者世帯	障害者世帯	その他の世帯
1984 59	787,758	241,964	115,265	355,251		75,278	21.10	115.22	224.25	2.17	100.0	30.7	14.6	45.1		9.6
1985 60	778,797	243,259	113,979	348,881		72,678	20.92	110.98	224.37	2.11	100.0	31.2	14.6	44.8		9.3
1986 61	744,115	239,985	108,108	327,836		68,185	19.82	101.60	180.18	1.97	100.0	32.3	14.5	44.1		9.2
1987 62	712,302	236,685	101,069	310,769		63,779	18.71	94.03	192.15	1.82	100.0	33.2	14.2	43.6		9.0
1988 63	679,510	234,017	91,304	294,736		59,453	17.41	86.54	161.03	1.66	100.0	34.4	13.4	43.4		8.7
1989 H1	653,414	233,370	82,396	282,417		55,230	16.58	76.34	148.73	1.54	100.0	35.7	12.6	43.2		8.5
1990 2	622,235	231,609	72,899	267,091		50,637	15.45	74.40	134.25	1.38	100.0	37.2	11.7	42.9		8.1
1991 3	599,482	232,311	64,494	255,961		46,717	14.80	64.67	120.10	1.28	100.0	38.8	10.8	42.7		7.8
1992 4	584,821	235,119	57,847	248,038		43,818	14.19	63.75	120.51	1.18	100.0	40.2	9.9	42.4		7.5
1993 5	585,086	240,690	54,697	247,362		42,338	13.99	61.51	110.95	1.13	100.0	41.1	9.3	42.3		7.2
1994 6	594,439	248,419	53,597	250,158		42,266	14.13	58.42	109.16	1.13	100.0	41.8	9.0	42.1		7.1
1995 7	600,980	254,292	52,373	252,688		41,627	14.74	57.93	108.43	1.16	100.0	42.3	8.7	42.0		6.9
1996 8	612,180	264,626	51,671	254,449		41,434	13.97	54.38	93.95	1.08	100.0	43.2	8.4	41.6		6.8
1997 9	630,577	277,409	52,206	258,558		42,404	14.12	53.77	97.58	1.09	100.0	44.0	8.3	41.0		6.7
1998 10	662,094	294,680	54,503	267,582		45,329	14.88	52.49	108.57	1.18	100.0	44.5	8.2	40.4		6.9
1999 11	703,072	315,933	58,435	70,778	207,742	50,184	15.65	54.56	130.44	1.30	100.0	44.9	8.3	10.1	29.5	7.1
2000 12	750,181	341,196	63,126	76,484	214,136	55,240	16.47	54.50	105.74	1.43	100.0	45.5	8.4	10.2	10.2	7.4
2001 13	803,993	370,049	68,460	81,519	222,035	61,930	17.61	55.61	116.63	1.61	100.0	46.0	8.5	10.1	27.6	7.7
2002 14	869,637	402,835	75,097	87,339	231,963	72,403	18.90	56.09	112.09	1.90	100.0	46.3	8.6	10.0	26.7	8.3
2003 15	939,733	435,804	82,216	95,283	241,489	84,941	20.52	60.11	144.49	2.24	100.0	46.4	8.7	10.1	25.7	9.0
2004 16	997,149	465,680	87,478	102,418	247,426	94,148	21.53	59.14	139.52	2.49	100.0	46.7	8.8	10.3	24.8	9.4
2005 17	1,039,570	451,962	90,531	117,271	272,547	107,259	22.10	54.13	131.01	2.82	100.0	43.5	8.7	11.3	26.2	10.3

『2011（平成23）年度 福祉行政報告例』第Ⅳ編 年次推移統計表 第4表 現に保護を受けた世帯数，世帯類型別（1カ月平均）．

左記の被保護世帯数を『2010（平成22）年度国民生活基礎調査』1世帯票第04表世帯数―構成割合，世帯類型・年次別世帯数で除して1000を乗じた．

表4・5　被保護世帯の世帯人員別構成割合の年次推移

年	総　数	1人	2人	3人	4人	5人	6人以上	平均世帯人員
1984	100.0	56.7	20.1	11.6	6.8	2.9	1.9	1.86
1985	100.0	57.3	20.2	11.5	6.7	2.7	1.7	1.83
1986	100.0	58.5	20.1	11.1	6.2	2.5	1.5	1.80
1987	100.0	59.2	20.2	10.8	6.0	2.4	1.4	1.77
1988	100.0	61.0	19.9	10.2	5.5	2.1	1.3	1.76
1989	100.0	62.8	19.7	9.5	5.0	1.9	1.2	1.67
1990	100.0	64.7	19.3	8.9	4.4	1.7	1.0	1.63
1991	100.0	66.7	18.9	8.0	3.9	1.5	0.9	1.58
1992	100.0	68.6	18.5	7.3	3.5	1.3	0.8	1.53
1993	100.0	69.9	18.0	6.8	3.3	1.2	0.7	1.50
1994	100.0	70.9	17.7	6.5	3.1	1.1	0.7	1.48
1995	100.0	71.8	17.3	6.3	2.9	1.1	0.6	1.48
1996	100.0	72.8	17.0	5.9	2.7	1.0	0.5	1.44
1997	100.0	73.4	16.8	5.8	2.6	0.9	0.5	1.43
1998	100.0	73.7	16.7	5.6	2.6	0.9	0.5	1.42
1999	100.0	73.7	16.7	5.6	2.6	0.9	0.5	1.43
2000	100.0	73.5	16.8	5.6	2.6	0.9	0.5	1.42
2001	100.0	73.6	16.8	5.6	2.6	0.9	0.5	1.42
2002	100.0	73.5	16.9	5.7	2.6	0.9	0.5	1.42
2003	100.0	73.3	17.0	5.7	2.6	0.9	0.5	1.42
2004	100.0	73.4	17.0	5.7	2.5	0.9	0.5	1.42
2005	100.0	73.7	16.9	5.6	2.4	0.9	0.5	1.42

資料出所：「国民の福祉の動向」各年版

帯が代表性をたかめ、世帯の小型化が進んでいる。

保護率の低下が底をついた一九九五年の年末、厚生省社会・援護局監査指導課の主任生活保護監査官、石岡良三は、全国生活保護査察指導員研究協議会の席上で「指導監査結果からみた査察指導員の役割」と題する講演をおこなった。語り手の地位と会合の性格からして、その内容は、その時点における厚生省の代表的な公式見解であるとみてさしつかえないとおもわれる。講話の冒頭、石岡は生活保護の動向をつぎの七点にまとめた。

(1)　被保護人員は、一九八四年三月の一四八万人をピークに減少傾向をたどり、九三年九月に下げ止まり、以後横ばい、最近はわずかに上昇気味で、八九万一〇〇〇人、保護率は七・一‰である。

(2)　被保護世帯は、やはり一九八四年三月がピークで（約七八万八〇〇〇世帯）、その後はほぼ一貫して減少がつづき、最近わずかに増加がみられ、現在は六〇万一〇〇〇世帯となっている。

(3)　この減少傾向の要因の第一として、石岡は一九八三年ごろからの「好景気の影響」をあげる。ただし、一番大きな要因は「他法他施策の整備充実」だともいっており、それは、以下の(4)(5)をさすとみられる。

(4)　一九八六年、年金制度が改正されて障害基礎年金制度が導入され、被保護人員のなかから精神病入院患者が減少した。また、在宅の重度の障害者に新しい手当として特別障害者手当制度が創設された。

(5)　一九九〇年度からの高齢者保健福祉一〇カ年戦略、重度障害者施設の緊急整備などが進められて、特別養護老人ホームや障害者関係施設が増設され、高齢者・障害者が被保護世帯から福祉施設に移行していった。

(6)　一九七五年以降の「離婚率の減少」がある。これによって、被保護世帯である母子世帯は、八四年一一万五二六五世帯あったものが、九五年三月には五万二三七三世帯、半分以下に減少した。

(7)　要因の最後は、福祉事務所ではたらく職員たちの「適正実施についてのご努力」がある。また、それをバック・アップする都道府県、指定都市本庁の職員の取り組みも重要な働きをしている。[29]

以下、この講話について批判的に検討することになるが、まず最初に指摘したいのは、当時のわが国の生活保護行政が直面する危機的状況にかんする問題意識の希薄さ、あるいは欠落である。すでに引用した数字を一部くり返すが、一九八四年度の保護率は一二・二‰であった。それが例外なく毎年下降をくり返して、九五年度に七・〇‰にまで落ちこんだ。一一年まえに比較して六割を下まわる低下である。そのあいだに日本の極貧層に属する人びとが半減したというような事実が生じたのでないかぎり、生活保護で救済されるべき人びとのうち、実際に救済された人びとはより少なくなったはずである。つまり、生活保護という社会制度がそれ以前より機能不全に落ちこんだとかんがえるべきではないか。

これに関連して厚生官僚の意識と行動についてつぎの指摘をしておきたい。

石岡の講話の冒頭に保護率の動きにふれて「横ばい」という言葉が出てくる。これは、かれのばあいにかぎらず、当時の厚生官僚たちの発表した文章、談話に多くの類似例がみられる。石岡が講話をした一九九五年にかぎってみても、一月、厚生省社会・援護局長、佐野利昭は、全国民生主管部局長会議において「平成七年度における社会福祉行政の展開について」と題する講演をおこない、つぎのように語った。「最近の生活保護の動向を見ますと、景気動向を反映していると言いますか、あるいは景気動向にもかかわらずと言うべきか非常に微妙なところでありますが、保護率は、平成五年十月以降、横バイで推移いたしております(30)」。

また、同年三月、厚生省社会・援護局保護課長、松尾武昌は、全国社会福祉関係主管課長会議において「生活保護の適正な運営と処遇について」という講演をおこない、つぎのように語った。「被保護人員は、平成四年十月以降は横ばいで推移しておりまして、平成六年一月現在で一八万三千人《ママ》（正確には、平成元年一月の被保護実人員は八八万七一〇一人である。厚生省大臣官房統計情報部『社会福祉行政業務報告』三五ページ）、七・一‰でございます。全体の保護動向は、ほぼ横ばいで推移していますが、……(31)」。「横ばい」の使用例はもっとあげられるが、この程度にしておこう。

一一年間の歴史的時間のなかでの保護率の半減は制度が破綻にちかづいていることを示す。その半減も対前年あるいは対前々年の動きとしてみれば〇‰から数‰の減少であり、それは横ばいとみることができない訳ではない。生活保護制度の運営にあたる厚生官僚たちは、事態をみるのに、一〇年のタイム・スパンを採用するべきところ、一、二年のそれをつかっている。この専門職的近視眼とでも呼ぶべき傾向は、一、二年の在任期間でことなる管理職ポストをまわってゆくキャリヤ官僚の職位歴によるものなのか。

ただし、少数であるが、低い保護率を問題視する発言もみられる。一九九一年二月二七日、厚生省社会局関係主管課長会議がおこなわれ、同局保護課長・炭谷茂は「被保護者の動向に応じた積極的な対応を」という講義のなかで、保護率の低さにふれて、つぎのような異例の問題提起をした。

「このように低い保護率になると、ともすれば生活保護行政に対する軽視論が出て来がちです。低い保護率になると、生活保護行政の役割は減少しているということを言われるのではないかと恐れております。／しかし、生活保護行政は民主主義の発展の中で生まれてきたもので、社会保障の基盤を担う制度であることは言うまでもありません(32)」。

また、一九七四年まで課長補佐として保護課にいた藤井康は、退官後、大学教員に転じたが、社会福祉審議会などでよくはたらいていた。かれは九三年のエッセイ「被保護人員の動向について」のなかで、かいている。

「周知のように、今日続いている被保護人員の減少が始まったのは、昭和六十年（一九八五年）頃からであるが、その時から、手許にある最近の数値、平成四年（一九九二年）六月までの七年あまりの間に約五二万人の減、年平均では約七万人強が減少している。こうした例は、以前にはなかったことである」(33)（傍点、副田）。最後のセンテンスは、控えめの表現ながら、前代未聞の事態がおこりつつあるという藤井の認識をつたえているともよめる。これは、保護課の周辺にあった危機意識の一例とみられる。

(28)　表4・4にかんして、同学の先輩諸兄から御教示をあたえていただきたい疑問点が、ひとつあり、ここに記録しておくことにする。同表の世帯保護率の欄の数字は、各世帯類型ごとに被保護世帯数を全世帯数で除して、それに一〇〇〇を乗じて、もとめられている。たとえば、一九八四年の高齢者世帯の世帯保護率は、241,946 ÷ 2,100,000 × 1,000 ＝ 115.2 である。世帯保護率の数字はすべてそのようにして算出された。

さて、国立社会保障・人口問題研究所のホームページは、私の計算方法と同じ方法にもとづき、世帯保護率の算出結果を発表している。ところが、表4・6のように私が算出した前掲の世帯保護率の欄と同研究所のホームページにおける世帯保護率

表4・6　世帯保護率の国立社会保障・人口問題研究所の計算例と副田の計算例

①被保護世帯数

年		被保護世帯数					
		総数	高齢者世帯	母子世帯	傷病者世帯	障害者世帯	その他の世帯
1958	S33	549,050	113,490	78,740	356,820		
1960	35	574,350	123,430	76,170	374,750		
1965	40	605,140	138,650	83,100	177,850		205,540
1970	45	629,220	197,520	64,920	225,600		141,180
1975	50	704,785	221,241	70,211	322,458		90,875
1980	55	744,724	225,341	95,620	342,777		80,986
1981	56	754,601	228,055	100,116	346,992		79,438
1982	57	768,457	232,684	106,150	351,866		77,757
1983	58	780,325	237,067	111,177	355,565		76,517
1984	59	787,758	241,964	115,265	355,251		75,278
1985	60	778,797	243,259	113,979	348,881		72,678
1986	61	744,115	239,985	108,108	327,836		68,185
1987	62	712,302	236,685	101,069	310,769		63,779
1988	63	679,510	234,017	91,304	294,736		59,453
1989	H1	653,414	233,370	82,396	282,417		55,230
1990	2	622,235	231,609	72,899	267,091		50,637
1991	3	599,482	232,311	64,494	255,961		46,717
1992	4	584,821	235,119	57,847	248,038		43,818
1993	5	585,086	240,690	54,697	247,362		42,338
1994	6	594,439	248,419	53,597	250,158		42,266
1995	7	600,980	254,292	52,373	252,688		41,627
1996	8	612,180	264,626	51,671	254,449		41,434
1997	9	630,577	277,409	52,206	258,558		42,404
1998	10	662,094	294,680	54,503	267,582		45,329
1999	11	703,072	315,933	58,435	207,742	70,778	50,184
2000	12	750,181	341,196	63,126	214,136	76,484	55,240
2001	13	803,993	370,049	68,460	222,035	81,519	61,930
2002	14	869,637	402,835	75,097	231,963	87,339	72,403
2003	15	939,733	435,804	82,216	241,489	95,283	84,941
2004	16	997,149	465,680	87,478	247,426	102,418	94,148
2005	17	1,039,570	451,962	90,531	272,547	117,271	107,259
2006	18	1,073,650	473,838	92,609	272,170	125,187	109,847
2007	19	1,102,945	497,665	92,910	269,080	132,007	111,282
2008	20	1,145,913	523,840	93,408	269,362	137,733	121,570
2009	21	1,270,588	563,061	99,592	289,166	146,790	171,978
2010	22	1,405,281	603,540	108,794	308,150	157,390	227,407

世帯類型別被保護世帯数及び世帯保護率の年次推移　国立社会保障・人口問題研究所「生活保護」に関する公的統計データ一覧より．

②国立社会保障・人口問題研究所の計算例

年		世帯保護率			
		総数	高齢者世帯	母子世帯	その他の世帯
1958	S33	25.8	237.4	187.5	17.9
1960	35	25.5	246.0	179.5	17.7
1965	40	23.2	173.5	248.2	15.5
1970	45	21.0	165.2	175.9	13.0
1975	50	21.4	136.7	189.2	13.4
1980	55	21.1	93.0	211.5	13.1
1981	56	20.9	89.9	209.0	12.9
1982	57	21.2	86.6	223.5	13.0
1983	58	21.4	84.9	229.7	13.0
1984	59	21.1	80.1	224.7	12.7
1985	60	20.9	78.2	225.3	12.5
1986	61	19.8	72.3	181.1	11.8
1987	62	18.7	68.2	192.5	11.0
1988	63	17.4	62.7	161.0	10.2
1989	H1	16.6	56.2	149.3	9.7
1990	2	15.5	55.2	135.0	8.9
1991	3	14.8	49.3	120.8	8.6
1992	4	14.2	48.2	121.0	8.1
1993	5	14.0	46.2	110.9	8.0
1994	6	14.1	44.9	109.2	8.1
1995	7	14.7	45.3	108.7	8.5
1996	8	14.0	42.7	94.5	8.0
1997	9	14.1	42.5	97.6	8.0
1998	10	14.9	41.4	109.0	8.5
1999	11	15.7	43.6	131.0	8.8
2000	12	16.5	43.9	106.1	9.3
2001	13	17.6	45.2	117.4	9.9
2002	14	18.9	46.2	112.3	10.7
2003	15	20.5	49.6	145.3	11.6
2004	16	21.5	48.7	139.7	12.3
2005	17	22.1	54.1	131.0	13.1
2006	18	22.6	56.0	117.5	13.2
2007	19	23.0	55.3	129.6	13.4
2008	20	23.9	56.6	133.2	13.9
2009	21	26.5	58.5	132.4	16.2
2010	22	28.9	59.1	153.7	18.4

世帯類型別被保護世帯数及び世帯保護率の年次推移　国立社会保障・人口問題研究所「生活保護」に関する公的統計データ一覧より．

③副田の計算例

年		世帯保護率			
		総数	高齢者世帯	母子世帯	その他の世帯
1958	S33	25.8	237.4	187.5	17.5
1960	35	25.6	246.9	179.6	17.4
1965	40	23.3	173.5	248.1	15.5
1970	45	21.1	165.2	175.9	13.0
1975	50	21.4	203.2	187.7	13.2
1980	55	21.1	133.8	217.8	12.8
1981	56	20.9	128.2	215.3	12.6
1982	57	21.2	125.7	229.3	12.7
1983	58	21.4	121.6	229.2	12.7
1984	59	21.1	115.2	224.3	12.4
1985	60	20.9	111.0	224.4	12.2
1986	61	19.8	101.6	180.2	11.5
1987	62	18.7	94.0	192.1	10.7
1988	63	17.4	86.5	161.0	9.9
1989	H1	16.6	76.3	148.7	9.5
1990	2	15.5	74.4	134.3	8.7
1991	3	14.8	64.7	120.1	8.3
1992	4	14.2	63.8	120.5	7.9
1993	5	14.0	61.5	110.9	7.8
1994	6	14.1	58.4	109.2	7.9
1995	7	14.7	57.9	108.4	8.2
1996	8	14.0	54.4	93.9	7.7
1997	9	14.1	53.8	97.6	7.7
1998	10	14.9	52.5	108.6	8.2
1999	11	15.7	54.6	130.4	8.5
2000	12	16.5	54.5	105.7	9.0
2001	13	17.6	55.6	116.6	9.5
2002	14	18.9	56.1	112.1	10.3
2003	15	20.5	60.1	144.5	11.1
2004	16	21.5	59.1	139.5	11.8
2005	17	22.1	54.1	131.0	13.1
2006	18	22.6	56.0	117.5	13.3
2007	19	23.0	55.2	129.6	13.4
2008	20	23.9	56.6	133.2	13.9
2009	21	26.5	58.5	132.4	16.2
2010	22	28.9	59.1	153.7	18.4

上記の「その他世帯」は“傷病者世帯”“障害者世帯”をふくむ．表4・4の「その他世帯」はそれらをふくんでいないのに注意せよ．

の欄をならべてみると、後者のアミカケ欄の数字は前者の数字とちがっている。同研究所にその事実を指摘してちがった数字の由来を問いあわせたところ、二〇〇六年以前のデータは生活保護の動向編集委員会編集『生活保護の動向（平成二〇年版）』から、とくに検討することなく写した、したがって数字の由来はわかりかねる、疑問があれば前出委員会に問いあわせるようにといわれた。そこで同委員会に問いあわせたところ、当時の関係者の大多数が残っていないので、それらの由来はわかりかねるとのことであった。前出の国立社会保障・人口問題研究所のホームページの算出結果について、あげ足とりの批判をするのは本意ではない。私が知らないデータや計算方法があって、表4・4がおもいがけない誤りをふくむのを恐れる。この件についてどなたからでも御教示をいただきたい。

(29) 石岡良三「指導監査結果からみた査察指導員の役割」全国社会福祉協議会『生活と福祉』第四七六号、一九九五年一二月、三―四ページ。

(30) 佐野利昭「平成七年度における社会福祉行政の展開について」『生活と福祉』第四六七号、一九九五年三月、八ページ。

(31) 松尾武昌「生活保護の適正な運営と処遇について」『生活と福祉』第四六八号、一九九五年四月、六ページ。

(32) 炭谷茂「被保護者の動向に応じた積極的な対応を」『生活と福祉』第四二〇号、一九九一年四月、六ページ。

(33) 藤井康「被保護人員の動向について」『生活と福祉』第四四四号、一九九三年四月、二ページ。

9　好景気の影響か？

保護率の低下の一因が好景気であるという判断は、このころの厚生官僚の言動のなかに、充分な検討をぬきにして、しきりとあらわれる。筆者は経済学の非専門家であるため、この判断にゆきとどいた批判をくわえる自信はない。しかし、辞書風の定義のみを頼りにしてでも、最小限の考察をおこなっておこう。

景気は、経済の生産、売上、在庫、価格、利益、雇用など多くの分野にわたって、同じように上昇したり下降したりする状況をいう。多くの経済指標が同時に上昇、下降することでとらえられる。景気は上昇と下降をくり返して、その変動は景気循環と呼ばれている。そのなかで景気が上昇している状態を「好景気」「好況」「景気の回復」といい、景気が下降している状態を「不景気」「景気の悪化」という。景気循環の構成は、二局面＝景気拡張期と景気後退期にわける見方と、四局面＝好況、後退、不況、回復にわける見方とがある。好況の極点を「景気の山」、不況の極点を「景気の谷」という。

景気循環には短い周期のものと長い周期のものがあるが、ここではくわしくは立ち入らない。厚生官僚たちが言及するのは、わが国の内閣府による定義にもとづく景気循環であるから、それをてみじかに引用しておく。これは内閣府が発表している景気動向指数をもちいて判断したものである。その景気基準日付によると、一九五〇年代初頭から二〇〇九年三月までの約六〇年間は、第一循環から第一五循環までに区分される。本稿がとりあつかう一九八四年度から二〇〇五年度までの二二年間は、第一〇循環から第一四循環までの期間に属する(34)。この五つの循環の山と谷が位置する時期と好況・不況を示す線分、二二年間の保護率の推移を、さきに一つの図のなかに示してみた（図4・1）。

この図が端的に示しているのは、この最初の一一年間では、景気の好況・不況にかかわらず、保護率が低下しつづけてきたという事実である。石岡は、一九八四年三月からの被保護人員の実数と保護率の低下の要因として、八三年ころからの好景気をあげている(35)。たしかに、八三年二月から八五年六月にかけて谷から山への好況が記録されている。それによって八四年から八五年への保護率の低下は説明されるようにみえる。しかし、八五年六月から八六年一一月の不況のなかでも、八五年から八六年にかけて保護率は低下しつづけているのだ。不況は貧しい人びとのうち生活保護を必要とする人びとを増大させたはずである。そのとき保護率が低下したとはなにを意味するか。それを先に生活保護制度の機能不全が進行したといったのである。一九八六年末からの第一一循環についても同様の指摘ができる。

福祉士養成講座編集委員会編『公的扶助論』は、現在のところ、公的扶助にかんする代表的テキスト・ブックの一冊とみなされよう。執筆者は五人、四人が大学教員で各一章をうけもち、ひとりが現役の官僚で、厚生労働省社会・

援護局保護課総務係長が二章をうけもっている。かれが執筆者グループのエース格か。かれは「第5章　生活保護の動向」の「第1節　被保護人員数及び被保護世帯数」において、一九八四年度以降にふれて、つぎのように述べている。

「昭和五九年度以降になると、一九八六（昭和六一）年四月の年金制度の改正や一九八六年一二月から長期にわたる好景気もあって、（保護人員、保護率は）減少傾向で推移してきたが、一九九二（平成四）年秋以降は減少傾向から横ばいとなり、……」(36)。

この文章と図4・1をつきあわせていただきたい。保護人員と保護率の減少は一九八六年一二月から九一年二月までの好景気によるといい、それらの減少が九一年二月から九三年一〇月までの不況のあいだもつづいたことにはふれない。それらの減少は好況・不況にかかわらず持続しているのであるから、そこには景気の好し悪しとは区別される第三の力が一貫して作用しているとかんがえるべきではないか。

さらにいいそえると、景気と保護率の関連については、典型例を四つあげることができる。

(1)　好況で失業率が低下し、失業によって生活保護を受給していた者が就労して、自立し、生活保護をはなれ、保護率が下がる。

(2)　好況で賃金が上昇し、低賃金のために生活保護を受給していた者の賃金が上昇し、自立して生活保護をはなれ、保護率が下がる。

(3)　不況で失業率が上昇し、失業によって失業保険ついで生活保護を受給する者が増加し、保護率が上がる。

(4)　不況で賃金が低下し、低賃金が最低生活費を下まわり、生活保護を受給する者が増加し、保護率が上がる。

この四例は、健常な労働力の持ち主が存在する世帯、被保護世帯の現行の分類では、その他世帯においてより多く生じる。ほかの三類型、高齢者世帯、母子世帯、傷病・障害者世帯では、労働力の持ち主がいないか、いてもその労働力が部分的に欠損しているのがふつうである。労働力の持ち主がいないばあい、景気の好し悪しによる四例のいずれかが出現するはずがない。部分的に欠損している労働力の持ち主がいるばあい、好況による保護率の低下の幅はより小さく、不況による保護率の上昇の幅はより大きいはずである。

以上は思考実験風の推論であるが、これを前提に、被保護世帯のうちのその他世帯の割合の年次推移をみておこう。それは、一九六五年度三四・〇％、七〇年度二二・四％、七五年度一二・九％、おおよそのところ、高度成長期には五年で一〇％ずつ減少する。それが、低保護率期に入ると、八四年度九・六％、九五年度六・九％、最後の比率は、六五年度の比率の約五分の一である。[37] 好況による保護率の低下が集中的にみられる世帯類型は三〇年間で五分の一に減少した。前出の厚生官僚による保護率低下の説明は、その減少を無視しておこなわれている。あるいは、一九六〇年度前後に形成された説明の型をあまりに無造作に世紀末にもちこんだというべきであろう。

あるいは、労働力類型別の被保護世帯のデータをつかっても、同様の論議ができる。労働力の類型別では、世帯主が働いている世帯、世帯主は働いていないが世帯員がはたらいている世帯、働いている者のいない世帯の三分法をとる。前二者の小計が被保護世帯の総数のうちに占める百分率を年度ごとに計算すると、つぎのようになる。一九六五年度四七・四％、七〇年度三三・六％、七五年度二二・八％、おおよそのところ、高度成長期には五年で一〇％ずつ減少する。それが低保護率期に入ると、八四年度二一・四％、九五年度一三・六％、最後の比率は六五年度の比率の約三分の一である。[38] これによれば、好況による保護率の低下が集中的にみられる世帯類型は、三〇年間で三分の一に減少したということになる。

（34）内閣府「景気基準日付」内閣府ホームページより。

(35) 石岡良三、前掲、三ページ。
(36) 福祉士養成講座編集委員会編『公的扶助論』〔第3版〕中央法規出版、二〇〇五年、一二三ページ。
(37) 生活保護の動向編集委員会『生活保護の動向 平成二〇年版』中央法規出版、二〇〇八年、三四―三五ページ。
(38) 同右、四〇―四一ページ。

10　高齢者世帯のばあい

全国の被保護世帯である高齢者世帯は、一九八四年には二四万一九六四世帯、九五年には二五万四二九二世帯、一一年間で一万二三二八世帯の増加である。ただし、このみせかけの数字だけから性急な判断をしてはならない。人口高齢化の進行にともなって、高齢者世帯そのものが、その間に激増しているのである。全国の高齢者世帯は、八四年には二一〇万世帯であったものが、九五年には四三九万世帯に増加したと推計されている。それによって、高齢者世帯の世帯保護率は、八四年一一五・二‰であったものが、九五年には五七・九‰にまで落ちこんでいる。わかりやすくいえば、高齢者世帯一〇〇〇世帯のなかで、生活保護を受給してくらす世帯は、一一年間で約一一五世帯から約五八世帯に減少したのである。あるいは、高齢者世帯が生活保護をうける機会が、八四年を一〇〇%とすると、九五年には約五〇%に減少したのだといってもよい。

石岡が代表して語る厚生省の公式見解は、この論法にたいする釈明をふくんでいる。すなわち「他法他施策の整備充実」があったといい、特別養護老人ホームの増設などが例示され、「高齢者が被保護世帯から福祉施設に移行していった」といわれる。それはデータでどこまで裏付けられるか。

『生活保護動態調査報告』〔年次刊行物〕は、全国の保護廃止世帯数を毎年九月、廃止の主な理由別に集計した結果を発表している。主な理由は左記の一二通り。

表4・7　保護廃止理由別世帯数（高齢者世帯の場合）

保護廃止の理由	1984	1985	1986	1987	1988	1989	1990	1991	1992	1993	1994	1995	1984-1985 総数
総　数	2,319	2,585	2,889	2,614	2,596	2,169	2,220	2,167	2,232	2,168	2,292	2,304	28,555
1. 世帯主の傷病治癒	116	120	106	100	114	109	151	122	166	194	214	193	1,705
2. 世帯員の傷病治癒	9	1	10	7	6	1	1	—	—	1	—	2	38
3. 死亡	780	830	771	799	794	757	805	828	878	872	964	968	10,046
4. 失そう	31	36	34	58	61	61	79	87	91	91	121	136	886
5. 働きによる収入の増加・取得	62	57	56	59	56	40	53	53	58	39	49	58	640
6. 働き手の転入	44	46	50	40	55	34	43	21	37	40	40	30	480
7. 社会保障給付金の増加	188	253	442	252	191	135	159	149	148	134	118	138	2,307
8. 仕送りの増加	132	193	197	184	167	109	134	124	78	68	74	68	1,528
9. 親類・縁者等の引取り	315	354	398	371	360	281	296	267	271	239	223	217	3,592
10. 施設入所	308	312	338	342	366	347	288	313	313	301	304	341	3,873
11. 医療費の他法負担	141	159	129	118	96	85	65	68	58	49	41	26	1,035
12. その他	193	224	358	284	330	210	146	135	134	140	144	127	2,425

注：各年9月調査分.
資料：厚生省大臣官房統計情報部『生活保護動態調査報告』.

1　世帯主の傷病治癒。
2　世帯員の傷病治癒。
3　死亡。
4　失そう。
5　働きによる収入の増加・取得。
6　働き手の転入。
7　社会保障給付金の増加。
8　仕送りの増加。
9　親類・縁者等の引取り。
10　施設入所。
11　医療費の他法負担。
12　その他。

一九八四年から九五年にかけて、毎年九月における、高齢者世帯の保護廃止世帯の理由別世帯数は、表4・7のとおりである。これらの理由のうち、生活保護以外の「他法他施策の整備充実」にあたるものは、7、10、11の三つである。その三つの一一年間の総数の計は七二一五となる。これに、つぎの二つの事情を勘案して加工する。

(1)　われわれが利用しうる資料には、最初の一表にだけ、各年度の一カ月平均の保護廃止世帯数が示されている。残りの表は、各年九月のデータである。[39] ところが各年度の一カ月平均の数字と各年度の九月の数字は異なっており、つねに前者は後者の一・二倍から一・三倍の大きさである。この理由はわからない。おそらく生活保護行政の都合で月によって保護廃止世帯数に規則的な増減があり、九月はそれがつねに減少するということだろう。そこで各年度の九月の保護廃止世帯数に一・二を乗じて、平均値の近似値をもとめておくことにする。

(2)　一カ月平均の保護廃止世帯数に一二を乗じると、一年間の保護廃止世帯数がえられることになる。

この発想によれば、さきの七二一五に一・二と一二を乗じて、一九八四年から九五年までの一一年間で「他法他施策の整備充実」によって、廃止となった被保護世帯の高齢者世帯の概数を推計することができる。すなわち 7,215 × 1.2 × 12 ＝ 103,896　約一〇万世帯。

いま仮りに、「他法他施策の整備充実」がまったくなく、この一〇万三八九六の高齢者世帯が九五年の時点で被保護世帯にとどまっていたとすると、九五年の被保護世帯の高齢者世帯数は三五万八一八八となる。これを同年の全高齢者世帯数で除して世帯保護率をもとめると、八一・六‰となる。「他法他施策の整備充実」による世帯保護率の低下分は、

81.6‰ − 57.9‰ ＝ 23.7‰

にとどまる。

115.2‰ − 81.6‰ ＝ 33.6‰

は「他法他施策の整備充実」によっては説明がつかない低下分である。これまでの論議の筋道からゆけば、これは引き締め政策による低下分であるといわざるをえない。つまり、高齢者世帯にかんするかぎり、一九八四年から九五年にかけての世帯保護率の低下はその半分以上が「他法他施策の整備充実」によって当然視されることができない。さきに紹介した石岡の釈明は妥当性を欠いているのである。

（39）厚生省大臣官房統計情報部『平成六年生活保護動態調査報告』一五、一七ページ。同報告の平成七年版、八年版には、この種の表はない。

11　母子世帯のばあい

一九八四年度から九五年度までの保護率の低下を、世帯類型別にみて論議を深め進めておこう。そのさい、方法としてもっとも適切なのは、被保護世帯である母子世帯の減少に注目することであるとおもわれる。

叙述を一部はくり返すことになるが、被保護世帯である母子世帯は、一九八四年度一一万五二六五世帯、九五年度五万二三七三世帯、実に六万二八九二世帯が減少している。八四年度の数字を一〇〇％とすると、九五年度の数字は四五・四％。五四・六％の減少である（表4・4）。

石岡は、この変化の要因として「昭和五十年以降の離婚率の減少」がかんがえられるという。(40) かれはそれ以上の説明をくわえていないので、止むをえず、一部推測をまじえてかれの言い分を構成すると、一九七五年度以降九四年にいたる二〇年間で離婚率が減少し、その結果として生別母子世帯の実数は減少した。このころ、母子世帯の構成は大多数が生別母子世帯であるので、生別母子世帯の減少は、被保護世帯となる母子世帯の減少をもたらす。この論理にしたがえば、一九八四年度に存在した全母子世帯は、九五年度には半減しているはずである（最後の一行は副田が補

表4・8　離婚件数・離婚率及び人口の年次推移

年次	離婚件数（組）	離婚率（人口千対）	人口（人）
1975	119,135	1.07	111,251,507
1976	124,512	1.11	112,420,000
1977	129,485	1.14	113,499,000
1978	132,146	1.15	114,511,000
1979	135,250	1.17	115,465,000
1980	141,689	1.22	116,320,358
1981	154,221	1.32	117,204,000
1982	163,980	1.39	118,008,000
1983	179,150	1.51	118,786,000
1984	178,746	1.50	119,523,000
1985	166,640	1.39	120,265,700
1986	166,054	1.37	120,946,000
1987	158,227	1.30	121,535,000
1988	153,600	1.26	122,026,000
1989	157,811	1.29	122,460,000
1990	157,608	1.28	122,721,397
1991	168,969	1.37	123,102,000
1992	179,191	1.45	123,476,000
1993	188,297	1.52	123,788,000
1994	195,106	1.57	124,069,000
1995	199,016	1.60	124,298,947

平成21年度人口動態統計特殊報告「離婚に関する統計」.

筆した)。

母子世帯、母子問題、母子福祉について専門研究者として平均的な学習をしてきて、多少の業績をもつ者として、呆然とするほかはない滅茶苦茶な論理である。二〇年間の時間域で離婚率をかんがえるのは、よしとしよう。離婚による生別母子家庭は、再婚をしなければ、最大限、二〇年間、母子家庭でありつづける。離婚時、〇歳であった生まれたばかりの子ども(末子)が二〇年後に成人して子どもでなくなるから。

そこで、政府統計によって、一九七五年から九四年までの二〇年間の離婚件数、離婚率および人口の年次推移の統計表をみてみる(表4・8)。まず、一九七五年に始まる離婚率の減少は事実ではない。七五年の一・〇七にはじまり、八三年の一・五一まで八年間にわたって離婚率は上昇しつづけている。八四年から減少が始まる。八三年の一・五一から八八年の一・二六まで五年間にわたって離婚率は下降をつづける。その後、上昇と下降を小刻みにくり返すが、九一年の一・三七以降、九五年の一・六〇まで、最後の四年間は上昇がつづく。

石岡はどうしてこのような統計表のよみちがえをやったのだろうか。それは正確なところで

表4・9　母子世帯になった理由別　母子世帯数及び構成割合の推移

調査年次	世帯数（千世帯）						構成割合（単位：%）					
	総　数	死　別	生　別				総　数	死　別	生　別			
			総　数	離　婚	未婚の母	その他			総　数	離　婚	未婚の母	その他
1978	633.7	316.1	317.5	240.1	30.3	47.1	100.0	49.9	50.1	37.9	4.8	7.4
1983	718.1	259.3	458.7	352.5	38.3	67.9	100.0	36.1	63.9	49.1	5.3	9.5
1988	849.2	252.3	596.9	529.1	30.4	37.3	100.0	29.7	70.3	62.3	3.6	4.4
1993	789.9	194.5	578.4	507.6	37.5	33.4	100.0	24.6	73.2	64.3	4.7	4.2
1998	954.9	178.8	763.1	653.6	69.3	40.2	100.0	18.7	79.9	68.4	7.3	4.2

全国母子世帯等調査（1998（H10）年・2003（H15）年の結果）.

は私にはわからない。八四年から九五年にかけての被保護世帯の母子世帯の半減という事実があり、それを説明する要因として、八四年から八八年にかけての離婚率の減少に気付き、それを、特定の時点における生別母子世帯の実数の大きさはそれにさきだつ二〇年間の離婚率の函数であるという常識に結びつけて、過剰に一般化した。そんなところだろうか。

生別母子世帯の実態に迫る調査として、厚生省は五年おきに「全国母子世帯等調査」をおこなっている。石岡がこれを参照しなかったのも理解しがたい（表4・9）。これによれば、母子世帯の総数は一九七八年六三万三七〇〇世帯、八三年七一万八一〇〇世帯、八八年八四万九二〇〇世帯、九三年七八万九九〇〇世帯、九八年九五万四九〇〇世帯である。八八年から九三年にかけて総数で微減がみられるが、半減に通じるような変化ではなく、九八年には増加傾向がもどっている。なお、低保護率期において、母子世帯総数のうち、生別母子世帯の構成比は六割から七割余である。

被保護世帯の母子世帯が一一年間で半減したことは離婚率の動きによっては説明できない。そのあいだに母子世帯の総数が半減した訳でもない。石岡の講話を聞く、全国から集まった査察指導員のなかには、これらの事実を知る者が少なからずいたはずである。かれらはそれらの事実の認識にもとづき、反論しなかったのだろうか。王様は裸だと口に出したひとはいなかったらしい。石岡の講話は無修正で、厚生省社会局のPR誌『生活と福祉』九五年一二月号の巻頭をかざっている。全国生活保護査察指導員研究協議会は、その名称のように研究協議をする場ではなく、本省から地方庁への上意下達の場でしかなくなっている。その上意の虚偽性をかんがえあわせるとき、聞き手の沈黙はかなり不気味な眺めではあるが。

さて、それではこの時期の母子世帯における保護率の低下はなにによって生じたのか。離婚率の動きによっては説明されることができず、ほかにみるべき他法他施策の実施もないとあっては、石岡の講話の冒頭の要因分類によっていえば、職員たちの「適正実施についての御努力」をあげるほかはない。すなわち「一二三号通知」を機軸にした引き締め政策である。ほかの世帯類型では、なんらかの他法他施策の効果があったが、母子世帯のばあいはそれがなく、被保護世帯の半減という結果に「一二三号通知」の猛威がむきだしにみられるのである。

これについて二点をつけくわえておく。

(1)　この項の冒頭で、被保護世帯の母子世帯数は八四年度を一〇〇%とすると、九五年度は四五・四%になるといった。これは両年度で母子世帯の総数が増加しているのを考慮に入れていない。より正確には、両年度の母子世帯の世帯保護率を比較するべきであろう。それは、八四年度二二四・七‰、九五年度一〇八・七‰、となる。後者は前者の四八・三%になる。平易な表現をすれば、母子世帯の生活保護のうけやすさが半減したのである。

(2)　これは管見のかぎりではだれもいったことがなく、さしあたっては仮説として提示するほかないが、生活保護の実施主体、ばあいによっては政策主体のなかに、被保護世帯の母子世帯にたいして、ほかの世帯類型にたいしては認められない非好意的態度、あえていえば偏見が存在して、「一二三号通知」の適用をより苛酷なものにしていたのではないか。実例を『生活と福祉』誌「水脈」欄からひろってみる。まえにもいったが、同誌は厚生省社会局のPR誌であり、現職の国家公務員、地方公務員が執筆者の大多数を占めている。

「社会福祉と住民意識

健康そうな若い女性が、福祉事務所の窓口にやってきて、開口一番『離婚したら生活保護を受けられると聞いたけど』とガムをかみながらの相談である。生活保護の受給を当然のように申し出る女性に、ケースワーカーは〝これでいいのだろうか〟と首をかしげてしまう。近年、生活保護世帯の中に母子世帯が増加してきた。五カ年間に母子世帯は五〇％の著しい増加である。離婚や未婚の母の増加は、全国的な傾向であるが、児童扶養手当受給者、生活保護受給者数の増加は『たよりない夫より、たのもしい国』ということであろうか。しかし、児童扶養手当や生活保護費が、国民の税金により賄われていることを意識したことがあるだろうか。母子世帯にはきびしい社会情勢であること、就職難や、保育所への入所も容易でない等について理解出来るが、前後を考えず、安易に離婚に踏みきったケースや、生活保護をあたりまえのように受給しているケースに出合うとき〝自立〟について考えさせられる。権利意識の中に〝甘え〟がかくされてはいないだろうか。母子世帯にも心の〝自立〟を望みたい（S）」[41]。

一読、母子世帯の若い母親への反感、敵意がみなぎっているのがよみとれる文章である。それを一々分析、論証することができるが、紙幅のゆとりがない。それでも二、三をいえば、生活保護の受給は、受給の要件をみたしているかぎり、国民の当然の権利である。税金の支払いは、一定程度の収入があるかぎり、国民の当然の義務である。集合的存在としての国民は、それらの権利と義務の持ち主である。その国民のひとりとして、文中の女性は福祉事務所をものおじせずにたずねてさしつかえない。健康そうな若い女性が、それだけの理由で生活保護の受給を拒まれねばならないことはない。また、前後をかんがえず、安易に離婚に踏みきったケースというが、そこには若い世代の離婚を罪悪視する、古い世代の価値意識がのぞいている。どのような離婚をしようと、受給要件をみたしていれば、生活保護をあたりまえのように受給してかまわない。受給要件のなかに、離婚は慎重におこなわれたという条件が入るはずもない。ひとの離婚について安易とか慎重とかだれが決めるのか。

もちろん「水脈」欄には、このような母子世帯の若い母親にたいする反感をあらわに示す文章ばかりがならんでいる訳ではない。生別母子家庭の別れた父親の子どもにたいする扶養義務の問題の重要性を説く文章や母子家庭の母親の職業訓練にいそしむ姿を活写した文章もみいだされる(42)。しかし、前掲の「社会福祉と住民意識」のような文章もまた存在し、それはかならずしも例外ではないのである。

(40) 石岡、前掲講話、四ページ。
(41) (S)「社会福祉と住民意識」全国社会福祉協議会『生活と福祉』第三二六号、一九八三年六月、一三ページ。
(42) (K)「母子福祉対策」同右、第三二九号、一九八三年九月、二〇ページ、(D)「扶養義務」同右、第三三二号、一九八三年一二月、一七ページ。

12　水準均衡方式

政策・制度としての生活保護がどれほどの水準にあるか、いっそう具体的にいえばどれほどの安定を国民生活にもたらしているかを測定するためには、二つの基本的方法がある。第一は生活保護基準に着目する方法である。まず、なんらかの意味で理想の最低生活費を算出しておき、生活保護基準がその最低生活費にどこまで接近しているか、あるいはどれほど及ばないかを測定する。朝日訴訟の一審当時となえられた生活保護基準倍増論はそのわかりやすい一例である。第二は捕捉率に着目する方法である。これは、生活保護基準以下の収入しかえていない人びとが国民中に何人いるかを推計し、そこに実際に生活保護を受給している人びとがどれほどの比率を占めるかを算出する。イギリスなどでは、政府が定期的に捕捉率を調査・公表するのがふつうであるが、わが国ではそれがおこなわれていない。第一の方法は、受給者の個人か世帯の生活費に注目するミクロ的方法である。第二の方法は、受給者の統計的集合に注目するマクロ的方法である。本項では第一の方法を採り上げ、次項では第二の方法をとりあげることにする。

一九八四年四月以降、生活保護基準の決定方式は水準均衡方式と呼ばれる。以下、低保護率期の中央の一九九五年四月一日現在で、この方式による生活保護基準の内容を概説しておくことにする(43)。

生活保護基準は各種の扶助の基準、各種の加算、勤労控除などからなっている。一級地―一でそれらの基準などは表4・10のとおりである。生活扶助基準は、三三歳の男、二九歳の女、四歳の子によって構成される標準三人世帯では一五万七二七四円になる。一級地―一とは、東京都の区部と市の大部分など大都市部をさしている。生活保護制度では全国を一級地から三級地までに三分し、各級地を枝級地に二分し、あわせて六分している。そうして、大都市から地方にゆくほど物価が下がるという理由で、生活扶助基準を下げてゆく。表4・11でみるように、一級地―一のばあいに比較して、三級地―二ではそれは八割弱にまでさげられている。なお、世帯あたりの最低生活費は、この生活扶助に住宅扶助をくわえて算出する。標準三人世帯では、それは一級地―一で表4・12・1でみられるように、一七万二七四円になる。表4・12には、このほか、夫婦子二人世帯、老人二人世帯、老人一人世帯、母子三人世帯、重度障害者をふくむ二人世帯などの各級地・各枝級地における世帯あたりの最低生活費が示される。

この標準三人世帯という考えかたは一九八六年から採用された。それまでは標準四人世帯という考えかたが採用されていた。標準三人世帯では、三三歳の男は病気ではたらいておらず、二九歳の女がはたらいているという設定になっている。現実にこのような世帯構成の被保護世帯があれば、女の勤労収入にかんして勤労控除がおこなわれる。そこで厚生省は、八六年から九二年までは、標準三人世帯の最低生活費を算出するにあたって、生活扶助、住宅扶助に勤労控除をくわえていた。この方式は九三年から取り止めとなり、さきに述べたように生活扶助と住宅扶助のみで算出するようになった。そして、勤労収入があるばあいには、収入におうじた額が勤労控除として控除されるため、現実に消費しうる水準は、生活保護の基準額に控除額をくわえた水準となると付言するようになった。この変更の理由

表4・10　1995年度生活保護基準改定の概要

（1級地―1）

	第50次（1994年4月1日）	第51次（1995年4月1日）	備　考
1　生活扶助基準	円	円	［標準3人世帯―33歳男，29歳女，4歳子］
居住（1類＋2類）			
標準3人世帯	155,717	157,274	
期末一時扶助費（居宅）	13,740	13,880	
【加算等】			
妊産婦加算（妊娠6カ月以上）	13,420	13,530	
老齢加算			
70歳以上			
（居　宅）	17,380	17,520	
（入院・入所）	14,780	14,780	
母子加算			
（居　宅）	22,590	22,780	
（入院・入所）	19,230	19,230	
障害者加算			
障害等級1・2級			
（居　宅）	26,070	26,280	
（入院・入所）	22,160	22,160	
重度障害者他人介護料	68,700	69,450	
在宅患者加算	12,920	13,020	
人工栄養費	11,600	11,690	
入院患者日用品費	22,510以内	22,690以内	
入学準備金			
小学校	37,700以内	38,300以内	
中学校	43,800以内	44,600以内	
2　住宅扶助基準			
家賃間代等	13,000以内	13,000以内	
住宅維持費	年額113,000以内	年額113,000以内	
3　教育扶助基準			
小学校	2,040	2,080	
中学校	3,970	4,040	
4　出産扶助基準			
居　宅	171,000以内	171,000以内	
施　設	125,000以内＋入院料	125,000以内＋入院料	
5　生業扶助基準			
生業費	40,000以内	40,000以内	
技術習得費	53,000以内	55,000以内	
就職支度費	30,000以内	30,000以内	
6　葬祭扶助基準	149,000以内	149,000以内	大人の基準額
7　勤労控除			
基礎控除			
上限額	32,160	32,480	
下限額	8,000	8,000	
不安定就労控除	8,000	8,000	
特別控除	年額146,200以内	年額147,700以内	
新規就労控除	10,100	10,100	
未成年者控除	11,200	11,300	

資料出所：全国社会福祉協議会『生活と福祉』第469号．以下，表4・12まで同じ．

表4・11　1995年度生活扶助基準月額標準3人世帯
（33歳男，29歳女，4歳子）

級地区分	格　差	1994年度	1995年度	改定率
1級地—1	100.0	155,717 円	157,274 円	
1級地—2	95.5	148,710	150,197	1.0%
2級地—1	91.0	141,702	143,119	
2級地—2	86.5	134,695	136,042	
3級地—1	82.0	127,688	128,965	
3級地—2	77.5	120,681	121,887	

はわからない。そこで八六年から九五年までのあいだで、標準三人世帯の最低生活費の推移はデータが提示されているかぎりで、二とおりの算出方式のそれぞれによるものをあわせ示すことにする。九三年以降、勤労控除額を入れた、かつての方式での最低生活費の算出はとりやめられている（表4・13）。

標準四人世帯は三五歳の男が日雇い労働者としてはたらいており、それに三〇歳の女、九歳の小学生の子、四歳の子がくわわった世帯である。この世帯の最低生活費は、八四年当時、生活扶助、住宅扶助、教育扶助に勤労控除をあわせて算出されていた。八六年に標準三人世帯という考えかたが採用されたのちも、この四人世帯の最低生活費のデータは提供されつづけ、八八年からはそれに児童養育加算が入るようになった。九三年以降は勤労控除のデータが提供されなくなり、九四年からは標準四人世帯の最低生活費は生活扶助、住宅扶助、教育扶助の三者のみで算出する方式に変更された。したがって、八四年から九五年までの標準四人世帯の最低生活費も二とおりの方式のそれぞれでもとめてあわせ示すことにする。九三年以降は勤労控除額を入れた、かつての方式での最低生活費の算出はとりやめられている（表4・14）。

なお、生活保護基準をこの標準三人世帯や標準四人世帯の最低生活費で例示する厚生省のやりかたは、基準にかんして偏ったイメージをつくりだす恐れがある。のちに示すように、被保護世帯は世帯類型でみれば高齢者世帯がもっとも多く、世帯員数によってみれば一人世帯が七割にちかく、これに二人世帯をあわせれば九割にちかい。したがって、代表性がたかい生活保護基準を例示するとすれば、高齢者世帯の一人世帯の最低生活費こそがつかわれるべきな

表4・12　生活保護の基準額（月額）の具体的事例

1. 標準３人世帯（33歳男，29歳女，4歳子）

	1級地―1	1級地―2	2級地―1	2級地―2	3級地―1	3級地―2
世帯当たり最低生活費	170,274 円	163,197 円	156,119 円	149,042 円	136,965 円	129,887 円
生活扶助	157,274	150,197	143,119	136,042	128,965	121,887
第１類	104,600	99,890	95,190	90,480	85,770	81,060
第２類	52,674	50,307	47,929	45,562	43,195	40,827
住宅扶助	13,000	13,000	13,000	13,000	8,000	8,000

注：1. 第２類は，冬季加算（Ⅵ区額× 5/12）を含む．以下同じ．
2. 就労収入のある場合には，収入に応じた額が勤労控除として控除されるため，現実に消費しうる水準は，生活保護の基準額に控除額を加えた水準となる．

2. 夫婦子２人世帯（35歳男，30歳女，9歳子（小学生），4歳子）

	1級地―1	1級地―2	2級地―1	2級地―2	3級地―1	3級地―2
世帯当たり最低生活費	212,743 円	203,853 円	194,958 円	186,068 円	172,162 円	163,272 円
生活扶助	197,663	188,773	179,878	170,988	162,082	153,192
第１類	140,260	133,950	127,640	121,330	115,010	108,700
第２類	57,403	54,823	52,238	49,658	47,072	44,492
教育扶助	2,080	2,080	2,080	2,080	2,080	2,080
住宅扶助	13,000	13,000	13,000	13,000	8,000	8,000

3. 老人２人世帯（72歳男，67歳女）

	1級地―1	1級地―2	2級地―1	2級地―2	3級地―1	3級地―2
世帯当たり最低生活費	144,873 円	140,382 円	133,457 円	129,036 円	117,041 円	112,690 円
生活扶助	114,353	109,862	104,057	99,636	93,761	89,410
第１類	66,960	64,600	60,930	58,640	54,900	52,680
第２類	47,393	45,262	43,127	40,996	38,861	36,730
老齢加算	17,520	17,520	16,400	16,400	15,280	15,280
住宅扶助	13,000	13,000	13,000	13,000	8,000	8,000

4. 老人１人世帯（70歳女）

	1級地―1	1級地―2	2級地―1	2級地―2	3級地―1	3級地―2
世帯当たり最低生活費	104,766 円	102,082 円	96,963 円	94,349 円	84,161 円	81,607 円
生活扶助	74,246	71,562	67,563	64,949	60,881	58,327
第１類	31,640	30,870	28,790	28,090	25,940	25,310
第２類	42,606	40,692	38,773	36,859	34,941	33,017
老齢加算	17,520	17,520	16,400	16,400	15,280	15,280
住宅扶助	13,000	13,000	13,000	13,000	8,000	8,000

5. 母子３人世帯（30歳女，9歳子（小学生），4歳子）

	1級地―1	1級地―2	2級地―1	2級地―2	3級地―1	3級地―2
世帯当たり最低生活費	193,495 円	186,578 円	178,080 円	171,167 円	157,649 円	150,722 円
生活扶助	153,825	146,908	139,980	133,067	126,139	119,212
第１類	101,150	96,600	92,050	87,500	82,940	78,390
第２類	52,675	50,308	47,930	45,567	43,199	40,822
母子加算	24,590	24,590	23,020	23,020	21,430	21,430
教育扶助	2,080	2,080	2,080	2,080	2,080	2,080
住宅扶助	13,000	13,000	13,000	13,000	8,000	8,000

6. 重度障害者を含む２人世帯（65歳女，25歳男（重度障害者））

	1級地―1	1級地―2	2級地―1	2級地―2	3級地―1	3級地―2
世帯当たり最低生活費	187,153 円	181,672 円	174,507 円	169,026 円	156,911 円	151,430 円
生活扶助	121,823	116,342	110,857	105,376	99,891	94,410
第１類	74,430	71,080	67,730	64,380	61,030	57,680
第２類	47,393	45,262	43,127	40,996	38,861	36,730
障害者加算	26,280	26,280	24,600	24,600	22,970	22,970
重度障害者加算	14,170	14,170	14,170	14,170	14,170	14,170
重度障害者家族介護料	11,880	11,880	11,880	11,880	11,880	11,880
住宅扶助	13,000	13,000	13,000	13,000	8,000	8,000

表４・13　標準３人世帯の世帯あたりの最低生活費の推移

年	生活扶助			住宅扶助	世帯あたり最低生活費＝A	世帯あたり最低生活費の対前年引き上げ率	勤労控除＝B	A+B
	第１類	第２類	小計					
1986	86,840	37,647	124,487	9,000	133,487		17,980	151,467
87	88,760	40,376	129,136	9,000	138,136	3.48	22,940	161,076
88	89,860	41,084	130,944	9,000	139,944	1.31	22,940	162,884
89	92,640	43,804	136,444	13,000	149,444	6.79	23,220	172,664
90	95,130	45,544	140,674	13,000	153,674	2.83	23,510	177,184
91	97,410	48,047	145,457	13,000	158,457	3.11	23,800	182,257
92	99,840	50,126	149,966	13,000	162,966	2.84	24,080	187,046
93	102,030	51,235	153,265	13,000	166,265	2.02		
94	103,560	52,157	155,717	13,000	168,717	1.47		
95	104,600	52,674	157,274	13,000	170,274	0.92		

資料出所：全国社会福祉協議会『生活と福祉』各年５月号.
注：86年のみ１級地，87年以降は１級地—１である.

のである。そうかんがえて、七〇歳の女性の老人一人世帯の最低生活費の推移を、一九八七年から九五年まで示してみた（表４・15）。

この生活保護基準をどう評価するか。水準均衡方式は厚生省社会局保護課が作成した文書ではつぎのように解説されていた。まず、八三年一二月の中央社会福祉審議会の意見具申の一部がつぎのように要約された。

「①現在の生活扶助基準は、一般国民の消費実態との均衡上ほぼ妥当な水準に達していること。②今後の生活扶助基準の改定に当たっては、当該年度に想定される一般国民の消費動向を踏まえると同時に、前年度までの一般国民の消費水準との調整が図られるよう適切な措置をとることが必要であること(44)」。

その意見具申により、生活扶助基準はつぎのように引き上げられた。

「政府経済見通しにおいて見込まれる（昭和）五十九年度の民間最終消費支出の伸び率を基礎として、前二年度の国民の消費水準の実勢及び傾向を勘案し、五十八年度に対し、標準四人世帯について二・九％の引き上げを行うこととしたものである。また世帯人員別の基準額については、一般低所得世帯の消費実態に対応させるために、第一類の改定率を二・二％、第二類の改定率を五・〇％とするとともに、世帯人員が四人未満の少人数世帯については家計の弾力性にとぼしいこと、一般世帯に

表4・14　標準4人世帯の世帯あたりの最低生活費の推移

年	生活扶助			住宅扶助	教育扶助	世帯あたり最低生活費＝A	児童養育加算＝B	勤労控除＝C	A＋B＋C
	第1類	第2類	小計						
1984			152,960	9,000	1,660	163,620		23,430	187,050
85	117,396	40,966	158,362	9,000	1,690	168,086		23,950	192,036
86	117,830	42,577	160,407	9,000	1,710	171,088		22,570	193,658
87	119,010	43,978	162,988	9,000	1,740	173,728		22,940	196,668
88	120,490	44,763	165,253	9,000	1,750	176,003	2,500	22,940	201,443
89	124,220	47,742	171,962	13,000	1,830	186,792	2,500	23,220	212,512
90	127,560	49,636	177,196	13,000	1,850	192,046	2,500	23,510	218,056
91	130,620	52,358	182,978	13,000	1,890	197,868	2,500	23,800	224,168
92	133,880	54,625	188,505	13,000	1,950	203,455	2,500	24,080	230,035
93	136,820	55,825	192,645	13,000	2,010	207,655			
94	138,870	56,833	195,703	13,000	2,040	210,743			
95	140,260	57,403	197,663	13,000	2,080	212,743			

資料出所：全国社会福祉協議会『生活と福祉』各年5月号.
注：86年のみ1級地，87年以降は1級地—1である.

おける消費実態との格差も考慮して、単身世帯四・一%、二人世帯三・二%、三人世帯三・〇%と前年度に引き続き標準四人世帯を上まわる改訂を行い、その処遇の充実を図ることとした。一方、五人以上の多人数世帯については、その引き上げ幅を四人世帯以下とすることにした[45]（以下略）」。

一九八三年以前は、格差縮小方式が六五年度から一九年間つかわれてきた。それより前は六一年から六四年までがエンゲル方式、六〇年まではマーケット・バスケット方式がつかわれた。各方式のくわしい説明は先行する三論文でみられたい。ここでは各方式と貧困概念との関連のみにわずかにふれておくと、マーケット・バスケット方式は絶対的な貧困概念によるが、エンゲル方式からのちのものは相対的な貧困概念によっている。つまり、厚生省は六〇年代初頭から生活保護基準を、被保護世帯の生活水準と一般国民の世帯の生活水準との格差の縮小をめざして、別の言いかたをすれば、被保護世帯にもなるべく人並みの生活をさせようとして、決定してきた。それは具体的には、一般勤労者世帯の生活水準を一〇〇%としたばあい、被保護勤労者世帯のそれを六〇%にまで引き上げていくことを目標にしていた。これは六〇年代から一九七三年あたりにかけてでは達成されず、生活保護基準の低さがくりかえし批判さ

表4・15　老人1人世帯（70歳女）の最低生活費の推移

年	生活扶助			老齢加算	住宅扶助	世帯あたり最低生活費
	第1類	第2類	小計			
1987	30,500	32,627	63,127	15,350	9,000	87,477
88	30,500	33,219	63,719	15,470	9,000	88,189
89	30,870	35,415	66,285	15,780	13,000	95,065
90	30,870	36,828	67,698	16,030	13,000	96,728
91	30,870	38,866	69,736	16,410	13,000	99,146
92	30,870	40,543	71,413	16,790	13,000	101,203
93	30,870	41,443	72,313	17,140	13,000	102,453
94	31,330	42,183	73,513	17,380	13,000	103,893
95	66,960	47,393	114,353	17,520	13,000	144,873

資料出所：全国社会福祉協議会『生活と福祉』各年5月号.

れる根拠となってきたが、七四年から八三年にかけて次第に達成された。この経過については、三論文のうち3章の第三論文でくわしく述べている。厚生省はこれによって、生活保護基準は、一般国民の消費実態と均衡した妥当な水準に達しているとみて、八四年以降はその水準の維持をめざす水準均衡方式に切り替えたのである。

それまでのところ、わが国で社会福祉や生活保護が論じられるばあい、生活保護基準が低すぎるという判断が、ほぼ定説として通用してきた。これは一九五七年から六七年にかけての朝日訴訟にかんする論議などをつうじて定説化したもので、その訴訟で告発されたマーケット・バスケット方式についてはまったく妥当なものであったが、その後やや慣性的にくりかえされてきた嫌いがある。もちろん、こういうことは、さきの厚生省の公式見解をそのまま鵜呑みにしておけばよいというものではない。たとえば、そこで目標値とされた六〇％という数字については検討の余地がおおいにある。しかし、相対的な貧困概念をとるならば、格差縮小方式の意義は正しく評価するべきであるし、一九七四年から八三年にかけての被保護世帯の一般世帯にたいする消費水準の格差の縮小は事実として認め、それなりに評価するべきであろう。

福祉事務所の生活保護行政のなかでながくはたらいてきた現業員たちで、その勉強と識見が信頼にあたいするとおもわれる人びとに、調査のおりなどに生活保護基準などをどうみているかを訊いてみると、つぎのような答えがかえってくることが多かった。基準が全般的に低すぎるという判断は現実的ではない。しかし、被保護世帯の九割近くを占める一人世帯や二人世帯は、その大部分は高齢者世帯と傷病・障害者世帯であるが、食べてゆくだけで精いっぱいという切りつめた暮らしを余儀なくされている。だが、世帯員数が四人、五人と多い世帯に各種の加算や勤労控除がついたりすると、保護基準がかなりの高額になり、地域社会の同一規模の一般世帯の総収入を上まわる例もすくなくない。そのかぎりでは、生活扶助基準のうち、世帯員数によってふやしてゆく一類の生活費の一部を、一世帯あたりできめる二類にうつす工夫があってもよいのではないか。

表4・16　生活保護受給にかんする世帯類型

	生活保護受給	生活保護非受給
非低所得世帯	①濫救（不正受給）	③正　常
低所得世帯	②正　常	④漏　救

(43)　厚生省社会局保護課「昭和五九年度の生活保護」全国社会福祉協議会『生活と福祉』第三三七号、一九八四年五月、五―七ページ。
(44)・(45)　同右、七ページ。

13　捕捉率の研究

一九八〇年代から九〇年代にかけて、日本の生活保護制度の捕捉率の問題については、政府はそれが存在しないかのようにふるまっていたが、少なからぬ研究者たちがそれをとりあげて業績を発表していた。そのなかでも、問題の意味の解明と実証の方法の周到さで出色の出来栄えをもつ星野信也の業績をかいつまんで紹介する。(46)

これは、星野理論の核心のひとつとしての「福祉国家の中流階層化」研究(47)の一部となるものである。世紀後半、大衆民主化が進展し、中流階層が社会の主流となり、福祉国家の主要な受益者となりはじめた。それは福祉国家に社会的弱者、低所得階層を忘却させがちで、所得の垂直的再分配機能を低下させる。その典型的兆候のひとつが捕捉率の極端な低さである。

捕捉率を推計する星野の方法をわれわれのこれまでの論議の方法と関連づけ、説明するため、上記のようなマトリックスをつくっておいた。調査対象となる世帯は低所得世帯と非低所得世帯に二分され、それぞれが生活保護を受給しているものと受給しないものに二分される。低所得世帯とは、生活保護制度でいう最低生活費未満の所得しかえていない世帯である。非低所得世帯とは、最低生活費以上の所得をえている世帯である。このばあい、最低生活費とは貧困線と一般化して呼んでもさしつかえない。①は、非低所得世帯が生活保護を受給している世帯数であり、一般化していえば濫救、われわれがさきにとりあげた不正受給はこれに入る。②と③は「制度上望ましい組合わせ」の世帯数であり、④は漏救の世帯数である。捕捉率はつぎのようにあらわせる。

②÷(②+④)×100＝捕捉率

ただし、④の実数は、そのまま利用可能な状態で存在しているのではない。②と④の合計、つまり低所得世帯の実数を、資料をつかって推計しなければならない。

星野がおこなった推計作業の概略を紹介する。まず、データとしては、総務庁統計局による一九八九年度全国消費実態調査の統計処理済みデータをつかっている。

生活保護基準の計算方法は、各世帯ごとに各世帯員の年齢を年齢一一階層別の生活保護基準第一類に置き換える方法をもちいておこなった。老齢加算、児童養育加算、母子加算は、該当者がいるばあいにはすべて併給が認められるとみなして、あらゆるばあいに加算した。しかし、妊婦加算、産婦加算、在宅患者加算、および放射線障害者加算については、資料がえられないため一切考慮しなかった。第二類についても、世帯人員数により第二類基準に置き換える方法をつかった。冬季加算についても納得がゆく処理がおこなわれているが、説明の紹介は省略する。[46]

生活保護基準は一級地の一から三級地の二まで六つの級地・枝級地ごとにさだめられているが、星野はすべてのケースの階層判定のための貧困線として、一級地の一の基準をつかっている。この処置をとる論拠としてつぎの三つをかれはあげた。(1)生活保護制度には就労にともなう必要経費について収入認定控除制度があり、就労に必要な交通費や職域社会保険などの実費が控除されている。そのほか、使途を特定しない基礎控除、特別控除も認められている。それらによって、被保護世帯の生活水準はおしなべて生活保護基準よりいくらか高い水準まで押し上げられている。(2)生活保護制度には期末一時扶助費や一時扶助費があり、少額であるけれども、地方自治体や社会福祉協議会からの法外援護、少額贈与などもある。それらは、年間とおしてみると、被保護世帯の生活水準をわずかながら押し上げている。(3)ＯＥＣＤ諸国の先行研究では、社会扶助基準を数十％あげたものを貧困線としてつかった例もみられる。全ケースで一級地の一の生活保護基準を貧困線につかうのは、平均値で基準を一〇％程度高く設定するのであるから、ＯＥＣＤ諸国の先行研究の一部に比較するとささやかなアップ率というべきであろう。[49]

他方、生活保護基準においては、国民の一般生活において広くみられる支出が認められないということがある。(1)生活保護基準においては、全国消費実態調査で「非消費支出」に分類されるものを除外して組み立てられている。「非消費支出」のうち、租税は課税対象外であり、社会保険料は職域保険は収入認定控除の対象、地域社会保険は国民年金は支払免除、国民健康保険は排除を前提としており、民間の生命保険では被保護者の保険料支出は認められない。(2)生活保護を受給することは、いくつかのフリー切符を受けとることである。「消費支出」のなかでも、医療費の自己負担分は、医療扶助の自己負担分を例外として、原則的にゼロとなり、テレヴィの受信料も免除される。(3)被保護者は「実収入以外の収入」および「実支出以外の支出」すなわち、貯蓄やそのとりくずし、土地家屋のローン返済などはいっさい認められない。生活保護はあらゆる資産を活用したのちに受給が可能になる制度である。以上、三点を確認したうえで、星野はつぎの結論をみちびき出している。「（被保護者の生活実態と）国民の生活実態と比較するのだとすれば、少なくとも非消費支出とフリー切符が適用される消費支出部分を補正する意味で、生活保護基準に合理性の範囲で最も高い基準を用いるのが適当であろう(50)」。

全国消費実態調査の個票には、各世帯の年収が一万円単位で記入されていた。星野たちはそれを円単位に置き換え、つぎに月額ベースに換算し、そこから、生活保護が原則として実費を給付している住宅扶助の「家賃・地代」と教育扶助の「学校給食費」をのぞいて、比較の対象とした。A．実態調査の収入・支出と、B．生活保護の収入・支出の関係を算数式であらわすと、つぎのとおり。

A．年収月額＋実収入以外の収入≧実収入＋実収入以外の収入
＝実支出＋実支出以外の支出
＝消費支出＋非消費支出＋実支出以外の支出

B．生活保護基準＋（実費以外の使途を特定しない）収入認定控除＝消費支出

推計結果の一部はつぎのとおり。世帯人員別に年収月額が生活保護基準未満の世帯の百分比をみると、単身世帯一〇・九％、二人世帯五・〇％、三人世帯二・八％、四人世帯二・二％、五人世帯三・六％、六人世帯四・四％、七人以上世帯六・八％、世帯合計で四・一五％、人員ベースの合計で三・七一％。

一九八七年一〇月一日のわが国の人口推計値は一億二三二五万五〇〇〇人である。これに百分の三・七一を乗ずる

と、約四五七万人となる。すなわち、この時点の日本において、生活保護基準以下の収入でくらす人びとは約四五七万人、存在する。同時点の日本で生活保護を受給している人びとは一〇九万九五二〇人。これは、さきの四五七万人の二四・〇％にとどまる。捕捉率は二四・〇％ということになる。(51)

くわしいデータの記述に関心がある方は、星野論文に直接あたられたい。以下、三点の付言にとどめる。⑴星野によれば、世帯ベースの捕捉率は四〇・〇％と推計される。⑵ほかの研究者たちの業績をみても、日本での人員ベースの捕捉率はおおよそ二五％前後である。⑶各国の公的扶助制度がちがうので、厳密な国際比較は困難であるが、イギリスの数例を上げると、人員ベースの捕捉率は、七六―九二％程度である。

(46)　星野信也「福祉国家中流階層化に取り残された社会福祉――全国消費実態調査のデータ分析（1）」首都大学東京『人文学報・社会福祉学』一一号、一九九五年、二三―八五ページ。
(47)　星野信也『「選別的普遍主義」の可能性』海声社、二〇〇〇年、とくに第6、7、10章。
(48)　星野「福祉国家中流階層化に取り残された社会福祉――全国消費実態調査のデータ分析（1）」三八―三九ページ。
(49)　同右、三九ページ。
(50)　同右、四〇ページ。
(51)　同右、八〇ページ。

14　福祉川柳事件

一九九二年の年末、東京都のある区（以下、A区と略記する）の福祉事務所で生活保護の業務を担当するケースワーカーたちが忘年会をひらいた。かれらはその席で座興のひとつとして、かねてつくり集めておいた、仕事の憂さ、辛さ、苦しさを表現する川柳を発表しあい、出来栄えのよい作品に投票して順位づけをするコンクールをおこなった。

つくられた川柳は全部で八九句あったが、得票ゼロの一四句をのぞいた七五句が記録に残された。この記録に「文学ノート・第一回川柳大賞」というタイトルがつけられ、作者は「福祉事務所名知らず」とされた。「福祉川柳」とはこの七五句をさすことにする。

「福祉川柳」は、いくつかの偶然の条件がかさなって、その作り手の了解がえられないままに、社会福祉業界の業界誌あるいは準学術専門誌ともいうべき、小さい雑誌に発表された。その作品群は、社会福祉に関心をもつ当事者(利用者)団体、従事者団体、さらには政治団体によって、当事者の差別や人権侵害の表現であると告発・抗議された。その雑誌の編集責任者、それを刊行する団体の事務局長に社会的糾弾が集中し、作り手の正体を明かすことが強要された。かれらは釈明と謝罪をくり返したが、ニュース・ソースとしてのA区福祉事務所の固有名詞は最後までもらさなかった。この社会的騒動を「福祉川柳」事件という。

事件の全体を考察した業績には、大友信勝『福祉川柳事件の検証』(筒井書房、二〇〇四年、全二二二ページ)がある。[52]「福祉川柳」の全作品を公的扶助労働論の観点から論じた業績としては、私の「ケースワーカーの生態」(副田義也『福祉社会学宣言』所収、岩波書店、二〇〇八年、全七四ページ)がある。[53]その事件と作品についてくわしく知りたい読者は、それらの業績に直接あたっていただきたい。ここでは、この節につかえる紙幅の範囲で、先行する叙述との関連を意識しつつ、私の仕事の一部を紹介するにとどめる。

「福祉川柳」のコンクールで上位四位に入った作品は、いずれもケースワーカーのクライアントにたいする拒否感情をうたったものであった。

1位18票　訪問日　ケース元気で　留守がいい/田中のふうぞ

2位15票　金がない　それがどうした　ここくんな/隠れモリシタン

3位13票　やなケース　居ると知りつつ　連絡票／マツザンス
4位12票　きこえるよ　そんなに　そばにこなくても／ちかちゃん

わずかに解説をくわえる。

「訪問日　ケース元気で　留守がいい」

いうまでもなく「亭主元気で留守がいい」のもじりである。ケースはクライアントをさす業界用語である。生活保護の実施にあたり、ケースワーカーはクライアントの生活状況を把握し、それを処遇に役立て、そのことによって自立助長のための指導をおこなうことを目的として、クライアントを定期的に訪問することが制度化されている。これによって、ケースワーカーがクライアントに訪問日に会いにいった。しかし、クライアントは元気で、出かけており、会えなかった。面接の目的は達せられなかったが、それがよかったという。その背後には、ケースワーカーがクライアントに会いたくない、クライアントをうとましくおもっているという心理が示唆されている。私のような非業界人の研究者には、この句は平明でわかりよいが、平凡な句のようにおもわれる。つぎに紹介する二位の句のほうが、よほど衝撃力があり、印象がつよい。しかし、現業員たちが投票してこの句に最高点をあたえたということは、かれらの最大多数がここに描かれているクライアントに会いたくない、クライアントをうとましくおもう心理に共感したということである。われわれはその事実を重視しなければならない。

「金がない　それがどうした　ここくんな」

クライアントが福祉事務所にやってきて、保護費の支給日よりまえに生活費がつきてしまったと訴える。ほかのクライアントは、保護費を計画的にやりくりして、一カ月を食いつないでいる。しかし、それができないクライアントが少数だがいる。経験的に判断すると、その多くの原因はアルコール依存症である。酒を飲みはじめると、酒代の支出を自分でコントロールすることができないのだ。ほかに、まれであるが、病的な浪費癖の持ち主もいる。この保護費の支給日よりまえに生活費がつきてしまったという訴えを、同一人物が、毎月くり返しする。それにたいして、ケースワーカーがやってみたい対応がうたわれている。それがどうした、知ったことか。これは、困窮の訴えにたいする共感の拒否である。勝手に飢えていろ。怒りがむきだしに表明される。ここくんな。顔もみたくないという追い返しである。もちろん、実際にはそこまでやれない。選外作から一句。

「金が無い　だまってさしだす　保存食」

ケースワーカーの沈黙は、クライアントにたいするコミュニケーションの拒絶であり、クライアントにたいする愛想づかし、侮蔑である。そこから一歩踏み出すと、差別の言動となる。

「やなケース　居ると知りつつ　連絡票」

ケースワーカーは、訪問日に、会うのがうとましいクライアントを訪れた。ところが相手は居留守をつかっている。そこでケースワーカーのほうも、これ幸いと、クライアントが不在のさいに残す連絡票をおいて引きあげてきた。このケースワーカーの心情は、一位の句のそれと同一である。ケースワーカーのクライアントにたいする拒否感情のひろがりがうかがえる。

「きこえるよ　そんなに　そばにこなくても」

これは、ケースワーカーのクライアントにたいする拒否感情、うとましさの感情の新しい位相を示している。この作品の作者のペンネームは「ちかちゃん」であるから、若い女性のケースワーカーの作品であろう。多くは老人のクライアントであるが、ケースワーカーのそばに近寄り、近寄りすぎるほどに近寄り、秘密めかして、あるいは親しげに小声で話しかける。ケースワーカーは、その近寄りすぎたクライアントの身体と動作をうとましく感じる。そのうとましさは心理的なうとましさであり、生理的なうとましさである。

これら上位四位までの作品は、ケースワーカーがクライアントのすくなくとも一部にたいしてつよい拒否感情をもっているという事実をはっきりと示唆する。その拒否感情はどのようにして成立しているのか。以下は、手持ちの材料からは、厳密には仮説構成風にいうというしかないが、ほぼ確実な推論のつもりである。ケースワーカーのクライアントにたいする拒否感情は、先行するクライアントのケースワーカーにたいする拒否感情から誘発されたものではないか。あるいは、クライアントがケースワーカーを拒否する関係が先行して、そこからケースワーカーがクライアントを拒否する関係が派生してくるのではないか。相互作用において、一方が他方になんらかの負の感情をもてば、後者も前者にたいして同一の感情をもちがちであるのは、平凡な事実である。それでは、クライアントはなぜケースワーカーを拒否するのか。生活保護制度はクライアントへのスティグマを包含しており、ケースワーカーはその刻印を担当しているから。これもまた、平凡な事実であるといわねばならない。

生活保護制度は、クライアントに一方において生存権を保障するが、他方においてスティグマを刻印する社会制度である。資産調査・収入調査を受けること、検診命令を受けることが、そのスティグマの機軸部分である。その周囲に生活指導、就労指導、定期訪問を受けることなどがあり、最終的には生活保護を受給すること自体がスティグマとなる。そのスティグマを要約していえば、それは、他者＝社会に依存しなければ生きてゆけない人間、一人前ではない人間のラベルを貼られることである。それは不名誉なラベル、汚名である。クライアントは、そのスティグマを自らにもたらした存在として、福祉事務所とケースワーカーに根強い拒否感情をもつのである。

すでに生活保護の引き締め政策の成立を論じて、その要因のひとつとして、ケースワーカーたちの心情の一端にふれた。「福祉川柳」コンクールにおける上位入賞の四作品があきらかにするクライアントへの拒否感情は、その心情の成立過程を分析する手がかりを示唆している。

(52) 大友信勝『福祉川柳事件の検証』筒井書房、二〇〇四年。

(53) 副田義也「ケースワーカーの生態」『福祉社会学宣言』岩波書店、二〇〇八年。

15 「一二三号通知」のその後

一九八一年に「一二三号通知」が発せられ、八四年あたりから引き締め政策に猛威をふるったが、約一〇年が経過して、その政策に緩和のきざしがあらわれた。そのきざしのひとつは九六年にはじまる保護率のわずかではあるが上昇する動きである。「一二三号通知」そのものにかんしては、その後、二つの大きな変化があった。そのひとつは、二〇〇〇年三月末日の改正である。

さきに紹介したとおり、この通知の本文は「1　新規申請の場合」と「2　保護受給中の場合」とに二分されている。その前半がさらに(1)と(2)に二分されるのだが、(1)の「ア」は資産調査の徹底、「イ」は収入調査の徹底を命じるものである。これらをうけて、(2)は、一九九九年度までは、以下のようになっていた。

「(1)のア、イによる書面及び(1)のイによる記入内容を証明するに足る資料の提出並びにこれらに関する調査を拒む等の者に関しては、生活保護法（以下「法」という。）第28条の規定により保護申請を却下することについて検討すること」[54]。

念のために第二八条も引用しておく。

「第二八条　保護の実施機関は、保護の決定又は実施のための必要があるときは、要保護者の資産状況、健康状態その他の事項を調査するために、要保護者について、当該吏員に、その居住の場所に立ち入り、これらの事項を調査させ、又は当該要保護者に対して、保護の実施機関の指定する医師若しくは歯科医師の検診を受けるべき旨を命ずることができる。

② 前項の規定によって立入調査を行う吏員は、厚生省令の定めるところにより、その身分を示す証票を携帯し、且つ、関係人の請求があるときは、これを呈示しなければならない。

③ 第1項の規定による立入調査の権限は、犯罪捜査のために認められたものと解してはならない。

④ 保護の実施機関等は、要保護者が第1項の規定による立入調査を拒み、妨げ、若しくは忌避し、又は医師若しくは歯科医師の検診を受けるべき命令に従わないときは、保護の開始若しくは変更の申請を却下し、又は保護の変更、停止若しくは廃止をすることができる」。

これにたいして、「一二三号通知」の前半の(2)の条文は、二〇〇〇年三月末日以降、以下のようにかきかえられた。

「(1)のア、イによる書面及び(1)のイによる記入内容を証明するに足る資料の提出並びにこれらに関する調査を拒む等の者に関しては、保護の決定（変更の決定を含む。以下同じ。）及び実施に当たっては、生活保護法（以下「法」という。）第4条、第8条及び第9条の趣旨に照らして、保護の申請者の現在の需要を的確に把握したうえで、法第24条に基づき、保護の要否、種類、程度及び方法を決定しなければならないとされていることから、資産の保有状況又は収入状況の調査につき保護の申請者の協力が得られない場合、適切な保護の決定を行うことが困難となる。従って、このような場合には、保護の申請者に対し、生活保護法の趣旨、内容等につき十分な説明を行うとともに、やむを得なければ、法第28条の規定による保護申請を却下することについて検討すること[55]」。

改正まえの(2)の条文は、資産調査、収入調査を拒む申請者にたいして、問答無用で申請の却下を検討しろと命じている。それにたいして、改正後の(2)の条文は、①資産調査、収入調査に申請者が協力しなければ、適切な保護の決定がおこなわれない。②だから、行政は保護の申請者に「生活保護法」の趣旨、内容などにつき、十分な説明をしなければならない。③それでも申請者の協力がえられないばあいには、申請の却下について検討するようにという。こちらは、「生活保護法」の精神にもとづいた説得がすすめられたうえで、それでも説得が成功しなければ、申請の却下も止むを得ないといっている。

「一二三号通知」は、もともと暴力団組員の不正受給を防止することを目的としており、その手段として資産調査、収入調査などの徹底をはかったものであった。その手段のゆきすぎが、生活保護を真に必要とする一般国民を生活保護から遠ざけ、いわば一般国民をまきぞえにして、保護率の低下をまねいた。二〇〇〇年三月の「一二三号通知」の改正は、行政がそれを暗に認め、手段のゆきすぎの一部を修正した試みとみることができる。

ただし、この試みによっては、暴力団組員の不正受給の防止という目的は達せられないままである。「一二三号通知」は、暴力団組員の不正受給を効果的に防止することには失敗したのであった。この判断を裏付けるのは、二〇〇六年三月の「生活保護行政を適正に運営するための手引について　平成一八年三月三〇日　社援保発第〇三三〇〇〇一号厚生労働省社会・援護局保護課長通知」(以下「手引について」と略記する)である。(56)

これは、生活保護行政全般にわたる長大な通知で、『生活保護手帳　二〇〇六年度版』の「関係通知欄」の冒頭におかれ、同書の四四ページを占める。ここでは、それを暴力団員による不正受給の防止にかぎって論じる。さきに指摘したように『生活保護手帳』の「関係通知」欄の冒頭には、そのままでは、「一二三号通知」がおかれていたので、これら二つの通知の交代は、生活保護行政の姿勢の変化としてよむことができる。ただし「一二三号通知」は消えた訳ではなく、「関係通知」欄の二番目におかれているので、暴力団組員の不正受給を防止しようとする「一二三号通知」の元来のねらいは変わらないが、その手段、方法が「手引について」が示すものに変わったとよむのが妥当であろう。

「手引について」の「I　申請相談から保護の決定に至るまでの対応」の「5　暴力団員に対する生活保護の適用についての考え方」をてみじかに紹介する。

(1)　暴力団員に生活保護を適用することの問題点。国民の生活保護制度にたいする信頼をゆるがす。公費が暴力団の資金源となり、社会正義の観点からみて大きい問題である。厳正な対応で市民の理解と支持をえよう。

(2)　基本方針。法第二条は無差別平等の原則を規定し、第四条は補足性の要件を示している。暴力団員は違法・不当な収入をえている可能性が高いので、生活保護を申請してきても、団員であることが判明すれば、補足性の要件から却下すべきであり、それは無差別平等の原則に矛盾しない。同様の考えかたで、受給中の者が団員であることが判明すれば、保護の廃止を検討する。

(3)　暴力団員および暴力団員であることが疑われる者への対応。①組織的対応。警察などと十分に連携するとともに、福祉事務所は組織をあげて取り組む。②警察にたいする情報提供依頼に当たっての留意事項。略。③保護の要件の判断と指導指示の徹底。「ア……要件の判断に際し、申請者等が暴力団員であると福祉事務所が判断した根拠を問われた場合には、警察からの情報提供であることを明らかにすることが可能である。」「イ」申請者が暴力団員であっても、「a．暴力団からの脱退届及び離脱を確認できる書類（絶縁状・破門状等）b．誓約書（二度と暴力団活動を行わない、後略。）c．自立更生計画書」を提出した者は、あらためて厳格な調査をおこない、保護の適否を判断する。また、暴力団からの離脱を求めたさいに、申請者が暴力団から脱退妨害や報復の恐れがあると申したてるばあいには、「暴力団対策法」第一六条第2項該当として、警察の暴力団排除担当課などへ相談するよう助言すること。

(4)　暴力団員による不正受給事業への対応。告訴、費用返還などについて。

(5) 警察との連携・協力強化のための協議等。略。[57]

要約的にいえば、暴力団組員が生活保護を申請してきても、かれが暴力団組員であるという理由のみでその申請をうけつけない。暴力団組員が生活保護を受給していて、かれが暴力団組員であるという事実があきらかになれば、その理由だけで、それを廃止する。これらのばあい、かれが暴力団組員であるという判断は警察が下したものにしたがうのである。これは、一九五〇年、「生活保護法」の成立時に否定された欠格条項を、五〇年後に本省の保護課長による通知レヴェルで復活させたものであった。かつての欠格条項の否定にはケースワーク理論への信頼が作用していたのは、さきに説明したとおりである。「手引きについて」はその信頼の霧消を示唆していたのだが、正統派の社会福祉学者たちはそれをさして気にする様子でもなかったようにみえる。

(54) 昭和五六年一一月一七日　社保第一二三号　厚生省社会局保護課長・監査指導課長通知「生活保護の適正実施の推進について」全国社会福祉協議会『生活保護手帳（平成一一年度版）』一九九九年、三八三ページ。

(55) 昭和五六年一一月一七日　社保第一二三号、厚生省社会局保護課長・監査指導課長通知　最終改正　平成一二年三月三一日　社援保第一五号「生活保護の適正実施の推進について」『生活保護手帳（平成一二年度版）』二〇〇〇年、四三一ページ。

(56) 平成一八年三月三〇日、社援保発第〇三三〇〇〇一号、厚生労働省社会援護局保護課長通知「生活保護行政を適正に運営するための手引きについて」生活保護手帳編集委員会『生活保護手帳（二〇〇六年度版）』中央法規出版、二〇〇六年、四六六—五一〇ページ。

(57) 同右、四七五—四八〇ページ。

16 介護扶助の創設など

一九八四年度から二〇〇五年度にかけての日本の生活保護制度は、史上に例をみなかった低保護率に特徴づけられていた。その根源的原因は生活保護行政の引き締め政策であり、その最有力規範のひとつが「一二三号通知」であった。それは元来、暴力団組員の不正受給の防止をめざすものであったが、そちらではかならずしも成功せず、一般国民を巻き添えにするかたちで、はなはだしい低保護率をもたらしたのであった。こうみるかぎりでは、生活保護行政の負の側面のみが目立つが、この時期にも生活保護制度の大小の改作がおこなわれ、そのうちには国民生活に貢献するものがふくまれていたのも確かである。制度の通史を述べるのに必要とおもわれる最小限の一瞥を、それらの変化にあたえておこう。私がみるところ、主要な改作は以下の五つである。

(1)　一九八五年度において、生活扶助の基準額における第一類の男女格差が完全に解消した。この動きは八二年の中央社会福祉審議会のつぎの意見具申からはじまった。この格差の根本的契機は食料費で男性が女性を上まわっていたところにあった。しかし、消費支出に占める食料費の割合は低下している。また、女性の社会的進出にともない、被服費、理容衛生費などでは、女性のそれの伸びが大きく、男性のそれを大幅に上まわっている。以上から総体的にみると、男女の消費支出総額は接近する傾向があきらかである。これにもとづき、八二年度以来、毎年度四ポイントずつ男女差を縮小してきて、八五年度の完全解消にいたった。厚生省は、この施策の政治的背景として、八五年に「女性にたいするあらゆる形態の差別の撤廃に関する条約」の批准が予定されていることに言及している。フェミニズムの社会的潮流が生活保護の基準の変動にまでおよんでいたという訳である。(58)

(2)　同じく一九八五年度、政府からの地方自治体にたいする生活保護費補助金を8／10から7／10に引き下げた。これは、地方自治体にたいする二分の一を超える高率補助金について一〇％程度の引き下げをおこなう施策の一環であった。これにたいして地方自治体は激しく抵抗した。とくに生活保護は国の責任でおこなうべき事務であり、その補助金の削減は制度の本質の変更につながると主張した。大蔵省はこれにたいして、補助金の整理合理化は一般財源の比率を高め、地方自治体の財政の自主性・自律性を向上させるので、臨調答申や行革審意見などの趣旨にかなうものだと反論した。この抗争は、自由民主党五役が「地方への高率補助金の一律削減を、国が財源対策を講じることを前提に八五年度予算で暫定的に実施する」との裁定を下して決着した。財源対策としては、交付税の特例加算と建設地方債の増発がとられ、地方の負担増は実質的に回避されている。この年度の生活扶助基準では二・九％の引き上げがおこなわれた。なお、この生活保護費負担割合は、一九八九年度からは、国七・五対自治体二・五にあらためられている。[59] 福祉事務所の現場は、どちらかといえば、この国と地方自治体の争いに、生活保護の行政の実務には影響がないとみて冷淡な態度で一貫していた。

(3) 一九八八年度、不動産をもつ者への生活保護のありかたで制度の一部の変更がおこなわれた。一九八七年一二月、社会局長の私的懇談会である生活保護制度運営研究会は、「不動産保有者に対する生活保護のあり方について」という報告をおこなった。厚生省はこれをうけてただちに各都道府県と協議し、具体的な基準づくりをはじめた。報告の要旨はつぎのとおり。

被保護者となる者が生活保護開始にさきだち保有している不動産については、「生活保護法」第四条により、その者の生活維持のためにもっとも効果的に役立たせることが要請されている。旧法では、不動産保有者には原則として保護の適用を認めてこなかったが、現行法では処分価値が利用価値にたいしていちじるしく大きくないことを条件に、世帯人員などから判断して、居住のために必要な規模の家屋と、それに附属した土地で「建築基準法」により必要とされる宅地の保有者には、生活保護の適用を認めている。ところが近年、とくに都市部および近郊において地価が高騰したため、その地域に居住している被保護者のなかには相当の資産価値のある不動産を保有している例がみられる。一方では、一般世帯においてこれまで以上に不動産の取得が困難になっており、不動産保有者にたいする生活保護の適用について見直しの声が出ている。[60]

不動産がどの程度で生活の基盤としての性格をもつか、また財産としての性格をもつか。これは国民の意識・態度とも深くかかわる問題で、なお見極めが必要である。「このため、当面は、従来の考え方を踏まえつつ、より明確な判断基準を設定することにより実際上保護の適用を制限していくことを検討すべきである」。具体的には、一九八八年度の実施要領の改正によって「実施機関においては都道府県知事が定める額を標準として判断することとしたが、都道府県知事が額を定めるに当たっては、保護の決定に関する重要事項であることにかんがみ、事前に国が算定方式を示し、額の承認を行うこととした[61]」。

(4)　二〇〇〇年度、介護扶助が創設された。心身の能力が衰退した老人の介護は、かつては同居する子ども家族の手によることが当然視されていた。しかし、人口の高齢化の進行にともない、介護を必要とする老人の数が急増し、その期間は長期化し、他方で子ども家族の介護能力が低下、欠落する例も一般化した。これらの原因により、老人の介護は国民的課題となり、社会連帯により対応することが必要であると認識されるにいたった。その結果、一九九七年に「介護保険法」が制定され、社会保険としての介護保険が誕生した。同保険にかんする制度解説は他書にゆずる。この保険との関連によって、二〇〇〇年に生活保護制度では介護扶助が創設されることになった。一九五〇年の制度発足以来、扶助の種類は七つで推移してきたが、半世紀ぶりにそれにひとつがつけくわわって、八つとなった。わかりやすさをもとめて、いくらか不正確になることを覚悟していえば、介護保険と介護扶助との関係の基本部分は、前者の利用者の自己負担部分が、利用者が経済的に困窮しているばあい、後者による保護費の支給対象となるところにある[62]。

介護扶助を給付された扶助世帯と扶助人員は、制度創設時の二〇〇〇年度で、六万四五五一世帯、六万六八三二人であった。それらは六年後の二〇〇五年度には一五万七二三一世帯、一六万四〇九三人となっている。人員で約二・

表4・17　高等学校等修学費

区　分	基準額
基本額（月額）	5,300円
教材代	正規の授業で使用する教材の購入に必要な額
授業料，入学料及び入学考査料	高等学校等が所在する都道府県の条例に定める都道府県立の高等学校等における額以内の額．ただし，市町村立の高等学校等に通学する場合は，当該高等学校等が所在する市町村の条例に定める市町村立の高等学校等における額以内の額．
通学のための交通費	通学に必要な最小限度の額

五倍の急増ぶりに、この制度が広い社会的範囲で必要とされていたことが示されている。なお、念のためいうと、二〇〇五年度の介護保険利用者は約三三七万人で、そのうち介護扶助受給者は約四・九％を占める(63)。

(5)　二〇〇五年度より生業扶助によって高等学校などの就学費用の給付がおこなわれることとなった。貧困の世代的再生産の連続をたち切るためには、貧困家庭の子どもの教育に力を入れなければならない。従来の生活保護の教育扶助は、義務教育段階の教育費の給付にかぎられており、高等学校以上の教育にかんしては若干の便法を設けていたものの、教育費の給付をおこなってこなかった。それを有力な要因のひとつとして、被保護世帯の子どもの高校進学率は一般世帯の子どものそれより低く、前者は低学歴による不安定就労のため貧困層に滞留ないしは転落する可能性がたかかった。二〇〇四年一二月、「生活保護制度の在り方に関する専門委員会」報告書において、「生活保護を受給する有子世帯の自立を支援する観点から、高等学校への就学費用について、生活保護制度において対応することを検討すべきである」との提言がおこなわれた。これをうけて、二〇〇五年度より、被保護世帯で子どもをもつ世帯の自立を支援するために、生業扶助によって、高等学校などの就学費用を給付することにした。その区分、内容、基準額（月額）は上記のとおりである(64)。

この制度変更の結果、生業扶助の扶助世帯数と扶助人員数には、二〇〇五年度より大きい変化が生じた。すなわち、扶助世帯数は二〇〇四年度一〇二一、二〇〇五年度二万五七〇二、扶助人員数は二〇〇四年度一〇九一、二〇〇五年度二万九二五三、扶助人員でいうと、約二七倍の増加である。(65)

(58) 厚生省社会局保護課「昭和六〇年度の生活保護・第四一次生活保護基準の改定」全国社会福祉協議会『生活と福祉』三四九号、一九八五年五月、三ページ。
(59) 浅野善孝「昭和六十年度社会福祉関係厚生省予算案の概要」全国社会福祉協議会『生活と福祉』第三四六号、一九八五年二月、四ページ。厚生省社会局保護課「生活保護費等に係る国庫補助率の引下げについて」『生活と福祉』第三五一号、一九八五年七月、一四—一五ページ。
(60) 生活保護制度運営研究会「不動産保有者に対する生活保護のあり方について」『生活と福祉』第三八一号、一九八八年一月、三〇—三三ページ。
(61) 厚生省社会局保護課「昭和六三年度の生活保護・実施要領の改正」『生活と福祉』第三八五号、一九八八年五月、八—九ページ。
(62) 厚生統計協会『国民の福祉の動向・厚生の指標』臨時増刊・第四七巻第一二号、二〇〇〇年、九九ページ。
(63) 厚生統計協会『国民の福祉と介護の動向・厚生の指標』増刊・第六〇巻第一〇号、二〇一三年、二五四ページ。
(64) 生活保護手帳編集委員会『生活保護手帳（二〇〇五年度版）』二〇〇五年、中央法規出版、二一三ページ。
(65)『国民の福祉と介護の動向・厚生の指標』増刊・第六〇巻第一〇号、二五四ページ。

17　生活保護裁判

小川政亮は、日本における社会保障裁判は一九九〇年代に第三の波のうねりの高まりをむかえたといった。かれがかいているところから判断すると、その高まりとは、生活保護訴訟が多発し、被保護者・保護申請者である原告にたいする支援をおこなう社会運動も活発で、原告が勝訴する例もすくなからずみられたのをさしている。なお、あらためていうまでもないが、第一の波のうねりは六〇年秋の朝日訴訟一審判決をめぐる運動の高揚であり、第二の波のうねりは七〇年前後の牧野訴訟、堀木訴訟、第一次藤木訴訟などをめぐる運動の高揚をさしている。(66) 波のうねりの規定が三つのばあいで完全に一致しているかわずかに疑問がのこるが、三つのうねりのなかで一貫して運動の理論的指導者としてはたらいてきた小川が、実感をこめていうところに、われわれはしたがうことにしたい。

小川は、九〇年代の社会保障裁判を「中心的論点、特色ないし課題」によって、六つに類型化した。そのうちの四つは生活保護訴訟で、つぎのとおりである。

(1) 「生活保護法」第四条にかかわる、被保護者の預貯金・保険金などを収入と認定して保護費を減額することの是非、稼働能力の不活用の判定の是非をあらそう訴訟。

(2) 法第一九条に関連する居住地がないか不明の者の保護の申請を却下することの是非をあらそう訴訟。ホームレス問題との関連で注目される。

(3) 法第二七条にかかわる被保護者への指導・指示がその自由と人権を制約・管理しているかどうかをあらそう訴訟。指導・指示の合法性が問題とされた。

(4) 介護保障に帰属する生活保護訴訟の登場は、九〇年代の社会保障裁判の特色のひとつであった。障害者加算のうち他人介護費が争いの焦点になることが多かった。(67)

(1)の類型に属する実例二つをあげる。

まず、名古屋地方裁判所で勝訴した林訴訟を紹介する。原告・林勝義は、日雇建設労働に従事していたが、両足の痛みや当時の雇用状況により就労することができなくなり、一九九三年七月七日から野宿するようになった。同月九日、名古屋市中村区福祉事務所にゆき、事情を説明したところ、A病院にいって診療をうけるよう指示され、それをうけた。その後、福祉事務所で面接をうけると、担当者から「医師が働けるといっているので、後は自分でやってほしい」といわれた。このいきさつは、その後くり返された。原告は生活扶助を開始するよう一度ならず依頼したが、そのつど就労可能を理由として拒否されている。原告は審査請求をおこなったが、愛知県知事はそれを同年一〇月二一日付で棄却した。原告は、九四年五月九日、名古屋地方裁判所に訴訟を提起し、被告を福祉事務所長として、医療扶助のみの開始の決定の取り消しをもとめ、慰謝料の支払いを市に請求した。九六年一〇月三〇日、原告勝訴の判決が下された。判旨は概略つぎのとおり。

①「『利用し得る能力を活用する』との補足性の要件は、申請者が稼働能力を有する場合であっても、その具体的な稼働能力を前提とした上、申請者にその稼働能力を活用する意思があるかどうか、申請者の具体的な生活環境の中で実際にその稼働能力を活用できる場があるかどうかにより判断すべきであり、申請者がその稼働能力を活用する意思を有しており、かつ、活用しようとしても、実際に活用できる場がなければ、『利用し得る能力を活用していない』とは言えない」。

②「本件申請当時、原告は、軽作業を行う稼働能力は有していたが、就労しようとしても、実際に就労する場がなかったものと認められる」。「したがって、本件申請当時、原告が利用できる稼働能力を活用していなかったとする被告らの主張は失当である」。

③「右に判示したところによると、原告が稼働能力を活用していないとの理由により、補足性の要件を満たしていないとしてなされた本件開始決定は、右の判断を誤ったという点において、これを取り消すべき違法事由があることになる(68)」。

つぎに、最高裁判所で原告が勝訴した中嶋訴訟を紹介する。原告・中嶋豊治は、妻と娘二人の世帯の世帯主であり、一九七五年八月、生活保護を申請し、被告・福岡市東福祉事務所長は保護開始を決定した。七六年六月、原告は娘たちの高校修学費用にあてるために長女を被保険者として学資保険（一八歳満期、保険料月額三〇〇〇円、満期保険金五〇万円）に加入した。自分に万一のことがあっても、娘たちが高校修学ができるようにとはからったのである。原告は、九〇年六月にこの保険が満期となり、満期保険金のうち貸付にたいする弁済金を控除した返戻金約四五万円を受領した。

被告はこの返戻金の大部分を収入と認定して、同年七月から一二月にかけて保護費を従前のほぼ半額とする保護変更処分をおこなった。原告はこの処分を不服として審査請求などをおこない、九一年三月に処分の取り消しをもとめて訴えを提起したが、一審係属中に死亡し、娘たちが原告を継承した。一審、二審の経過の紹介はほかの文献にゆずる。二〇〇四年三月、最高裁判所は処分の取り消しを認めたが、その判決の論理を紹介する。

① 「生活保護法による保護は、生活に困窮する者が、その利用しうる資産、能力その他あらゆるものを、その最低限度の生活のために活用することを要件とし、その者の金銭又は物品で満すことのできない不足分を補う程度において行われる」。また、扶助の種類ごとに保護のおこなわれる範囲が定められていることから判断すれば、保護金品を「貯蓄等に充てることは本来同法の予定するところではない」。

② 「しかし、保護は、厚生大臣の定める基準により要保護者の需要を測定し、これを基として行われる……」。このようにして給付される保護金品などを、「要保護者の需要に完全に合致させることは、事柄の性質上困難であり、世帯主等に当該世帯の家計の合理的な運営を委ねているものと解するのが相当である」。そうすると、被保護者が生活していくなかで、支出の節約の努力などによって、貯蓄などにまわすことができる金員が生ずることがありうる。

③ 「このように考えると、生活保護法の趣旨目的にかなった目的と態様で保護金品等を原資としてされた貯蓄等は、収入認定の対象とすべき資産には当らないというべきである」。高等学校への進学は、自立のために有用であり、

「被保護世帯において、最低限度の生活を維持しつつ、子弟の高等学校修学のための費用を貯える努力をすることは、同法の趣旨目的に反するものではない」。

④　原告が子の高等学校修学の費用にあてることを目的として学資保険に加入し、給付金などを原資として保険料月額三〇〇〇円を支払っていたことは、「生活保護法」の趣旨目的にかなったものである。だから、返戻金は、それが同法の趣旨目的に反する使われかたをしないかぎり、収入認定すべき資産に当たらない。したがって、返戻金の一部について収入認定をし、保護の額を減じた処分は、「同法の解釈適用を誤ったものというべきである」(69)。

二つの訴訟は、いずれも、生活保護行政のそれまでの支配的発想に根本的転換を迫るものであった。

林訴訟は、先述のとおり一審で勝訴したが、二審、三審で敗訴した。しかし、最高裁判所が二〇〇一年二月一三日に判決を下した直後、三月五日に、厚生労働省は一審の判旨にほぼそった判断を示した。すなわち、同省は全国都道府県主管課長会議をひらき、その席上でホームレスの生活保護にかんする従来の方針をまったく改めるという意向を表明した。当日、同省によって配付された資料の一節を引用する。

「生活保護制度は、資産、能力等を活用しても、最低限度の生活を維持できない者、即ち、真に生活に困窮する方に対して、必要な保護を行う制度である。／よって、ホームレスに対する生活保護の要件については、一般世帯に対する保護の要件と同様であり、単にホームレスであることをもって当然に保護の対象となるものではなく、また、居住地がないことや稼働能力があることのみをもって保護の要件に欠けるものではない」(70)（傍点は引用者）。

中嶋訴訟は、最高裁判所で二〇〇四年三月一六日に勝訴したが、これが翌二〇〇五年度からの生業扶助による高等学校・修学費用の給付の制度化にとって有力な要因になったことは確実であろう。被保護世帯の子どもであっても高等学校への進学は望ましいという判断が司法領域から福祉領域へ移入されたのである。これは前節末尾を参照されたい。

(66) 小川政亮「九〇年代の社会保障裁判、争点と課題」相野谷安孝ほか編『二〇〇〇年日本の福祉 論点と課題』大月書店、二〇〇〇年、八七—八八ページ。

(67) 同右、八八—九〇ページ。

(68) 堀勝洋「社会保障法判例」国立社会保障・人口問題研究所編『季刊・社会保障研究』第三三巻第一号、一九九七年、九〇—九九ページ。

(69) 清水泰幸「社会保障法判例」『季刊・社会保障研究』第四〇巻第三号、二〇〇四年、二九三—三〇〇ページ。

(70) 「〔資料〕ホームレスに対する基本的な生活保護の適用について——厚生労働省『ホームレス』主管課長会議資料から」全国公的扶助研究会『季刊公的扶助研究』第一八一号、みずのわ出版、二〇〇一年、五〇—五一ページ。

おわりに

先行する三論文は、一九四五年から八三年までの歴史的時間域のなかで、日本における生活保護制度の社会史を叙述した。その社会史にたいする私なりの時期区分は、本書冒頭で大きく二つの時期に区分し、それぞれのなかを三つの時期に再区分してつぎのとおりとした。

制度形成期

1 制度準備期 一九四五—四九年

2 制度草創期 一九五〇—五三年

3 水準抑圧期 一九五四—六〇年

制度展開期

4　水準向上期　一九六一—六四年
5　体系整備期　一九六五—七三年
6　格差縮小期　一九七四—八三年

本稿があつかった7　低保護率期、一九八四—二〇〇五年はこれらにつづくのであるが、それは、制度展開期の四番目の時期であるか、制度展開期と区別される新しい時代の最初の時期であるか。率直にいえば、いましばらく時間が経過しないと、最終的判断はむずかしいが、いまはとりあえず、新しい時代、制度変動期の最初の時期としておこう。「制度変動」の命名の由来は、「一二三号通知」とそれにもとづく保護率の異常な低下にあるのはいうまでもない。次章の叙述をも一部さきどりして、時期区分のつづきを記しておく。

制度変動期
7　低保護率期　一九八四—二〇〇五年
8　現在　二〇〇六年以降

本稿は、冒頭で述べたように、低保護率期の生活保護制度の社会史を素描することをめざす習作である。これまでの記述自体が主要な目的であって、そのうえになにか結論めいたものを導き出すことはかんがえられていない。しかし、この時期にかんするこれまでの論議、とくに運動論的立場からのそれで無視ないし軽視されてきた事実、おこなわれなかった解釈をいくつか提示してきているので、それらを要約・確認しておく。

(1)　日本の生活保護制度の社会史において、一九八四年度からはじまる約二〇年間の時間域を低保護率期と呼ぶことにする。八五年度の保護率は一一・八‰で、そのときまでの史上最低値である。そこから前半の一〇年間、保護率は対前年での減少をくり返して、九五年度には七・〇‰にまで落ちこむ。後半の一〇年間をついやして保護率は低保護率期の最初の比率までに回復する。この低い保護率の最有力要因は、厚生省の福祉官僚による生活保護の引き締め政策（行政上は適正化政策と呼ばれた）であった。

(2) この政策の直接的契機は、暴力団組員による生活保護の不正受給事件の報道であった。その種の報道は一九八〇年代初めから急速に増加しはじめた。最初に注目をあつめた和歌山県御坊市のばあい、市内の暴力団七団体、組員七〇人のうち、六〇人が生活保護を受給していた。これに京都市、北九州市、福岡市などでの暴力団組員による不正受給事件のニュースがつづいた。

(3) 生活保護行政の任務は、被保護者・要保護者にたいする最低限度の生活の保障と自立の助長、および国民全体、社会一般による生活保護制度の理解と支持の形成である。この理解と支持にとって、不正受給事件の報道はつよいマイナスの影響を生じさせる。福祉官僚たちはその種の事件を根絶して、生活保護制度の評判の回復につとめようとした。そのため事件発覚直後、内簡を、ひきつづき「一二三号通知」を発した。

(4) 「一二三号通知」は、生活保護の新規申請時および受給中のばあいなどで、資産の保有状況および収入状況などの調査方法について、それまでよりくわしく、きびしく規定していた。それ自体は、不正受給の防止を目的として、当初、制度運営上、必要・有効なものとなることが期待されていた。しかし、いくつかの原因が複合して、この通知は保護率全般を低下させ、生活保護制度を機能不全に追いこむ悪法に変化した。

(5) 「生活保護法」の旧法は欠格条項をもち、「能力があるにもかかわらず、勤労の意志のない者」、「素行不良な者」には生活保護をあたえないことにしていた。この欠格条項は新法で消えた。ＧＨＱのＰＨＷによる理想主義の説得を厚生省の福祉官僚たちがうけいれたのである。この条件下で、不正受給の防止のために審査をきびしくすれば、暴力団組員の不正防止よりさきに一般国民の側で漏救者が増加するのが避けられない。

(6)　「一二三号通知」は巨大な生活保護の引き締め政策になり、全国規模における保護率の低下をまねいた。その過程を全体的に理解するためには、福祉事務所の現場にいるケースワーカーたちの心情という媒介要因のはたらきを見きわめねばならない。貧困層の人権、生存権の主張を不快におもう意識と人格・人間性を差別する意識は、「一二三号通知」を契機として申請をうけつけない水際作戦や給付の途中での廃止の頻発に成長していった。

(7)　「一二三号通知」とそれにもとづく引き締め政策は、行政機構の内部にさまざまな亀裂と矛盾を生じさせた。その機構を説明の便宜上、厚生省社会局—地方庁担当部課—福祉事務所担当部課と三層に区分しておく。引き締め政策とそれへの緩和の動きは、三層のそれぞれでみられた。運動論者がいうほど、中央＝引き締め、地方＝抵抗と二分されていた訳ではない。現場が暴走気味で中央などがそれを抑止する事例も少なくなかった。

(8)　被保護世帯の全数は、一九八四年度七八万七七五八、九四年度五九万四四三九、前者を一〇〇・〇％とすれば、後者は七五・五％になる。この減少の原因についての厚生省の公式見解は、「好景気の影響」と「他法他施策の整備充実」であった。以下、この公式見解について批判的検討をおこなうが、まず最初に指摘したいのは、当時のわが国の生活保護行政が直面する危機的状況にかんする問題意識の希薄さ、あるいは欠落である。

(9)　保護率の低下の一因が好景気であるという判断は、低保護率期前半における福祉官僚の言動のなかにしきりとあらわれる。図4・1は、好景気と不景気とにかかわりなく、保護率がおおよそ一〇年のタイム・スパンで、下降・上昇していることを示している。その動きは景気の好し悪しとは区別される第三の力によって規定されているとみるべきであろう。第三の力は生活保護の引き締め政策とその緩和である。

(10)　高齢者世帯の世帯保護率は、一九八四年度には一一五・二‰であったが、九五年度には五七・九‰に落ちこんでいる。高齢者世帯が生活保護を受ける機会が一一年間で半減したのである。厚生省の公式見解は、それは、高齢者世帯のための「他法他施策の整備充実」があったからだという。保護廃止世帯にかんする政府統計によると、それは半減の事実の一部をしか説明しない。引き締め政策は高齢者の福祉を全体として後退させた。

(11) 一九八四年度から九五年度にかけての保護率の低下の有力要因を、もっとも露骨に示すのが母子世帯のばあいである。厚生省の公式見解は、両年度のそれぞれにおける母子世帯の被保護世帯の実数を比較して、減少を確認している。八四年度一一万五二六五世帯、九五年度五万二三七三世帯。この減少の要因として「昭和五十年度以降の離婚率の減少」があるという。政府統計によれば、それはまったくの誤まりである。われわれはその減少に引き締め政策の猛威をみる。

(12) 一九八四年四月以降の生活保護基準の決定方式は水準均衡方式と呼ばれる。その生活扶助基準は、一般国民の消費実態との均衡上ほぼ妥当な水準に達しており、その後の改訂にあたっては、当該年度に予想される一般国民の消費動向をふまえること、前年度までの一般国民との消費水準との調整をはかることが必要であるとされた。その年度の一級地―一の生活保護基準は、標準三人世帯で、一五万五七一七円である。

(13) 日本の生活保護制度がかかえる最大の制度的課題は、捕捉率の極端な低さである。星野信也は「福祉国家の中流階層化」研究の一部として、この問題の実証的研究にとりくんだ。データとしては、総務庁統計局による一九八九年度全国消費実態調査の統計処理ずみデータをつかっている。それによると、生活保護基準未満の収入でくらす人びとは四七五万人、生活保護を受給している人びとは一〇九万九五二〇人、捕捉率は二四・〇%である。

(14) 「福祉川柳」のコンクールで上位四位に入った作品は、いずれもケースワーカーのクライアントにたいする拒否感情をうたっていた。ケースワーカーはクライアントの少なくとも一部にたいして会いたくないとおもい、うとましくおもっている。その心理は、先行するクライアントがケースワーカーを拒否する感情から誘発されたのではないか。その前提として、生活保護制度はクライアントへのスティグマを包含しており、ケースワーカーはその刻印を担当しているからということがある。

⒂　「一二三号通知」は、もともと暴力団組員の不正受給を防止することを目的としており、その手段のゆきすぎがいわば一般国民をまきぞえにして、保護率の低下をまねいた。行政は二〇〇〇年三月の同通知の改正によって、これに対応しようとしたが、かならずしも成功しなかった。

⒃　二〇〇六年三月「生活保護行政を適正に運営するための手引きについて（中略）厚生労働省社会・援護局保護課長通知」が発せられた。これにより、暴力団組員が生活保護を申請してきても組員であることが判明すれば却下する。組員が生活保護を受給中であっても組員であることが判明すれば廃止を検討することになった。組員であるとの判断の根拠が警察からの情報提供であることをあきらかにすることができる。これは端的にいえば、旧法の「素行不良の者」の欠格条項を、福祉と警察の連携のもとに復活させたものであった。

⒄　低保護率期に生じた生活保護制度の改作を五点あげる。（i）一九八五年度において、生活扶助の基準額における第一類の男女格差が完全に解消した。（ii）同じく一九八五年度、政府から地方自治体にたいする生活保護費補助金を8／10から7／10に引き下げた。（iii）一九八八年度、不動産をもつ者への生活保護のあり方で制度の一部の変更がおこなわれた。（iv）二〇〇〇年度、社会保険としての介護保険の誕生にともない、生活保護制度に介護扶助が創設された。（v）二〇〇五年度より生業扶助によって高校などの就学費用の給付がおこなわれることになった。

⒅　日本における社会保障裁判は一九九〇年代に第三の高揚期をむかえた。それは六つに類型化されるが、そのうちの四つは生活保護訴訟であった。（i）収入認定の是非、稼働能力の不活用の認定の是非をあらそう訴訟。（ii）居住地がないか不明の者の申請を却下することの是非をあらそう訴訟、（iii）被保護者への指導・指示が自由と人権を

侵害しているかどうかあらそう訴訟、（ⅳ）介護保障に帰属する生活保護訴訟、障害者加算のうち他人介護費が争いの焦点となることが多かった。

付章

生活保護制度ノート

1　はじめに

本稿の課題は二つある。

第一の課題は、現代日本の生活保護制度にかんする社会学的ラフ・スケッチを提供することである。それは、先進資本主義諸国の社会保障制度に共通にみいだされる公的扶助（Public assistance）制度の理念型の説明からはじめて、わが国の生活保護制度はその現実形態のひとつであるとし、その法、主体、政策の三つの側面を概説する。これは、本書の主内容をなす1～4章の四つの論文（以下、四論文と略記する）でおこなった研究の前提として、研究対象を特定する試みである。また、これは生活保護制度に関心をもっているが、それについての基礎的知識を欠く読者が本書をよむさいには手引きとなる。

第二の課題は、二〇〇六年から一三年までの八年間の生活保護制度にかんする基礎的データの一部を提供することである。四論文で、私は、一九四五年から二〇〇五年までの生活保護制度の通史の歴史社会学的研究をおこなった。後掲の「方法ノート」でも記しておいたように、その研究で採用した方法によっては、二〇〇六年以降の通史の歴史社会学的研究はいまのところおこなえない。しかし、読者のなかには現在の生活保護制度についても、研究素材の一部となる基礎的データだけでもみておきたいという要望をもつ人びとがいよう。これはその要望に応じることをめざすものである。

以上のように課題を設定するために、注は最小限にとどめて、論文末尾に一括して掲載する。また、統計表の資料出所については原資料名のみを示して、その多くは年次刊行物であるが各年度ごとの刊行物のページ数までを記すことはしない。

2 公的扶助

比較的通文化的に公的扶助と呼ばれている社会制度がある。その現実の名称は国家と時代によってさまざまである。たとえば、それは、アメリカ合衆国では公的扶助であるが、単一の制度ではなく、主な種類のみでも、補足的所得保障（Supplemental Security Income）、要扶養児童家族扶助（Aid to families with Dependent Children）、医療扶助（Medicaid）、食糧スタンプ（Food Stamp）、一般扶助（General Assistance）の五つがある。[1] イギリスではかつては国民扶助（National Assistance）といったが、のちには補足給付（Supplementary Benefit）および家族所得補足（Family Income Supplement）となり、さらに所得扶助（Income Support）、社会基金（Social Fund）、家族給付（Family Credit）に変わっている。[2] 西ドイツ（一九九一年以降はドイツ）やフランスでは、それは社会扶助（Sozial Hilfe, aide sociale）である。[3] 現代日本ではそれは生活保護と呼ばれる。この公的扶助制度が各国で比較的共通してもつ特性はつぎの四つである。[4]

（1） 最低生活基準＝ナショナル・ミニマムの保障を目的とする。
（2） 所得が最低生活基準を下まわるか皆無の要保護者のみに公的扶助費を支給する。
（3） 公的扶助費の支給認定は、申請者の個別的必要と所得調査（income test）、資産調査（means test）を条件とする。
（4） その財源は租税、国家の一般歳入によって全額をまかなう。

現実の各国の制度は、以上の特性がさまざまに限定されている。たとえば、(1)にかんしていえば、スウェーデンでは公的扶助は地方政府の責任事項であって、全国的なナショナル・ミニマムはない。[5]アメリカの一般扶助も同様である。また、(2)にかんしては、アメリカの補足的所得保障では、働ける者と働けない者を峻別し、働ける者は公的扶助からきびしく排除してきた。これらと対比すれば、日本の生活保護が、法の原則としては労働能力をもつ者を排除せず、すべての対象者にミニマムを設定していることは特徴的である。また、生活保護は、医療費保障や住宅費保障を部分的にひきうけており、その範囲が相対的に広いことも、国際比較を通じてみれば特徴のひとつである。

各国の公的扶助制度の多くは、その前史に救貧制度をもっている。両者の本質的差異は、理念型を構成していえば、公的扶助制度が基本的人権の一環としての生存権を保障する制度であり、公的扶助費を受給することが市民権の制約をもたらさないのにたいして、救貧制度は慈恵的制度であり、その利用を権利として要求することが許されず、受給は市民権の制約をもたらしたというところにある。[6]ただし、各国の現実の救貧制度はそのあとにつづく公的扶助制度にさまざまな歴史的影響をあたえている。

さて、公的扶助制度は社会保障制度の一環である。また、社会保障制度は福祉国家体制に不可欠の社会制度のひとつである。そこで公的扶助論はその前提として社会保障論と福祉国家論を必要とするのだが、ここでは紙幅の制約によって後二者を充分におこなうことはできない。通文化的にみてのつぎの最小限の指摘をするにとどめる。

福祉国家は、経済体制としての現代資本主義を維持するための政治体制あるいは政治装置である。現代資本主義はより大きい富を生産するのに最適の経済体制であるが、失業者の発生、富の不平等な分配などに制度的欠陥をもっている。福祉国家は、民主主義の原理によって、資本主義のこの欠陥が産出する各種の社会問題を政策的に予防・解消する。その政策の主要なものは、経済成長政策とそれが裏付ける完全雇用政策、労働同権化政策、社会保障政策などである。完全雇用政策は失業者の発生を最小限に抑止する。労働同権化政策は個別の労働者と労働運動の保護をつうじて、労働者階級への不平等な分配を部分的にせよ是正する。社会保障政策は、労働者階級と国民一般への不平等な分配を一定程度平等化する。これらの政策は、労働権、労働基本権、生存権、自由権などの国家による保障をめざすものである。(7)

社会保障は、その基幹部分が所得保障とサーヴィス保障に大別される。所得保障は社会保険、公的扶助、児童手当(家族手当)から構成される。それら三者のうち前二者がとくに重要である。歴史的にみれば、きわめて大まかにいって、欧米のばあい、公的扶助の前身としての救貧制度がまず登場し、一九世紀末から二〇世紀に入って社会保険の諸制度が形成され、それらの諸制度の権利保障が促進要因のひとつとなって、救貧制度は公的扶助制度に進化した。社会保険と公的扶助が結合して社会保障制度が形成されるのは戦間期以降である。社会保険の諸制度の比較的一般的な類型は、失業保険、医療保険、労働災害補償保険、年金保険であり、それらは資本主義社会における貧困問題の四つの主要原因、失業、疾病、労働災害、老齢のそれぞれに対応する。

社会保障のなかで公的扶助制度の基本的性格は社会保険制度を補完する機能にあるとみることができる。この補完にはつぎの四つの理念型を区分することができる。

(1) 社会保険制度のなかには、その制度が経済合理性にもとづき構成されているために保険金の給付期間がかぎられている制度があるが、その給付期間が終了しても保険でいう事故の状態が解消しない人びとの最低限度の生活の保障は、かれらのその他の所得がナショナル・ミニマムを下まわるか、皆無であるならば、公的扶助制度がおこなう。たとえば、失業保険の給付が終わっても失業状態がつづいており、ほかに収入がなければ、公的扶助がミニマムを保障する。

(2)　また、社会保険制度のなかには、やはりその制度が経済合理性にもとづき構成されているために保険金の給付水準がナショナル・ミニマムを下まわる制度があるが、その給付をうけている人びとが保険金とその他の所得をあわせてもミニマムに達しないばあいには、かれらの最低限度の生活の保障は公的扶助制度がおこなう。たとえば、年金受給者の年金とその他の所得をあわせてもミニマム以下のばあい、年金、その他の所得に公的扶助費をくわえてミニマムを保障する。

(3)　さらに社会保険制度のなかにはそれが形成されてから日が浅く制度として成熟していない制度があり、それによって保険金の給付水準がナショナル・ミニマムにおよばないものがある。また、制度におくれて加入し保険料の納付期間が不足しているとか、いわゆる制度の谷間に落ちて制度に加入することができなかったなどのケースもある。年金受給者の世代に多くみられるこれらのばあいに、最低限度の生活を最終的に保障するのは公的扶助制度の仕事である。

(4)　最後に現実の貧困問題の原因は先にあげた四つの主要原因につきず、まことに多様である。それらの原因による貧困問題には社会保険制度は対応することができない。それらの貧困問題の担い手に最低限度の生活を保障するのは公的扶助の仕事である。多様な貧困の原因のうち、現在の日本社会で比較的一般的なものは、傷病・障害による就労不能や不完全就労、生別母子世帯の稼ぎ手の喪失などがあり、ほかに、アルコールや薬物への依存症、出稼ぎにともなう蒸発、寛解期に入った精神病患者の就労不能などがある。

以上のようにみてくると、公的扶助制度が社会保険制度を補完するという言明には、ある種の誤解を生む可能性があるようにおもわれる。それは貧困問題に対応する政策として、社会保険が第一義的存在であり、それを補完する公的扶助は第二義的であるという判断を示唆する。社会保障の政策主体としての国家の側からみれば、対象となる人びとの数や財政規模、さらに両者の制度的関係などにより、その判断は妥当である。しかし、貧困問題に苦しむ人びとの側からみれば、公的扶助は最後に頼りとすることができる社会的救済策である。かれらにとっては、公的扶助制度こそが第一義的なのである。さきの言明はその事実をみえにくくしている。

3 生活保護法

生活保護制度の全体をその動態においてみようとすれば、生活保護法と実施要領、その法と要領にもとづき行政をおこなう政策主体としての国家機構、生活保護行政という三つの側面から観察することが必要である。生活保護制度の動態のなかでのこれら三者の関係は、交響楽における楽譜とオーケストラと演奏の関係に似ている。

現行の生活保護法は一九五〇年五月に施行されたので、六〇年あまりの歴史をもっている。それ以前には一九四六年に施行された生活保護法があり、前者を新法、後者を旧法と呼ぶことがある。新法は制定当時はもちろんのこと、現在みても法としては民主主義や人権思想の観点からみて、きわめて進歩的なものであると評価されることができる。ただし、のちにふれるように、生活保護行政のなかでその進歩性が充分に実現していなかったり、形骸化しているところに問題があるのだが。ともあれ、生活保護法からみてゆこう。その法の進歩的性格を集約的に示すのは、その冒頭の三条である。

「第一章　総則

（この法律の目的）

第一条　この法律は、日本国憲法第二十五条に規定する理念に基き、国が生活に困窮するすべての国民に対し、その困窮の程度に応じ、必要な保護を行い、その最低限度の生活を保障するとともに、その自立を助長することを目的とする。

（無差別平等）

第二条　すべて国民は、この法律の定める要件を満たす限り、この法律による保護（以下「保護」という。）を、無差別平等に受けることができる。

（最低生活）

第三条　この法律により保障される最低限度の生活は、健康で文化的な生活水準を維持することができるものでなければならない」。

第一条でいう理念は、憲法第二五条の「国民は健康で文化的な最低限度の生活を営む権利を有する」という考えかたをさす。この権利は一般に生存権といわれるもので、基本的人権のうち現代基本権のひとつとされるものである。したがって、生活保護制度は憲法で約束された生存権を国民に保障するための最後の手段であるということになる。また、「第九章　不服申立て」の第六四条から第六九条も生活保護法の進歩的性格を示すものである。この部分は、新法が制定された当時はわかりやすくかかれていたが、のち「行政不服審査法」の施行にともない、それとの関連で書き改められて、かえってわかりにくくなった。その大意は、生活保護を受けているひと、あるいはその開始や変更を申請したひとは、福祉事務所がおこなったその保護にかんする決定に不服があるばあいには、まず都道府県知事にかれの不服が正しいのではないかと審査請求をおこなうことができ、その裁決に不服であれば、つぎの厚生大臣に再審査請求をおこなうことができ、大臣の裁決にも不服であれば、さらに裁判所でも争うことができるというものである。生活保護法をつくった当時、厚生官僚たちは、この不服申し立て制度によって、憲法でいう生存権は実定法上の請求権として具体的な権利になったのだとかんがえた。

生活者の生活をいとなむための自助努力と生活保護制度による援助との関係はつぎのように規定されている。

「（保護の補足性）

第四条　保護は、生活に困窮する者が、その利用し得る資産、能力その他あらゆるものを、その最低限度の生活の維持のために活用することを要件として行われる。

2・以下略」。

生活者の自助努力を要求すること自体は資本主義社会の通念において正しいのであるが、この条文は、解釈をつうじて、その要求をゆきすぎたものとし、生活保護行政を利用しにくいものとして、要保護者の権利侵害を生じさせることがあった。その実例は、四論文でみられたい。

生活保護制度の運営のために、「生活保護法」は四つの原則を設定している。

「第二章　保護の原則

（申請保護の原則）

第七条　保護は、要保護者、その扶養義務者又はその他の同居の親族の申請に基いて開始するものとする。但し、要保護者が急迫した状況にあるときは、保護の申請がなくても、必要な保護を行うことができる。

（基準及び程度の原則）

第八条　保護は、厚生大臣の定める基準により測定した要保護者の需要を基とし、そのうち、その者の金銭又は物品で満たすことのできない不足分を補う程度において行うものとする。

2　前項の基準は、要保護者の年齢別、性別、世帯構成別、所在地域別その他保護の種類に応じて必要な事情を考慮した最低限度の生活の需要を満たすに十分なものであつて、且つ、これをこえないものでなければならない。

（必要即応の原則）

第九条　保護は、要保護者の年齢別、性別、健康状態等その個人又は世帯の実際の必要の相違を考慮して、有効且つ適切に行うものとする。

（世帯単位の原則）

第十条　保護は、世帯を単位としてその要否及び程度を定めるものとする。但し、これによりがたいときは、個人を単位として定めることができる。」

これらの原則の理解、適用の仕方などについて多くの判断の分岐があるが、それらも四論文でみられたい。

生活保護の種類と範囲は、つぎのように規定されている。

「第三章　保護の種類及び範囲

（種類）

第十一条　保護の種類は、次のとおりとする。

一　生活扶助／二　教育扶助／三　住宅扶助／四　医療扶助／五　介護扶助／六　出産扶助／七　生業扶助／八　葬祭扶助

2　前項各号の扶助は、要保護者の必要に応じ、単給又は併給として行われる」。

生活保護の種類はこのように八つにわかれるが、相対的に一般的におこなわれているのは最初の五つである。第一一条から一五条までの規定および厚生省社会局保護課の基準の改定にかんする解説文などから、その五つの範囲の概要を紹介しておく。(8)

生活扶助＝飲食物費、被服費、光熱水費、家具什器の費用など、日常生活をいとなむうえでの基本的な需要をみた

すための もの。一般的に共通的な生活費と高齢者、障害者、妊産婦などのための加算から成っている。前者の生活費は、世帯員の数や属性によって定められる一類と一世帯あたりで定める二類に再区分される。

教育扶助＝義務教育に必要な費用。学用品費、実験実習見学費、通学用品費、副読本的な図書、ワーク・ブックの購入費、学校給食費、交通費など。

住宅扶助＝被保護世帯が借家、借間住まいをしているばあい、家賃、間代、地代などにあてる費用が、地域別に定めた基準額の範囲で支給される。

医療扶助＝疾病や負傷により治療を必要とするばあいにおこなわれる給付。入院、診察、投薬、手術などのほか、入退院のさいの交通費、看護料なども必要におうじて対象となっている。

介護扶助＝介護保険法に規定する要介護者と要支援者を対象とし、居宅介護、福祉用具、住宅改修、施設介護など、介護保険と同一内容のサービスが給付される。介護保険の保険給付がおこなわれるばあい、当該保険給付が優先し、自己負担部分が保護費として支給される。

なお、生活保護行政のありかたを規定する規範としては、さきに述べたように、この生活保護法のほかに、厚生労働省社会局保護課が作成する膨大な実施要領があり、これは毎年、改定されている。

4　生活保護の政策主体と行政

「生活保護法」では、さきの引用文の第一条に示されているように、制度を運用し、政策を実施する主体を「国」としており、これまでの生活保護や社会福祉の研究においても、少なからぬものがその考えかたを採用している。国としては漠然と厚生労働省がイメージされていることが多く、とくに政策提言を好んでする研究者がやや不用意に国ということであい、それは厚生労働省あるいはその特定の局部課などである。ほかに国とは政府と地方自治体をさすという説明がおこなわれた例もある。(9) しかし、社会科学的に、また分析的にかんがえてゆこうとすれば、生活保護の主体を単に国とするだけでは不充分である。

社会科学――ここでは、その主要なものとして社会学、経済学、政治学などをかんがえているが――の一般的な用語でいうと、この「国」は最広義に解釈すれば、国家を意味する。それは三権分立の原則により、行政府、立法府、司法府に分立し、各府が中央組織と地方組織に区分される。つまり、中央政府と地方政府（地方自治体）、議会（国会）と地方議会、最高裁判所と高等裁判所、地方裁判所などである。これらが総合された国家が生活保護の責任主体であり、三権のそれぞれの各級組織が生活保護のありかたに責任をもち、影響をおよぼすことができる。それは、福祉事務所の生活保護業務、生活保護にかんする予算審議や行政訴訟などのありかたをみれば、ただちにあきらかになる。生活保護の主体としての国を厚生労働省と等置する発想は、その主体を厚生労働省に矮小化しているとも、その主体としての厚生労働省を絶対化しているともみられ、批判的に検討されるべきである。

さて、生活保護の実施主体は最広義にいえば行政府である。それは「生活保護法」第一九条にしたがって限定的にいえば、実施機関としての都道府県知事、市長、および福祉事務所を管理する町村長である。また、それは社会学的に具体性のレヴェルでみれば、福祉事務所とその成員であるケースワーカーである。その実施過程からみれば、生活保護は法定受託事務と自治事務である。前者は保護の実施機関がおこなう保護の決定および実施にかかわる事務である。後者は保護の実施機関が要保護者の自立助長のためにおこなう相談・助言である。かつては生活保護の事務は、中央政府の事務を地方自治体の長が機関として委任をうけておこなう機関委任事務であったが、現在そのほとんどが法定受託事務となり、中央政府の指揮・監督は廃止された。ただし、この言明には「タテマエ」的性格がつよく、中

図１　生活保護の実施体制

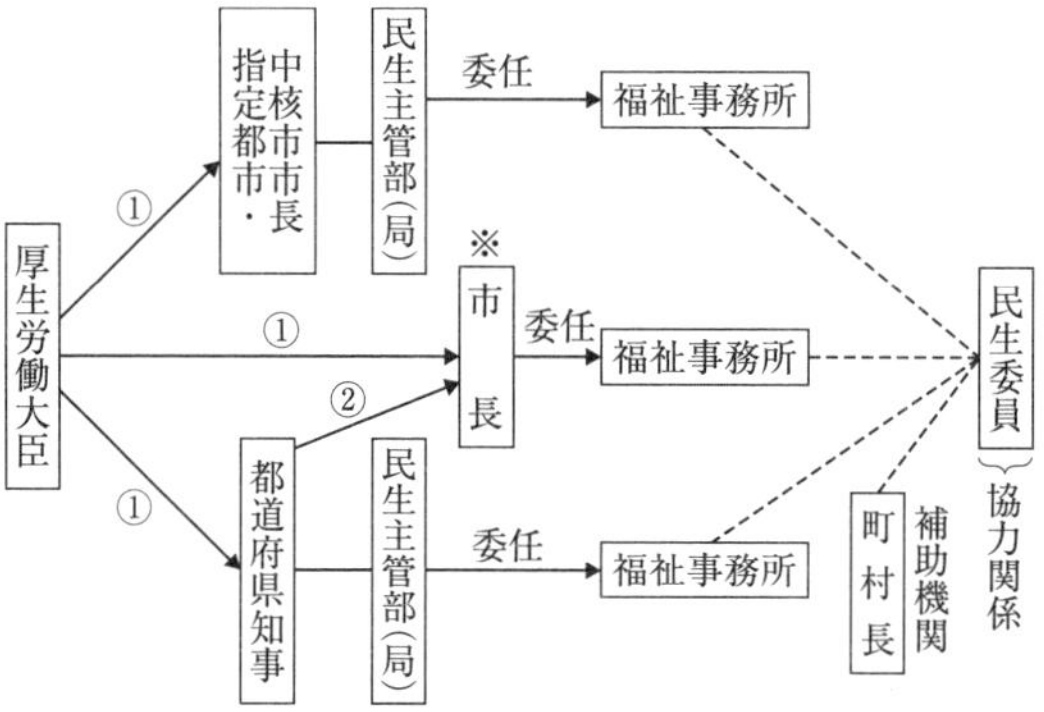

注：①法定受託事務の委託，処理基準の制定，監査指導，技術的助言・勧告・是正の指示等．
②監査指導，技術的助言・勧告・是正の指示等．
※福祉事務所を管理する町村長は市長と同一の扱いとなる．
資料出所：『国民の福祉の動向 2009 年』p. 155.

央政府の規制力は実質的にはさまざまな形式と程度で存在している。

厚生統計協会は、厚生労働省の外郭団体のひとつであり、その有力な代弁者とみられるが、その年次刊行物『国民の福祉の動向』のなかで、生活保護の実施体制をつぎのように図示している。この図1で、厚生労働大臣のおこなう社会的行為は①とされ、「法廷受託事務の委託、処理基準の判定、監査指導、技術的助言・勧告・是正の指示等」と記述されているが、これらの項目は定義次第でかつての指揮・監督と実質的に同一になりうるとかんがえられる。生活保護制度の実施組織の中軸部分は、依然として、厚生労働省社会・援護局——都道府県の社会福祉関係部門——市・特別区などの福祉事務所と系列化されているとみておくべきだろう。

ただし、中央政府レヴェルでは、厚生労働省と財務省の関係が、予算折衝にみられるように生活保護のありかたに大きく影響する。厚生労働省のなかで生活保護行政を直接担当するのは社会・援護局保護課であるが、同局自立推進・指導監査室も生活保護への指導監査をつうじて影響力をもち、それは近年次第に強化されてきているようである。福祉事務所は市・特別区は義務的に、町村は任意で設置するもので、町村のばあいにはいくつかの町村を合わせて、そこに都道府県が設置しているのがふつうである。これは、二〇〇六年現在、全国で一二三三カ所あり、社会福祉行政の第一線機関であるが、そのもっとも主要なひとつが生活保護行政である。この行政に直接従事する公務員は現業員のうち生活保護を担当する者で、二〇〇六年現在、全国で一万二八七二人になる。[10]かれらは、ひとりで平均して八四世帯程度の被保護世帯を担当して、それぞれの保護費の算定や生活指導をおこなっている。

生活保護行政につかわれる費用の総額は、中央政府が支出する生活保護費補助金と地方政府（地方自治体）が支出する生活保護費によって構成される。これは、一九八九年以来、七五％対二五％の割合で固定されているというのが厚生労働省の公式見解である。これについては、中央政府が全額を負担するべきだという考えかたが早くからあったが、地方政府が生活保護行政を厳正におこなうためには、地方政府の負担分があるほうが望ましいということで、中央と地方の双方から支出がおこなわれてきた。その割合は一九八四年までは八〇％対二〇％であったが、八五年から八八年までは七〇％対三〇％に変更された。この原因としては、中央政府の財政がきびしい状況になったこと、臨調答申が住民に身近な行政は身近な団体である地方自治体によって処理されるべきであると述べたことなどがあった。

それでは、生活保護行政につかわれる費用の実際の金額をみてみよう。『国民の福祉の動向』によれば、その総額は地方財政の民生費のうちの目的別内訳の生活保護費でみられる。それは二〇〇六年で二兆八六八三億二七〇〇万円になる。[11]このうち、中央政府の負担分は、社会保障関係費のうちの生活保護費でみられるが、それは同年で二兆四六〇億七七〇〇万円である。[12]これは生活保護費のさきの総額の約七〇％であり、公式の説明の七五％より五％少ない。総額の金額を算出した原資料は総務省『地方財政の状況』であるので、これにあたってみると、地方財政の生活保護費には人件費がふくまれており、これを除いたもののなかでは社会保障関係費のうちの生活保護費はたしかに約七五％になる。[13]

図２　医療扶助の給付手順

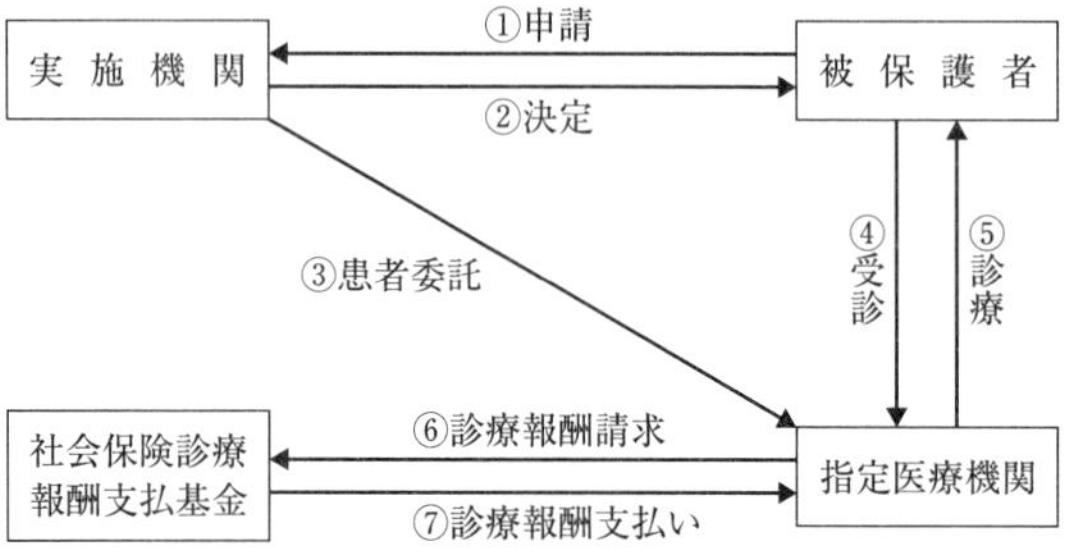

資料出所：『国民の福祉の動向 2009 年』p. 156.

地方財政の生活保護費の大部分、九割近くは扶助費としてつかわれる。その総額は、二〇〇七年で二兆六一七四億六五〇〇万円であった。扶助の種類別に扶助費の構成をみると、〇七年で医療扶助費が四九・三％を占め、ついで生活扶助費三二・八％であり、この両者だけで八二・一％になる。ほかに住宅扶助一三・五％、介護扶助二・〇％、教育扶助〇・四％があり、以上の五者の合計は九八・一％におよんでいる。(14) 扶助費の半分ちかくが医療扶助につかわれているということは、まず、貧困と疾病とのつよい結びつきを示している。ついで保護の開始の理由として傷病が多いこと、被保護世帯に傷病・障害者世帯および高齢者世帯がたかい割合を占めていることと密接に関連している。

ここで医療扶助の給付手順に簡単にふれておこう。診療報酬、診療方針では、医療扶助と医療保険のあいだに大きな差異はないが、医療の給付の方法では両者は異なっている。医療保険では被保険者や被扶養者が保険医療機関の窓口に被保険者証を提示すればただちに受診することができるのにたいして、医療扶助は原則として実施機関（福祉事務所）で医療扶助の開始手続きをとり、その決定をうけてから医療をうけることになる。具体的にいえば、まず医療の要否の判定がおこなわれ、医療の必要があるとされた者には医療券が発行され、被保護者はこの医療券を指定医療機関に提出して受診することになっている。この給付手順は、厚生労働省の外郭団体が刊行する文書では図２のように図解されている。

5　被保護世帯など

二〇〇六年度以降の被保護世帯にかんする基礎的データとして、生活保護基準、被保護実人員と保護率、被保護実世帯数をあげておく。

まず、生活保護基準であるが、男三四歳、女二九歳、子ども四歳の三人世帯を例にとると、生活扶助基準額は、二〇〇六年度から一二年度まで一貫して一六万二一七〇円である。それが、二〇一三年度ではじめてわずかに減少し、一五万六八一〇円となる。二〇一二年度と一三年度の生活保護基準の全体を示す表をかかげておく（表1）。生活扶助基準、生活保護基準ともに、この期間では動きがほとんどなかった。

これにたいして、被保護実人員と保護率では、上昇の激動がはじまっている。二〇〇六年度、被保護実人員の一カ月平均は一五一万三八九二人であった。これを総人口、一億二七七七万人で除して一〇〇〇を乗ずると保護率は一一・八‰となる。この数字がそれまでの二〇年間の最高値である。以後、毎年、対前年値で増をくり返して、二〇一一年度では被保護人員の一カ月平均は二〇六万七二四四、保護率は一六・二‰にいたる（表2）。この間、二〇〇八年一二月から〇九年一月にかけて東京・日比谷で年越派遣村が社会的注目をあつめ、貧困層の性格変化が部分的にうかがわれるようであったが、最終的判断をくだすためには、いま少し時間をかけることにしたい。

被保護世帯数では、二〇〇六年度で一〇七万三六五〇、これが二〇一〇年度には一四〇万五二八一にまで伸びている。世帯類型別にみると、二〇一〇年度で、高齢者世帯が四二・九%で最頻値であり、傷病者世帯二一・九%、その他世帯一六・二%、障害者世帯一一・二%、母子世帯七・七%がつづくが、その他世帯が五年間で一・六倍に増加していることが注目される。ほかの類型はみな微減（表3）。これは、その他世帯が他の類型よりも労働力の持ち主を多くもち、かれらの労働条件の劣悪化が反映しているとみられる。

表 1　2013 年度（平成 25 年度）生活保護基準改定の概要

（1 級地―1，単位：円）

	第 68 次 （24 年 4 月 1 日）	第 69 次 （25 年 8 月 1 日）	備　　考
1　生活扶助基準			【3 人世帯基準額】
⑴居宅（1 類＋2 類）			33 歳，29 歳，4 歳
3 人世帯	162,170	156,810	冬季加算（VI 区×5/12）を含めた額を 10 円単位で表示
⑵期末一時扶助費（居宅）	14,180	13,500	2 人世帯：22,010 円，3 人世帯：22,680 円
【加算等】			
妊産婦加算（妊娠 6 カ月以上）	13,810	13,590	
母子加算			
（居　　宅）	23,260	22,890	
（入院・入所）	19,380	19,070	
障害者加算			
障害等級 1・2 級			
（居　　宅）	26,850	26,420	
（入院・入所）	22,340	21,980	
重度障害者加算	14,280	前年度同額	
重度障害者家族介護料	11,980	前年度同額	
重度障害者他人介護料	69,520 以内	前年度同額	
介護施設入所者加算	9,890 以内	9,730 以内	
在宅患者加算	13,290	13,080	
放射線障害者加算			
負傷又は疾病の状態にある者	42,530	前年度同額	
負傷又は疾病の状態に該当しなくなった者	21,270	前年度同額	
児童養育加算	15,000	前年度同額	3 歳未満の場合の加算額
介護保険料加算	保険料の実費	保険料の実費	
入院患者日用品費	23,150 以内	22,780 以内	
介護施設入所者基本生活費	9,890 以内	9,730 以内	
入学準備金			
小　学　校	39,500 以内	前年度同額	
中　学　校	46,100 以内	前年度同額	
2　住宅扶助基準			
⑴家賃間代等	13,000 以内	前年度同額	
⑵住宅維持費	年額 118,000 以内	年額 117,000 以内	
3　教育扶助基準			
⑴基準額（月額）			
小　学　校	2,150	前年度同額	
中　学　校	4,180	前年度同額	
⑵学習支援費（月額）			
小　学　校	2,560	前年度同額	
中　学　校	4,330	前年度同額	
4　出産扶助基準			
居　　宅	249,000 以内	前年度同額	
施　　設	240,000 以内 ＋入院料	245,000 以内 ＋入院料	
5　生業扶助基準			
⑴生　業　費	45,000 以内	前年度同額	
⑵技能修得費			
技能修得費(高等学校等就学費を除く)	74,000 以内	75,000 以内	
高等学校等就学費			
基本額（月額）	5,300	前年度同額	
教材代	実費額	実費額	正規の授業で使用する教科書等の購入に必要な額
入学料及び入学考査料	公立高校相当額	公立高校相当額	高等学校等が所在する都道府県の条例に定める都道府県立高等学校における額
通学のための交通費	実費額	実費額	通学に必要な最小限度の額
学習支援費（月額）	5,010	前年度同額	
⑶就職支度費	28,000 以内	前年度同額	
6　葬祭扶助基準	201,000 以内	前年度同額	大人の基準額
7　勤労控除			
⑴基礎控除（上限額）	全額控除額 8,000	15,000	
⑵特別控除	年額 150,600 以内	—	廃止
⑶新規就労控除	10,300	10,400	
⑷未成年者控除	11,600	11,400	
⑸不安定就労控除	8,000	15,000	

資料出所：『生活と福祉』2013 年 8 月号，p. 16.

表2　被保護実人員・保護率の年次推移

年	被保護実人員（人）		保護率（‰）（人口千対）	総人口（千人）
	年度合計	1か月平均		
2006	18,166,704	1,513,892	11.8	127,901
2007	18,519,854	1,543,321	12.1	128,033
2008	19,111,434	1,592,620	12.5	128,084
2009	21,162,859	1,763,572	13.8	128,032
2010	23,424,756	1,952,063	15.2	128,057
2011	24,806,933	2,067,244	16.2	127,799

注：保護率の算出は、1カ月平均の被保護実人員を総務省統計局発表による各年10月1日現在の推計人口（2010年度は国勢調査人口）で除したものである．

資料出所：厚生労働省大臣官房統計情報部「平成23年度　福祉行政報告例」年次推移統計表／第5表　被保護実人員及び保護率（人口千対）．総人口は総務省統計局「人口の推移と将来人口」．

さいごに、生活保護法による社会福祉施設として保護施設があり、二〇一〇年現在で施設数二九七である。これには五つの種類があり、それぞれの目的は生活保護法第三八条で規定されている。施設名と施設数はつぎのとおりである。救護施設一八八、更生施設一九、医療保護施設六〇、授産施設二〇、宿所提供施設一〇。なお、医療保護施設以外の四つの現在の利用者の員数は一万九七四五である[15]。〇六年以降の施設数をみると、保護施設全体としても、各施設ごとにみても、ほとんど変化がない。保護施設全体のなかでは、救護施設が六三・三％を占めている。その利用者の多くは、単一の障害を対象とする他法の施設に入所することが適当でない複合したハンディキャップをもつ者、および精神障害の寛解者である。二〇一〇年で、救護施設の入所者一万七三七五となる。

(1)　アメリカの公的扶助については、つぎの文献がくわしい。藤田貴恵子・野呂芳明「公的扶助」（社会保障研究所編『アメリカの社会保障』東京大学出版会、一九八九年）一六一―一九二ページ。

(2)　イギリスの補足給付などについては、つぎの文献がくわしい。曽原利満「補足給付（付　家族所得補足）」（社会保障研究所編『イギリスの社会保障』東京大学出版会、一九八七年）一二七―一六〇ページ。毛利健三『イギリス福祉国家の研究　社会保障発達の諸画期』東京大学出版会、一九九〇年、三五〇―三五五ページ。

(3)　西ドイツとフランスの社会扶助については、つぎの文献がくわしい。曽原利満「公的扶助」（社会保障研究所編『西ドイツの社会保障』東京大学出版会、一九八九年）三〇二―三一六ページ。小野暁史・城戸喜子「社会扶助」（社会保障研究所編

表３　世帯類型別被保護世帯数及び世帯保護率の年次推移

	被保護世帯数						世帯保護率				構成比					
	総数	高齢者世帯	母子世帯	障害者世帯	傷病者世帯	その他の世帯	総数	高齢者世帯	母子世帯	その他の世帯	総数	高齢者世帯	母子世帯	障害者世帯	傷病者世帯	その他の世帯
	世帯	世帯	世帯	世帯	世帯	世帯	‰	‰	‰	‰	%	%	%	%		%
2006	1,073,650	473,838	92,609	125,187	272,170	109,847	22.6	56.0	117.5	13.2	100.0	44.1	8.6	11.7	25.3	10.2
2007	1,102,945	497,665	92,910	132,007	269,080	111,282	23.0	55.3	129.6	13.4	100.0	45.1	8.4	12.0	24.4	10.1
2008	1,145,913	523,840	93,408	137,733	269,362	121,570	23.9	56.6	133.2	13.9	100.0	45.7	8.2	12.0	23.5	10.6
2009	1,270,588	563,061	99,592	146,790	289,166	171,978	26.5	58.5	132.4	16.2	100.0	44.3	7.8	11.6	22.8	13.5
2010	1,405,281	603,540	108,794	157,390	308,150	227,407	28.9	59.1	153.7	18.4	100.0	42.9	7.7	11.2	21.9	16.2
2011	1,492,396	636,469	113,323	169,488	319,376	253,740	32.0	66.4	149.3	20.4	100.0	42.6	7.6	11.4	21.4	17.0

注：1. 1カ月平均である.

2. 保護停止中の世帯を含まない.

3. 世帯保護率は，被保護世帯数の各世帯数を「国民生活基礎調査」の各世帯数（世帯千対）で除したものであり，2011年には岩手県，宮城県及び福島県は含まれていない.

4. 一部の年について，世帯類型別の数値とその総計とが総数と異なる場合が見られるが，これは毎月の数値の合計（4月～3月）を12で割って四捨五入するための誤差であるので，誤植ではない.

資料：厚生労働省大臣官房統計情報部「社会福祉行政業務報告」（福祉行政報告例）.

2011年度出所：「社会福祉行政業務報告」2011年度 福祉行政報告例／年次推移統計表第4表 現に保護を受けた世帯数，世帯類型別（1カ月平均）.

『フランスの社会保障』東京大学出版会、一九八九年）二一三―二四一ページ。

(4) この種の公的扶助の理念型づくりのわが国における先駆例は、田中寿「主要諸国の公的扶助制度」（篭山京・江口英一・田中『公的扶助制度比較研究』光生館、一九六八年）一ページにみられる。田中は『ベヴァリッジ報告』に示唆をえて、私があげた特性の(2)、(3)、(4)をあげている。

(5) スウェーデンの公的扶助については、つぎの文献がくわしい。城戸喜子「公的扶助」（社会保障研究所編『スウェーデンの社会保障』東京大学出版会、一九八七年）二二七―二四三ページ。城戸「スウェーデンの公的扶助について」(1)、(2)、(3)、(4)（社会保障研究所『海外社会保障情報』第七六号―第七九号、一九八六年九月―八七年六月）。

(6) 救貧制度については、つぎの文献をあげておく。W・I・ラットナー、古川孝順訳『アメリカ社会福祉の歴史――救貧法から福祉国家へ』（川島書店、一九七八年）四五―七四ページ。T・H・マーシャル、岡田藤太郎訳『社会政策――二十世紀英国における』（相川書房、一九八一年）四九―九七ページ。

(7) 福祉国家については、つぎの文献をあげておく。東京大学社会科学研究所『福祉国家』全六巻（東京大学出版会、一九八四―八五年）。同研究所編『転換期の福祉国家』上・下（東京大学出版会、一九八八年）。

(8) たとえば、厚生統計協会『厚生の指標臨時増刊　国民の福祉の動向二〇〇八年』（同会、二〇〇八年）一四九―一五一ページ。

(9) 明山和夫『生活保護――制度とそのあり方』（ミネルヴァ書房、一九六七年）四六―四七ページ。

(10) 厚生統計協会『厚生の指標増刊　国民の福祉の動向二〇一〇／二〇一一年』（同会、二〇一〇年）一五八ページ。

(11) 前掲『国民の福祉の動向二〇〇八年』一八六ページ。

(12) 厚生統計協会『厚生の指標臨時増刊　国民の福祉の動向二〇〇七年』（同会、二〇〇七年）一八九ページ。

(13) 総務省ＨＰ『地方財政白書　平成二一年版』（資料　第42表）。

(14) 厚生統計協会『厚生の指標臨時増刊　国民の福祉の動向二〇〇九年』（同会、二〇〇九年）一六七ページ。

(15) 国立社会保障・人口問題研究所「生活保護」に関する公的統計データ28表「保護施設の施設数及び在所者数」。

方法ノート

1 方法論

「現代の社会学には、方法論の議論が大変多いように思います。非常に未熟な段階にあることが明らかな研究にとって、これは適切なことなのでしょうか。研究の主内容で実質的な成果が挙った後に初めて方法論的分析の好機が訪れる、と人々は考えるでしょう。その時、人々は言うでしょう。『自己批判的な回想を試みよう。私たちの方法は、どういうものであったのか。これらの方法は、論理的に妥当であっただろうか[1]』」。

ロイ・ハロッドは、一九七〇年、オックスフォード大学でおこなった講義「社会学、道徳および神秘」のなかで、社会学、とくにアメリカ社会学の現状を痛烈に批判しているが、その批判の核心部分が冒頭の引用にみられる。そこで、かれが、「方法論」と呼んでいるものは、定義、命題、発見、概論などといわれるものである[2]。ジョージ・ホマンズ、レオナード・ブルーム、フィリップ・セルズニック、バーナード・ベレルソン、ゲーリー・スタイナーなどの著書から、それらの例が多数あげられ、酷評されている。具体的な紹介は省略するが、ハロッドにいわせると、それらは意外性にとぼしく、つまり常識的なものでしかなく、帰納法の原理を知らない人間の手によったとしかおもえない。これにたいして、かれが社会科学者たちに実質的成果をあげることを望む研究課題は、たとえば、労働時間が二%減るばあい、自由時間のうち、「社会改良」に振り向けられる大きさ。生活方法、経済、環境、とくに多様な社会関係の感情的内容などの諸点からみた相互関係。新ロンドン空港の用地決定をするにあたって必要とされる、非経

済的項目をふくむ費用便益分析などである。(3)

経済学者であるハロッドの目から見ると、社会学者たちの膨大な著作群の多くが方法論議にみえる。それらは、その方法とは区別される研究、あるいはいっそう正確にいえば、その方法をつかって成就されるはずの実質的な成果をあげる研究ではない。この判断は、おそらくは、批判の対象となった社会学者たちをはじめとする多くの社会学者たちにとって同意しがたいものであったろう。かれらは自身の社会学理論のための諸著作を研究のための道具である方法の論議とかんがえていなかったにちがいなかった。かれらにとっては、それらは第一義的に目的である重要な研究なのだ（だからこそ、タルコット・パーソンズは自らのことを「不治の理論病患者」(4)といったのである）。ハロッドと社会学者たちの見解の対立は、つぎのように要約されよう。社会学研究において、理論形成は方法の創出か目標の達成か、つまり、理論は手段か目的か。

私はハロッドの言い分に早くから同意してきた。したがって、私は研究生活のなかで、かれがいう意味での実質的成果をあげる研究をおこなうことにつとめ、方法論議をすることを原則として自らに禁じ、その機会からなるべく遠ざかってきた。くわしくいう必要はないが、これまでに私がおこなってきた例外的な方法論議はいずれも他律的事情によってやむをえずおこなったものである。(5)しかし、今回、私はささやかな読書ノート風のものではあるが、また私流儀のものではあるが、方法論議を自ら進んでおこなってみようという気持ちになっている。主要な理由はつぎの二つである。

(1)　日本の生活保護制度の歴史を対象とした社会学的研究をひとまず終えて、私はその成果を本書に収録した三つの論文にまとめた。この機会にそれらの仕事をふりかえると、それらに共通してみいだされる方法があり、その方法の少なくとも一部には独自性があると主張することが許されるようにおもう。けれども、意地が悪いひとがいて、おまえはこの三つの論文程度のものを、ハロッドがいう方法論が許される実質的な仕事の達成であると強弁するのかといわれるならば、私は顔を伏せて口ごもり、もちろんハロッドは量質ともにもっとすぐれた仕事を考えていたでしょうというほかない。そのうえで小声でつけくわえるとしよう。しかし、凡庸な社会学者にとってはこれでも精いっぱいのひと仕事を終えたという実感があるのも事実なのだ。

(2) この研究に従事した経験をつうじて、私は、福祉社会学の諸主題の研究の少なくとも一部は歴史社会学的におこなわれることで、真理性に富んだ多くの認識をえることが期待されるのではないかと考えるようになった。この見通しは、最近完了した同僚たちとの共同研究『厚生省史の研究』[6]によっても裏付けをえている。そこで、私は、今後の私の福祉社会学研究がいっそう稔り豊かなものであるために、福祉研究における歴史社会学の方法の一端を確認しておきたい。ハロッドは、研究の仕事がすんだあと方法論をおこなうことを勧めており、その真意を私は充分に理解するのだが、そのうえで、仕事の途中で、つまり、ひとつの仕事が終り、つぎの仕事にとりかかるまえの中休みの時期に、方法にかんする暫定的な検討をおこなうことは、必要であり、やりかた次第では有益であるようにおもうのである。

念のためにいうのだが、したがって、以下で述べる研究方法のすべてを明確に意識して保有し、私は、この研究をはじめたのではない。研究が開始されたとき、それらの方法の多くは、私が知識としてもっているものであったが、つかいこなす道具として身についているものではなかった。私はなかば手さぐりに研究を進めながら、自らがとっていた方法が知識としてもっていたものと符合するのに気づいたり、知識としてもっていたものを方法としてつかってみたりした。また、研究が開始されたとき、方法の一部は、私の知識にも属していなかった。それは研究過程の途中で、試行錯誤の結果つくりだされたり、必要におうじて先行する業績からみつけだされ、つかわれたのである。このような事情があるものだから、以下で述べる方法は、この研究のなかでは充分につかいこなされていない。それらの方法のすべてが、明確に意識されて活用されることは次の機会に期待されるのである。

2　歴史社会学

これは、さきにもいったように、日本の生活保護制度の歴史を対象とした社会学的研究であり、したがって、生活保護制度の社会史の研究である。対象が歴史であるという判断については、説明の必要はとくにあるまい。それは本書を通読していただければ、おのずから明らかである。つぎにこの研究の方法は社会学である。社会学者たちの社会学によせる定義はまことに多様であり、その収集・検討は大仕事であることはよく承知している。しかし、ここでの仕事をするためには、私には、マックス・ウェーバーの古典的定義ひとつで充分であるとおもわれた。かれは、大著『経済と社会』の第一論文「社会学の根本概念」の冒頭で、社会学は「社会的行為を解釈によって理解するという方法で社会的行為の過程および結果を因果的に説明しようとする科学」[7]であると定義した。

端的にいえば、社会学は社会的行為を対象とし、説明しようとする学である。そこで、社会的行為および行為についてのウェーバーの定義をみておかねばならない。社会的行為は「単数あるいは複数の行為者の考えている意味がほかの人びとの行為と関係をもち、その過程がこれに左右されるような行為」[8]である。また、行為は「単数あるいは複数の行為者が主観的意味をふくませているかぎりでの人間行動」[9]である。ウェーバーは、これら三つの定義について長大なコメントをつけているが、それらの紹介はほかにゆずる。[10]ただし、行為の定義のなかにある「主観的意味」は、具体的には、動機、意志、価値意識などをさすといっておこう。

この社会学の理解によれば、歴史社会学は歴史の内実を構成する、個人、諸個人、組織、諸組織、民衆、群衆、大衆などの社会的行為を理解しつつ歴史を研究する学である。のちにさらに具体的に述べるつもりだが、私は、生活保護制度の社会史を、人びとと諸組織がその制度を形成し、運用し、ときに改変した行為、その制度を利用し、利用にかかわる要求をし、その要求が受容されたり、拒絶されたりした行為、その制度のありかたを批判し、告発し、あるいは擁護した行為、それらの膨大な社会的行為を描写し、分析し、理解しつつ、研究してきた。

この作業は、抽象の程度を高めていえば、生活保護制度という社会制度を、その制度にかかわった人びとや諸組織の社会的行為のレヴェルにおろして（分析の単位を下げて）研究するということである。これに対して、制度自体を、あるいは制度の歴史自体を社会学はどのように研究するか。これについても、私が導きの糸としたのは、ウェーバーの古典的見解であった。

「客観性論文」の通称で広く知られる「社会科学および社会政策の認識における客観性」において、かれは、「歴史的に与えられた文化界の、あるいはそのなかの一つの個別的な現象」あるいは「『要素のそのときどきの歴史的に与えられた』個性的な集まりと、その集まりによって生じた具体的な意義深い特色をそなえた作用の集まり[11]」つまりは、個性的な歴史事象を研究するさいの方法のモデルをつぎのように提示した。その方法には四つの段階が区別される。すなわち、(1)その事象にかんする法則、理論を形成し、確認する。これらの法則や理論は、ウェーバーの用語でいえば理念型である。(2)その事象の全体と理念型を対比しつつ、その歴史事象のみがもつ独自の諸属性を索出し、その事象の全体を個性的なものとして認識する。ここでいう個性とは歴史上にあらわれる一回かぎりのものであり、法則の反対概念であり、この判断は自然科学と文化科学を峻別するドイツ歴史学派の知的伝統にもとづく。(3)個性的なものとしての歴史事象を、それに先行する過去のいくつかの個性的な歴史事象の帰結として理解する。(4)個性的なものとしての歴史事象が、将来、どのように変化してゆくかを予測する。[12]

日本における生活保護制度の歴史の社会学的研究のばあいでいえば、(1)は生活保護の理念型をつくることである。それは、先進資本主義諸社会に共通してみいだされる公的扶助制度の定義において実現している。(2)は、日本の生活保護制度がもつ独自の諸属性の索出、その歴史的個性の認識である。たとえば、生存権保障をめざし欠格条項を排した理想主義的性格、生活扶助基準のためのエンゲル方式の工夫、国際比較をつうじて知られる漏救率の高さなど。(3)は、日本の生活保護制度が先行するどのような歴史事象の帰結なのかをかんがえる。たとえば、GHQのPHW、厚生省社会局、新憲法の生存権規定、敗戦直後の飢餓的貧困、高度成長と貧困の相対化など。(4)は生活保護制度の将来予測であるが、これは本書が設定した課題ゆえに大部分が禁欲され、わずかに八四年以降の保護率の低下の結果が憂慮されるにとどまった。

生活保護制度の歴史の研究における方法としての歴史社会学についての最小限のコメントは、以上で充分であろう。ただし、そこには、つぎのような問題、含意があることだけは指摘しておきたい。

(1)　ウェーバーは、社会学は社会的行為の学であるといい、社会科学が個性的な歴史事象を研究するさいの方法のモデルを示した。これら二つの命題はどのような関係にあるのか。私のさきの解釈は、それらにおける社会学と社会科学を互換的にかんがえてのものである。ウェーバーの実証研究の業績にはその解釈を許すところがある。しかし、かれは、「社会学の根本概念」などの方法論では、方法的個人主義の立場にたち、社会学の対象は社会的行為のみであると主張しており[13]、そのかぎりでは社会制度そのものは社会学の対象となることができない。

(2)　ウェーバーは、社会科学が個性的な歴史事象を研究するさいの方法のモデルにおいて、第一段階に法則、理論の形成をおいた。これはハロッドが想定している方法のモデルと共通し、多くの社会学者たちのそれと相違する。後者にあっては理論形成が最終目標である。私は、アメリカ社会学でいう理論的一般化の効用を場合によっては積極的に認めるものであるが、この研究のような歴史社会学的研究には理論的一般化は必要がないとかんがえる。これは、日本の生活保護制度の社会史という個性的な歴史事象の研究として自足する。

(3) ウェーバーの前掲の方法モデルの主張は、カール・マルクスの歴史理論、とくにその資本主義社会の理論を批判の対象として念頭においてのものであったとみることができる。マルクスは先進資本主義社会であるイギリスを主要な素材として資本主義の理論をつくり、その理論によってほかの資本主義社会も基本的には理解されうるとした。かれによれば資本主義社会の多様性は、本質において、それぞれの資本主義経済の発展の程度の差である。これに対して、ウェーバーはマルクスの資本主義の理論はかれがいう理念型のひとつであり、それのみでは現実の社会の全体像を説明する力量をもちあわせていないとかんがえていた。この問題をくわしく論じることは別の機会にゆずる。

3 社会のドラマ

「社会的現実は、つまり、演劇的に実現される。別の言いかたをすれば、現実は一つのドラマであり、人生は劇場であり、そして社会的世界は本来劇的なものである[14]」。

S・M・ライマンとM・B・スコットは、かれらの著作『ドラマとしての社会』の「プロローグ」の論議をこの言葉で締めくくっている。この言葉は、生活保護制度の歴史の社会学的研究に従事している私にとって、方法にかんしてもっとも共感することができるもののひとつであった。わが国における生活保護制度の歴史を人びとや諸組織の社会的行為の関連のなかで追ってゆくと、それはドラマのように展開しているとおもわれた。私は、自然に、本書におさめた三つの論文をドラマのように書くことを心がけることになった。もちろん、その意図がどこまで成功しているかは読者の判断にゆだねるほかはないのだが。

ところで、ライマンとスコットが社会的現実は演劇的に実現されるというさいの、演劇とはなにか。かれらはシェイクスピアの四つの作品を素材にして、それらの本質的価値をつぎのようにまとめている。シェイクスピアは変革期の作家であった。かれは、古い真理が疑われ、人間性の本質そのものが疑問視され、慣習の固い殻に入ったひびが巨大な裂け目と無数の亀裂を社会秩序に広げていった時代に生きたのである。この分裂した世界のなかで、シェイクスピアは「この危機を告げる偉大な弁証法的葛藤のありよう」[15]を示した。最後のキイ・ワードは「葛藤」である。それは「権力と抵抗」の闘争であり、「合理的秩序と享楽的幸福主義」の闘争であった。これら二つの「火の車輪の軌道」のあいだで、人間と社会は生成と崩壊をくりかえしてゆくのである[16]。

私は生活保護制度の歴史を社会的行為のレヴェルで追ったとき、それがドラマのように展開しているとおもったのだが、その最大の契機は、それらの社会的行為の本質的部分が葛藤であったからである。私が三つの連作のなかで描写し、解釈してきた数々の劇的葛藤を想起してほしい。ここでも最後のキイ・ワードは「葛藤」である。この判断にもとづき、さきのライマンとスコットの論議に対して、やや強引に平行線を引いてみようか。生活保護制度の形成と展開にみられる無数の葛藤も、「権力と抵抗」の闘争および「秩序形成と個人主義」の闘争に二分される。また、生活保護制度の形成と展開は、日本が敗戦によって戦争国家としての歴史に終止符をうち、福祉国家体制を構築してゆく、まさに変革期の産物であった。その変革期の矛盾が、この制度にかかわった人びとや諸組織の演じた多様な葛藤のなかに表現されている。

さて、社会をドラマとみたてるならば、社会科学者はそのドラマの観客として位置づけられる。これは私にとって、この研究において、真理性に富んだ認識をより多く獲得するのに比較的好都合な位置であるとおもわれた。まず、ライマンとスコットの言い分を紹介しておこう。

「演劇のパフォーマンスは、普通、言語によって意味を伝達する。同様に人間存在の劇も、言語（もっとも広い意味でのコミュニケーション）を必要とする。そして、さらに大きく考えると、人間的事象についての科学は、おおむね、行動言語（performative utterance）の研究である。行為と言語は、分析的には分離されうるが、日常の事象においては、解きがたくもつれあっている。言語によって、人間は、行為の説明、動機づけ、弁明、正当化と、そして彼自身のアイデンティティを明示する。それゆえ、社会学的分析は日常のパフォーマンスというテキストをあつかわねばならない。（中略）社会科学者は、まず第一に、一つの劇を見る観客（audience）のようにふるまわねばならない。彼らは身ぶりと言葉の性質、秩序、意味、結果について特に注意を払い、哲学的観察者が人間存在の日常の劇に対して払う注意力に、その科学的態度の中核を位置づけねばならない」(17)。

社会科学者はドラマとしての社会の観客である。かれはドラマの登場人物たちの言動について、かれらの葛藤にたいして、こまやかな注意を払い、それらの解釈をつみあげてゆく。私は、ライマンとスコットのこの勧告をなるべく忠実に守ったつもりである。もちろん、これも、どこまで成功したかは読者に判断してもらうしかないのであるが。ただし、この勧告は、生活保護制度、あるいは広く社会福祉の諸事象の社会科学的研究において、近年のわが国に広い範囲でみられる二つの方法的立場にたいして、明瞭なアンチ・テーゼを提示していることは確認しておきたい。くわしくはいわないが、それらの立場をさしあたって、運動論的立場と政策論的立場と呼んでおこう。第一の立場では、研究者は運動従事者としてドラマの舞台に上る。第二の立場でも研究者は政策提言者としてドラマの舞台に上る。それぞれが、研究の遂行においてどのような利害損失をもつかをくわしく論じる機会は別にえたい。連作のなかでは、運動論的立場から舞台に立つより、ドラマの観客席にとどまるほうが、研究のためには有利であるばあいがあることをわずかに示した。

4　社会学的肖像画

ロバート・ニスベットは、近代社会学の起源について研究したさい、一九世紀から二〇世紀初頭の社会学者たちの仕事が、同時代の芸術家たちの仕事と類縁性があるのに気がついた。かれがとりあげた第一世代の社会学者たちはオーギュスト・コント、カール・マルクス、アレクシス・トックヴィルであり、第二世代はマックス・ウェーバー、エミル・デュルケム、ゲオルグ・ジンメルであった。かれらの仕事の成果は、同時代の画家、作家、音楽家たちの作品と、主題、主題にかんする動機、刺戟、理解の源泉などで類縁性があり、想像力の産物であるというところで共通しており、表現手段においても重要な類似性があった(18)。

ニスベットは、その表現手段を四つに大別している。すなわち、社会学的風景画、社会学的肖像画、社会の進歩と衰退である。ここでは前二者に注目しよう。ニスベットは、社会学的風景画の代表例として、大衆、権力、大工場、大都会をあげ、社会学的肖像画の主要例として資本家、労働者、官僚、知識人をあげた。そして、前出の社会学者たちがそれらをどのように描いており、そこに同時代の芸術家たちの作品との共通性がどのようにみいだされるかを示したのである(19)。これは社会学の学問的性格をかんがえるさいに多くの示唆に富む試みであるが、いまはそこには立ち入らない。

二〇世紀の終りちかくの先進資本主義社会の社会的現実をかんがえるにあたっても、ニスベットがいう社会学的風景画と社会学的肖像画は有効な手がかりを提供している。それによって、われわれは、われわれが前出の社会学者たちに発する知的伝統に属していることを知ることができる。もちろん、今世紀初頭以降の歴史は、新しい風景画と肖像画の必要を生じさせた。私の試案をいうならば、社会学的風景画としては世界戦争、福祉国家、管理社会、南北問題を、社会学的肖像画としては女性、老人、子ども、少数者をさらに追加したい。風景画は国家から世界社会に拡がり、肖像画は被抑圧者の多様化を告げる。しかし、ニスベットに話をもどそう。

近代社会学にとっても、現代社会学にとっても、社会学的肖像画の大事なひとつは官僚たちの肖像である。ニスベットがその描き手の巨匠としてウェーバーの名をあげるのは社会学史研究における定石であろう。ウェーバーの官僚像は、「自らがつながれた機構から逃れられない」存在であり、「管理にかんする専門家の高まりゆく必要性の産物」[20]である。また、官僚は、「純粋理性――喜びのない、感動のない理性」[21]を、人間的諸事象に確信をもって適用する。いうまでもなく、理性は現代の価値であり、専門的知識も尊敬の対象である。しかし、官僚の属性としてのそれらは「結局のところ、社会秩序に対する権威主義的な官僚支配の増大と、人間の精神および心にたいする息づまるような影響力の増大とに寄与するような性質」をもっている。

大胆に私見をいうならば、このウェーバーの官僚像は一面的に過ぎるのではないか。まず、歴史的事実をいえば、プロイセンをはじめとするドイツ諸邦において、フランス革命に対抗する「上からの近代化」が国王や一部の貴族によって推進されるが、憲法、行政、地方制度から経済政策までの幅広い政策実務を担ったのは、開明的官僚たちであった。のち、ビスマルクによる国家統一によってドイツ帝国が成立し、法制の統一化、外務省および国立銀行の創設、全国的通貨制度の導入などがおこなわれ、やがて社会保険制度が実施される。国家官僚制がそれらの政策実務を遂行した。この近代化の過程をみれば、官僚たちが、自由主義的経済社会を展開させ、帝国の国力をたかめ、干渉国家を形成してゆくところで、かれら流儀のナショナリストであったことは確かである。[22]ウェーバーの先述の官僚像はそこを見ようとしない。

ウェーバーがかれの官僚像を提示するにあたっては、二つの契機がはたらいている。ヴォルフガング・モムゼンがくわしく述べていることを要約していえば、第一にウェーバーはナショナリストとしてドイツが帝国主義列強に植民地争奪戦でおくれをとらぬことを望み、海外への帝国主義的進出と国内での議会主義化が必要であるとしたが、そのためにはビスマルク以後の国家官僚たちは力不足であり、すぐれた才能をもつ政治家たちが待望されるとして、政治家と対照的に官僚を「感動のない理性」として描いた。第二にウェーバーは近代化にかんするはなはだしいペシミズムをもっており、資本主義は帝国主義的膨脹をおこなうにしても早晩はゆきづまり、いずれは停滞的で官僚主義的に固まった経済秩序が出現するとかんがえ、競争する企業家と対照的に官僚を「管理にかんする専門家」として描いたのである。(23)

しかし、われわれは、母国がふたたび帝国主義的進出を試みることをつよく否定する。そのかぎりで、官僚を政治家との対比で価値剝奪的文脈におくウェーバーの判断にただちに全面的に同意するものではない。また、われわれは、現代資本主義は新しい需要をたえず政策的に喚起して、国内市場の消化能力を大きくすることを知った。これによって、官僚を企業家との対比で停滞する秩序の担い手とするウェーバーの判断にもただちに全面的には同意をしない。福祉国家の国家官僚たちを歴史的にながめたとき、かれらにウェーバーがいう官僚像の一面があるのは確かである。しかし、かれらが、E・H・カーのいう福祉国家段階の社会的ナショナリズム(24)の持ち主として、国家政策の大きい部分を形成、遂行し、市民社会（経済社会）に介入して、そのダイナミズムを維持しているのも事実である。

以上の論議との関連でいえば、私はこの仕事で、日本の政府官僚たちの社会学的肖像画を一枚描いた。主役として前面にいるのは、生活保護行政にたずさわってきた厚生官僚、いっそう限定的にいえば厚生省社会局に拠った福祉官僚たちである。かれらは統治機構、政府機構の内外で葛藤と協調をくりかえしながら、かれらの仕事を推し進めてきた。機構内部での葛藤と協調の相手は、占領期においてはＧＨＱのＰＨＷをはじめとする各部門の軍人官僚たちであり、その後は大蔵官僚を筆頭とする経済官僚たちであった。また、厚生省内部の福祉官僚と保険官僚の対抗にわずかにふれ、政府の福祉官僚たちと各自治体の福祉事務所にいる第一線職員の関係にもわずかにふれた。さらに、かれらにとって、行政訴訟や要求運動をつうじて、運動従事者や各種運動組織、政党員と政党、裁判官や弁護士、司法機構も葛藤の相手となった。議員、議会との関係がわずかしか記録されていないのは、生活保護行政が総体として政府官僚主導で進んだことによる。

また、生活保護行政にたずさわる厚生官僚、福祉官僚を主役とする社会学的肖像画において、大事な脇役のひとつは保護を受給する個人、世帯、階層とそれらをふくむ国民諸階層である。被保護世帯は、保護の申請と基準以下の貧困状態にあることを条件として、保護の受給が決定される。少数の例外をのぞき、かれらが行政にたいして受動的存在であることはすでにみたとおりである。福祉官僚たち、福祉事務所の第一線職員たちの、被保護世帯、被保護階層にたいする働きかけの基本的側面は、生存権の制度的保障と生活指導という制度的管理である。

私が追加した新しい社会学的風景画と社会学的肖像画との関連でいえば、前段落末尾でいった保障と管理は、新しい社会学的風景画に属する福祉国家と管理社会が貧困層におよぼす末端の機能である。また、被保護世帯の主要類型は、傷病・障害者世帯、高齢者世帯、母子世帯であるが、これらは新しい社会学的肖像画のうちの少数者、老人、女性および子どものそれぞれの経済的最底辺階層を形成する。

福祉官僚たちは、他の官僚群などとの葛藤と協調、被保護階層への保障と管理をつうじて、生活保護制度の形成と運営をおこなってきた。その過程において、かれらは、福祉国家段階の社会的ナショナリズムを体現しており、管理社会の行政機能の担い手でもあった。その二つの顔を見てゆくにあたり、ウェーバーが描いた官僚の肖像画の批判的検討は有益であった。

5 社会制度

私は生活保護制度の歴史社会学的研究をおこなった。ここで制度概念について必要最小限のことを述べておきたい。制度という概念は社会学の研究用具のうち重要なもののひとつである。本書でおこなわれた研究にしても、制度という概念をつかわなければおこなうことができなかったとまではいわないが、複数の類似する部分をもつ概念、たとえば法、政策、行政、体系などを併用しておこなうことになり、やりづらかったり不自由を感じるところが多かったであろうとおもわれる。

しかし、戦後日本の社会学研究において、制度という概念はその重要性をかならずしも充分に認められてきたとはいいがたい。それは行為や集団などの概念に比較すると、いわば不人気な概念であり、その定義や理論が検討される機会がきわめてまれであった。それはなぜか。仮説構成風にいえば、民主化、近代化、産業化、都市化などの社会変動が肯定的文脈のなかでとらえられる傾向があり、その変動を妨げる社会事象が旧制度としてとらえられることが多かったので、制度という概念自体が否定的文脈のなかにおかれがちになったのではないか。しかし、制度概念は本来的には中立的なものであることは、あらためていうまでもない。

制度にかんする社会学的検討を試みたもので、私の仕事にとって利用価値が高かったもののひとつに、シドニー・ウェッブとベアトリス・ウェッブの『社会調査の方法』の第一章における論議がある。かれらは社会制度の定義では自前のものをつくらず、チャールズ・クーリーが『社会組織』で提出したものを引用している。すなわち、

「社会制度とは、社会構造のうち十分発達した、専門分化した、相対的に固定した部分である。社会制度は人格《パーソン》から成立しているが、全人格から成立しているわけではない。各人格が社会制度に参加するときには、かれのうち、ある訓練された、専門分化した部分でもって参加するのである。人がある制度の一片に過ぎなければ、もはや人間

ではない。かれはまた人間性、すなわち本能、可塑性、理想性をもちつづけなければならない[25]」。

率直にいうと、これはあまり出来がよい定義とおもわれない。私としては、これにつづいてウェッブ夫妻が書いたつぎの記述に関心をより多く惹かれる。

「社会制度は、それに捕えられた人間たちの行動や、他の社会制度に直接の影響をあたえる。また、それが捕えた人間をつうじて社会制度の物的環境に間接に影響をあたえる。しかし、ちょうど生物の種が肉体をもたず非物質的なものであるように、各社会制度は全体としては肉体をもたず非物質的である。そしてそれが視られたり感じられたりするのも、つねに社会制度そのものの部分的な表現にすぎない個々の細目としてのみそうされるのである。社会制度の全体は視ることも聴くこともできず、味わうことも触れることも出来ない[26]」。

たとえば他の星から研究者が地球を訪れて、われわれが議会と呼ぶ社会制度を理解したいといったとする。かれは、議場で議員が演説しているところや法案が通過する場面、法案が国王の署名をえて法律になることを観察させられる。しかし、それらの見世物を全部あわせたところで、それは議会の同一物ではなく、議会の一時的・部分的な表現のひとつづりにしかすぎない。別のいいかたをすると、爆破犯が議院を爆破して議場を廃墟とし、王や議員たちを吹きとばし、王冠から議席までの物的設備のすべてを燃やしてしまっても、議会という社会制度そのものは破壊されていないし、爆破の影響もいつまでも残らない。一定の時間の経過のあと、議場が再建され、新しい王が即位し、新しい議員たちが選ばれ、新議会が開会される。人間や建物、設備は、イギリス議会という社会制度が一時的に身にまとう物質的形式にすぎない。議会を適切に理解するためには、その歴史と諸機能の研究、それと他の社会制度との関係や公衆全体との関係の理解が必要である。その形式だけでなく、精神についても知識をもたなければならない[27]。

確固とした制度とは精神の状態にほかならない。この命題についてウェッブ夫妻はほかにも巧妙な説明をあたえているが、ここではひとつの引用文の紹介にとどめる。「メイフラワー号の清教徒たちはアメリカ海岸に英国の制度をもち来たった、としばしばいわれることである。そのとおりであろう。しかしかれらはそれをどこへ積んで運んだのであろうか。スギ製の大箱のなかに梱包されていたのだろうか。メイフラワー号の倉庫に収められてきたのだろうか。否、それは清教徒たちの精神のなかにあったのである[28]」。

私がおこなった生活保護制度の歴史社会学的研究は、当初からかならずしもウェッブたちの助言を守ろうと意識していたわけではないが、結果としては、まさにその歴史と諸機能の研究、それと他の社会制度や公衆全体との関係の理解を試みるものとなった。また、確固とした制度は精神の状態であるというかれらの命題は、ある制度はある精神の産物であり、ある精神によって特徴づけられるという事実を強調するためのものであろう。生活保護制度のばあいでいえば、それを生み出し、特徴づけた精神は、なによりも生存権思想にほかならない。われわれがみた生活保護制度の歴史は、きわめて大づかみにいえば、その生存権思想が高揚し、のち衰弱する過程であった。この過程が成立するにあたって作用した諸要因にかんする論議はくりかえさない。そのうえでいうと、生活保護制度はその精神性がとくに高度である社会制度のひとつなのではあるまいか。

この見方は、われわれがこれまでとりあげなかったひとつの原理的問題の所在を示唆する。生存権思想は日本文化と調和するだろうか。敗戦後、戦後改革と民主化の過程においてナショナリズムが否定され、日本文化の諸価値が批判的にながめられる状況のなかで、生活保護制度を支える生存権思想は高揚していた。これにたいして、七〇年代に入り日本の経済成長がその過剰富裕化を実現させ、ナショナリズムを本格的に復活させ、日本文化の諸価値が肯定されるようになると、生活保護制度を支える生存権思想は衰弱した。こうかんがえるかぎり、生存権思想はこれまでのところ日本文化と調和する、あるいは少なくとも共存する可能性をかならずしも充分にはみいだしていないということになる。

この判断にたいして、日本文化を反動文化と切り捨てたり、日本人に人権思想をとって民族文化を捨てよと威丈高に迫っても、それは論者の自己満足の域を出ない。民族は自らの文化を捨てることはできない。基本的解決の方向は、民主主義と調和するナショナリズムのありかたを模索し、その仕事をつうじて生存権思想を支持する日本文化の形態を認識するところにあろう。しかし、これを充分に論じる機会は別にえたい。

6 資料の問題

社会学者が社会的現実を研究するさい、理論と資料はいずれも不可欠の道具である。この資料についていえば、本研究のばあい、第一論文の冒頭でふれたように、かつて生活保護制度を形成・運営した官僚たちの回顧録、証言、制度解説などを有力な資料としている。それらは、厚生省社会局保護課編『生活保護三十年史』、木村孜『生活保護行政回顧』(いずれも、社会福祉調査会、一九八一年)、小山進次郎『生活保護法の解釈と運用』(中央社会福祉協議会、一九五〇年、改訂再版、一九五一年、全国社会福祉協議会、一九七五年)などである。また、このほかに生活保護制度の形成・運営に部分的にふれる官僚などの日記・証言録としては、木村忠二郎・社会福祉研究所編『木村忠二郎日記』(同研究所、一九八〇年)、吉田久一・一番ヶ瀬康子編『昭和社会事業史への証言』(ドメス出版、一九八二年)などがあった。

これらのほかにもいくつかの資料がつかわれた。また、第一論文が発表された当時はこの種の研究は皆無であったが、これを追うようにして村上貴美子の大作『占領期の福祉政策』が刊行され、最近、菅沼隆の「米国対日救済福祉政策の形成過程――SCAPIN七七五『社会救済』の起源と展開」も発表されて、占領期の生活保護政策にかぎっては、その歴史研究は格段に進展し、私自身、それらの研究文献から学ぶところが多かった。これらの資料・文献については、巻末に一括したリストを掲げる。しかし、前段落であげた最初の三つの資料、とくに一番目の厚生省社会局保護課編のものと二番目のものがなければ、この研究は、おこなわれなかったか、おこなわれても内容がかなり薄手になったであろう。もちろん、個人の努力でそれらの資料が提供する諸情報を収集することがまったく不可能であるとはおもわない。しかし、それは想像しかねるほどの費用と時間の負担をともなうものになったであろうし、私個人はその負担にたえることができなかったにちがいない。

一般的にいって、統治機構の内部で働いた官僚たちの回顧録、証言などは、その内容が生起した時期よりかなり長い時間が経過して、その内容があきらかにされてもだれも政治責任、行政責任が問われなくなった時期に発表される。政府などが保管する公文書などで秘密にされていたものが、のち解禁されて、研究者たちが利用することができるようになるのは、作成後三〇年とか、四〇年とかたってからである。これは、政策の形成や実施の過程の研究につよい制約をあたえる。

第一論文を発表したのち、しばらくしてからのことであったが、その論文のための研究をおこなったプロジェクトの研究会で、アメリカ合衆国の対日占領政策の研究で第一人者であると私が目していた高名な政治学者が語った言葉は印象的であった。占領期の最初の三分の一にかんしては、かれは自らの判断が万全のものであるという自信をもっている。なぜならば、その期間の極東委員会、アメリカ政府、対日理事会、ＧＨＱなどの秘密文書がすべて解禁されているから。これは裏返していえば、解禁されていない秘密文書があるあいだは、なにが出てくるかわからないのだから最終的判断を控えるということである。

それまでの私は、社会福祉、社会心理などの領域で、いわば現在進行形の現実を社会調査によって観測しつつ、それらの研究をおこなってきていた。その私にとって、さきの政治学者の発言は、私がそれまで知らなかった種類の学問的禁欲があるのを感じさせたのである。

生活保護制度の歴史社会学的研究にかぎっていえば、ここでの手法で研究がおこなわれることができるのは、一九七〇年代までであろう。それは、利用しうる資料がそのころまでの政策決定機構の内部の動きをあきらかにするにとどまるからである。さきにあげた資料のうち発表された時期にもっともちかいところまでを記述しているのは木村孜の著作であるが、それでも一九七六年までを記述するにとどまっている。生活保護行政という領域は、たとえば対日占領政策などと比較すれば国家的機密事項に属するものは相対的にはきわめて少ないとおもわれるが、それでも、さきの資料群のなかで元官僚たちは古い事柄についてほど率直、明快に語っているという印象がある。八〇年代に入ってから、研究の意欲をそそるトピックスがないわけではない。たとえば、生活保護制度にとっていわば自殺的選択であるとおもわれる保護率の極度の低下の放置はなぜおこなわれているのか。あるいは、八〇年代後半の一部の地域における保護の申請にたいする苛酷な選別行政はなぜおこなわれたのか。これらの解明は、当時の社会局の内部にかんする資料が発表される将来の課題である。

一般化していえば、歴史社会学は資料の制約によって現在を語ることができないという避けがたい現実をもっている。しかし、資料が充分に利用される過去にかんしては、その時代の研究者たちには不可能であった、いっそう透徹した認識を提供することができるという効用をもつのである。

(1) R・ハロッド、清水幾太郎訳『社会科学とは何か』(岩波新書、一九七五年)一六八ページ。
(2) 同右、一六八、一七一、一八二ページ。
(3) 同右、一八六、一八八ページ。

（4）T・パーソンズ、佐藤勉訳『社会体系論』（青木書店、一九七四年）献辞。
（5）副田「生活構造の基礎理論」（青井和夫・松原治郎・副田編『生活構造の理論』有斐閣、一九七一年）。北川隆吉・三溝信・副田「社会学」、副田「社会的行為」（いずれも、北川監修『現代社会学辞典』有信堂、一九八五年）。副田「社会問題の社会学」（副田編『社会問題の社会学』サイエンス社、一九八九年）など。
（6）研究代表者・副田義也『厚生省史の研究　平成3・4年度文部省科学研究費補助金（総合A）研究成果報告書』一九九三年。
（7）（8）（9）M・ウェーバー、清水幾太郎訳『社会学の根本概念』（岩波文庫、一九七二年）八ページ。
（10）前掲「社会的行為」一三一―一三三ページ。
（11）ウェーバー、出口勇蔵訳「社会科学および社会政策の認識における客観性」（務台理作他編『世界の大思想3　ウェーバー政治・社会論集』河出書房新社、一九八三年）七六ページ。
（12）同右、七六―七七ページ。
（13）前掲『社会学の根本概念』二三―二五ページ。
（14）S・M・ライマン、M・B・スコット、清水博之訳『ドラマとしての社会――シェイクスピアの鏡に照して』（新曜社、一九八一年）四ページ。
（15）（16）同右、二五六ページ。
（17）同右、三―四ページ。
（18）R・ニスベット、青木康容訳『想像力の復権』（ミネルヴァ書房、一九八〇年）二ページ。
（19）同右、第三章、第四章。
（20）（21）同右、一四〇ページ。
（22）平島健司「政治発展論再考――一九世紀西ヨーロッパ近代とリベラリズム」東京大学社会科学研究所『社会科学研究』第四五巻第二号、一九九三年、二三八―二三九、二四四ページ。ゴーロ・マン、上原和夫訳『近代ドイツ史Ⅰ』みすず書房、一九九二年、二九八、三〇二ページ。
（23）ヴォルフガング・J・モムゼン、安世舟他訳『マックス・ヴェーバーとドイツ政治 1890～1920』未来社、一九九三年、一六二―一六五、三一三―三一四ページ。

(24) E・H・カー、大窪愿二訳『ナショナリズムの発展』みすず書房、一九六二年、三三ページ。

(25) S・ウェッブ、B・ウェッブ、川喜多喬訳『社会調査の方法』東京大学出版会、一九八二年、一三ページ。

(26) 同右、一三―一四ページ。

(27) 同右、一五ページ。

(28) 同右、二八ページ。

引用文献・資料一覧

（著者名五十音順。ただし「無署名」は末尾に一括）

秋山智久「フローレンス・ブルーガー女史の〝証言〟――聞き手＝秋山智久」小野顕編『占領期における社会福祉資料に関する研究報告書』社会福祉研究所、一九七九年。

秋山智久「ドナルド・V・ウィルソン博士の〝証言〟――聞き手＝秋山智久」小野顕編『占領期における社会福祉資料に関する研究報告書』。

秋山智久「ネルソン・B・ネフ氏の〝証言〟――聞き手＝秋山智久」小野顕編『占領期における社会福祉資料に関する研究報告書』。

明山和夫『生活保護――制度とそのあり方』ミネルヴァ書房、一九六七年。

浅野善孝「昭和六十年度社会福祉関係厚生省予算案の概要」『生活と福祉』第三四六号、一九八五年。

朝日茂『人間裁判――生と死をかけた抗議／朝日茂の手記』草土文化、一九六七年。

『朝日新聞』一九六〇年七月二〇日朝刊。

『朝日新聞』一九六〇年七月二九日朝刊。

『朝日新聞』一九六〇年八月一〇日朝刊。

『朝日新聞』一九六〇年八月一六日朝刊。

『朝日新聞』一九六〇年八月二七日朝刊。

『朝日新聞』一九六六年一月二九日朝刊。

『朝日新聞』一九六七年一一月二四日朝刊。

『朝日新聞』一九七四年一二月二一日夕刊。

『朝日新聞』一九七四年一二月二四日夕刊。

『朝日新聞』一九八〇年一一月一六日朝刊。

『朝日新聞』一九八〇年一一月一九日朝刊。

『朝日新聞』一九八〇年一一月二一日朝刊。

『朝日新聞』一九八〇年一一月二二日朝刊（和歌山版）。

『朝日新聞』一九八〇年一一月二三日朝刊。

『朝日新聞』一九八〇年一一月二六日朝刊。

『朝日新聞』一九八〇年一一月二七日朝刊（和歌山版）。

『朝日新聞』一九八〇年一一月三〇日朝刊（和歌山版）。

『朝日新聞』一九八一年一月八日朝刊（和歌山版）。

朝日訴訟運動史編纂委員会編『朝日訴訟運動史』草土文化、一九七一年。

芦田均著、進藤榮一他編『芦田均日記』第一巻、岩波書店、一九八六年。

天達忠雄・渡辺洋三・新井章・長宏「最高裁判決と朝日訴訟（共同討議）」朝日訴訟中央対策委員会編『人間裁判10年』労働旬報社、一九六七年。

アメリカ国務・陸軍・海軍三省の調整委員会（ＳＷＮＣＣ）作成「降伏後ニ於ケル米国ノ初期ノ対日方針」鹿島平和研究所編、鈴木九萬監修『日本外交史第26巻　終戦から講和まで（付録、資料）』鹿島研究所出版会、一九七三年。

石岡良三「指導監査結果からみた査察指導員の役割」全国社会福祉協議会『生活と福祉』第四七六号、一九九五年。

井手精一郎「医療扶助入退院基準をめぐって」厚生省社会局保護課編『生活保護三十年史』社会福祉調査会、一九八一年。

伊藤昌哉『池田勇人――その生と死』至誠堂、一九六七年。

上沢輝男「生活保護の動向と課題」全国社会福祉協議会『生活と福祉』第四一五号、一九九〇年。

Ｓ・ウェッブ、Ｂ・ウェッブ、川喜多喬訳『社会調査の方法』東京大学出版会、一九八二年。

Ｍ・ウェーバー、清水幾太郎訳『社会学の根本概念』岩波文庫、一九七二年。

Ｍ・ウェーバー、出口勇蔵訳「社会科学および社会政策の認識における客観性」務台理作他編『世界の大思想3　ウェーバー政治・社会論集』河出書房新社、一九八三年。

江口英一「序　社会福祉研究の視角――本書の編成にあたって」江口編『社会福祉と貧困』法律文化社、一九八一年。

江口祐一「生活保護の適正化対策――暴力団等不正受給対策その経過と実例」全国社会福祉協議会『生活と福祉』第三一八号、一九八二年。

NHK放送世論調査所『9月国民世論調査――日本人の意識1983（附、1973年、1978年調査結果）』一九八三年。

大熊一夫「ヤッさんはなぜ首を吊ったのか」『母をくくらないで下さい』朝日新聞社（朝日文庫）、一九九二年。

大友信勝『福祉川柳事件の検証』筒井書房、二〇〇四年。

大山博「概観」小川政亮編『社会保障裁判――戦後社会保障権運動の発展』ミネルヴァ書房、一九八〇年。

大山博「藤木第一次訴訟――生活保護行政の矛盾を衝いて」小川政亮編『社会保障裁判――戦後社会保障権運動の発展』。

小川政亮『権利としての社会保障』勁草書房、一九六四年。

小川政亮『社会保障権と福祉行政』ミネルヴァ書房、一九七四年。

小川政亮「『不正受給』刑事事件が意味するもの」小川編『社会保障裁判――戦後社会保障権運動の発展』ミネルヴァ書房、一九八〇年。

小川政亮「九〇年代の社会保障裁判、争点と課題」相野谷安孝他編『二〇〇〇年日本の福祉　論点と課題』大月書店、二〇〇〇年。

小野暁史・城戸喜子「社会扶助」社会保障研究所編『フランスの社会保障』東京大学出版会、一九八九年。

小野哲郎「ケースワークにおけるリサーチの一例――相談、却下、取下、廃止ケースの事例分析」小野『ケースワークの基本問題』川島書店、一九八六年。

E・H・カー、大窪愿二訳『ナショナリズムの発展』みすず書房、一九六二年。

篭山京『低所得層と被保護層』ミネルヴァ書房、一九七〇年。

篭山京「生活保護を受けられない生活困窮者」鉄道弘済会『社会福祉研究』第一六号、一九七五年。

篭山京『公的扶助論』光生館、一九七八年。

葛西嘉資「無題」厚生省社会局『社会局参拾年』一九五〇年。

葛西嘉資「思い出」厚生省社会局編集・発行『社会局五十年』一九七〇年。

葛西嘉資「終戦直後の生活保護」厚生省社会局保護課編『生活保護三十年史』社会福祉調査会、一九八一年。

川上昌子・宮崎礼子「社会福祉処遇の原則」一番ヶ瀬康子編著『社会福祉と政治経済学』一粒社、一九七九年。

北川隆吉・三溝信・副田義也「社会学」北川監修『現代社会学辞典』有信堂、一九八四年。

城戸喜子「公的扶助」社会保障研究所編『スウェーデンの社会保障』東京大学出版会、一九八七年。

城戸喜子「スウェーデンの公的扶助について」(1)(2)(3)(4)社会保障研究所『海外社会保障情報』第七六—七九号、一九八六年九月—八七年六月。

木村孜『生活保護行政回顧』社会福祉調査会、一九八一年。

木村忠二郎『生活保護法の解説』時事通信社、初版一九五〇年、第二次改訂版一九五八年。

木村忠二郎、木村忠二郎先生記念出版編集刊行委員会編『木村忠二郎日記』社会福祉研究所、一九八〇年。

黒木利克『ウェルフェア・フロム・USA』日本社会事業協会、一九五〇年。

黒木利克・仲村優一「社会福祉事業法前後」厚生省社会局保護課編『生活保護三十年史』。

黒木利克・仲村優一「社会福祉主事誕生前夜」厚生省社会局保護課編『生活保護三十年史』。

経済企画庁編『経済要覧　一九六一』大蔵省印刷局、一九六二年。

経済企画庁編『国民所得倍増計画——付経済審議会答申』大蔵省印刷局、一九六三年。

経済企画庁調査局編『経済要覧・昭和六〇年版(一九八五)』大蔵省印刷局。

厚生省『厚生白書』一九七二年版。

厚生省社会局「新しい基準・運営要領の解説」全国社会福祉協議会『生活と福祉』第七三号、一九六二年。

厚生省社会局監査指導課「昭和五五年度の生活保護、社会福祉指導監査方針」『生活と福祉』第二八九号、一九八〇年。

厚生省社会局監査指導課「昭和五六年度の生活保護、社会福祉指導監査方針」『生活と福祉』第三〇一号、一九八一年。

厚生省社会局監査指導課「昭和五七年度の生活保護、社会福祉指導監査方針」『生活と福祉』第三一三号、一九八二年。

厚生省社会局監査指導課「昭和五八年度の生活保護、社会福祉指導監査方針」『生活と福祉』第三二五号、一九八三年。

厚生省社会局保護課「昭和四〇年度の生活保護——第二一次基準改訂、実施要領、監査方針」『生活と福祉』第一〇九号、一九六五年。

厚生省社会局保護課「実施要領の改正」『生活と福祉』第二二九号、一九七五年。

厚生省社会局保護課「昭和五七年度の生活保護」『生活と福祉』第三一三号、一九八二年。

厚生省社会局保護課「昭和五九年度の生活保護」『生活と福祉』第三三七号、一九八四年。

厚生省社会局保護課「昭和六〇年度の生活保護・第四一次生活保護基準の改定」『生活と福祉』第三四九号、一九八五年。

厚生省社会局保護課「生活保護費等にかかる国庫補助率の引下げについて」『生活と福祉』第三五一号、一九八五年。

厚生省社会局保護課「昭和六三年度の生活保護・実施要領の改正」『生活と福祉』第三八五号、一九八八年。

厚生省人口問題研究所監修、人口問題研究会『人口動向——日本と世界』厚生統計協会、一九九二年。

厚生省生活保護監査参事官室「昭和三九年度の生活保護——第二〇次基準改訂・運営要領・監査方針の解説」全国社会福祉協議会『生活と福祉』第九七号、一九六四年。

厚生省大臣官房統計情報部『平成六年生活保護動態調査報告』。

厚生省大臣官房統計情報部編『平成四年度社会福祉行政業務報告』厚生統計協会、一九九三年。

厚生大臣官房「厚生行政の長期構想」社会保障研究所編『日本社会保障資料II』至誠堂、一九七五年。

厚生統計協会『厚生の指標臨時増刊　国民の福祉の動向一九九四年』一九九四年。

厚生統計協会『国民の福祉の動向・厚生の指標』臨時増刊・第四七巻第一二号、二〇〇〇年。

厚生統計協会『厚生の指標臨時増刊　国民の福祉の動向二〇〇七年』二〇〇七年。

厚生統計協会『厚生の指標臨時増刊　国民の福祉の動向二〇〇八年』二〇〇八年。

厚生統計協会『厚生の指標臨時増刊　国民の福祉の動向二〇〇九年』二〇〇九年。

厚生統計協会『国民の福祉と介護の動向・厚生の指標』増刊・第六〇巻第一〇号、二〇一三年。

児島美都子「生活保護解体論と公的扶助の動向」労働旬報社『賃金と社会保障』六二五、五月上旬号、一九七三年。

小沼正「今回基準改訂の背景と展望」全国社会福祉協議会『生活と福祉』第六一号、一九六一年。

小沼正「生活保護の問題点——最近の関係論文をめぐって」社会保障研究所『季刊・社会保障研究』第四巻第二号、一九六八年。

小沼正『貧困——その測定と生活保護』東京大学出版会、一九七四年。

小沼正「一九七〇年代の生活保護——イギリスの補足給付と対比して」社会保障研究所『季刊・社会保障研究』第一六巻一号、一九八〇年。

小沼正「エンゲル方式採用とその背景」厚生省社会局保護課編『生活保護三十年史』。

小沼正「貧困と公的扶助の動向」社会保障研究所編『社会保障の基本問題』東京大学出版会、一九八三年。

J・B・コーヘン、大内兵衛訳『戦時戦後の日本経済』下巻、岩波書店、一九五一年。

小山進次郎『改訂増補　生活保護法の解釈と運用』中央社会福祉協議会、初版一九五〇年、改訂増補一九五一年、(復刻版)全国社会福祉協議会、一九七五年。

小山進次郎追悼録刊行会『小山進次郎さん』同会、一九七三年。

小山進次郎・仲村優一「新生活保護法の制定(その一)」厚生省社会局保護課編『生活保護三十年史』。

小山進次郎・仲村優一「新生活保護法の制定(その二)」厚生省社会局保護課編『生活保護三十年史』。

佐藤進『社会福祉行財政論――人権と社会福祉行財政の課題』誠信書房、一九八五年。

佐藤道夫「医療扶助の入退院基準をめぐって」厚生省社会局保護課編『生活保護三十年史』。

佐藤吉男「財政的側面からみた生活保護基準引き上げの諸問題」社会保障研究所『季刊・社会保障研究』第四巻第一号、一九六八年。

佐野利昭「平成七年度における社会福祉行政の展開について」全国社会福祉協議会『生活と福祉』第四六七号、一九九五年。

C・F・サムス、竹前栄治編訳『DDT革命――占領期の医療福祉政策を回想する』岩波書店、一九八六年。

GHQ「救済ならびに福祉計画に関する件」社会保障研究所編『日本社会保障資料Ⅰ』至誠堂、一九八一年。

GHQ「恩給および年金に関する件」社会保障研究所編『日本社会保障資料Ⅰ』。

自治省『地方財政の状況』一九八五年。

清水浩一「生活保護制度の展開」横山和彦・田多英範編著『日本社会保障の歴史』学文社、一九九一年。

清水泰幸「社会保障法判例」『季刊・社会保障研究』第四〇巻第三号、二〇〇四年。

社会保障制度審議会事務局編『社会保障統計年報』昭和四六年版、一九七一年。

社会保障制度審議会事務局編『社会保障統計年報』昭和五一年版、一九七七年。

社会保障制度審議会事務局編『社会保障統計年報』昭和五六年版、一九八一年。

自由民主党編纂・発行『自由民主党史』一九八七年。

白沢久一「一九六〇年代生活保護行政の稼働能力者対策――生活保護実施要領二〇年の歩みに寄せて」鉄道弘済会『社会福祉研究』第七号、一九七〇年。

白沢久一「生活保護」有斐閣『ジュリスト』第五三七号、一九七三年。

白沢久一『公的扶助労働論（1）・労働主体論（1）・公的扶助研究運動の成立』北星学園大学白沢研究室、一九七七年。

菅沼隆「ＳＣＡＰＩＮ七七五の発令――ＳＣＡＰＩＮ七七五『社会経済』の起源と展開（2）」東京大学社会科学研究所『社会科学研究』第四五巻第三号、一九九三年。

杉村宏「戦後公的扶助の展開――とくに一九六〇年代の転換に関連して」吉田久一編『社会福祉の形成と課題――社会事業から社会福祉へ』川島書店、一九八一年。

炭谷茂「被保護者の動向に応じた積極的な対応を」全国社会福祉協議会『生活と福祉』第四二〇号、一九九一年。

生活保護制度運営研究会「不動産保有に対する生活保護のあり方について」『生活と福祉』第三八一号、一九八八年。

生活保護手帳編集委員会『生活保護手帳（二〇〇五年度版）』中央法規出版、二〇〇五年。

生活保護手帳編集委員会『生活保護手帳（二〇〇六年度版）』中央法規出版、二〇〇六年。

生活保護の動向編集委員会『生活保護の動向　平成二〇年版』中央法規出版、二〇〇八年。

全国社会福祉協議会『生活と福祉』第三三七号、一九八四年五月。

全国社会福祉協議会『生活保護手帳（昭和六一年版）』一九八六年。

全国社会福祉協議会『生活保護手帳（平成一二年版）』二〇〇〇年。

全国生活と健康を守る会連合会『全生連運動の30年――人間の存在をかけた生存権運動のあゆみ』同会、一九八五年。

全日本自由労働組合編『全日自労の歴史』労働旬報社、一九七七年。

全林野三〇年史編纂委員会『闘いの年輪――全林野三〇年史』全林野労働組合、一九八三年。

全林野労働組合中央本部『全林野新聞』一九六六年四月二五日付、号外。

全林野労働組合中央本部『全林野新聞』一九六六年五月二六日号。

総理府恩給局編『恩給制度史』大蔵省印刷局、一九六四年。

副田義也「生活構造の基礎理論」青井和夫・松原治郎・副田編『生活構造の理論』有斐閣、一九七一年。

副田義也「福祉労働論の基本的枠組」鉄道弘済会『社会福祉研究』第一〇号、一九七二年。

副田義也「社会福祉事業の諸分野の動向」三浦文夫編『社会学講座15　社会福祉論』東京大学出版会、一九七四年。

副田義也「社会的行為」北川隆吉監修、佐藤守弘ほか編『現代社会学辞典』有信堂、一九八四年。

副田義也「社会問題の社会学」副田編『社会問題の社会学』サイエンス社、一九八九年。

副田義也「『保護廃止世帯』論序説」沖縄県平良市福祉事務所『福祉を考えるシンポジウム報告書』一九九〇年。

副田義也「社会主義の不在と社会福祉の行方」鉄道弘済会『社会福祉研究』第五二号、一九九一年。

副田義也（研究代表者）『厚生省史の研究　平成3・4年度文部省科学研究費補助金（総合A）研究成果報告書』一九九三年。

副田義也「ケースワーカーの生態」『福祉社会学宣言』岩波書店、二〇〇八年。

副田義也「生活保護における逆福祉システムの形成」『福祉社会学の挑戦――貧困・介護・癒しから考える』岩波書店、二〇一二年。

曾原利満「低所得世帯と生活保護」社会保障研究所編『福祉政策の基本問題』東京大学出版会、一九八五年。

曾原利満「補足給付（付　家族所得補足）」社会保障研究所編『イギリスの社会保障』東京大学出版会、一九八七年。

曾原利満「公的扶助」社会保障研究所編『西ドイツの社会保障』東京大学出版会、一九八九年。

P・タウンゼント、高山武志訳「相対的収奪としての貧困――生活資源と生活様式」D・ウェッダーバーン編『イギリスにおける貧困の論理』光生館、一九七七年。

高島進・三富紀敬「戦後日本資本主義と福祉の構造」池上惇・高島編『講座・日本の資本主義9　日本資本主義と国民生活』大月書店、一九八二年。

高野史郎「最低生活水準保障の展開――生活扶助基準を中心に」吉田久一編著『戦後社会福祉の展開』ドメス出版、一九七六年。

高橋三男「小山さんと新法制定の二つの動機」厚生省社会局保護課編『生活保護三十年史』社会福祉調査会、一九八一年。

竹村栄一「公的扶助とケースワークについて」社会保障研究所『季刊・社会保障研究』第七巻第三号、一九七一年。

田多英範「拡充期としての一九七〇年代日本の社会保障」『日本社会事業大学研究所年報』第二三号、一九八七年。

田多英範『現代日本社会保障論』〔第二版〕光生館、二〇〇七年。

田中明「石炭産業の合理化と生活保護」厚生省社会局保護課編『生活保護三十年史』。

田中寿「主要諸国の公的扶助制度」篭山京・江口英一・田中『公的扶助制度比較研究』光生館、一九六八年。

樽川典子「生活保護における指導の実施過程」副田義也編『社会問題の社会学』サイエンス社、一九八九年。

千葉県八千代市「保護開始時の手持現金の取扱いについて」一九七六年。

中央社会福祉審議会「国民生活の変化等に対応した生活保護制度のあり方について」社会保障研究所編『日本社会保障資料II』至誠堂、一九七五年。

中央社会福祉審議会「生活扶助基準及び加算のあり方について（意見具申）」全国社会福祉協議会『生活と福祉』第三三三号、一九八四年。

中央社会福祉審議会生活保護専門分科会「中間報告（三九・一二・一六）」社会保障研究所編『日本社会保障資料I』。

中央社会福祉審議会生活保護専門分科会「中間報告」社会保障研究所編『日本社会保障資料II』。

中央社会福祉審議会生活保護専門分科会「生活保護基準の改善について」社会保障研究所編『日本社会保障資料II』。

中央社会福祉審議会生活保護専門分科会「昭和四四年諮問に対する中間報告」社会保障研究所編『日本社会保障資料II』。

中鉢正美『生活構造論』好学社、一九五六年。

長宏「朝日訴訟」仲村優一・岡村重夫・阿部志郎・三浦文夫・柴田善守・嶋田啓一郎編『現代社会福祉事典』全国社会福祉協議会、一九八二年。

東京大学社会科学研究所『都市における被保護階層の研究』同研究所、一九六六年。

東京大学社会科学研究所編『福祉国家』全六巻、東京大学出版会、一九八四—八五年。

東京大学社会科学研究所編『転換期の福祉国家』上・下、東京大学出版会、一九八八年。

東京都企画調整局調査部『都民の社会階層構造とその変動——社会構成変動調査』下、一九七三年。

東京都福祉局『四訂版生活保護実施要領手引き』一九七五年。

外山良造・仲村優一「生活保護旧法のころ」厚生省社会局保護課編『生活保護三十年史』。

中谷謹子「幼児殺傷・遺棄——いわゆる〈親不知子不知時代〉の背景と分析ならびに対応」有斐閣『ジュリスト』一九七三年八月一日号。

永原勘栄「在日外国人保護と適正化対策」厚生省社会局保護課編『生活保護三十年史』。

仲村優一『生活保護への提言』全国社会福祉協議会、一九七八年。

仲村優一ほか「第一線行政は悩んでいる――生活保護の取り扱いをめぐって」全国社会福祉協議会『生活と福祉』第八四号、一九六三年。

仲村優一・小沼正・山本純男「新春鼎談　公的扶助、今後の課題」『生活と福祉』第二二五号、一九七五年。

R・ニスベット、青木康容訳『想像力の復権』ミネルヴァ書房、一九八〇年。

日本患者同盟四〇年史編集委員会編『日本患者同盟四〇年の軌跡』法律文化社、一九九一年。

日本共産党中央委員会出版局『日本共産党の六十年』同出版局、一九八二年。

日本弁護士連合会「『生活保護の適正実施通達』についての厚生大臣への要望」寺久保光良『続・「福祉」が人を殺すとき』あけび書房、一九九五年。

長谷川保「旧生活保護法に関する長谷川保発言」吉田久一・一番ヶ瀬康子編『昭和社会事業史への証言』ドメス出版、一九八二年。

T・パーソンズ、佐藤勉訳『社会体系論』青木書店、一九七四年。

R・ハロッド、清水幾太郎訳『社会科学とは何か』岩波新書、一九七五年。

久田恵『ニッポン貧困最前線――ケースワーカーと呼ばれる人々』文藝春秋（文春文庫）、一九九九年。

菱川隆夫「指導監査を通じてみた運営上の課題」全国社会福祉協議会『生活と福祉』第五三三号、二〇〇〇年。

平島健司「政治発展論再考――一九世紀西ヨーロッパ近代とリベラリズム」東京大学社会科学研究所『社会科学研究』第四五巻第二号、一九九三年。

福岡県社会福祉協議会編集・発行『福岡県社会事業史』下巻、一九八二年。

福祉士養成講座編集委員会編『公的扶助論』〔第三版〕中央法規出版、二〇〇五年。

福山嘉照「生活保護の適正実施に想う」全国社会福祉協議会『生活と福祉』第三九七号、一九八九年。

藤井康「生活保護の点検」社会保障研究所『季刊・社会保障研究』第一三巻第三号、一九七七年。

藤井康「格差縮小方式の採用」厚生省社会局保護課編『生活保護三十年史』。

藤井康「被保護人員の動向について」全国社会福祉協議会『生活と福祉』第四四四号、一九九三年。

藤崎誠一「総務課指導監査室」『生活と福祉』第六〇一号、二〇〇六年。

藤田貴恵子・野呂芳明「公的扶助」社会保障研究所編『アメリカの社会保障』東京大学出版会、一九八九年。

藤村正之「厚生省と自由民主党社会部会」真生会社会福祉研究所『母子研究』六、一九八五年。

ルース・ベネディクト、長谷川松治訳『菊と刀』社会思想社、一九六七年。

法務省『昭和60年版　犯罪白書』。

星野信也「福祉国家中流階層化に取り残された社会福祉――全国消費実態調査のデータ分析（1）」首都大学東京『人文学報・社会福祉学』第一一号、一九九五年。

星野信也「わが国における貧困と不平等の測定」法政大学大原社会問題研究所『大原社会問題研究所雑誌』第四四六号、一九九六年。

星野信也『「選別的普遍主義」の可能性』海声社、二〇〇〇年。

堀勝洋「社会保障法判例」国立社会保障・人口問題研究所編『季刊・社会保障研究』第三三巻第一号、一九九七年。

『毎日新聞』一九六〇年七月二三日朝刊、「私の意見」欄。

『毎日新聞』一九六六年一月二八日朝刊。

『毎日新聞』一九七四年一二月二一日夕刊。

正村公宏『戦後史』上・下、筑摩書房、一九八五年。

T・H・マーシャル、岡田藤太郎訳『社会政策――二十世紀英国における』相川書房、一九八一年。

松尾武昌「生活保護の適切な運営と処遇について」全国社会福祉協議会『生活と福祉』第四六八号、一九九五年。

松本征二・仲村優一「終戦援護」厚生省社会局保護課編『生活保護三十年史』。

ゴーロ・マン、上原和夫訳『近代ドイツ史』I、みすず書房、一九九二年。

三浦文夫「七〇年代の社会福祉の動向」鉄道弘済会『社会福祉研究』第七号、一九七〇年。

村上貴美子『占領期の福祉政策』勁草書房、一九八七年。

毛利健三『イギリス福祉国家の研究――社会保障発達の諸画期』東京大学出版会、一九九〇年。

ヴォルフガング・J・モムゼン、安世舟他訳『マックス・ヴェーバーとドイツ政治1890～1920』未來社、一九九三年。

矢野恒太郎記念会編『一九六三年　日本国勢図会』国勢社、一九六三年。

矢野恒太郎記念会編『一九六七年　日本国勢図会』国勢社、一九六七年。

山内豊徳「貧しさの深さと長さ」『福祉の国のアリス』八重岳書房、一九九二年。

山本純男「生活保護行政の当面する課題」全国社会福祉協議会『生活と福祉』第二二七号、一九七五年。

横山和彦「低成長期の社会保障の展開」日本社会事業大学編『社会福祉の現代的展開』勁草書房、一九八七年。

吉田久一・一番ヶ瀬康子「昭和前期の社会事業行政——灘尾弘吉氏に聞く」吉田・一番ヶ瀬編『昭和社会事業史への証言』ドメス出版、一九八二年。

吉田久一・一番ヶ瀬康子「占領下の厚生行政について——葛西嘉資氏に聞く」吉田・一番ヶ瀬編『昭和社会事業史への証言』。

吉田久一・一番ヶ瀬康子「占領政策としての社会事業——ドナルド・V・ウィルソン氏に聞く」吉田・一番ヶ瀬編『昭和社会事業史への証言』。

吉田久一・一番ヶ瀬康子「昭和二十年代の社会事業行政をめぐって——木村忠二郎氏に聞く」吉田・一番ヶ瀬編『昭和社会事業史への証言』。

『読売新聞』一九七四年一二月一一日朝刊。

『読売新聞』一九八〇年一一月一九日朝刊。

『読売新聞』一九八〇年一一月二九日朝刊。

『読売新聞』一九八三年八月二四日朝刊。

S・M・ライマン、M・B・スコット、清水博之訳『ドラマとしての社会——シェイクスピアの鏡に照して』新曜社、一九八一年。

W・I・ラットナー、古川孝順訳『アメリカ社会福祉の歴史——救貧法から福祉国家へ』川島書店、一九七八年。

林野庁監修、林野弘済会編集・発行『国有林労働運動史』第一〇巻、一九七七年。

R・M・レヴィー「『連合軍最高司令部より日本政府への送達書』の四」厚生省『社会保険制度への勧告——米国社会保障制度調査団報告書』一九四八年。

労働科学研究所『日本の生活水準』一九六〇年。

＊

無署名「生活保護及び関連事項の年表」厚生省社会局保護課編『生活保護三十年史』社会福祉調査会、一九八一年。

無署名「生活保護関係法制」厚生省社会局保護課編『生活保護三十年史』。

無署名「生活困窮者緊急生活援護要綱及び旧生活保護法による被保護人員の年次推移」厚生省社会局保護課編『生活保護三十年史』。

無署名「社会保障関係予算額の年次推移」厚生省社会局保護課編『生活保護三十年史』。

無署名「朝日訴訟の経緯」厚生省社会局保護課編『生活保護三十年史』。

無署名「標準世帯の生活扶助基準額の年次推移」厚生省社会局保護課編『生活保護三十年史』。

無署名「三六年度の生活保護はこうして――新しい基準・運営要領の解説」全国社会福祉協議会『生活と福祉』第六一号、一九六一年。

無署名「昭和三八年度の生活保護――第一九次基準改訂、運営要領、監査方針の解説」『生活と福祉』第八五号、一九六三年。

無署名「社会福祉と住民意識」『生活と福祉』第三二六号、一九八三年。

無署名「母子福祉対策」『生活と福祉』第三二九号、一九八三年。

無署名「扶養義務」『生活と福祉』第三三二号、一九八三年。

無署名「生活保護の適正実施の推進について（昭和五六年一一月一七日、社保第一二三号、厚生省社会局保護課長・監査指導課長通知）」全国社会福祉協議会編『生活保護手帳』昭和六一年版。

無署名「〔資料〕ホームレスに対する基本的な生活保護の適用について――厚生労働省『ホームレス』主管課長会議資料から」全国公的扶助研究会『季刊公的扶助研究』第一八一号、みずのわ出版、二〇〇一年。

無署名「保護申請権の確保について（昭和六一年一一月、都福祉局ブロック会議から）」寺久保光良『「福祉」が人を殺すとき』あけび書房、二〇〇九年。

無署名「昭和六二年度　東京都指導検査講評」寺久保光良『「福祉」が人を殺すとき』あけび書房、二〇〇九年。

あとがき

1

本書の主内容である三つの論文の初出はつぎのとおりである。

「戦後日本における生活保護制度の形成」（東京大学社会科学研究所編『福祉国家6・日本の社会と福祉』東京大学出版会、一九八五年）。

「生活保護制度の展開――水準向上期」（同研究所編集・発行『社会科学研究』第四五巻第三号、一九九四年）。

「生活保護制度の展開――格差縮小と制度停滞」（原題「生活保護制度の展開」同研究所編『転換期の福祉国家（下）』東京大学出版会、一九八八年）。

東京大学社会科学研究所は一九七九年から八五年にかけて大規模な共同研究をおこない、その成果を『福祉国家』全六巻にまとめた。私はこの共同研究に一九八〇年から誘われて参加し、第一論文を執筆した。そこで採用した歴史社会学的方法は、その学際的な研究で先輩・同僚の経済学者たち、法学者たち、政治学者たちの仕事ぶりをみているうちにおのずと会得したものである。同研究所はこれにひきつづいて八六年から八八年にかけて共同研究をおこない、その成果を『転換期の福祉国家』上下二巻にまとめた。私はこの共同研究にも参加して、第三論文を執筆した。また、同研究所は、八六年から五年あまりをかけて大規模な共同研究をおこない、その成果を『現代日本社会』全七巻にまとめるのだが、私はそこでも働く機会をあたえられて、学校教育にかんする論文を執筆した。その直後に私は第二論文を執筆して、同研究所の前記の紀要に発表させてもらった。

このような経過からあきらかなことであるが、私は本書の達成にかんして、東京大学社会科学研究所とその共同研究でいっしょに働いた先輩・同僚の研究者たちに大きな恩義をうけている。結局、一九八〇年から九二年までの一三年間ほど、私は、同研究所の非常勤講師として働いた訳だが、仕事といっても月に一回の全体研究会、それにとりまとめが近くになるとさらに月一回の班別研究会に出席するだけで、その都度、同席する俊秀たちの発表・発言に感銘し、自らの研究へのつよい刺戟や動機づけを得ていた。これは、私の実感としては働いたというよりは、勉強させてもらったということであった。私自身は社会学の研究者であるが、若い社会学者たちのめまぐるしく輸入される理論にもとづく論議につきあいかねる気分になることがあり、社研の研究会に出て隣接諸科学の研究者たちと現状分析の議論をしているほうが、はるかに居心地が良かったということもある。また、前記の一三年間は社会主義体制が崩壊していった時期であった。この時期にマルクス経済学宇野学派の最有力拠点であった東京大学社会科学研究所に出入りしていて、同学派の面々がその論調をときにラディカルに、ときに微妙に変化させてゆくのを観察しているのは、なかなか興味深かった。しかし、これはいずれくわしく書くことにしよう。

2

さて、この種のあとがきで研究の遂行にさいして恩義をうけた人びとの個人名を列挙するのは、もっぱら著者の自己満足のためのものであり、読者の大多数にとっては無意味なことであるという考えかたがある。私はその極論にも一理はあるとおもうのだが、やはり伝統的倫理規範を内在させている人間として、学恩をわきまえ、深く感謝していることを示すために、それをあたえられた方々のお名前を列挙することにする。

東京大学社会科学研究所において最初の共同研究当時、所長であった戸原四郎教授、同教授と研究方法論をめぐっておこなった意見交換は印象に残っている。私の生活保護研究に的確な批評をあたえられた同研究所の馬場宏二教授、毛利健三教授、広渡清吾教授。とくに馬場教授が「『福祉国家』の六巻では、あなたのものが一番面白かったよ」といってくれたときの嬉しさは忘れがたい。同研究所の土田とも子助手には、第一論文と第三論文の初出時のとりまとめにさいしては多くの配慮をしていただいた。前記の最初の共同研究に参加するようにと熱心にすすめてくださった当時の東京大学医学部の園田恭一教授の仲介の労もありがたいことであった。

わが国の生活保護制度研究の第一人者である淑徳大学の仲村優一教授は、当時日本社会事業大学におられたが、私の乞いを入れて、第一論文を原稿の段階で読んでくださり、二点で修正の必要があることを教示された。同教授は、ほかの二論文についても、それぞれの発表後、私と意見交換をしてくださった。当時、東京都立大学人文学部におられた日本女子大学の星野信也教授は、ある研究会で第三論文の最初の構想にかんする私の報告を聞かれて、てきびしいが有益な批判をあたえられ、そのおかげで、私は、その構想の大幅な手直しをおこなうことができた。また、星野教授は諸外国の公的扶助制度について広い知識をおもちで、そこから私に多くの情報をあたえてくださった。

新潟大学経済学部の横山和彦教授と流通経済大学経済学部田多英範教授は、私とたがいの青年時代からのつきあいを続けているが、わが国の社会保障制度の史的展開について私に多大の教示をくり返しあたえてくださった。私は三つの論文の執筆にあたっても、必要を感じるたびにかれらに意見交換を求めた。厚生省の村上貴美子氏、信州大学の菅沼隆助教授は第一論文の補筆のために、明治学院大学の小野哲郎教授は第三論文の補筆のために貴重な教示をあたえてくださった。

また、第二論文と付章の二つの小論文の執筆、第一論文と第三論文への補筆、および本書全体のとりまとめは、私が、勤務先でかなり多忙な役職についてからおこなわれた。そのため、この時期に必要とされた資料の収集は、副田研究室の秘書・角田小夜氏にほぼ全面的に依存することになった。

3

第二論文が発表されたのち、三つの論文がそろったので、それらを主内容として本書をつくり、東京大学出版会から刊行してもらいたいという希望を述べた書簡を、同出版会編集部佐藤修氏あてに私は送った。そのなかで、私は以下のように記した。

「社会学の学術文献としての本書の主要な貢献および特色は、つぎのようなところにあるとかんがえています。

(1) 本書は生活保護制度の歴史社会学的研究の最初の試みです。この制度はかつては日本の社会保障制度の機軸的存在であり、現在は有力なわき役的存在ですが、その歴史を全体的にとらえ、分析した例は、社会学にも関連する社会諸科学にもありません。また、私は、社会保障、社会福祉の社会学的研究は歴史社会学的におこなわれるべきであるが、その必要が目下のところ、きわめて不充分にしかみたされていないとみております。これは、その必要をみたす一例であり、また、同時代の同学の研究者たちにたいする範例となることをめざすものです。

(2) また、本書は厚生官僚、とくに社会局保護課にいる福祉官僚、かれらと渡りあう大蔵官僚など、官僚たちの歴史社会学的研究の最初の試みです。日本はよかれあしかれ官僚が支配する国であり、それは、私の近著『日本文化試論』(新曜社、一九九三年)の主題のひとつでした。したがって、生活保護制度をはじめとするさまざまな社会保障制度の社会学的研究は、それらの制度を形成し、運営してきた官僚たちの社会的行為の研究でなければなりません。

これは、福祉社会学は政治社会学でなければならないといいかえることができます。同時代の社会学研究においては、これらの視点がほとんど失われているとみております。

(3)　さらに私には、読んで面白い社会学文献を書きたいという野心があります。歴史ドラマや歴史小説の面白さに似た面白さを感じさせながら、読者にこの本を読ませたい。前記の三編の論文を読んだ何人かの人びとは、私のさきにいった野心がいくらかは達成されているのではないかと推測することを許す感想を伝えてきております。

(4)　最後に、本書は、日本の社会福祉学の主要研究者たちの多くへの烈しい批判を特色としております。かれらは、素朴なマルクス主義史観、運動論的発想によって、どれほど多くの事実誤認をおかしてきたか。朝日訴訟の評価をはじめとして、社会福祉学の私より年長の研究者たちの主流がうちたてた生活保護研究の定説の大多数が、ここで徹底した実証的方法によって否定されます」。

私の希望はかなえられて、本書は東京大学出版会から刊行される。そのことをまずありがたくおもう。ところで、先述の四つの志は本書においてどれほどに実現しているか。それは読者と時間が判断することである。私は、しばらくこの書物から離れて、つぎの仕事をしながら結果をまつことにしよう。

最後に佐藤修氏のきめこまやかな多くの配慮、とくに私の文体を最大限に尊重してくださったことに心よりのお礼を申し上げる。

一九九五年六月

副田義也

増補版のためのあとがき

新しく収録された第四論文について、気になっている二点を覚え書きしておく。

第一、動機について。初版の巻末、「方法ノート」の終わりの部分で私はかいた。「生活保護制度の歴史社会学的研究にかぎっていえば、ここでの手法で研究がおこなわれることができるのは、一九七〇年代までであろう。それは利用しうる資料がそのころまでの政策決定機構の内部の動きをあきらかにするにとどまるからである」。資料の制約にかぎっていえば、この二〇年あまり事情が基本的にかわらないのは、第四論文の冒頭に述べたとおりである。それにもかかわらず、一九八四年から二〇〇五年までの歴史的時間域をカヴァする「生活保護制度の低保護率期」は執筆された。私にそれをあえてさせたのは、日本の生活保護制度が落ちるところまで落ちたのを見届けたいという心情であったのか。世論のなかでは行政改革の声のみが甲高くひびき、生活保護制度は四面楚歌の状況におかれていた。

第二、表記法について。第四論文において、先行する三論文にたいして表記法の変更がひとつあり、それについてわずかに記しておく。第四論文では「生活保護法」とカギ括弧つきの表記になっている。三論文ではカギ括弧がついていないのがふつうであった。これは、この二〇年ちかくのあいだに、「生活保護法」をひとつの思想的作品としてみる見方が、私の内部で強固になった結果である。社会学の論考で自他の論文や著書のタイトルにカギ括弧あるいは二重カギ括弧をつける慣例があり、この慣例には著者のオリジナリティへの尊重・敬意がふくまれていると、私は理解している。この発想にもとづく表記法が研究対象としての法におよんだ。「生活保護法」にひきつづき「教育勅語」「教育基本法」「工場法」などについて研究を蓄積しながら、この発想は定着していった。なお、この表記法を三論文にさかのぼって適用しない理由は、「増補版のためのはしがき」に記した。

最後になったが、謝辞を申し述べる。東京大学出版会編集部宗司光治氏には、前任の佐藤修氏と同様に、きめこまやかな多くの配慮、とくに私の文体を最大限に尊重してくださったことに心よりのお礼を申しあげる。私が主宰する日曜ゼミナールの諸君には、第四論文の途中での朗読と討論に二度にわたっておつきあいいただいたことに親しみをこめたお礼を申しあげる。諸君のお名前はつぎのとおり。遠藤恵子、加藤朋江、株本千鶴、鍾家新、時岡新。副田研究室の秘書・尾上悦子氏には、資料の収集、第四論文、および「生活保護制度ノート」のパソコン入力、本書全体の校正などで、献身的努力をつくされたことに、あつくお礼を申しあげる。みなさま、ありがとうございました。

二〇一四年一〇月一七日

副田義也

人名索引

事 項 索 引

タ

ヤ

ラ

著者略歴
1934年　東京都に生まれる.
1957年　東京大学文学部卒業.
1959年　東京大学大学院社会科学研究科修士課程修了.
　　　　東京女子大学教授，筑波大学教授，金城学院大学教授等を経て，
現　在　筑波大学名誉教授.

主要著書
『日本文化試論』(1993年，新曜社)
『教育勅語の社会史』(1997年，有信堂高文社)
『あしなが運動と玉井義臣』(2003年，岩波書店)
『死者に語る』(2003年，筑摩書房)
『内務省の社会史』(2007年，東京大学出版会)
『福祉社会学宣言』(2008年，岩波書店)
『教育基本法の社会史』(2012年，有信堂高文社)
『福祉社会学の挑戦』(2013年，岩波書店)
『シリーズ福祉社会学3　闘争性の福祉社会学』(編，2013年，東京大学出版会)

生活保護制度の社会史［増補版］

1995年８月25日　初　版第１刷
2014年11月25日　増補版第１刷

［検印廃止］

著　者　副田義也《そえだよしや》

発行所　一般財団法人　東京大学出版会
代表者　渡辺　浩
153-0041 東京都目黒区駒場4-5-29
電話 03-6407-1069　Fax 03-6407-1991
振替 00160-6-59964

印刷所　株式会社平文社
製本所　牧製本印刷株式会社

ISBN 978-4-13-050185-9　Printed in Japan